教育部名师领航工程培训成果
江苏省教育科学"十四五"规划课题
江苏省基础教育类教学成果奖获奖项目

主线教学：从文本走向经验

郑 春 著

·南京·

图书在版编目（CIP）数据

主线教学：从文本走向经验／郑春著．— 南京：东南大学出版社，2023.9
ISBN 978-7-5766-0885-4

Ⅰ.①主… Ⅱ.①郑… Ⅲ.①阅读课-教学研究-小学 Ⅳ.①G623.233

中国国家版本馆 CIP 数据核字（2023）第 185482 号

责任编辑：马　伟　　责任校对：子雪莲　　封面设计：顾晓阳　　责任印制：周荣虎

主线教学：从文本走向经验

Zhuxian Jiaoxue：Cong Wenben Zouxiang Jingyan

著　　者	郑　春
出 版 人	白云飞
出版发行	东南大学出版社
社　　址	南京市四牌楼 2 号（邮编：210096　电话：025-83793330）
网　　址	http://www.seupress.com
电子邮箱	press@seupress.com
经　　销	全国各地新华书店
印　　刷	兴化印刷有限责任公司
开　　本	700mm×1000mm　1/16
印　　张	20.75
字　　数	329 千字
版　　次	2023 年 9 月第 1 版
印　　次	2023 年 9 月第 1 次印刷
书　　号	ISBN 978-7-5766-0885-4
定　　价	58.00 元

本社图书若有印装质量问题，请直接与营销部联系，电话：025-83791830。

序 ORDER

郑春老师长期致力于"主线教学"的理论思考和实践探索，2011 年"小学语文阅读'主线教学法'的理论与实践研究"获批江苏省教育科学"十二五"规划课题，课题成果是教研著作《主线教学：小学语文阅读教学新视点》，2016 年"基于核心素养的小学语文主线教学的研究"又获批江苏省教育科学"十三五"规划课题，有一系列论文和课例发表，取得了丰硕成果。

2018 年教育部启动"国培计划"中小学名师名校长领航工程，全国共 123 位具有特级教师称号或正高级职称的中小学教师进入名师领航工程培养计划，郑春老师便是其中之一，经双向选择，成为上海师范大学教育部中小学名师培养基地的学员。学员在职连续培养 3 年，进一步凝练教育思想、提升教育教学创新能力，努力成为具有鲜明教育思想和教学模式、能够引领基础教育改革发展的教育家型卓越教师。

按照教育部要求和上海师范大学中小学名师培养基地的培养方案，在 3 年培养期，学员要进行一项具有理论意义和实践推广价值的教学课题研究，并将该研究课题转化为名师工作室的研修主题，打造具有鲜明教育思想和教学模式的代表课，在有影响力的专业杂志发表研究论文，撰写、出版一本研究著作。正如水到渠成，郑春老师胸有成竹，踌躇满志地沿着"主线教学"迈向理论研究和实践探索的新征程。

郑春老师带领名师工作室成员，结合江苏省教育科学规划课题"助力经验生长的小学阅读主线教学研究"，开展基于实证的多方面探究，凝练主线教学思想，提升语文教学智慧。摆在我们面前的这本著作《主线教学：从文本走向经验》便是3年研究和探索的成果结晶。在本著作行将出版之际，该项成果已获得2021年江苏省基础教育类教学成果奖二等奖、扬州市第三届教学成果奖一等奖。

《主线教学：从文本走向经验》有理论建构，有实证研究，有具体案例，有课堂实录及专家点评，既与"主线教学"的前期成果一脉相承，又有新时代的新发展。其中最为明显的，是将学习单位扩展至单元，使主线教学与按统编教材人文主题和语文要素"双线"组织单元的特点联系起来，与语文学习任务群挂起钩来。统编语文教材按人文主题和语文要素"双线"编写单元，郑春老师从"主线教学"角度，通过单元整体意义的发掘，统筹单元"双线"与单篇个性的关系，以实现单篇学习向单元学习跨越。

从文本走向经验的"主线教学"，是建立在文本意义整体建构与个体生命整体发展基础上的多元融合的主张，是文本逻辑、阅读逻辑与经验生长逻辑，学生原有经验与正在经验的经验，学习国家通用语言文字运用与立德树人相融合的有机体，其背后是整体课程观的发展，最终落脚点是"完整的人"的发展。这种探究，体现了语文课改的方向。

郑春老师2014年出版的教研著作《主线教学：小学语文阅读教学新视点》，我曾为之写序；这本新著完稿送出版社时，郑春老师希望能再为《主线教学：从文本走向经验》写序，我欣然从命。这是一种缘分，写序也给了我学习"主线教学"理论和实践的又一次机会。

上海师范大学教授　王荣生
2023年5月20日

目录 CONTENTS

第一章　引论 …………………………………… 001
 第一节　主线教学的重构背景 ………… 002
 第二节　主线教学的概念 ……………… 011
 第三节　主线教学的基本特征 ………… 024

第二章　主线教学的概述 ………………………… 027
 第一节　主线教学的现状审视 ………… 028
 第二节　主线教学的来龙去脉 ………… 041
 第三节　主线教学的目标 ……………… 045
 第四节　主线教学的现实意义 ………… 050

第三章　主线教学的学习机理 …………………… 055
 第一节　主线教学的学习理论 ………… 056
 第二节　主线教学的逻辑关系 ………… 066
 第三节　主线教学的运行机制 ………… 072

第四章　从文本走向经验的主线教学 …………… 081
 第一节　单元学习整体架构 …………… 082
 第二节　单元主要教学内容 …………… 089
 第三节　话题定位与驱动 ……………… 095
 第四节　有感的经验生长 ……………… 104
 第五节　单元学习的个案研究 ………… 107

第五章　从文本走向经验的基本路径 …………… 125
 第一节　文本与经验循环转化 ………… 126
 第二节　从文本走向经验的基本环节 …… 136

第三节　学习活动结构化的个案研究 …………………………… 140

第六章　从文本走向经验的策略与方法 ……………………………… 163
　　第一节　从文本走向经验的实施策略 …………………………… 164
　　第二节　从文本走向经验的关键行为 …………………………… 173
　　第三节　从文本走向经验的常用方法 …………………………… 191
　　第四节　学习方法适切度的个案研究 …………………………… 201

第七章　从文本走向经验的样态与势态 ……………………………… 223
　　第一节　从文本走向经验的样态 ………………………………… 224
　　第二节　从文本走向经验的势态 ………………………………… 237
　　第三节　经验差异生长的个案研究 ……………………………… 248

第八章　主线教学的评价 ……………………………………………… 267
　　第一节　主线教学评价指向 ……………………………………… 268
　　第二节　主线教学评价指标 ……………………………………… 273
　　第三节　主线教学评价策略 ……………………………………… 279
　　第四节　教学内容现实化的个案研究 …………………………… 284

附录一　《竹石》教学课堂实录（郑春） …………………………… 305
附录二　咏物诗教学的典范之作（王崧舟） ………………………… 317
附录三　锁定高阶思维　实现高位提升（顾文东） ………………… 320

后记 …………………………………………………………………… 323

第一章 引论

"今来古往，物是人非，天地里，唯有江山不老。"从旧石器时代到农业文明时代再到工业文明、信息化时代，历史进程在加速。今天，无人银行、无人商店、无人驾驶飞机、无人驾驶公共汽车等不断涌现，随着元宇宙的发展，人工智能正逐步升级与逐渐普及，虚拟世界无缝对接实体世界，这是"三千年未有之大变局"。社会急剧变革，必然影响教育。很多以前没教过的，现在务必去教，怎么教？许多以前没学过的，现在必须去学，怎么学？仍按老一套，能顺应日新月异的发展吗？能适应高度不确定的未来吗？这些迫使我们不得不去思考，教育的根在哪儿，方向在哪儿？

第一节　主线教学的重构背景

语文，自独立设科以来，如何改进"学"，成了一代又一代探索者不断探究的问题。从相关文献和现状调查来看，这个根本问题至今未能得到彻底解决。"学生对课文感到'一望而知'，教师在学生已知的话语上纠缠不休，甚至人为制造混乱，教者殚精竭虑，学者费神无补，积弊之深，百年未变。"① 究其主要原因，一是随着工业文明发展而兴起的班级授课，难以满足个体指导的需求，只能基于同班所有学生的共性组织集体学习。二是"教"应与学生经验、兴趣和需求相契合，可现实中更多时候仅按文本逻辑展开，致使教程与学程脱节。其实，"教"在于引导"学"，相对于古代私塾点对点指导的学程，近代教程时常游离于"学"之外，"学"时常脱离生活。笔者从文本走向经验重构主线教学，试图从关注文本，走向关注学生、关注学生言意体验，让"教"服务于"学"，让学生的言语生命自然成长。

一、探明课程改革趋势需要主线

时代洪流奔腾浩荡，教育改革潮涌东方。新时代催生新主题，新主题唱响时代主旋律，给予我们奋勇前行的力量。

1. 牢牢把握"立德树人"这根核心线

无论是天下兴亡、匹夫有责的家国情怀，还是仁爱共济、立己达人的社会关爱，抑或是正心笃志、崇德弘毅的个人修养，"德"始终引领着中国人的发展。党的二十大明确提出："全面贯彻党的教育方针，落实立德树人根本任务，培养德智体美劳全面发展的社会主义建设者和接班人。"② 文以载道，以文化人。语文学科承载着党的教育方针和教育思想，是国家意志的直接体现，是立德树人的主要载体。《义务教育语文课程标准（2022年版）》（以下简称《语文课程标准》）指出："语文课程致力于全体

---

① 钱理群，孙绍振，王富仁. 解读语文 [M]. 福州：福建人民出版社，2013：1.
② 习近平. 高举中国特色社会主义伟大旗帜　为全面建设社会主义现代化国家而团结奋斗 [M]. 北京：人民出版社，2022.

学生核心素养的形成与发展，为学生学好其他课程打下基础；为学生形成正确的世界观、人生观、价值观，形成良好个性和健全人格打下基础；为培养学生求真创新的精神、实践能力和合作交流能力，促进德智体美劳全面发展及学生的终身发展打下基础。"① 语文课程必须与时俱进，务必回应培养什么人、怎么培养人的历史命题，务求在立德树人中做出学科贡献，将育人这根核心线贯穿于语文教学的全过程，让学生从语文中创生意义，用意义引领生活，与自我、与自然、与社会和谐相处，自觉成为"打下中国根基，兼具国际视野"的"建设者和接班人"。

2. 时时守住"儿童立场"这条生命线

《中国教育现代化 2035》要求"推行启发式、探究式、参与式、合作式等教学方式以及走班制、选课制等教学组织模式，培养学生创新精神与实践能力"②。2019 年 7 月发布的《中共中央国务院关于深化教育教学改革全面提高义务教育质量的意见》也要求"坚持教学相长，注重启发式、互动式、探究式教学"，"引导学生主动思考、积极提问、自主探究"，"精准分析学情，重视差异化教学和个别化指导"③。贯彻这些要求，务必坚持儿童立场，强化语文实践，推进综合学习，落实因材施教，让学生参与课程设计，学会发现问题、解决问题，学会交流、合作、探究，学会在生活中历练智能。换言之，"一切从学生出发，我们做任何工作必须考虑学生喜欢不喜欢，愿意不愿意，拥护不拥护，答应不答应，发展不发展，这是教育工作的出发点"。努力做到"学习必须变成学生自己的事情，学习必须发生在学生身上，学习必须按照学生的方式进行"④。努力把被"教"遮蔽的"学"凸显出来，让"教"回归"学"的立场，多学少教、先学后教、以学定教、顺学而教。"不愤不启，不悱不发。"（《论语·述而》）务求教在特别想知道、自学后似乎知道了其实并没有知道之处，让学生产生豁然开朗之感。说到底，离开学生的"学"，教师的"教"既难以理解，也难有作为。正如王尚文先生引用海德格尔有关论述所指出的，教学的本质就

---

① 中华人民共和国教育部. 义务教育语文课程标准（2022 年版）[S]. 北京：北京师范大学出版社，2022.
② 新华社. 中共中央国务院印发《中国教育现代化 2035》[J]. 人民教育，2019（5）：7-10.
③ 新华社. 中共中央国务院关于深化教育教学改革全面提高义务教育质量的意见 [J]. 人民教育，2019（15-16）：7-11.
④ 陈宝生. 努力办好人民满意的教育 [N]. 人民日报，2017-09-08（07）.

是"让学","教"就是"让"学生"学"。

3. 不断拓展"走向未来"这道风景线

有什么样的教育，就有什么样的未来。教育应向生活的方方面面敞开，与生活全面对接，让学生拥有丰富的经历，进而认识生活，了解社会，憧憬未来。这涉及整体规划，统筹建构。只有多学段、多学科、多方资源、多个领域、多种力量有机整合，各方面才会聚焦未来，形成合力，协同发展，发挥好语文课程不可替代的优势。"互联网＋"背景下，微信、抖音等已成为传播信息的重要途径，知识时常以图文并茂的形式呈现，信息获取的渠道不断拓宽，但其负面影响体现为加剧阅读教学的碎片化、浅层化、宽泛化，导致学生经验时而被忽视、异化、替代。有的教学逐段分析，逐句讲解，文本被肢解，学习活动是零星的、零散的、不成结构的，学生理解得零零碎碎，只满足于显性内容的读来读去，没有体会到文中之意，难以领悟生活真谛，更难以产生生活梦想。为此，我们设计相关学生问卷，在扬州区域内 12 所小学发放 1 869 份，收回 1 725 份。通过对收回问卷的统计与分析，发现 43.41％ 的学生止步于课文大概意思的知晓，对于作者是怎么表达的，说不清，这样表达产生了什么作用，道不明；20.78％ 的高年级学生对语文课产生了厌倦，对更新学习内容和改变学习方式有所诉求。形成对比的是，阅读课外书的兴趣比阅读课文的兴趣高出 8.72％，低年级阅读兴趣比高年级高出 15.46％。这些数据揭示了语文教学的困境，有社会层面的，有政策层面的，有课程层面的，有教材层面的，更多的是教学层面的。同时，我们还开展了教师访谈和问卷调查（详见第二章的第一小节），试图了解主线教学的实施现状，梳理其中的问题及成因，探寻今后发展的方向，提出当下的改进举措。回望主线教学的发展历程，起初研究重点在阅读对象上，对阅读主体关注不够。有的老师甚至拿着文本之线，生硬地牵引灵动的学生，这就难以激起对话内需，唤醒学生的学习动机，助力每一位学生的学习经验自然生长。作为语文人，不仅要立足当下，更要面向未来，确立素养导向教学观，推送整体的真实的学习任务，组织具有内在逻辑关联的语文实践活动，探寻从文本走向经验的样态和势态，让经验课程越来越生动，借言意体验相生相长的力量，将学生带向生活，引向未来，让孩子们茁壮成长。

二、落实语文核心素养需要主线

人的生存与发展离不开社会环境,小命运与大时代是休戚相关的。2016 年,中国学生发展核心素养的提出,就是对大时代的回应。2022 年,《语文课程标准》也提出了文化自信、语言运用、思维能力、审美创造这四位一体的语文核心素养。而核心素养是学生通过课程学习逐步形成的能够适应终身发展和社会发展需要的正确价值观、必备品格和关键能力。20 年前,我们没有想到今天会过上这么好的生活;20 年后,肯定不是今天这个样子,一定会发生意想不到的变化。20 年后是什么样子?会发生哪些变化?不知道。那只能以不变应万变,只能归依于素养的养成,以最为核心的素养来应对不确定的未来。这既是教育面临的挑战,也是教育发展的机遇。

1. 统筹语文课程,建构语文核心素养之"线"

语文应服从立德树人的召唤,指向核心素养去统筹课程、变革教学、优化学习,助力学生做中学、用中学、创中学、享受学,让走向未来的课堂为生命奠基。《语文课程标准》强调,语文课程"是文化自信和语言运用、思维能力、审美创造的综合体现"。这就要求我们,坚持素养导向,确定课程目标,统筹教学资源,强化语文实践,推进综合学习。众所周知,语文素养是丰富多彩的,既包括言语智能,也包括语文学习方法、学习习惯,还包括阅读视野、情感态度、思维品质、文化品位、人文精神等。正因为丰富,才需要核心来统筹,才务必以语言运用为基础。只有在真实情境中学习语言文字运用,语文核心素养才会真正得到提升,其他素养才会有所发展。再说,语文核心素养不可能在某一课时一次性养成,即使某种语文要素也不可能在某一课时内化到位,必须先历经经验的生成,再尝试将该经验运用于新情境。学生熟练运用该经验解决新问题时,才有可能形成相应的言语智能;学生习惯性运用该经验解决新问题时,才有可能养成相应的语文素养。可见,语文素养养成期长,收获慢。如果孤立于单篇学习、某课时学习,甚至某个文中要点学习是远远不够的,务必将所学的内容或放入学习任务群之中,或置于大单元内,让学生产生连续行动,历经多次重组、多重建构,促成言意体验相生相长,生成语文核心素养养成之"线"。叶圣陶先生曾指出:"能力的长进得靠训练,能力的保持得靠熟习，其间都有个条理、步骤，不能马马虎虎一读了之。"[①] 如何依据素养养成的"长线"统筹语文课程？怎么融合语文核心素养的四大要素？笔者认为，可以从主线教学角度，聚合多方学习资源，展开多维语文实践，力促文化、语言、思维、审美和谐共生，让学习经验在连续积累和持续生长中，逐步内化为言语智能，直至养育为语文核心素养，化育为积极的言语生命，助力学生在自信的人生道路上增知、会意、共情、习能、明道，坚定文化认同的信念，养成中国人的精气神。

2. 重视传统文化，丰润语文核心素养之"线"

《语文课程标准》将文化自信视为语文核心素养的首要维度，致力于中华文化的理解和传承。中华文明拥有五千多年的灿烂历史，是世界古文明中唯一没有中断、传承至今的文明。祖先们留下的经典，是中华文明的核心载体，是唤醒人性的杰作，可以开启智慧，教化人心，培育人优雅的性情和敦厚的品格。国学经典，薪火相传，一直流淌在中国人的血液里。近些年来，党和国家领导人对弘扬中华优秀传统文化高度重视。在有识之士的推动下，央视《中国汉字听写大会》节目引起海内外华人的关注，激起了更多人对中华优秀传统文化的热爱。另一档节目《中国诗词大会》也持续热播，表明中华优秀传统文化迎来了复兴的春天。融国学经典于语文，已成为彰显语文性质、提升学生素养的一大热点。可喜的是，统编语文教材，一年级就编排古诗，小学6年共编入古诗文124篇，平均每个年级20篇左右，约占所有选篇的30%，比原人教版增加了55篇，增幅约达80%。现在越来越多的学生会背《唐诗三百首》《三字经》等。不过，如何促使散落于教材中的古诗文形成整体？怎么在国学中择取与时代合拍的经典？怎样改变经典学习死记硬背、囫囵吞枣等乱象？其实，可以从主线教学角度，梳理教材内古诗文之间的关联，增强课内外经典学习的联动，拓展诵读经典的时空，丰富学习经典的方法，让学生因祖先的生命情感和言语智慧而感动、而觉悟，进而感受到中华文化的博大精深，领略到传统文化的无穷魅力，在传承和弘扬中理解文化、认同文化、践行文化，使生命变得更加精彩。

3. 借力课题研究，优化语文核心素养之"线"

核心素养为课程建设指明了方向，但语文在核心素养养成中的路径是

---

① 叶圣陶. 叶圣陶语文教育论集 [C]. 北京：教育科学出版社，1980：183.

否清晰？如何指向语文核心素养养成确定课程目标、统筹教学内容、组织具有内在逻辑关联的学习活动？许多问题有待解决，众多困难亟待化解。为此，基于江苏省教育科学"十二五"规划课题"小学语文阅读'主线教学法'的理论与实践研究"成果，我们申报了江苏省教育科学"十三五"规划课题"基于核心素养的小学语文主线教学的研究"，并于2020年7月顺利结题。该课题顺应发展核心素养的时势，以核心素养养成为取向，梳理语文课程目标与内容，探寻单元教学的内在关联，找到单篇学习的核心，预想言语智能发展的脉络，进而重构主要教学内容，组织前后联动的学习活动，增进语文实践的连续，助力学习经验持续生长，最终提升生活意义，升华高尚情感，塑造健全人格。该研究的主要结论是，指向核心素养重构课程之"主"，聚焦文本核心建构课程之"线"，借助关联性思维创生课程之"意"，可以将离散的感受连贯起来，促使经验之间彼此激荡，相互融合，生成整体意义，进而助力学生生发语文经验，丰富生活经验，积淀人生经验，养成核心素养。该结论启发我们，语文不仅在于语言文字的学习与运用，还在于外部世界认知与内在思维的发展。语文教学务必培养学生独立自主的学习能力，引导学生依托自身经验理解文本、表达感受，与生活产生广泛的联系，将所学内容运用于现实生活，创造新生活，这是语文核心素养养成不可回避的基本向度。在该课题成果的基础上，我们成功申报了江苏省教育科学"十四五"规划课题"助力经验生长的小学阅读主线教学研究"，意在从言意体验层面，以相生相长为追求，力促教学内容单元化重构，语文实践综合化推进，阅读教学整体化实施，创生素养导向的经验课程，为语文核心素养养成保驾护航。

三、贯彻《语文课程标准》需要主线

语文课程改革应走向生活逻辑与学科逻辑相融合，走向在真实情境中学习国家通用语言文字运用，统筹课程内容，满足学生个性化、多样化发展需求，全面落实有理想、有本领、有担当的时代新人培养要求。

1. 彰显课程性质方向线

《语文课程标准》指出："语文课程是一门学习国家通用语言文字运用

的综合性、实践性课程。工具性与人文性的统一，是语文课程的基本特点。"① 这表明，"学习国家通用语言文字运用"是语文课程的独当之任，"工具性与人文性的统一"是语文课程的基本特征。"统一"意味着工具性与人文性是语文课程不可分割的两个维度，工具性中含人文元素，人文精神体现在工具性之中。语文，不仅有知识，也有兴趣、方法、能力、习惯，还有生命情感、文化自信、审美趣味、人生哲理、民族精神等，给予学生知识上的启迪，情感上的熏陶，思想上的觉悟，丰富和提高学生的语言经验、言语智能、思维品质、审美情趣和文化品位。"统一"说来容易，可实际上时常失之偏颇，或仅从内容层面展开教学，过分强化事实性知识，过多强调工具性，束缚学生认知的广度与深度，甚至致使语文学习陷入应试的怪圈。或只从情感态度和价值观层面展开教学，"人文至上""文学至上"，似乎"人文""文学"是语文的一切，而"学习国家通用语言文字运用"只是点缀，甚至排斥字、词、句、篇等基础知识，轻视读、写、听、说等基本能力，导致语文本体沦丧，语文课程消解。或鼓吹学生中心论，鼓动背离文本自说自话，对单元人文主题和语文要素、文本核心价值、学生不理解或理解不深的要点，不敢讲，甚至不愿引，忌讳导。学生的理解，无论正确与否、恰当与否，都慷慨地给予"你真棒"的评价。有时甚至打着激发兴趣的旗号，盲目追求学习情境的变幻、阅读方式的新奇、媒体手段的花哨，学生活动过量、活跃过度、表演过繁，没有静心阅读、潜心会文，更谈不上揣摩表达思路，领会以言尽意的智慧，致使语文味丧失。其实，面对纷繁复杂的语文现象，面对"模模糊糊一大片"的字词句篇，面对彼此孤立的听说读写，面对千差万别的灵动生命，可以借主线带来的结构，统整多方资源、多元思维、多重视角、多种观点，聚焦核心素养，彰显课程性质，务求促使语文成为能说会道的工具、能读会写的工具、能做事会做人的工具，进而助力学生提升运用祖国语言文字的能力，培养终身受用的语文核心素养，为后续学习和未来发展奠定坚实的基础。

2. 遵循课程目标发展线

语文应坚持学科育人的核心信念，将立德树人课程化。可有时看到小学高年级和中年级的语文课差异不大，三年级与五年级的作业难易相当，

---

① 中华人民共和国教育部. 义务教育语文课程标准（2022年版）[S]. 北京：北京师范大学出版社，2022.

说明相关老师既没有学段目标与内容的边界，也没有遵循学生认知规律的意识。《语文课程标准》依据"六三"学制设定学段要求，按1~2年级、3~4年级、5~6年级、7~9年级四个学段，分别提出识字与写字、阅读与鉴赏、表达与交流、梳理与探究四个层面的要求，体现学习目标的连续性和进阶性。学段之间、板块之间纵横交错，相互联动，螺旋式上升，最终全面达成课程总目标①。尤其是，学段之间的梯度较为清晰，课程目标的适应度和教学内容的可操作性有所增强。如，就阅读而言，依据学段要求，第一学段侧重"喜欢阅读，感受阅读的乐趣"，第二学段侧重学会默读和学习略读，第三学段侧重有一定速度的默读。这三个学段的侧重点揭示了阅读素养发展的基本层级。只有遵循该层级，统筹相互关联的学习内容，组织彼此联动的学习活动，才会体现阅读素养养成的阶段性和发展性，让学生始终处于最近发展区内，获得阅读经验的持续生长。现行统编教材围绕人文主题和语文要素"双线"组织单元，除了加强单元内横向关联，促使各板块渗透融合外，还注重年级之间、学期之间的纵向联动，体现由易及难、由浅入深的螺旋式发展梯度，这有利于循序渐进地达成课程总目标。可是，组织学习时，我们时常"只见树木，不见森林"，忽视本学段要求以及当前单元主要教学目标与当下课时核心学习目标之间的契合，忽略经验课程的前后连贯性和进阶性。那么，如何才能既统筹好学段、学年、学期的课程要求，又规划好学习任务群目标与内容，预设好单元主要教学目标与内容，定位好课文核心教学目标与内容，促使各课时学习形成纵横关联、层级清晰的系列，生成拾级而上的路径？其实，可以借主线带来的结构，理出某类语文要素发展"长线"中的对应和关联，促使学习任务群目标、学段要求、单元重点与课文核心相契合，准确定位当下的学习任务，重组适宜的学习内容，展开具有内在逻辑关联的语文实践活动，引发学生连锁思考，连贯意义，产生相生相长的言意体验，最终有序达成课程总目标。

3. 凸显学习任务群专题线

大概念、基于项目的学习等成了当前教学改革的新话题，尤其是学习任务群已成为教育创新的热点。《语文课程标准》指出："义务教育语文课程内容主要以学习任务群组织与呈现。设计语文学习任务，要围绕特定学

---

① 中华人民共和国教育部. 义务教育语文课程标准（2022年版）[S]. 北京：北京师范大学出版社，2022.

习主题，确定具有内在逻辑关联的语文实践活动。语文学习任务群由相互关联的系列学习任务组成，共同指向学生的核心素养发展，具有情境性、实践性、综合性。"该标准还要求按内容整合程度，"分三个层面设置学习任务群，其中第一层设'语言文字积累与梳理'1个基础型学习任务群，第二层设'实用性阅读与交流''文学阅读与创意表达''思辨性阅读与表达'3个发展型学习任务群，第三层设'整本书阅读''跨学科学习'2个拓展型学习任务群"[1]。那么，如何基于任务群展开语文学习？我们可以借主线带来的结构，做一些探索。其实，主线教学与学习任务群殊途同归，都倡导以真实主题为载体，聚合多方资源并加以结构化，通过具有内在逻辑关联的语文实践活动，综合解决一系列实际问题。尤其是主线教学观照下的主话题，有利于整合学习目标、内容、情境、方法等，形成开放而有活力的话题群，生成整体意义，体现"群"的价值。这样，一方面，可以提高站位，在学习任务与学生经验契合处，创设体现核心的主话题，通过多样而统一的话题群，协调听说读写，跨越古今中外，打通语文与其他学科、与生活的联系，促使不同时段学习渗透融合，促成某类学习经验持续生长。另一方面，学生成了学习任务的设计者，直接参与计划制订、信息搜集、过程推进、成果评价等，在个体独学前提下，团队成员互学互助、取长补短、集思广益，共建着"群"的意义。其间，不同时段、不同层面的学习不是孤立的，而是依"群"联动的，最终促成学生融会贯通，学以致用，知行合一。不过，怎么合理组织和有效呈现系列学习任务，还需要我们从主线教学角度做普遍实践和长期探索。

4. 契合统编教材"双线"

我国古代多采用同类相聚的方式编写经典，如《论语》《吕氏春秋》《尔雅》等。现行统编语文教材是依据《语文课程标准》，按课程目标的学段要求、课程内容的逻辑和特定的单元专题编排的，是按鲜明的人文主题和清晰的语文要素这一"双线"组织单元的。如，五年级上册教材安排8个单元，其中6个单元是按人文主题和语文要素"双线"组成的。另外2个单元较为特殊，一个是围绕"提高阅读的速度"阅读策略的学习编排的，另一个是围绕"说明性文章"习作能力的培养编排的。将同类文本聚合起来，有利于彰显文本之间的异与同，设计相互关联的系列学习任务，

---

[1] 中华人民共和国教育部. 义务教育语文课程标准（2022年版）[S]. 北京：北京师范大学出版社，2022.

展开具有内在逻辑关联的语文实践活动，生成前后连贯的意义，让诸多意义融成单元整体意义。制订学期教学计划就得依据各单元特点，对语文课程进行定向、定序、定量、定度，强化单元之间的关联，发挥教材整体功能，助力学生整体建构经验课程。组织单元学习更应围绕本单元人文主题和语文要素，考虑单元重点与单篇特点之间的契合，以及这一篇的特有作用等。其实，单元人文主题和语文要素不仅有阅读的、写作的、文化的，也包含语文基础知识、基本能力等。单元内的资源虽然较多，但只要对照单元人文主题和语文要素，就能厘清单元重点以及每一篇的核心，理出相互关联的主要内容，这有助于学生集中精力，聚焦核心学通悟透。那么，怎样将与单元人文主题和语文要素相关的资源聚合起来，转化为单元主要学习内容呢？主线教学有这方面的优势，可以助力学生对照单元导语，了解单元"双线"；学习各篇时相机建构单元"双线"，不断丰富相应的学习经验；通过《语文园地》中的"交流平台"，进一步巩固、提炼相关学习经验；借助单元"词句段运用"和《习作》，综合运用相关学习经验。这样，单元"双线"多维渗透、多次重组、多重建构，促使单元学习前后联动，相融共生，处于单元重点的最大关联之中，整体建构本课文、本单元，甚至本学期、本学段的语文课程，持续助力学习经验自然生长。

如何让主线在探明课程改革趋势、落实语文核心素养、贯彻《语文课程标准》中充满活力，生长意义，是值得探究的。我们认为，当前可以开拓从文本走向经验的新路径，希望这次征程，能为语文课程发展拓展一片新天地。

第二节　主线教学的概念

关于何谓主线教学、主线教学何为、何以主线教学等问题，我们斟酌了许久。任何事物本体研究的第一步是释名，那我们也从主线、文本、经验、从文本走向经验、从文本走向经验的主线教学等概念开始讨论。

一、主线

主，"灯中火主也"[①]。主的本义是"灯芯"。古代夜晚，火是家族团聚

---

① 王朝忠. 汉字形义演释字典 [M]. 成都：四川辞书出版社，2006：239.

的核心，所以"主"引申为家长，后由家长引申为首领，又由首领引申为君主……现泛指处于支配地位。韩愈说："万山磅礴，必有主峰。"纷繁世界包含各种矛盾，不同矛盾所处的地位不同，对事态所起的作用也不一样，有主有辅，有实有虚，有内有外……其中必有一种处于支配地位，起决定性作用，我们称之为主要矛盾。把准主要矛盾，转化主要矛盾，预先规划，事前统筹，对于厘清做事思路、提高工作效率、提升生活质态，有着不可估量的作用。一主多辅、主辅分明、以主带辅、主辅相生、主辅一体等理念，已被广泛应用，甚至成为人们的生活习惯。

线，在大自然中无处不在。有形之线触目可及，连绵的山脉、蜿蜒的河流随处可见；无形之线比比皆是，日升月落，鸟飞鱼翔，乃至耳畔声音的流变，富有节奏的"哒哒哒""呜呜呜"，宛转悠扬的乐曲，也可化为起伏跌宕之线。

线，是先民认识世界的独特方式。无论东方，还是西方，对世界的最初认识，都离不开线。以线勾勒事物轮廓，再现生活场景，如原始图腾、壁画等；以线记述生活见闻，交流思想感情，如甲骨文、楔形文字等。线作为主要的认知符号，反映了古人认识世界由物象向抽象的过渡，体现了朴素的化繁为简的思维萌芽。

线，是绘画的基本手段。人类最早的岩画、壁画、器物画等，无一不是由单一线条组成的。原始人凭简单的线条概括事物，于是，线条成为表情达意的载体。中国画史可以反映线条艺术的沿革，从古拙走向灵动，从单一走向纷繁，从写实走向写意……以致后来"十八描"，达到了线条运用炉火纯青的巅峰状态。粗、细，长、短，疏、密等变化，带给人们丰富奇妙的艺术享受。

线，也是中国书法的核心元素。书法之线，体现着不同作者的生命状态和个性特质，折射出不同时代的审美追求与精神风貌。从甲骨文的古拙生涩，到金文的结构匀称、遒劲稳健，到小篆的方正圆润、疏密匀停，到隶书的方圆兼备、朴厚洒脱，到魏碑的瘦硬刚劲、骨肉雄浑，乃至后来楷书的端庄严整、刚柔并济，行草的飞扬恣肆、流丽奔放……变化全在运笔的轻重、虚实、强弱、疾涩、转折、顿挫之中。书法之线，之所以承载着如此丰富的文化意蕴，源于师法生活万象，撷取自然精华，融入生命情感。东晋时期，王羲之学写"一"，老师卫夫人带他观察遥远地平线上的阵云，千里阵云的铺展就是充满动感的力量之线，将千里阵云的张力，融入看似单纯的"一"字，不正是来自大自然的生命感悟吗？所以，历代书法家凭自己独特的生命，让书法之线超越固化的形，化作灵动的韵。

线，在日常生活中，也能找到运用的踪迹。哪怕是极为贫穷落后的岁月，除了让人历经苦难，也馈赠相应的生活智慧。记得小时候，村里人常说："找根线串起来。"山芋切成片晒干后，找根线串起来，挂上屋梁，时而取下一些放入粥锅或饭锅，成为单一主食中的美味。找根线将红辣椒串起来，挂到墙壁上，时而摘下几个放入菜肴，作为单调家常菜的调味品。最为难忘的是，蚕豆成熟时，找根线把青涩的蚕豆串起来，放入粥锅，待粥煮好后，用筷子一捞，拎出来，便是一顿回味无穷的美味。这些智慧，奠定了我们的人生底色，也影响着我们的思维方式。

"山有其脉，树有其干。"从大自然，到社会万象，从C形玉雕龙，到书法"一笔书"……到处有线流变，到处有主线可循。只不过，它们表现的形式多样、表达的方式各异、表述的维度不同而已。从某种程度说，中国艺术就是线的艺术。李泽厚先生在《华夏美学》中指出："之所以是'线'的艺术，正因为这'线'是生命的运动。所以中国美学一向重视的不是静态的对象、实体、外貌，而是对象的功能、结构、关系；而这种功能、结构和关系，归根到底又来自和被决定于动态的生命。"① 然而，在变化万千的线的世界里，如果只顾欣赏线的千姿百态，忽略线的"功能、结构和关系"，无疑是只见树木，不见森林，犯了舍本逐末的错误，让人产生杂乱无序之感。这就需要高屋建瓴，去芜存菁，对眼前之线进行梳理与甄别，发现其中的关键，把准其中的主线。

主线的应用，俯拾皆是。可以说，前人对主线的驾驭，在许多领域达到了令人叹服的境界。诸如城墙宫殿的规划、园林器具的设计、诗歌戏剧的创作，无不体现着创造者的主要思路。单从古建筑群形态来看，皇宫衙署群、皇家园林群、佛道寺庙群、帝王陵寝群，都存在轴线平面布局的规制和礼法。其中各具风格的亭台楼阁，体现着建筑的层次，形成了一整套轴线控制建筑群的理论、方法等。依主线规划的古建筑群，看似各有千秋，不相往来，实则彼此呼应，错落中有勾连，分散中见集中，在风格、

---

① 李泽厚. 华夏美学 [M]. 武汉：长江文艺出版社，2019.

布局以及功用上，具有明显的统一性。观其主线，全局尽览，主线在古建筑群中的作用由此可见。同样，一部戏剧有了主线，情节会更加清晰；一项工程有了主线，便能认清方向，摒弃杂芜，收到事半功倍的成效。可见，主线看似平常，实则蕴含着博大精深的思想和丰富深刻的哲理，体现着牵一"线"而动全局的力量。

《现代汉语规范词典》关于主线的解释有两个：事物发展的主要线索；文艺作品情节发展的主要线索。可见，主线的落脚点是占主导地位的线索，是能统领辅线、边缘线的线索（见图1-1）。当今，世界格局多极化、价值多元化、生活多样化，遇到的问题和挑战错综复杂。如果被表面的千头万绪所困扰，执着于细枝末节，就容易迷失其中。如果从各种事物、现象、问题、矛盾中，梳理头绪，发现关联，拎出主线，就能看清本质，把准关键，提炼精要，从根本上应对挑战，开创明天。

图1-1 解读"主线"的概念　　图1-2 解读"教学主线"的概念

任何事物的本质属性只有一个，本质是唯一的，不可能同时出现两个。这是事物矛盾规律决定的，不以人的意志为转移。不过，世界是多样的，文化是多彩的，价值是多元的。尊重"多"，维护"多"，享受"多"，就得看清本质，遵从本质。可是，人的评判是主观的，会带有个人偏好，在本质认知上也不例外。语文教学亦如此，面对"一千个读者有一千个哈姆雷特"，面对千差万别的生命状态，我们要清醒，一元成就多元，没有一元就没有多元。多元不是随性的自说自话，而是与一元对立统一的，正因为"多"才需要"一"，才务必从"多"中理出"主"。为此，可以借助主线的唯一性，抓住教学的主要矛盾，遵循语文教学的本质，集中精力解决主要问题，达成主要目标。我们主张以学生言意体验在师生—文本—作者对话中相生相长为主线，实施阅读教学。并形成了"三位一体"的建构思路。一是基本目标始终指向语文核心素养养成，二是主体内容注重推送"整体的真实的学习任务"，三是主要途径着力开展"具有内在逻辑关联的学习活动"（见图1-2），进而强化语文实践，拓展语文生活，促成语文学科育人目标的落地生根。可以说，阅读教学如果没有主线，就容易偏离本体，迷失方向，甚至会消解课程；如果拥有主线，就可以聚焦语文核心素养养成，厘清千头万绪的教学任务，组织具有内在逻辑关联的语文实践活动，增进文本之言与文中之意逐层转化，助力学生与文中作者对话，与作者生命情感和言语智慧相融，产生相生相长的言意体验，进而借主线意义，引领童年生活，让学生自信而快乐地成长。

二、文本

"文本"源自英文 text，另有本文、正文、语篇、课文等译法，广泛应用于语言学、文体学、文学理论与批评等。广义指由书写而固定的话语；狭义指由文字组成的文学实体。因含义丰富而不易界定，给理解和应用带来一定的困难。语言学家认为，文本是作品可见可感的表层结构，可以是单句，如格言、谚语、招牌等，也可以是一系列句子。老师们普遍认为，文本是物化的教材。从教学来看，文本指实际使用的语言单位，是一系列语句构成的语言整体，是教学活动的主要载体，学生学习的直接资源。

文本具有特定意义，其意义既包含作者的表达意图，也包括编者选入教材的意向，还体现着教者推介该文的意愿，更体现了读者生成的意识，其中最主要的是作者表达意图。文本是作者认识世界的一种投射，表达世界的一种方式，是经意识选择后创生出来的，并表现个体生命的。换言之，文本是作者通过独特的体式创造出来的绚丽多彩的精神世界，是作者心中的"这一个"，带有强烈的个性色彩，交织着复杂的个体生命的意向物。

文本只有被理解后才有意义。文本意义蕴含在字里行间，体现在读者与文本相互作用之中。文本与读者是互为主体、彼此解释、相互沟通的关系。读者会借助文本，与潜在的作者对话，产生心灵碰撞和语意交流，发现作者的情感变化和表达思路，读懂背后的"人"，甚至读成作者。可见，阅读是读者经验与作者经验发生碰撞、冲突、融合的过程，是"读者主体、文本主体和作者主体从表层到深层的同化和调节"①。

文本意义是开放的、不确定的、无限的，是由读者与作者共同创生的。伽达默尔曾指出："对一个文本或艺术作品真正意义的发现是没有止境的，这实际上是一个无限的过程，不仅新的误解被不断克服，而使真义得以从遮蔽它的那些事情中敞亮，而且新的理解也不断涌现，并揭示出全新的意义。"② 换言之，文本不是绝对的、偶像化的蓝本，不是简单效仿的对象，而是创生意义的中介，经这一位理解，会化为带有个体色彩的生命体，获得当下的现实存在。但从教学层面来说，文本意义又是有界的，既不可止于内容层面的意义、事实层面的意义，又不可背离作者的主要表达意图，而应是体现作者创作意图和思路的意义，演绎单元人文主题和语文要素的意义，指向语文核心素养养成的意义，我们称这方面的意义为文本核心之意。

三、经验

经验是人与世界之间的一种中介。人类行为的依据是什么？行为能力不断提升凭什么？经验。通常情况下，经验指做过的事所构成的信息回馈。这些回馈使后续行为更有效，错误率更低。可以说，经验是可贵的，不可或缺的，非常重要的。但环境是不断变化的，经验的主体和对象是不断变化的，那就意味着以前的一些经验是无效的。在快速流变的当下，如果囿于经验，刻舟求剑，如果经验不被反思，不被改造，不与时俱进，用过去的老一套，应对流变的现在，就是经验主义，就有可能失败。这就迫使我们超越经验，觅得先验，不断去追问：什么在"变"？什么引发了"变"？"变"的规律是什么？……理不出"变"的脉络，看不清"变"的势态，我们就难以适应，甚至难以生存。所以，要关注生存环境的变化，关注经验背后的生命状态。从这方面来看，经验指做的过程、经历的过程，是过程中主客体相互作用的结果的不断变化。经验是变化，是心理变化，是内部心理结构变化，也是外部行动变化。

《现代汉语规范词典》对经验的解释有两个：一是从实践中得到的知识、技能等；二是亲身经历或体验。这两个义项正好呼应学什么和怎么

---

① 钱理群，孙绍振，王富仁. 解读语文 [M]. 福州：福建人民出版社，2010：6.
② 伽达默尔. 真理与方法 [M]. 王才勇，译. 沈阳：辽宁人民出版社，1987：265-266.

学。杜威指出:"经验包含一个主动的因素和一个被动的因素,这两个因素以特有的形式结合着。在主动方面,经验就是尝试;在被动方面,经验就是承受结果。我们对事物有所作为,然后它回过来对我们有所影响,这就是一种特殊的结合。"[①] 既指结果又含过程,说明经验有名词和动词两种性质。杜威还指出,学习是"由于经验、在经验中、为了经验",只有调动经验,才会有经验生长。泰勒发展了"学习经验",指出"学习经验"是"学习者与他对作出反应的环境中的外部条件之间的相互作用"[②]。

不是所有的经验都有生长力,只有前后关联的经验才可能生长。我们所关注的,是亲身经历的语文实践,是连续的言意体验。所谓言意体验,是指透过文本之言,悟得文中之意,文本之言与文中之意逐层转化,能用自身语言将文中之意表达出来。这样,依言循意,据意品言,品言得意,意以言表,直至从文中生成意义,用意义去引领生活。而经验生长是指言意体验处于变化之中,既相生,又相长,相生是基础、过程,相长是状态、目标。主线教学探寻的是言意体验的流变之道,是言意体验相生相长之道。

四、从文本走向经验

从价值取向来看,教学情境中的文本带有一定的目标。怎么让文本达成目标?从文本到目标之间会发生什么?这过程是复杂的。为了简约表达,我们倡导"文本→经验→目标"的路径。尽管中间的经验会因人而异、因文而变、因境而别,会千姿百态、千差万别,但两头的文本和目标是相对稳定的。探秘中间富于变化的经验,就是为了先从文本走向经验,再借经验达成目标。

从文本走向经验是一种学习立场,是本书核心概念之一,也是本书重要的原创性认知。其他基本概念,如创生主话题、语脉连贯、转化文本言与意、言意体验相生相长、主要意脉流变等等,都是由此滋生的。我们习惯于关注外在的文本,热衷于引导学生多读文本。实际上,阅读文本的多少与语文素养的高低不一定高度相关。只有依托自身经验读进文本,与潜在的作者对话,悟得作者创作意图和思路,文本意义才会在读者心中显现

---

① 杜威. 民主主义与教育 [M]. 王承绪, 译. 北京: 人民教育出版社, 2001: 153.
② 泰勒. 课程与教学的基本原理 [M]. 英汉对照版. 罗康, 张阅, 译. 北京: 中国轻工业出版社, 2014.

出来，读者的经验才会有所生长。这种依托经验读进文本与对照文本改造经验的循环转化是阅读的基本逻辑，让这一逻辑进入良性循环正是从文本走向经验所追求的。

基于自身经验，生成文本意义，助长新经验，"经验—文本—经验"，形成了"走向"的势态，"走向"中的每个环节、每个步骤、每个活动都会带动经验发生变化，而每一次变化都是一次成长。这里的"走向"，既是教学方式，也是学习方式，更是生活方式。这里的"走向"既有文本唤醒经验，又有经验激活文本，既依言循意，据意品言，又品言得意，意以言表，是学生与作者对话所产生的文本之言与文中之意的逐层转化。可见，"走向"是一种方式，是从关注文本走向关注学生，从知识本位走向素养立意，从文本意蕴领会走向个体经验生长……最关键的是走向儿童、走向实践、走向生活。走向儿童，就是以儿童视角解读文本，依照儿童心理处理文本，契合儿童兴趣和需求推送文本，顺应儿童生活状态调适学习活动，助力每一位转化文本言与意，生成与自身经验相应的意义；走向实践，就是推送真实的语用任务，引导学生做中学、用中学、创中学，运用读、画、议、写等对话文本，借力具有内在逻辑关联的活动，逐层转化文本言与意，学会深度阅读；走向生活，就是调动生活经验激活文中之意，从文本世界走向生活世界，就是关注文本带来的生活经验，关注学生有没有感受到阅读生活的乐趣，会不会过一种自由完整的童年生活，能不能用文本意义去感受生活、理解生活、表达生活、创造生活。概而言之，从文本走向经验，不是从文本到经验的单向转化，也不是非此即彼的二元论，更不是经验主义论，而是在文本的引领下，自身经验被唤醒、生发和改造，产生了内心反应，表现为以个体经验解读文本，产生共鸣，自觉化文本之言为自我语言，化作者生命情感为自我生命情感，化文中客观精神为自我主观精神，化文中文化经验为自我人生经验，进而获得自信的体验和前行的力量。

五、从文本走向经验的主线教学

从"教"来看，主线教学是指根据学生实际、文本特点和教学重点，创设整体把握视点，据此整体重组教学点、分层呈现教学点、逐一聚焦教学点、融通前后教学点，建构完整而清晰的教学脉络，进而实现学生、教师、教科书编者、文本之间有序对话的一种教学策略[①]。而从"学"来看，主线教学是指学生在多元对话中，聚焦文本核心，逐层转化文本的言与意，融成言意体验相生相长的主要意脉，彰显文本整体意义的一种教学策略。

王荣生教授曾为"阅读教学"设计过这样的流程（见图1-3）。

```
            需要的阅读能力
           （已有的阅读能力）
    学生 ➡ 特定的文章 ➡ 理解与感受
           （已有的百科知识）
            需要的百科知识
```

图1-3 "阅读教学"流程图

他指出："中间部分，是学生阅读特定的文章，产生了自己的理解与感受，这是一条主线。对阅读教学来说，这条主线非常重要，是学生的理解与感受，是具体的学生同特定的文本相遇后所产生的理解与感受。"[②] 这里的"产生了自己的理解与感受"，就是我们所说的产生了言意体验；"自己的理解与感受"前后融通，我们称之为言意体验相生相长（或学习经验持续生长）。而助力言意体验相生相长，就成了主线教学的追求。

1. 在"分解开来"中，让对话聚焦主话题

学生依托经验读进文本，带着感受走出文本。在读进与走出之间，经历了什么，怎么经历的？儿童自主阅读，时常看到后面忘掉前面，只问结果不想原因，处于游离无序的浅阅读状态。"我们的思维方式让我们在事物被分解开来时看得很清楚，而在它们彼此联系起来的时候却变得很近视。"[③] 既然"被分解开来"的容易看清，那就有必要从"被分解开来"的局部入手，但最终的理解不能"被分解开来"，不可止步于"被分解"之处，务必在看清局部之后，超越局部，看到局部之间的关联，看清"彼此联系起来"的样子。另外，"分解开来"看，注视的点必然增多，而老师只能就其中学生难以自知的、体会不深的要点，做适宜的引导。"如果课文中有些关键点、关键语句、关键语序，学生抓不住，理解不了，感受不

---

① 郑春. 主线教学：小学语文阅读教学新视点 [M]. 北京：教育科学出版社，2014：18.
② 王荣生. 阅读教学设计的要诀 [M]. 2版. 北京：中国轻工业出版社，2021：131.
③ 焦尔当. 学习的本质 [M]. 杭零，译. 上海：华东师范大学出版社，2015：86.

到，可能就会在理解上出现很大偏差，在感受上出现很大偏误。"① 只有以"关键点、关键语句、关键语序"为抓手，先把准单个要点之意，再发现各个要点之间的关联，才能领会到"彼此联系起来"的整体意义。不过，文中"关键点、关键语句、关键语序"不一定都引起学生注意，不一定都被学生自知，有时需要将某些要点转化为学生感兴趣的话题，以激起对话内需，增进阅读期待，进而先读懂单个要点，再在上勾下连中连锁思考，聚焦文本核心，逐层转化文本的言与意，生成"彼此联系起来"的意义，发现作者的情感变化和表达思路。如，统编教材六年级下册的《腊八粥》，根据单元人文主题和语文要素以及文后导读题，该文的核心应确定为"沈从文为什么详写'等粥'，这样写有什么作用"。先将此转化为"你喜欢八儿的哪些表现，为什么"等话题，引导学生"分解开来"议一议"盼粥""分粥""猜粥""看粥""喝粥"等场面，感受八儿的娇憨、智慧和狡黠，以及腊八粥所富有的灵气和生命。然后，在对话中自然生成主话题"全文围绕腊八粥写了哪些内容，哪里写得详，哪儿写得略，这么写有什么好处"，引导学生循着"盼粥→分粥→猜粥→看粥→喝粥"疏通全文，整体感受腊八粥的甜蜜和家庭生活的温情，领会人与粥相互映衬的表达智慧，实现文中意脉与个体经验相融共生。这样，先对照单元"双线"，定位这一篇的核心，梳理想教的内容；再依据学生现实的心理经验，将学生有疑惑的文中要点聚合起来，形成主要教学内容，并据此创生富有张力的主话题（是核心的、有组织的话题，能对随性的、离散的对话赋予意义并加以连贯，又可称之为"大语境""大任务""大单元""大概念"）；然后循着主话题的意指，勾连相关要点，聚合多方信息，进而借助系列学习任务，将离散的感受连贯成意义。其间的关键是，在聚合某类教学内容的基础上，发现文本核心、聚焦文本核心，创生主话题、探究主话题，辅以开放而有活力的话题群，促成主话题处于活跃的推波助澜的生成状态，疏通文本，彰显全文意义。

2. 在发现关联中，让意义融入主意脉

"人主要是依照线性思维来处理信息的"②，文本意义生成，是多方信

---

① 王荣生，徐冬梅. 部编教材背景下，小学母语课程建设的方向和任务：访谈王荣生[J]. 教学月刊：小学版（语文），2018（1-2）：4-8.
② 梅里尔. 首要教学原理[M]. 盛群力，钟丽佳，等译. 福州：福建教育出版社，2016：14.

息或横向或纵向关系的揭示，是作者经验与读者经验联结的状态，既需要主话题导向的连续对话，又需要增进学生与文本之间的相互影响。虽说我们的思维主要是线性的，文字表达也是线性的，这种线性特质与文本全息性特征之间的矛盾是客观存在的，但如果组织起若干条"线"，将多方信息聚合起来，就可以揭示文中要点之间的关联，让前后意义呼应起来，联动起来，最终连贯起全文。如，统编教材五年级上册的《父爱之舟》，吴冠中通过梦中回忆与父亲相处的一个个场景，表达父亲对"我"的爱以及"我"对父亲的怀念。这些场景虽都体现父爱，但相对独立，容易产生散乱之感。而以"'我'梦见了哪些场景，哪一个给你的印象最深"帮助学生将一个个场景转化为彼此关联的话题，就能让学生从离散的细节中感受到父爱的流淌。同时，以"如果用小舟来表达，此处的父爱好似什么样的小舟"去升华，引导学生将"东奔西走凑学费"想象成省吃俭用助"我"上学的希望之舟，将"吃凉粽子喝热豆腐脑"想象成倾其所有的奉献之舟，将"糊万花筒"想象成精心制作的启蒙之舟，将"缝补棉被"想象成无微不至的关怀之舟……并顺此生成主话题"'父爱之舟'仅仅指从姑爹那儿借来的小渔船吗？吴冠中心中的小舟指什么"，引导学生体悟有形之舟承载着父爱的故事，而无处不在的父爱，又恰似载"我"一路前行的人生之舟。这样，将小舟的物象先向表象转化，再向意象升华，体会到文中小舟是一种激励"我"从此岸不断驶向彼岸的父爱力量，进而将无形的父爱寄托于有形的"小舟"，连贯起一个个生活场景，让离散感受融入"父爱之舟"的意脉之中。可见，应设法将想教的"被分解开来"的一个个要点，转化为相互关联的话题，助力学生融合多方信息、多重视角、多种意义，确保对话生成连贯语脉，直至演绎成主要意脉。虽说意义是流变的、多样的，每一位学生感受到的文中之意是不一样的，但诸多意义必将融入主要意脉。作为对话的组织者，应侧重关注这样的"主意脉"。王荣生教授主张"教学线路一根筋，是语文教学一堂好课的显著表现"[①]。我们认为，"一根筋"是多方信息融会成意义群的体现，是言意体验相生相长成主要意脉的状态。在此期间，学生既能思前，又会顾后；既能回想，又可展望；既能在文中什么地方看出什么东西，又能从要点之间看清彼此关

---

① 王荣生. 听王荣生教授评课：2021年版[M]. 北京：中国轻工业出版社，2021：46.

联，诸多关联渗透融合，直至融成一脉相承之"筋"。虽说教学线路之"筋"，是由文本核心融合多维要点转化而来的，是由主话题历经多元对话后演绎而来的，有的是逐渐明晰的人文主题之"筋"，有的是灵动可感的情感之"筋"，有的是不断丰盈的意象之"筋"，有的是若隐若现的语文要素之"筋"……但归根到底是学生产生主要语意指向、主要思维导向、主要经验走向。学生借此自觉地将稍纵即逝的感受关联起来，将离散零碎的感知连贯起来，融成主要意脉流变。可以说，多方信息有所聚合，多重体验相融共生，多维意义动态交融，主要意脉相生相长，是主线教学显著的内在机理。主要意脉会因主线教学的舒展而流变，主线教学会因主要意脉的流变而富有活力。

3. 在尊重差异中，让经验生长指向主目标

主线教学既不唯文本是从、奉行文本至上，也不追逐学生中心主义的浪漫，只坚持儿童立场，务求与儿童经验、兴趣、需求相契合，力求让每一位学生产生与文本核心之意趋向一致的"自己的理解与感受"。换言之，这里的"主线"是言意体验相生相长的状态，外在条件是学生与文本循环对话，结果是文本意蕴领会与个体经验生长有机统一。如，统编教材五年级上册的《圆明园的毁灭》，第2～4自然段写的是圆明园的辉煌，第1、5自然段写的是圆明园的毁灭，一扬一抑，一美一毁，富有张力，但"辉煌"与"毁灭"的主辅关系不易分清，主要学习目标容易含混。如果依据第1自然段"圆明园的毁灭是中国文化史上不可估量的损失，也是世界文化史上不可估量的损失"这一全文中心句，不难发现作者想强调的是"不可估量的损失"。再对照本单元人文主题"爱国情怀"，可以确定本文的主要学习目标应该是：感受圆明园昔日的辉煌和惨遭侵略者肆意践踏而毁灭的景象，激起对祖国灿烂文化的热爱，以及对侵略者蛮横行径的愤慨，增强振兴中华的责任感和使命感。在教学中，将该中心句分别插入第2～5自然段或开头或末尾，适时形成新的语段，适度重构新的语意，实现"不可估量的损失"与相关自然段的互文观照，彰显"不可估量的损失"这一主要意脉的流变，引导学生发现作者的痛惜、愤怒以及行文思路，坚定勿忘国耻、振兴中华的决心。可见，如果指向语文课程一脉相承的育人目标，着眼于前后教学点之间、前后课时之间、前后课文之间、前后单元之间甚至学习任务群之间的渗透融合和衔接延伸，着力于主要教学内容的相互关

联和交叠共进，致力于主要语文实践的彼此联动和相融共生，就会促成言意体验前后融通，生成整体意义，达成主要目标。需要强调的是，虽说主目标是唯一的，主话题是唯一的，主意脉也是唯一的，但言意体验不可以单一，促成言意体验相生相长的还有作者的意图、编者的意愿、教者的思路等，还有林林总总的个体经验状态。如，虽说是文本的第一句，理解时可放到最后，为什么先学这里、后读那儿，张小五学什么容易一点、李小四读什么难一点……这些"线性思维"千丝万缕。着力建构其中的主线，就是通过系列学习任务，拓展开放而灵动的体验空间，促成经验构成的确定性与选择性相辅相成，实现经验表现的相通性与多样性和谐共生。具体表现为次要内容能融入主要内容，辅话题能聚焦于主话题，边缘环节能凝聚于核心环节，多样辅线能交织于主线，学生零零碎碎的感受能指向文本核心，最终生成与文本核心之意相宜的学习经验，达成体现文本核心的主要学习目标。尽管每一位读者阅读特定文本后对文本的理解是不一样的，是千姿百态、千差万别的，但在尊重彼此差异的前提下，期待通过个体经验的相通，共建文本整体意义，促成共同的学习经验生长。否则，语文课程总目标难以实现。也就是说，主线教学以语文核心素养养成为目标，以学习经验自然而持续生长为追求，致力于借助文本核心，借鉴作者经验，助力学生带着文本意义去感受生活，进而学会过自信的童年生活。

这样，主话题（主体内容）驱动、主意脉（主要途径）彰显、主目标（基本目标）达成会旋成一股相辅相成的力量（见图1-4），而这股力量主要是通过言意体验相生相长来实现的。为此，务必让学生经历实践，产生体验，将"被分解开来"研读的"点"关联起来，组织起来，连贯成意义，融成意脉，生成"主线"。俗话说，"彩线穿珍珠"，这里的"彩线"

图1-4 解读"学习主线"的概念

是言意体验相生相长,"珍珠"是文本要点,是学生围绕这些要点所展开的听、说、读、写等语文实践,以及听到的、说出的、读过的、写下的、意会的东西。从文本来看,这里的"主线"不是脱离文本的虚无空灵,而是文本核心的集中表现,体现着文本的内在逻辑和深层意脉,似乎一提,便能拎起全文。从经验来看,这里的"主线"是读透文本的最佳路径,是言意体验的主要途径,是心中生成的主要意脉流变,体现着个体的生命状态。总之,从文本走向经验的主线教学,坚持生发语文经验、丰富生活经验、积淀人生经验的育人目标,以一主多辅、主辅相生为核心理念,以作者生命情感和言语智慧(或称之为"文本核心之意")为主体资源,以师生—文本—作者对话为主要方式,以"同化"和"顺应"为内在心理机制,以唤醒、关联、对话、体验、循环、融通、应用为关键行为,以言意体验相生相长为本质特征,以调动经验、实践经验、重组经验、创生经验为基本样态,以从消极走向积极、从依附走向独立、从懵懂走向自信为典型势态,以尊重差异、激发内需为评价指向,是文本意蕴整体领会与个体经验持续生长的有机体,其背后是整体课程观的发展,最终落脚点是立德树人。

第三节　主线教学的基本特征

以言意体验相生相长为本质的主线教学,坚持素养导向,强化语文实践,通过系列学习任务,组织具有内在逻辑关联的学习活动,力促离散的感受连贯成意义,融成主要意脉,实现文本意蕴整体领会与个体经验持续生长有机统一。这样的教学具有如下基本特征。

一、引向性

指借助主线的向心力,以及一主多辅、主辅分明、以主带辅、主辅相生等理念,引示对话方向,引领学习过程,自然地将次要内容融入主要内容,辅话题聚焦于主话题,边缘环节凝聚于核心环节,多样辅线交织于主线,让学生处于文本核心的最大关联之中,直至悟得作者的创作意图和思路。换言之,面对千差万别的生命状态,面对不确定的生成状态,可以通过教学内容彼此关联,学习活动前后联动,助力每一位言意体验相生相长,最终从消极走向积极、从依附走向独立、从懵懂走向自信。

二、整体性

指在尊重个体差异的前提下，言意体验前后融通，浑然一体，生成整体意义。主要体现在借助主线的统领力，文内文外、课内课外、校内校外关联起来，多层面、多学科、多领域信息聚合起来，新生经验与已有经验、文本与生活、不同时段的听说读写、张三的理解与李四的感受、学生的意会与老师的引导联动起来，逐渐进入横向关联、纵向连续、融会贯通的状态，学会与自我、与自然、与社会和谐相处。

三、建构性

指基于原有图式与文本循环对话，产生或同化或顺应的心理反应，改造自身经验，生成新的图式。从文本走向经验，既是以自身经验为支撑，转化文本的言与意，又是聚焦文本核心，不断审视和改造原有经验，自觉地化文本之言为自己语言，化文中之意为自我生命意义。具体表现为学生通过上勾下连，扩大与文本、与生活、与社会的对应，连锁思考，连贯意义，生成自己的理解和感受。

四、体验性

指产生内心反应，进入物我两忘、主客相融的状态，既有已有经验的情境再现，又有作者情意的感同身受，更有文本意义的自我体认。具体表现为通过表象介入、情感注入、情境融入，或披文入情揣摩语言，或角色扮演抒发情感，或移情体会换位思考，或趋同交流表达悲欢，或感情诵读传情达意，或自由抒怀适度宣泄等，感受语言温度，直抵作者内心，体会文中的生命跃动，与作者的生命情感和言语智慧相融。

五、创生性

既指或生成了与自身经验相应的文本意义，或产生了与文本核心相宜的自我感受，又指借鉴作者经验，尝试解决新情境中的新问题。具体表现为，学生在多元对话、多维重组中，与文本相融，用自己的语言表达文本，让文本裹挟原初活力去追逐新的意义，进而带着文本意义，到生活中去发现、去探索、去创造，让自由创造成为学习和生活的一种方式。

第二章 主线教学的概述

倡导主线教学以来,我们走过了10多年的实践历程。这次从文本走向经验展开重构,意在从言意体验层面,增进学生与文本间的循环对话,向本然的学习状态贴得更近一点,助力学生聚焦文本核心,逐层转化文本的言与意,生成主要意脉,彰显全文整体意义。本章从现状审视、来龙去脉、目标、现实意义等方面概述主线教学。

第一节 主线教学的现状审视

2018年9月,教育部"国培计划"中小学名师领航工程上海师范大学培养基地的学员进行第一次集中研修。其间,上海师范大学就学员提交的课题,逐一进行选题论证。笔者就主线教学请教夏惠贤、吴忠豪、王荣生、李海林等教授。专家们给予耳提面命式指导。随后,我们根据专家建议,组织师生开展问卷调查与分析、教师座谈会、观课议课等活动,审视主线教学的实施现状,总结主线教学的成功经验,梳理主线教学存在的问题,意在引领主线教学沿着服务于"学"而健康发展。现将其中的教师问卷调查报告和座谈实录呈现如下。

一、教师问卷调查报告

2018年10月,我们依据前一章"引论",研制出教师问卷,并依托扬州市主线教学研究所,以扬州区域内六所城区小学、六所农村小学的中高年级语文老师为对象开展教师问卷调查,共发放317份,回收293份。虽然调查的面不够广,过程与结果处理也略欠规范,但所反映的情况具有一定的普遍性和参考价值。现将调查结果概括如下,表格内的数据为选择此项的人数与占总人数的百分比,其中有的是多项选择。

1. 对主线教学内涵把握不够准

问到"对主线教学了解程度"时,28.53%的老师非常了解,42.17%的老师比较了解,17.96%的老师不太了解,另有11.34%的老师不了解。

问到"您是通过什么途径了解主线教学"时,15.42%的老师是通过《主线教学:小学语文阅读教学新视点》专著了解的,19.58%的老师是通过发表的相关文章了解的,31.86%的老师是通过相关研讨活动了解的,27.98%的老师是通过"主线教学"网站了解的。另外,在"其他"栏目中老师们还填写了同事介绍、教研员推介、专家讲座等。

问到"您运用主线教学的频次"时,8.74%的老师经常运用,22.17%的老师偶尔运用,38.61%的老师很少运用,26.29%的老师好像在用但又不确定,4.19%的老师从不运用。

问到"运用主线教学理由"时，13.62%的老师认为有助于聚焦教学目标，27.21%的老师认为有助于梳理文本内容，29.08%的老师认为有助于统筹教学活动，21.65%的老师认为有助于学习经验的生长。另外，在"其他"栏目中老师们还填写了促进教学资源整合、提升施教的统筹力、助力学生整体把握文本等。

问到"不运用主线教学原因"时，14.73%的老师表示不了解；39.32%的老师认为没有现成的教案，重新备课又没有精力；24.51%的老师认为预设得过多，有生拉硬扯之嫌；14.03%的老师认为容易导致教学活动单一化、不丰富。另外，在"其他"栏目中老师们还填写有线性思维不利于语文学习、强调主线会牺牲辅线、学生能力跟不上等。

问到"您认为教学主线是什么"时，23.84%的老师认为是把握文本脉络，30.57%的老师认为是学习语言文字运用，34.11%的老师认为是整体把握视点，8.92%的老师认为是语文立人，2.56%的老师认为是学习经验生长。另外，在"其他"栏目中老师们还填写了核心教学目标、文中关键句、单元教学重点等。

问到"您认为主线教学与其他教学主张相比，有哪些优势"（多项选择）时，回答如表2-1所示。另外，在"其他"栏目中老师们还填写有课堂脉络清晰、文本脉络有所彰显、教得清楚学得明白等。从统计数据可以看出，老师们较为认同主线教学的整体化、指向化、线索化、简约化等特点。

表2-1 主线教学优势点统计结果　　　　　　　　　　单位：%

优势点	比例	优势点	比例
线索化	78.07	语境化	32.65
指向化	80.83	单一化	22.36
融合化	65.90	简约化	76.01
整体化	99.70	感性化	46.53
结构化	62.08		

问到"您在实践主线教学中遇到过哪些困惑"时，16.03%的老师认为理念吃不透，24.78%的老师认为没有探讨氛围，29.25%的老师认为没有可操作的范式，21.62%的老师认为文本逻辑理不清。另外，在"其他"栏目中老师们还填写了备课要求过高、被舍弃的文本内容太多、没有接受

过专业培训等。

问到"您对实践主线教学有什么意见和建议"时，37.02%的老师主张依据文本逻辑组织学习，28.53%的老师主张依据阅读逻辑组织学习，23.60%的老师主张依据经验生长逻辑组织学习，10.85%的老师主张依据学生所表现的状态组织学习。另外，在"其他"栏目中老师们还填写了文路、学路和教路应和谐统一，依据单元重点组织学习，争取行政推动，聘请专家指导，强化专题培训等。

2. 教材资源统筹不到位

问到"您注重从主线教学角度转化单元人文主题和语文要素吗"时，26.18%的老师回答非常注重，40.93%的老师回答比较注重，25.66%的老师回答不太注重，7.23%的老师回答不注重。

问到"您认为单元内3至4篇课文能完成单元'双线'学习吗"时，回答的统计结果如表2-2所示。这些数据表明，无论是中年级教材，还是高年级教材，都存在单元内单篇教学前后不协同的现象，这就难以重构体现单元"双线"的主要教学内容，组织具有内在逻辑关联的学习活动。

表2-2 单元"双线"与单篇关系统计结果　　　　　　单位:%

分类	能	差不多	还差得远	不能
中年级老师	47.56	33.08	12.83	6.53
高年级老师	49.60	34.15	11.72	4.53

问到"您教学中是否根据单元人文主题和语文要素，统筹单元学习"时，高年级老师有30.15%回答"从不"，中年级老师回答"从不"的比例则高达34.21%。

问到"您是否由扶到放地统筹单元内课文学习"时，高年级老师有24.65%的回答"从不"，中年级老师回答"从不"的比例则高达32.37%。

问到"您打乱教材中课文次序组织学习的理由是什么"时，18.03%的老师为了历练某种语文能力，27.09%的老师为了整合某类语文知识，37.45%的老师为了满足学生的某种学习需求，17.43%的老师为了上公开课。

问到"您是否打乱课文自然段顺序，围绕文本核心重构教学内容"时，63.2%的老师经常，17.85%的老师偶尔，14.03%的老师很少，4.92%的老师从不。中年级老师"从不"的比例比高年级老师高出2个百分点。

3. 教学活动预设有误解

问到"您认为可不可以围绕'教学主线'舍弃课文内容"时，分别有65.04%和73.68%的中、高年级老师认为"可以"。

问到"您依据什么预设教学活动"（多项选择）时，这看似寻常，只要是语文老师都预设过教学活动，但对此普遍存在一定的问题（见表2-3）。另外，在"其他"栏目中老师们还填写有名师课例、网上教案、个人设想等。从统计数据和老师们所填写的内容可以看出，在教学活动预设方面，存在一些干扰因素，导致老师们产生模糊认识。《语文课程标准》、单元人文主题和语文要素、文本体式、学生现实的心理经验应是基本依据，而教师教学用书只是辅助参考，可选教师教学用书的都排在第二。可见，老师们对教学活动的预设，缺乏自主开发和规范操作。

表2-3　教学活动预设依据统计结果　　　　　　　　单位:%

选项	中年级老师	高年级老师
《语文课程标准》	67.51	70.38
单元人文主题和语文要素	83.67	86.05
文本体式	76.30	85.04
学生现实的心理经验	50.13	47.82
集体备的教案	98.42	91.28
教师教学用书	91.05	87.50

问到"您是否将《语文课程标准》的学段要求，具体到对应的某个单元、某篇课文"时，有65.76%的老师几乎没有，而高年级老师回答几乎没有的比例则高达77.12%。这从根本上导致教师教学用书、教学光盘、网上教案等，被当成预设教学活动的主要依据。

问到"您是否预设学习活动"时，9.85%的老师经常预设，27.28%的老师偶尔预设，35.58%的老师很少预设，24.21%的老师好像在预设但又不确定，3.08%的老师从不预设。

问到"应依据什么推送学习内容"（多项选择）时，回答的统计结果如表2-4所示。从统计数据可以看出，应作为推送学习内容主要依据的"就学生的困难"并没有被老师们普遍重视，"考试趋势"反而比"就学生的困难"分别高出29.31个百分点和17.33个百分点。

表2-4 学习内容推送依据统计结果　　　　　　　　单位:%

选项	中年级老师	高年级老师
《语文课程标准》	57.22	63.86
单元人文主题和语文要素	73.59	88.26
文本体式	75.73	72.36
随学生的兴趣	94.07	97.63
就学生的困难	56.93	74.05
知识薄弱部分	56.14	60.40
能力欠缺部分	48.71	58.37
考试趋势	86.24	91.38

问到"您认为预设教学活动时应体现什么"(多项选择)时,回答的统计结果如表2-5所示。从统计数据可以看出,体现"语文知识"排在第一,说明老师们普遍关心的还是知识学习;体现"言意体验"排在最后,说明老师们对学生认知经验关注不够。

表2-5 教学活动预设取向统计结果　　　　　　　　单位:%

取向	比例	取向	比例
人文主题	78.62	语文实践	69.14
语文要素	61.25	文本体式	76.31
语文知识	87.5	言意体验	60.59

4. 对学生经验的关注有偏差

问到"是否依据学生认知水平组织学习活动"时,38.02%的老师经常,27.63%的老师很少,24.65%的老师偶尔,9.70%的老师认为学生认知水平与组织学习活动的关联不大。说明部分老师只重视自己的"教",对学生的"学"关注不够。

问到"通常组织学习活动的依据是什么"时,36.02%的老师凭经验大致推断,31.09%的老师依据文本体式,21.40%的老师依据某个语文要素,7.21%的老师依据学生现实的心理经验。另外,在"其他"栏目中老师们还填写有依据课文题目、关键语句、文前导读题、文后练习题等。

问到"您认为关注学生经验对组织学习活动是否有用"时,31.08%的老师认为很有用,25.54%的老师认为有用,9.38%的老师认为无用,

17.11%的老师不清楚效果如何，16.89%的老师没想过这个问题。这说明个体经验和需求没有得到应有关注。

问到"您认为应在何时关注学生经验"时，14.63%的老师认为在课前，20.36%的老师认为在课中，1.19%的老师认为在课后，63.82%的老师认为应课前、课中、课后相结合。

问到"您认为语文学习的特质是什么"（多项选择）时，回答的统计结果如表2-6所示。从统计数据可以看出，老师们普遍认为综合性和实践性是语文学习的两大基本特质，这与语文课程性质是一致的。

表2-6 语文学习特质统计结果　　　　　　　　　　单位：%

特质	比例	特质	比例
综合性	88.72	体验性	77.43
实践性	83.52	训练性	71.35
建构性	80.17	知识性	64.72

问到"您认为言意体验相生相长有哪些基本特征"（多项选择）时，回答的统计结果如表2-7所示。从统计数据可以看出，不太重要的"线索化"排在第一，而重要的"素养化"和"实践化"排名靠后，这说明老师们对言意体验相生相长的要义把握不准。

表2-7 言意体验相生相长特征统计结果　　　　　　单位：%

特征	比例	特征	比例
素养化	69.83	线索化	87.52
系列化	85.27	结构化	75.46
实践化	71.62	融合化	84.71

问到"如何评价学习成效"时，从百分比由高到低来看，老师们觉得主要学习目标的达成和文本意蕴的领会是评价的首要指标；其次是学习重难点处理、学习内容整合、学习方法得当、学习活动结构化；最后是学习氛围宽松、经验持续生长。

综上所述，主线教学的发展，虽取得了一定成绩，但也存在一些问题。具体来说，老师们普遍认同主线教学，实践过的也觉得主线教学是可行的，且有助于学生聚焦文本核心，展开多元整合学习。加之现行统编教材以人文主题和语文要素编排单元，这也需要借助主线带来的结构去落实这一编写特点。但有的老师对主线教学把握不够准，重视文本的多，关注学生的少，很少从"学"的层面组织具有内在逻辑关联的活动；有的老师专业素养跟不上，与主线教学相匹配的方法、策略不丰富，导致主线教学没有得到广泛试用和常态化实践，其优势难以发挥，质态有待提升。可见，如何提高主线教学的实施水平，发挥其应有的作用，是亟待解决的问题。

二、教师座谈实录

主持人：10多年来，在所有实践老师的共同努力下，主线教学取得了长足的发展。尤其是在座的扬州市主线教学研究所成员，求真务实，勇于探索，敢于创新，积淀了许多宝贵经验。今天，请大家回望一下实践历程，畅谈一下各自的实践感受。

1. 主线教学的优势在哪儿

师1：主线教学的优势很多，最大的一点是凸显了文本整体美。具体体现在两方面，一是可以帮助我们立足文本特点，从学生实际出发，探寻牵动全篇的主线，以此来统整课内外资源，推进整体教学。二是致力于将课文作为有机的整体来处理，将课堂作为和谐的整体来立意，将教学作为融通的整体来展开，将学生作为完整的人来尊重，遵循阅读能力整体发展规律，促成语文素养全面提升。

师2：主线教学在有效选取教学点、分层推送教学点、逐个聚焦教学点、融合前后教学点等方面做了探索。各个教学点在整体把握视点观照下，循序渐进地舒展，层层递进式联动，建构前后融合的意义，而意义的融合又会丰富整体把握视点的语意，进而促使学生发现文本内在关联，整体把握全文。可以说，紧扣整体把握视点导学、启学是主线教学的优势。

师3：好文章总有一条贯穿始终的线索，总有一根值得探究的主线。这根主线可以转化为一堂课的主问题，带动对全文的品读，对教学活动的统整，起到牵一脉而动全篇的效果。如果处理好这样的主线，就能整体把握全文，从而使教学环节简约，思路清晰，大大提高阅读教学的效率。

师4：主线教学可以引导学生盯住某个文本核心，一步一回环，持续品读，学习不散，学有所得。这样，围绕核心，循着主线，可自主，可聚焦，有放有收，有助于整体观瞻文本，全面理解文本。

师 5：从重构内容来看，如果拥有主线，教学内容就会彼此关联，学生就会围绕主要内容连续学习。有时内容太多，什么都想教，什么都舍不得放弃，导致课堂臃肿不堪，学生什么也没有弄明白。借助某条主线，可以有取有舍，方便学生就某个核心学通悟透，实现一课一得。只要学生有收获，有发展，就是成功的课，就是好的教学主张。

师 6：主线教学有鲜明的方向感，明确了语境化、结构化、简约化、感性化的发展目标，注重将语文核心素养养成作为课程总视角，重构教学内容，组织学习活动。尤其以整体把握视点为核心，可以促使语文实践拥有相同的依托和共同的目标，具有清晰的路径和适宜的方法。这一点我们要坚持。

师 7：主线教学从纵横两方面，厘清了语文课程建构路径。横向，在教学内容维度上追求多方面统整；纵向，在核心素养养成维度上追求聚焦式发展。同时提出解读与预设并重、主体与主线并力、深入与浅出并用、主线与辅线并进、范式与变式并存等策略，实施思路清晰，便于我们操作。

师 8：主线教学在分层布点、整体推进、融点成线等策略下，提炼出文眼突破、文脉引路、问题引导、情境引领、循环解读、前后呼应等常用方法，这有助于学生展开由此及彼、举一反三、由个及类等整体学习。

师 9：主线教学从整合性、简约性、透彻性这三维评价指向，研制出教学目标有效达成、教学内容现实化、师生状态佳、教学成效好这四大评价指标，有利于朝着准确的目标定位、精当的内容选取、适宜的方法引导、清晰的教学思路等质态发展。

2. 积累了哪些成功课例

师 3：我在教五年级上册的《黄山奇松》时（座谈期间，本地区三至六年级仍在使用苏教版语文教材），紧扣课题创设整体把握视点——"黄山松'奇'在哪儿？"引读导学，反复提问，逐层推进，突出本文的表达特点，帮助学生感受迎客松、陪客松、送客松的神奇，体会作者是怎样围绕"奇"来描写的，领会作者的创作意图和思路。

师 7：六年级上册的《詹天佑》的总起句"詹天佑是我国杰出的爱国工程师"，也是全文的中心句。在学生初读该文后，我引导学生找到这一中心句，并转化为通览全文的视点，思考这句话从哪两方面评价詹天佑的，哪些事情说明詹天佑杰出，什么地方可体会詹天佑的爱国，詹天佑的杰出和爱国又是怎么一步一步地表达的。这样，围绕该中心句多层面品读，让学生感受到詹天佑的高大形象。

师2：六年级上册的《闻官军收河南河北》，"喜欲狂"是诗眼。我注意引导学生，将这一诗眼转化为整体把握全诗的视点，连续对话。哪个词是直接表达杜甫心情的？杜甫和家人"喜欲狂"的直接举动有哪些，间接举动有哪些？想象的举动又有哪些？透过"喜欲狂"体会到杜甫什么样的情怀？这样，沿着"喜欲狂"登堂入室，逐层体会，感受杜甫一气贯注、轻快活泼、爽朗奔放的语言，以及强烈的爱国情怀。

师6：教学六年级下册的《夹竹桃》时，我注意将文后第4题"默读课文，说说作者为什么爱上了夹竹桃"转化为引领学生对话全文的视点。围绕该视点着力感悟作者爱夹竹桃什么，为什么爱，是怎么表达爱的。分别从夹竹桃的花色、花期、花影，读懂作者的创作意图，内化文本语言，学会感受美、热爱美、表达美。

师1：教学《云雀的心愿》时，我以"森林实在是太重要了，因为＿＿＿＿＿"这条明线为主线，以云雀妈妈和小云雀的心情变化这条暗线为辅线，双线交织，相辅相成，彰显了童话的特点，学生学起来既轻松，又扎实。

师9：《记金华的双龙洞》也有双线，一条是游览顺序之线，另一条是泉水流经之线，两条线清晰明了。学生围绕这双线，很快掌握了全文，并能按地点转移介绍景点。

师10：以《如梦令》为例，感知课文大意后，我引导学生紧扣"醉"字，想象体验，读出溪亭日暮图、藕花深处图和一滩鸥鹭图，展现动态画卷，体会李清照的情感变化。可以说，学习该词的思路十分清晰。

师4：二年级上册《小鹰学飞》中小鹰的三次说话，刻画了小鹰由开始的盲目乐观到后来的小心谨慎这一前后变化。我注意将小鹰的三次说话转化为整体把握文本的视点，并以此导引学生的阅读视线，既外显了文本的内在关联，又凸显了小鹰的情感脉络，有助于学生读进文本，整体把握全文。

3. 对主线教学有何困惑

师5：教学主线好比精品旅游线，把学生带入风光秀丽的景点，让课堂风景有条有理，重点突出。教师心中有主线，课堂才会有主线，学生才有可能生成主线。不过，学生心中有没有生成主线，我们关注不够。可不可以通过课堂作业、课后访谈等评价一下？

师8：我赞同你（指师5）的观点。"教"的主线虽然较为清晰，但只是我们心中之"线"，怎么引发对应的学习行为，让学生生成相应之"线"，生成清晰之"线"？

师2：主线怎么选择？是按人文主题来选，还是依表达特色来定？有的仅以显性的人文主题为主线，致使隐性的表达特色得不到关注。那么，如何将人文主题与表达特点的结合点转化为主线以确保言意兼得呢？

师6：语文教学的终极目标是育人，以人文主题为主线有什么不好？最近教的《公仪休拒收礼物》，就是典型的重"意"，就是公仪休爱吃鱼，却又拒收鱼。主线应定为让学生学习公仪休的清正廉洁。一篇课文，只有抓对主线，才能帮助学生"摸着绳索过河"，悟得全文意义，而这条通往彼岸的绳索，可以是课文的人文主题。当然，有主线还得有辅线，如何兼顾辅线，是时常遇到的难题。

师7：在统筹主辅双线方面，应体现言意兼得，着重解决三个问题：一是写了什么？二是为什么写？三是怎么写的？长期以来，我们习惯于"得意"而"忘言"。感受以言尽意的智慧是语文学习的应然要义，但怎么让言意兼得自然一些，可以从主线教学角度进一步探讨。

师10：我们不能止步于言意兼得，应通过言意兼得感受文本的整体美。如果把课堂教学比作一首乐曲，那么教学主线就如同乐曲中的主旋律。一堂没有主线的课，容易散乱，学生的注意力也会飘忽不定，而鲜明的主线，好比一堂课的灵魂，各层面的学习将围绕它展开。可见，主线鲜明与否，灵动与否，直接关系整堂课的思路是否清晰，作者的创作意图和思路能否显现。为此，主线必须串起文中各个要点，让每个"点"有所依存。不过，全班的共性理解与这一位的个性感受是不可能完全一致的，两者的平衡如何处理，彼此的和谐怎么协调，值得我们进一步探究。

师5：你（指师10）所说的"平衡"和"和谐"，在主线教学中主要靠的是整体把握视点。借助整体把握视点，可以引导学生梳理文中内在的关联，领会作者的创作意图，体会作者的生命情感；也可以启发学生去思考作者是如何选材立意、怎么谋篇布局、怎样表情达意，从表层走向深层，从知晓大意走向学会表达，增进言与意的转化，架起读与写的桥梁。不过，整体把握的视点是谁的，是老师的，还是学生的？如果是老师的，教学之后有没有转化为学生的？

师9：主线是唯一的，可从同课异构来看，同一篇课文不同老师会建构不一样的主线。那么，其中必有一种是最佳的，其余的只能作为辅助。教学中，如何理出最佳主线？又怎么将主线与辅线有机融合？

师1：说到主线与辅线，我想到《"番茄太阳"》，这篇课文的主线与辅线是相辅相成的，辅线的存在只是为了凸显主线。当然，不能为主线而主线，主线只是一种让我们更好地去解读文本、让学生更便捷地读懂文本的媒介。老师掌握这种媒介，教学才会得心应手；学生拥有这种媒介，才会在读懂文本路上走得更好、更远。不过，我们找主线易，放主线难；学生找主线难，沿主线走易。

4. 对主线教学发展有何建议

师7：主线教学给我们的启示是，实施整体教学，重视整体阅读，建构整体意义。整体分成部分容易，但部分构成整体很难。不能将文质兼美的课文分解得支离破碎，面目全非。如果学完全文，不知道作者的创作意图，不了解作者是怎么表情达意的，就不可能是会心的阅读。

师8：主线教学要有所取，有所舍，突出重点，化解难点，关注语用，倡简务实。如果拥有主线，取舍的思路就容易打开。寻觅主线，实际上就是抓整体阅读视点，在文中走个来回，直至把握全文整体意义。这不仅要遵从文本体式，还要顺应学生认知水平，让学生能疏通文本，读懂作者。

师2：主线教学发展到今天，应在经典课例的打造上多下功夫。就像提到王崧舟的"诗意语文"，会想到《长相思》；提到薛法根的"组块教学"，会想到《匆匆》。这需要我们团队心无旁骛地去研究，去探索。当然，任何"教"都是为"学"引领方向的，只有服务于"学"，才能将主线教学的发展引向纵深。

师3：更好地为"学"服务，也是主线教学始创人的初心。如何借助主线引导学习？我有以下建议：一要找对"视点"。主线教学以整体把握视点为核心，这个视点应立足文本，由教学切入点而生，是学生对话全文的最佳视角，可以基于文本或某个字、词、句，或一幅插图，或某个思考题，等等。二要依"点"布"点"。依托整体把握视点，多维布"点"，逐层研读，强化"点"与"点"的关联，促使各个"点"的学习意图与整堂课目标相契合，最终生成主线。三要多线交织。有主线必有辅线，应引导学生多角度、多层面地体悟全文的整体意义。另外，还应引导学生沿主线拓展学习时空，将学习延伸至文本之外、课堂之外，最终融入生活。

师5： 我认为，主线是一种组织，主线教学是一种结构化教学，应通过教学目标、内容、方法的契合，以及语言运用、思维发展、情感体验、文化熏陶的相辅相成，帮助学生掌握找关联、抓关键、拎主线等学习方法，养成多元融合的学习习惯，形成自主解决实际问题的综合能力。

主持人： 今天，各位回顾探索历程，梳理研究得失，反思实施行为，谈得很深入，也很坦诚，既肯定主线教学的优势，又指出主线教学的不足。今后，研究的重点是，从文本走向经验，从关注阅读对象走向关注阅读主体，着重探讨怎么推送整体的真实的学习任务，怎么组织具有内在逻辑关联的学习活动，如何与学生兴趣、需求、经验相契合，怎样促成言意体验相生相长。希望大家朝这个方向多实践，多探索。感谢各位畅所欲言，期待大家继续为主线教学发展贡献智慧。

三、主要问题分析

10多年来，参与主线教学实践的老师越来越多，主线教学探索不断深入，成功经验得到推广。但也存在一些问题，如常态化实践主线教学的老师不多，研究方法简单，研究过程粗浅，研究范围有限，出现了重形式、轻内涵，重文本、轻学生，重单篇、轻单元等问题。

1. 重形式，轻内涵

有的老师为了主线，生拉硬扯，过度发挥整体把握视点的牵引作用，没有依托单元人文主题和语文要素以及文本体式重构教学内容，没有基于学生现实的心理经验推送学习内容。调查中，17.85%的老师将教学内容集中于某个重点时，过于同质，没有从多个层面聚合内容。21.08%的老师认为，只要抓到"文本主线"，就能达成主要教学目标。其实，主线教学注重的是，通过教学内容相互关联，学习活动彼此联动，引导学生关注文中要点，发现要点之间相关联，进而聚焦文本核心，逐层转化文本的言与意，生成全文整体意义。可34.92%的老师转化文本能力不足，加上对主线教学理解不够精准，对单元人文主题和语文要素处理不够到位，对这一篇文本体式尊重不够，学习内容缺乏关联，整体解读文本视点没有张力，培养学生关注文中要点的意识淡薄，增进学生与文本循环对话的措施不丰富，学生也就难以展开整体阅读，难以悟得作者的情感变化和表达思路。

2. 重文本，轻学生

老师们习惯于寻找文中脉络，甚至认为文本之"线"就是学习活动之"线"，就是经验生长之"线"。组织学习活动时，没有从学生现实的心理经验出发，推送整体的真实的语用任务，将文本之线转化为语文实践之线。多学少教、先学后教、以学定教、顺学而导等理念，老师们都清楚，但被问到"您备课是否关注学情"时，23.08%的老师回答经常关注，39.42%的老师回答偶尔关注，26.91%的老师回答很少关注，10.59%的老师回答从不关注。这表明有的老师仍习惯于做主角，视学生为配角，尊重学生虽在理念上被广泛认同，但实际教学中学生的经验、兴趣、需求等并未被重视。回答"您备课是否考虑文本与学生之间的链接"时，7.41%的老师经常考虑，19.05%的老师偶尔考虑，31.82%的老师很少考虑，41.72%的老师从不考虑。可见，增进学生与文本之间的关联没有得到应有的重视，学生自主阅读没有充足的时间和较大的空间，经验生长所需的"连续性和相互作用"没有常态化出现。观课中还发现有的教学过于强势，一切似乎只为讲明文中之意，学生自主、合作、探究的时空时常被虚化，学生经验被忽视、异化、替代等现象时有发生。

3. 重单篇，轻单元

有的老师有时会展开主线教学，也总结了一些单篇教学典型课例，但课时之间、单篇之间、单元之间没有得到统筹，缺少从单元视角、学习任务群的角度进行整体规划。主线教学是通过聚合同类的主要教学内容实施的，是借助体现文本核心的话题群展开的。从可多项选择调查中发现，聚焦单篇教学目标备课的有99.3%，着眼单元重点目标备课的有79.74%，统筹学期目标备课的有51.05%，顾及学段目标备课的有35.6%，立足语文课程总目标备课的只有4.59%，甚至有3.27%的老师从未研读过《语文课程标准》。观课还发现，学段之间时而重叠、时而断裂、时而错位，年级之间没有形成层级和衔接，课文之间没有得到适当的协调，校本化语文课程缺失应有的统筹。甚至有的主线教学变成事实性知识简单串联，偏离了结构化、实践化、生活化等本质，出现了碎片化、浅层化、宽泛化等倾向，背离了提升语文核心素养的根本宗旨，窄化了语文教学的功能。

今后，我们应从关注阅读对象走向关注阅读主体，从关注预设整体把握视点走向关注创生主话题（或重构主要教学内容），从关注单篇教学走向关注单元学习，从关注主要教学目标达成走向关注言意体验相生相长，进而借主线的力量，引领学生开拓生活空间，寻找生活新意。

第二节 主线教学的来龙去脉

四时风景迷人眼，一痕山影淡若无。从教30多年，笔者在教海探航中，积淀了一些经验，尤其最近10多年来，提出、倡导和实践着主线教学。

一、吹尽狂沙始到金

曾几何时，教学中蹦出了"找根线串起来"的意识，这种意识转化为实际行为的频率越来越高。经一学年的尝试，学生越来越喜欢语文课，语文能力也越来越强。学生的变化让我对"找根线串起来"产生了兴趣。于是我在高邮市第一小学三年级选了一个语文考试均分低于年级的班级，展开这方面的实践。两年后，该班书面测试和面试中多项指标，均超过年级平均水平，其中书面测试的积累运用得分率高出1.3%，阅读理解得分率高出2.1%，习作表达得分率高出1.7%。后又经过两年实践，该班各项指标明显超过年级平均水平，其中书面测试的积累运用得分率高出1.8%，阅读理解得分率高出4.5%，习作表达得分率高出3.9%。在这期间，课题组核心成员陆续将这一教学主张运用到本班语文教学中，参与的班级均取得同样的成效。实践结果表明，在"找根线串起来"的影响下，学生经常展开整合式学习、结构化学习，语文实践的连续性有所增强，获得了同类或相似的语文核心知识，掌握了找关联、抓关键、拎主线等学习方法，语文学习能力明显提升。可以说，长期处于"找根线串起来"学习中的学生，习惯于运用关联性思维阅读文本，善于抓住关键解决问题，学习质态不断提升。这些发展又助力学生展开高品质阅读，甚至对学生今后认识自我、自然、社会产生深远的影响。

二、半亩方塘一鉴开

2007年12月，笔者执教的以"奇妙"为主线的《奇妙的国际互联网》，在扬州市首届教科研人员赛课中荣获一等奖。后来，身边老师每逢参加各级各类语文赛课，总被"找根线串起来"影响着设计思路，教学质态得到提升。以"五月，洋槐开花了"为主线执教《槐乡五月》的钟欣、以"如茉莉"为主线执教《爱如茉莉》的范一舟等选手，纷纷荣获大奖。这说明对这种教学方法，专家们是认可的，同行们是赞许的，这类课是有价值的。起初的推想得到新的验证，我们备感欣慰，这种感觉只有付出艰辛后才能体会。随着一次又一次公开教学的成功，扬州市教育科学研究院陈萍副院长曾问我："这堂课像你的，指导有何秘诀？"是啊，这类课用"找根线串起来"来解释，虽通俗易懂，但只是教学活动的简便描述，只是教学方法的简易表达，不足以体现教学内容彼此关联、语文实践前后融通等特性。单起什么名称就琢磨了很久，曾想用"整合教学""结构化学习""联结式语文"等名称，但都不足以表达这一教学主张的特质。不是每位学生都能找到学习的捷径，但每位学生应有优化学习思路的意识；不是每堂课都拥有清晰的教学脉络，但每堂课应目标聚焦、内容聚合、实践连续。后经反复推敲，决定以"主线教学"命名。这既揭示了"找根线串起来"的本质，又有别于其他教学主张，且观点鲜明、操作简捷。后来，这一提法赢得更多语文老师的认可，实践范围不断扩展。一线老师的广泛参与，成了主线教学发展的主要动力。同时，主线教学也受到了有关专家的肯定和指导，尤其是江苏省教学研究室董洪亮主任、江苏省教育科学研究院张晓东主任、上海师范大学王荣生教授、扬州市教育科学研究院原院长辜伟节、扬州市教育科学研究院夏心军所长等专家，多次鼓励我们坚持这一教学特色。

三、小荷才露尖尖角

随着主线教学研究逐步深入，参与学校和教师越来越多，实验范围越来越广，辐射通道越来越宽。一是内涵隽永，根深蒂固。我们注重提炼实践经验，先后发表《小学语文主线教学应重视整体化》等论文70多篇，其中近万字的《主线教学的常用方法》先被《现代中小学教育》推介，后被中国人民大学书报资料中心全文转载。笔者26万字的《主线教学：小学语文阅读教学新视点》一书由教育科学出版社出版。二是大众实践，枝繁叶茂。省内外参与主线教学实践和研究的老师越来越多，一大批青年教师在主线教学的引领下，在各级各类教学比赛中荣获大奖，其中张卫华、王超群等10多名老师先后在省级以上各类教学竞赛中荣获一等奖。尤其是依托教育部"国培计划"中小学名师名校长领航工程郑春工作室、国家中小学智慧教育平台郑春工作室、扬州市主线教学研究所等，吸引了一批省内外小学语文特级教师、学科带头人等加盟，形成更为专业的研究共同体。三是示范推介，叶绿花红。研究组核心成员先后赴北京、上海、杭州等地开展公开教学研讨，在30多个省市做专题讲座近50场，听众逾万人。其中，笔者在全国"创造自己的高效教学经验"等研讨活动中，多次上公开课或做讲座。四是学校发展，春意满园。主线教学吸引海南省海口市秀英区长滨小学、徐州市师范学校第一附属小学等多所学校加盟，助推实验基地学校小学语文教学改革，使其成为这些学校内涵发展的增长点，帮助这些学校形成了以理论学习、教学咨询、名师指导、案例分析、经验交流、教后反思、问题解决、跨科对话、主题论坛等校本教研文化。其中，受益最多的要数高邮市第一小学，该校多次被评为扬州市优秀教科研示范校，也吸引了众多学校前来参观学习。五是网络交流，香远益清。我们借助国家中小学智慧教育平台、主线教学网站和QQ群、凤凰语文网等开辟专栏，展开线上专题研讨，担任远程研修主讲，不仅吸引了数十万人次参与研讨，还及时解答了全国各地参研老师的疑惑。相关成果被数十家网站转载，相关活动被央视网、"微言国培"公众号、"江苏教师教育"等媒体报道，使主线教学多渠道辐射全国。六是积极创建，硕果累累。2010年扬州市教育局时任局长余如进高度评价主线教学在扬州区域内的影响，2011年作为优秀教学模式被扬州市教育科学研究院推介，2013年获批扬州市第一批教育科研特色项目研究所，2014年被扬州市教育科学研究院评为优秀运作课题，2015年被评为扬州市基础教育前瞻性教学改革实验项目，2016年被评为扬州市第二届教学成果奖一等奖和扬州市"十二五"教科研成果二等奖，2017和2018年被评为扬州市优秀运作课题，2020年被评为扬州市第三届教学成果奖一等奖，2021年被评为江苏省基础教育类教学成果奖二等奖。

四、绝知此事要躬行

10多年来，通过大力宣传、强化培训、深度研讨等措施，吸引了一大批老师投入主线教学实践。一是以课堂为突破口,提升质态。把体现主线教学的课堂展示分为"课堂教学、交流上课体会、现场答辩"三部分,借此促进越来越多的老师把准主线教学的内涵,越来越多的教学与学生经验、兴趣、需求相契合,助力学生聚焦文本核心,逐层转化文本的言与意,言意体验获得相生相长。其中,笔者执教《从军行》等研讨课10多节,做《"主线教学"的行与思》等讲座几十余场。如,就增进文本与经验循环转化这一话题,借助《竹石》,重构"坚劲"这一主要教学内容,引导学生先逐层品读诗句,感受竹石的动作"坚劲"、品质"坚劲",再拓展写作背景、其他三位诗人咏竹诗以及郑板桥其他咏竹诗,感悟郑板桥的精神"坚劲"、人格"坚劲"。教学中,努力贴近学生,深入浅出,助力学生运用读、画、议、悟、诵等方式,与文字对话,同郑板桥交流,体会咏物诗的韵律之美、意象之美、象征之美,进而上升到对郑板桥精神世界的探究,对自我生命意义的叩问,竹石的意象逐渐丰润,意境不断开阔,意脉更富张力,最终帮助学生完成对《竹石》意蕴的领悟以及自我言语生命的成长。一次走在大街上,迎面而来的一位学生,冲我笑着说:"咬定青山不放松。"我先是一愣,反应过来这一定是半年前借班上《竹石》的学生后,会意地向他笑了笑。虽只是与叫不出姓名的小朋友又一次匆匆擦肩,但时隔这么久,仍因《竹石》再次产生心灵碰撞,倍感欣慰。二是以课题为抓手,深度推进。秉承3个省级课题的结题成果,2011年,申报了省教育科学"十二五"规划课题"小学语文阅读'主线教学法'的理论与实践研究",先后组建13个子课题研究小组,健全各类研究制度与计划,吸引有识之士形成志同道合的共同体。课题组做到每周一次专题沙龙,每月一个热点论坛,每季度一场主题研讨,每学期一届专项培训,每学年一轮例行年检,务求理论建构与实践优化、宏观引领与微观设计、经验提炼与行动反思、经验继承与新义创生相结合,实现典型引路、分类推进、全面辐射和整体提高。2016年,该课题顺利结题。一脉相承的"基于核心素养的小学语文主线教学的研究"同年获批为省教育科学"十三五"规划课题,并连续两年荣获扬州市优秀运作课题,2020年,该课题顺利结题。目前,笔者主持着江苏省教育科学"十四五"规划课题"助力经验生长的小学阅读主线教学研究"。三是以课改为契机,持续精进。仅近五年,研究组有计划开展专题研讨75次,读书沙龙17次;研究组成员共上公开课356节,有8人在国家级研讨中上观摩课。先后展开单元学习、学习活动结构化、学习方法适切度、经验差异生长、教学内容现实化等实证研究，评课 1 000 多节，形成 10 多份相关报告，完成《主线教学的典型课例》《主线教学的个案透视》《主线教学的常用方法》等汇编。先后邀请成尚荣、吴忠豪、王荣生、李海林、王崧舟、蒋军晶等专家把脉和指导，以提升主线教学的发展质态。这些探索让主线教学的引向性、整体性、建构性、体验性、创生性等特质渐趋清晰。

活动推动、名师加盟、专家引领、媒体推介……在发展主线教学的路上，我们崇真、务本、奋进、求索，以事业中的担当精神肩负着应尽的责任。

第三节　主线教学的目标

主线教学坚持语文核心素养导向，确立生发语文经验、丰富生活经验、积淀人生经验的课程目标，在一主多辅、主辅相生理念下，不断将学段、单元、单篇的可能性教学目标转化为现实性学习目标，让育人这根核心线贯穿教学活动的全过程。

一、从微观看，致力于发展语言经验

语文是基础学科，是学好其他学科的基础，也是学生全面发展和终身发展的基础。小学语文更应着眼于打好基础，让学生拥有基本的语文知识、技能、策略和态度，为日后学习奠定坚实的基础。可当下，有的语文课被异化为音乐、美术、自然等大杂烩，《飞向蓝天的恐龙》被上成了讲解恐龙的科学课，《记金华的双龙洞》被上成了介绍溶洞的地理课，《蟋蟀的住宅》被上成了了解蟋蟀的生物课，《只有一个地球》被上成了保护地球的环保课……这些事实性知识，表面看，或增长见识，或开阔视野，或拓展认知空间，实际上，是其他学科的主要内容，放在这儿，表明教者仅关注文本内容，不重视语言形式，不尊重这一篇的体式，偏离了语文本体目标，忽视了个体语言经验发展，是典型的"泛语文""非语文"。王荣生教授指出："随着语文课程与教学改革向纵深发展，建设达成新目标的新内容，成了当前语文课程与教学研究中最为重要，也最为迫切的任务。主

线教学为之提供了一种新视角，开启了一个新窗户。"① 语文课程究竟应设定什么新目标，建构哪些新内容，学术界看法不一。王荣生教授还指出："语文课程的基本目标是语感养成，语文课程的主体内容是语文知识，语文教学的主要途径是语文实践。"② 从语文的性质来看，笔者认同王荣生、李海林、王尚文等名家的观点，语文课程的主要目标应是学习语言形式，提升言语智能，养成语文素养。语言形式是"更本质、更关键、更主要的东西"。所谓语言形式，是指言语的外在特征与组合方式。小到汉字构造、词汇组合，大到句子构成、段落布局，都属于语言形式的范畴。我们可以借助主线的向心力，将学习指向语言形式，防止仅以朗读感知为主要目的，止步于文本内容的理解，满足于文中人文情意的知晓。

语文，无论理解为"语言与文字"，还是理解为"语言与文学""语言与文章""语言与文化"，无论是王尚文先生的"语感论"，还是李海林校长的"言语教学论"，抑或是李维鼎先生的"言意教学论"，其核心都是"学习国家通用语言文字运用"。"学习国家通用语言文字运用"就是让语言文字"活"起来，"活"在语文实践中，"活"在言意体验中，生成个体语言经验，让学生形成良好的语感，具有一定的情感质量和表达能力。《语文课程标准》指出："语文课程是一门学习国家通用语言文字运用的综合性、实践性课程。"③ 这一纲要性表述有两层要义：一是语文课程内容应聚焦"学习国家通用语言文字运用"；二是语文课程具有实践性和综合性特点。这是确立语文课程性质最有力的依据。"学习国家通用语言文字运用"理应成为语文课程的特定目标，指引着语文课程发展的方向。只有指向"学习国家通用语言文字运用"，组织和呈现学习任务，历练正确理解和运用国家通用语言文字的智能，语文核心素养才会落地生根。一旦偏离"学习国家通用语言文字运用"，就会造成学习目标不明、内容不当、思路不清等问题。而主线的向心力，有助于我们博观约取，以约驭博，指向"学习国家通用语言文字运用"，优选这一单元、这一篇的主要内容，引导学生关注语言形式，体会作者以言尽意的智慧，增进文本之言与文中之意

---

① 郑春. 主线教学：小学语文阅读教学新视点 [M]. 北京：教育科学出版社，2014：序一.
② 王荣生. 求索与创生：语文教育理论实践的汇流 [M]. 济南：山东教育出版社，2013：113.
③ 中华人民共和国教育部. 义务教育语文课程标准：2022 年版 [S]. 北京：北京师范大学出版社，2022.

的深度转化，产生与文本体式相宜的感受，积累、梳理和整合语言，发展自身语言经验，提升自我语文素养。

二、从中观看，致力于助长言语生命

语言即人，是存在的家，是一种生命存在。我们会在运用语言中，获得生命的存在感和生长感。言语是人在特定语境中的语言运用和表现。言语生命是言语行为、言语学习最强大、最恒久的原动力，是言语行为最本真、最活跃、最积极的生命状态[①]。言语行为来自并取决于动态生命，如与经验契合，与生活相融，会成为学生自发的需求，甚至自觉的追求。可见，语文教学必须以生命为本，务必发生在真实生命之中，向儿童生命回归，唤醒言语生命，学生才有可能产生与自身经验相应的文本意义，感受到作者的生命情感和言语智慧，获得言语生命的自我实现。这就要求我们珍爱每一位言语生命，尊重儿童言语天性，创设与这一篇相宜的真实情境，引导学生怀着好奇心去阅读、去探究，助力学生既明文意、习文言，又共文情、行文道、做真人，实现言语生命的自然生长。如，走进老舍的《草原》，可以引导学生体会《草原》的语言之美、文学之美、蒙古族同胞热情好客的情感之美，也可以化老舍的语言为学生的语言，化《草原》文字为学生的文字，借老舍智慧提升学生的言语生命，还可以学老舍是怎么写草原的，如何表达"蒙汉情深"的，学会像老舍那样写出生活之美、大自然之美。只不过，这都需要激活学生相应的言语潜能，鼓励学生依自身经验对话文本，用自我才情表达文本。只有披文入情，产生内心反应，体验到文中之意，读到真实的自我，学生才会感受到这一篇课文的意义，觉得自己变得聪明起来，意识到自我生命的存在和生长，实现自我经验世界与社会共有的文化世界的沟通，甚至是创造性互化。我们可做的是，借助主线的力量，强化这方面的沟通与转化，丰富学生的言意体验，涵养学生言语生命的精气神。

其实，教学就是为了唤醒学生生命的种子，引导学生向上生长，向着蓝天和太阳歌唱，就是借作者和教者的生命情感，去激发学生的生活热情，让他们学会过自信的童年生活。不过，我们的生命状态与学生的生命状态存在一定差异，不能以我们成人的经验去代替学生的经验，而应走向

---

① 潘新和. 语文：表现与存在 [M]. 2版. 福州：福建人民出版社，2017.

儿童，遵循儿童认知规律，对学生言语生命进行唤醒、点燃和提升。为此，一方面，要顺应个体经验、兴趣、需求等，尊重认知差异和生命状态，并依据行为表现，动态调适富有弹性的学习目标以激起学生的言语才情；另一方面，从学生现实的心理经验出发，预设体现文本核心的主话题，对学习内容加以梳理和聚合，增强对话的针对性，引导学生循序渐进地达成主要目标。如，学习统编教材六年级上册的《青山不老》时，可以预设"了解作者发现的奇迹的青山""理解与老人共存的青山""感悟作者坚信不会老的青山"这三个进阶的话题，引导学生由表及里地对话。因为学生能读懂文本内容，对文中的"奇迹"颇感兴趣，将"了解作者发现的奇迹的青山"作为起点，容易触动学生内心、打开对话思路、引发情感共鸣。这三个话题虽然分别侧重于文本内容、老人形象、全文主旨，但都聚焦于"抓住关键句，把握'老人崇高的精神境界和不朽的生命意义'"这一单元语文要素。在该要素引领下，学生由浅入深地与文本对话，诸多意义融入"青山不老"的主要意脉，渐入积极有为、境界开阔的生命状态。可见，顺应言语天性，贴近当下生命状态，有利于学生聚焦文本核心，逐层转化文本的言与意，言意体验获得相生相长，产生高峰体验。长此以往，学生会循着主线的意义，借鉴作者经验，去感受生活、理解生活、表达生活、创造生活，言语生命会更加精彩。

三、从宏观看，致力于激发人生抱负

教育作为花的事业、根的工程，根本目的是培养新时代需要的人，引导学生学会做人，让学生精气神不断丰润。汉语言独具魅力，作为育人的主要载体，决定着语文立人的方式与路径，其影响不言而喻。语文是华夏历史之学，中华文化之学，也是汉语言之学；语文教育是学习国家通用语言文字运用的过程，也是浸润人类文化的过程。汉语言历史悠久，源远流长，为华夏民族的生存与繁衍，为中华民族的发展和创造，做出了不可磨灭的功绩。汉语言教材从"三百千千"和"四书五经"为主，到整本书与选文并行，再到当代以"单元"为主的选文，内容随时代发展而不断变化，但不变的是经世致用，服务于当时的政治。由此推论，培养现实社会中的有用之才是汉语言发展的主线，"培养社会主义建设者和接班人"是当代语文教育的主旋律。可见，语文首先是"人"学，其次才是智能之学。语文教育必须重视人文化育功能，强化人格的养成教育。缺失这一根本目标，语文会陷入唯知识、唯技能的困境，堕入机械训练的陷阱，导致只注重知识积累、智力开发，轻视人文素养的养成，忽视文化信仰教化。新时代培养什么人，如何实现这一目标，怎么确保从立德树人到养成语文核心素养不偏离方向是新课改的核心问题。语文课程围绕立德树人这根核心线，确立了发展学生语文核心素养的目标。《语文课程标准》强调语文课程要"继承和弘扬中华优秀传统文化、革命文化、社会主义先进文化，增强对习近平新时代中国特色社会主义思想的理解和认识，全面提升核心素养"[1]。并将课程总目标按四个学段整体设计，体现了育人的连续性和进阶性（见表2-8）。统编语文教材按鲜明的人文主题和清晰的语文要素组织单元，进一步落实语文的育人目标。具体到教师身上，作为社会核心价值的传递者，不仅要帮助学生学会学习，学会做事，学做真正的人、大写的人、光明坦荡的人，更要有自身的价值判断、人生信仰、教育理想和生活追求，这些会在言行中有所体现，对学生产生潜移默化的影响。而主线教学作为立德树人落实到教学层面的策略之一，更应聚焦语文课程核心价值，发挥文以载道、以文化人的功效，强化语文教育与时代发展的融合，与人文素养提升的联动，引导学生将语文学习与时代精神结合起来，在丰富语文经验和生活经验中，养成语文核心素养，激发童年梦想和人生抱负，让童年在梦想中闪光。

表2-8 教育目标从宏观到微观

教 育	立德树人	
语文课程	人文性	工具性
教材	单元人文主题	单元语文要素
文本	"意"	"言"
	作者生命情感	作者言语智慧
学生	积淀生活经验	丰富语文经验
	养成语文核心素养	

---

[1] 中华人民共和国教育部. 义务教育语文课程标准：2022年版[S]. 北京：北京师范大学出版社，2022.

第四节 主线教学的现实意义

以言意体验相生相长为本质的主线教学，紧扣立德树人这根核心线，指向语文核心素养，强化语文育人宗旨，促使主要教学内容单元化重构、关键学习活动结构化相融，引导学生在真实情境中学习语言文字运用，具有优化经验课程、丰富学生生活等现实意义。

一、学习目标的连续性和进阶性更易增进

《语文课程标准》将课程目标按四个学段整体设计，旨在增进教学活动的可操作性和当下学习的适应度，实现各学段要求相互渗透、螺旋式上升的目标。可实际教学目标时而错位，时而弥散，甚至偏离语文核心素养养成。如果目标过高，难以达成，就会挫伤信心；如果一味迁就，对话难以深入，就读不懂文本。如，"喜欢阅读，感受阅读的乐趣"是低年级的学习目标，如果在已有一定能力的高年级，仍迁就阅读乐趣，就满足不了学生需求；同样，如果在低年级过度要求"有感情地朗读课文"，也会导致学生茫然失措，难以产生阅读乐趣。而主线带来的结构，可以帮助我们对照语文核心素养养成的长线，找到与当下学生经验、兴趣、需求对应的"点"，进而促使学习任务群之间、单元之间、课文之间的教学目标相互渗透融合，做到当下主要学习目标适度走在学生经验的前面。也就是说，以言意体验相生相长为核心建构经验课程，更容易指向语文课程总目标，对照学段侧重目标，确定单元核心目标，定位本文个性目标，拟定课时主要目标，力促这一篇课文成为本单元的有机组成部分，发挥好这一篇在本册教材中的特有作用，彰显这一篇与前后文本之间的关联；更容易强化课文之间的联动、单元之间的统筹、学期之间的照应，增进不同时段教学目标前后间的相承，连续进阶，促成当下学业要求与长期育人蓝图、个体生命状态与课时学习目标的动态转化，进而实现语文核心素养在长计划、短安排中连续提升。尤其在各学段要求对照下，可以理出学习目标的前后层级，让前期学习为后续学习做铺垫，后续学习相对于前期学习有所提升，对前期学习做进一步深化和拓展，前后学习目标拉开由浅入深的层级，构成递进关系，进入循序渐进的状态。这样，既增强学习目标的连续性，又

提升学习目标的进阶性，学生更容易拾级而上，产生获得感和愉悦感，进而带着主线意义去感受生活、理解生活、表达生活、创造生活。

二、学习内容的确定性和选择性更为增强

主线教学一边借助体现文本核心的主话题，对对话内容加以梳理、聚合，创生系列学习任务，确保对话处于全文核心的最佳关联之中；一边辅以开放而有张力的话题群，吸纳有价值的动态生成，确保对话处于相对自由的灵动状态。这样处理事先预设与动态生成，更利于必学的主要内容得到落实，更有助于个性化学习拥有较为充足的时间和较大的空间，进而促成学习内容的确定性与选择性有机统一。因为主话题的引导，更能揭示文本的主要内容以及文本之间的相通之处。尽管不同时段学习的侧重点不同，但其间是有脉络可循的。如识字写字、遣词造句、朗读默读等，贯穿于小学语文学习始终，在不同年级的不同单元循环再现，只不过每一次学习的侧重点有所不同而已。主线教学的优势在于，帮助我们先梳理当下内容与相邻内容之间的关联，把准该内容在此时此处的侧重点，再瞻前顾后，统筹安排，确保相邻学习内容构成递进关系。有了这样的确定性，更利于学习内容在彼此关联中，走向开放和自由。再如，统编小学语文教材编排了六首词，其中作为课文学习的有四年级下册《清平乐·村居》、五年级上册《长相思》和六年级上册《西江月·夜行黄沙道中》，作为诵读的有六年级下册《卜算子·送鲍浩然之浙东》《浣溪沙（游蕲水清泉寺）》《清平乐（春归何处）》。《清平乐·村居》《长相思》和《西江月·夜行黄沙道中》都为两段，分上下阕，属于"双调"。《清平乐·村居》《西江月·夜行黄沙道中》都有一个标题。这么梳理，关于词的知识分布线就清晰了，学习侧重点更清楚了：学习第一首《清平乐·村居》，应着重从词的外在形式，向学生传授标题、词牌、阕等基本知识；学习第二首《长相思》和第三首《西江月·夜行黄沙道中》，应着重从词的内在特点，丰富对长短句风格的理解，强化词是诗歌的一种这一知识点。六年级下册要求背诵的三首词，实际上是有关词的知识的综合运用。遵从这样的"线"，聚合分散于教材中的"点"，关系更分明了，内容更确定了，就可以引导学生在呼前应后中清楚哪些是必学的，哪儿是选学的，哪个是拓展学的。这样，依存某类核心知识分布线，把准当下学习重点与前后相关内容的对

应和关联，此时此处学生已学过什么内容，务必掌握哪些要点，还可以提供哪些内容选学，以增强当下学习内容与学生现实经验的契合，助力学生基于原有经验，产生前后连贯的言意体验。可实际教学中，我们时常局限于某一篇，或远离依存该文的单元意义，或忽视学生多样学习需求。虽说新课改强调遵循学生身心发展规律和核心素养养成逻辑重构教学内容，但如果没有确定性与选择性相统一的课程资源观，就难以创生出开放而有活力的学习内容，难以为学生的个性化学习提供广阔的时空。时常一方面依据文本体式，优选"有用、精要、好懂"的内容，以增进"学什么"的确定性；另一方面，当有价值的动态生成时，不知往哪个方向引导，甚至或不屑一顾，或打击压制。而借助主线的统整力，可推送体现文本核心的话题群，为如何处理学习内容的确定性和随机性，提供了实用的操作路径。

三、学习行为的自主性和独特性更加彰显

最有效的是个性化学习，以学习为核心组织教学，是新课改最核心的理念。新课改推行 20 多年，取得了一些成绩，但也有部分老师存在困惑。王荣生教授指出："我们的语文课堂，学生往往只是在'教的活动'的间隙，零星地、零散地、不成结构地进行了一些'学的活动'。"[①] 而从言意体验层面连贯意义、建构主线，可以帮助我们立足儿童立场，处理好教与学的关系，既关注文本，又关注学生，着重关注"需要学什么""最好怎么学"，让学习行为的自主性和独特性更加彰显。不过，学习行为的独特不应超越文本边界，这就需要我们适时适度地引导，需要我们蹲下身子，关注学的状态、学的方式、学的过程、学的成效，务求基于学、调动学、引领学、服务学、优化学。而体现文本核心的主话题以及相应的话题群，会让我们的引导自然而然，会利于每一位自适应学习、自主化学习、个性化学习。可见，依托主话题推送系列话题，拓展对话时空，更有助于学生充分地读、大胆地想、自由地说、真情地写，在自由独学、合作研学中，产生与自身经验相应的文本意义；以主题拓展的对话时空，更有利于学生聚焦文本核心，逐层转化文本之言与文中之意，产生与理解文本相宜的学习行为，与文本核心之意趋向一致的个性化感受。当然，没有自主就没有

---

① 王荣生. 求索与创生：语文教育理论实践的汇流 [M]. 济南：山东教育出版社，2013.

独特。这更需要我们敬重灵动的生命，尊重每一位生命状态，激励人人参与、个个投入，拥有自己的理解和感受。而体现文本核心的主话题所生成的系列对话，所开拓的大语境，让动态生成的辅话题、小话题、边缘话题有所观照，无须我们一一引导。拥有了这样的语境，更有助于自读自悟，互帮互助，对话自由度高、形式多、密度大、时间长，更利于文本意义不断内化为自我的独特体验。其实，把握好个体独特体验与文本核心之意的平衡，处理好自主阅读与教者引领的和谐、个体经验与群体智慧的互化，反而更加增强个性化学习的活力，增进学习行为的自主性和独创性。但实际教学中，如何既自主充分又独特有度，怎样实现文本意蕴领会与个体经验生长的动态平衡，仍是重要的现实话题，需要从主线教学角度，进一步加以推进和完善。

四、学习成效的相通性和多样性更有保障

让学生拥有多样的经历，是尊重个体生命意义的体现，也是语文学习的应然状态。但"多"的状态不一定都正确，有的可能背离文本核心之意，甚至不利于学生成长。对此，应责无旁贷地给予引导。主线教学的优势在于，帮助我们关注学生有没有从当下的起点，走到预期的终点，有没有远期的学习目标、重点、计划等，进而让学生从感受离散走向意义连贯，保障语文核心素养的持续发展。从一单元、一学期、一学年、六学年来看，语文素养是螺旋式发展的。小学六年，语文有 1 000 课时左右。这些课时不是随意的机械堆积，而是依据课程目标结构化建构的，每一个单位时间内的学习，都有上勾下连的关系，都合乎经验课程发展逻辑，最终促成学生言语行为彼此相通，形成班集体共同的学习经验，养成每一位学生的语文素养。可见，从语文课程标准到个体学习成效，是一个逐层转化的复杂过程，一般会历经从课程标准、学段要求、单元目标，到单篇核心，再到共同的学习成效。其间，关键是依据学生现实的心理经验，将某个学段（这里的学段，不仅指低、中、高三个学段，而且指自然状况下的小学阶段、学年阶段、学期阶段、单元阶段等）的要求具体化、对象化，转化为这一班当下易知能学的内容，助力每一位产生与这一篇核心之意趋向一致的言意体验。而主线带来的结构，更有利于这样的转化，可以促使长期规划与短期安排协调一致，既实现经验课程的相通，又助力个体语感

的多样化。如果说小学语文课程由若干相对独立又灵活多样的经验交融而成，那么，这些经验必然彼此渗透，相辅相成，共同体现语文核心素养的发展。其实，学习成效的相通性与多样性是相对的，相通性可以指向小学阶段的语文核心素养，甚至终身发展的人文素养；多样性可以指向某一篇、某堂课，甚至某个文中要点的意义。从广义来说，相通性表现在素养导向的学生言行之中，文化、语言、思维、审美等长期积淀之中；多样性表现在某项学习中，不同学生所产生的感受是不一样的。从狭义来说，相通性表现为每一位学生都达成了某单元主要学习目标，多样性表现为每一位学生就单元内某个要点产生了自己的感受。如果从主线教学角度，统筹经验课程，某学段的某个语文知识点学到什么程度会更明晰，此时此处与学生现实经验的对应会更清晰，这更有利于将眼前所教的"点"放入特定单元加以考量，更有利于通过呼前应后将各部分连贯起来，做到长计划、短安排，力促近期成效与长期效应相得益彰。可是，如何让学生产生这样的学习成效仍是重要的实践话题，需要我们发挥主线教学的优势，把准学生经验状态，动态调适学习活动，灵动建构经验课程，最终让主线意义带给儿童丰富奇妙的学习享受。

第三章 主线教学的学习机理

主线教学隐含着相关要素的内在工作方式和相互作用的运行规则，这就要求我们探明诸要素的关系、结构、功能等。本章从学习理论、逻辑关系、运行机制等方面，讨论从文本走向经验的主线教学的学习机理。

第一节　主线教学的学习理论

以言意体验相生相长为本质的主线教学，具有特定的内涵和相应的学理，其深处是自然整体、结构主义、意义建构、经验学习等理论。为此，有必要借鉴国内外相关人文思想与教育理论，厘清主线教学的学理。

一、自然整体理论与主线教学

大自然中雪花、树冠、蜂巢等，体现着无序中的自发有序，这种看似繁乱中所蕴含的内在秩序，正是大自然的运行方式，也是人类与大自然相处的方式。

中华民族讲究人与自然和谐相处，天人合一，古已有之。祖先们对大自然最初的认识体现在，"易有太极，是生两仪，两仪生四象，四象生八卦"（《易传·系辞上》），"天道圜，地道方，圣王法之，所以立天下"（《吕氏春秋·圜道》）。《吕氏春秋》中的《圜道》篇，总结了从大自然到人类社会都遵循的"圜道"，宇宙万物会周而复始地遵从"圜道"。在"人法地、地法天、天法道、道法自然"影响下，社会人事同样遵从着"圜道"。"天得一以清，地得一以宁……万物得一以生。""道生一，一生二，二生三，三生万物。""夫物芸芸，各复归其根……复命曰常，知常曰明。""有无相生，难易相成，长短相形，高下相倾，音声相和，前后相随。"（《道德经》）可见，上古时代，人们已建立起自然整体的世界观，不为纷繁复杂的"象"所迷惑，能抽丝剥茧，寻根究源，透过"象"探明背后的"数"和"理"，认识到万事万物存在着阴阳矛盾的统一。老庄的"道"、玄学家的"自然"、理学家的"天理"以及"天""地""阴""阳""五行""心""性"等观点，都是由自然整体观衍生的。可以说，一脉相承的天人合一化生的整体思维也是主线教学得以产生的自然土壤。

自然整体观自然会渗透在传统教育之中。孔子说："举一隅不以三隅反，则不复也。"（《论语·述而》）只要抓住"一"，推及契合的"类"，就能架构圆融的学习系统。孔子还提出"克己复礼，仁者爱人"。何谓"仁"？"能行五者于天下，为仁矣。""恭、宽、信、敏、惠。"（《论语·阳货》）他将多维教化统一于"仁"，一以贯之，让人既感受到"仁"的外延，又透过行为观照到"仁"的内涵。继孔子之后，众多名家以独特方式实践着整体观。荀子主张："不闻不若闻之，闻之不若见之，见之不若知之，知之不若行之。学至于行而止矣。行之，明也。"① 就是说，学习必须通过感官"闻"和"见"，然后由思考转化为行动，而"行"作为学习过程的最高阶段尤为重要。南朝梁刘勰认为，读书要"沿波讨源"（《文心雕龙·知音》），探寻文章深层的意脉。刘熙载谈叙事，"惟能线索在手，则错综变化，惟吾所施"（《艺概·文概》），"线索在手"就是在错综变化中，拥有整体思路。朱熹认为，读书要"循序渐进"和"熟读精思"。"循序渐进"要求遵循认知规律一步一步地展开。"熟读精思"则要求让音形入于耳眼，声迹存留于口，思考著于内心，进而展开深度对话。"循序渐进"是读书深浅次序的规定，而"熟读精思"是读书质态的要求。两者是相辅相成的，"熟读精思"必须在"循序渐进"的前提下进行，而"循序渐进"的每一步都需要"熟读精思"……上述观点，强调整体学习的重要性，揭示了学习的内在规律。主线教学正是受这些前人思想启发而产生的。

　　自然整体观还体现在汉语言学习之中。首先，望字生义是汉字的特征。造字，最初由象形这一朴素的直观方式承担，其核心理念是师法自然。传说仓颉以日月星辰、飞禽走兽、花草树木为伴，历经长期观察，依据大自然物象，造出第一批汉字。这批象形字又叫图画字，是汉字的构成基础。鉴于象形过于局限，只能记一些形象直观的事物，为了广泛记录，又衍生出指事、会意、形声等。这样，字族越来越多，但循其根本，体现了对自然的认识和探索，融入了取法自然的朴素智慧。遵循造字方法与表意特征，可以避免死记硬背，做到举一反三，轻松辨别，快速识记。其次，汉语言的表达离不开语境。汉字独立存在一般只有本意，一旦融入不同的语境，会产生不同的意义。很多情况下，只有联系语境，才能明白某个字词所表达的意思，某句话所隐含的意义。最后，汉语言重形象，重意会，言近旨远，言简意丰，表达灵活，丰富多彩，意在言外十分常见，这与其柔韧性和模糊性密切相关。解读文本不是逻辑分析，而是直觉、顿悟、灵感、体验等，是"心有灵犀一点通"。加之，文本的开放性和读者

---

① 王先谦. 荀子集解：上 [M]. 沈啸寰，王星贤，点校. 北京：中华书局，1988：142.

的差异性，也会带来阅读的选择性和多元化，使文本意义富有弹性和伸缩性。这都需要借助文本核心之意加以引领。正如，春江花月夜，虽由春、江、花、月、夜等排列着，但历经意象重构后，已生成超越部分之和的全新感受，产生独特的生命体验。可见，只有从整体入手，才能领略语言文字的精妙，发现作者以言尽意的智慧。这些为主线教学提供了厚实的文化支撑。主线教学正是遵循汉语言的造字、构词、组段、行文的内在规律，致力于寻根溯源，回归本质，触摸母语教育的温度，彰显中华民族的优秀文化，实现阅读的整体建构。

格式塔是对我国自然整体思维的呼应。格式塔心理学又称"完形心理学"，代表人物是韦特海默、考夫卡和克勒，他们于1920年在德国创立的这门学说，成为欧美现代心理流派之一。该流派强调整体与完形，认为整体先于部分，整体优于部分之和。格式塔虽由各种要素构成，但不等于各要素的简单相加，而是超越这些要素的全新整体。格式塔心理学虽然主要探讨视觉和知觉，但基本理论广泛应用于社会的各个领域。"感觉并不是各种感觉要素的复合，知觉并不是先感知各种成分再注意到整体，而是先感知到整体的现象，而后才注意到构成整体的诸成分。"[1] 也就是说，人们认识事物并非对个别刺激作出反应，而是对整体的完形即格式塔产生认知。正常人看事物，时常一眼就看出整个形状，一下子就能抓住物体粗略的特质，然后才关注部分。格式塔强调"一个事物的性质不决定于任何一个部分，而是依赖于整体，这个从该事物整体中产生的性质，即所谓格式塔质"[2]。在他们看来，不管是艺术鉴赏，还是一般学习，都务必着眼于整体把握，坚决反对元素分析。元素不能决定整体，而整体影响着元素的性质，对部分的剖析、对元素的分析，只是把握整体的手段而已。而主线教学追求的正是聚焦具有格式塔质的文本核心研读文中要点，融会文本各部分，整体建构文本意义，甚至单元意义。

全语言也是自然整体思维的一种表达。全语言又称整体语言。美国教育家肯·古德曼教授从人、语言、学习三个角度，对全语言作出相对完整的定义。他指出，全语言在于学习者在一个整体情境中，对语言进行整体

---

[1] 考夫卡. 格式塔心理学原理：上 [M]. 黎炜, 译. 杭州：浙江教育出版社：1997：46.
[2] 考夫卡. 格式塔心理学原理：上 [M]. 黎炜, 译. 杭州：浙江教育出版社：1997：46.

学习，全语言教育是一种视儿童语言发展和语言学习为整体的思维方式①。他认为，应保存语言的整体，将语言学习与儿童生活联系起来，防止将语言分割成局部的、零散的。可见，这里的语言，不是被肢解的语音、语义、语法等，而是不可分割的整体；语言技能也不是单纯的或听、或说、或读、或写等，而是完整的言语智能。同时强调，阅读是人的认知心理、语言能力、情感态度等内部因素，与语言输入、社会环境等外部因素相互作用的结果。儿童的语言，是在与同伴交往和社会互动中习得的。全语言为主线教学提供了新依据，启发我们重视语言环境整体效应，强化语言之间的关联，进而促成语文实践的完整，追求言语生命的整体发展。

二、结构主义理论与主线教学

学习凭的是怎样的心理系统，是金字塔型的由浅入深状态，还是网状的开放的互联互通结构，这值得探讨。不过，文本是有结构的，应该怎么梳理，才能使孤立的关联起来，离散的聚合起来，直至连贯起全文。为此，我们对美国学者布鲁纳的《论认知》、比利时学者易克萨维耶·罗日叶的《整合教学法》、英国心理学家费尔德曼的完整学习理论等文献展开研读，发现主线教学烙有结构主义的印记。

在结构的各种释义中，皮亚杰的是较为全面的。他将结构方法与起源（或发生）方法联系在一起，认为它们是辩证互补的。他对儿童心理学与认识论等问题进行研究时，也是并用这两种方法的。皮亚杰认为，一个结构具有三种特性：一是整体性。整体性来自组成结构的各要素的依存关系，全部要素的组合必然不同于这些要素简单相加的总和。一个结构由多种要素构成，其整体优于部分。二是转换性。结构不是静态形式，而是一个由若干转换机制形成的系统。"一切已知的结构，从最初级的数学群结构，到决定亲属关系的结构等，都是一些转换系统。"三是自身调整性。结构的自我调整主要有三种形式，即节律、调节和运演。这是结构的本质特性，涉及其内在动力，具有守恒性和某种封闭性。也就是说，一个结构具有的各种转换，不会超越其边界而导致结构解体，只会产生属于这个结构并保存这个结构规律的要素。但这并非指一个结构不能以子结构的身份

---

① Goodman K S. What's whole in whole language [M]. Portsmouth, NH: Heinemann, 1986: 18.

加入另一个更为广泛的结构之中①。总之，皮亚杰认为，认知结构是通过"同化""顺应"来适应外界环境的。所谓同化，指把环境因素纳入机体已有的图式或结构之中，从而丰富和加强主体的结构体系；同化时，主体结构也在发生着一定的变化，也就是顺应，以进一步适应环境，这也是儿童认知结构转化和发展的本质。

布鲁纳的认知—发现理论也是以结构主义为背景的。布鲁纳指出："获得的知识，如果没有完整的结构把它连在一起，那是一种多半会被遗忘的知识。"学习在于主动形成认知结构，认知结构的核心是类别编码系统；学习是一种同类信息加工活动，自我主动形成知识的类目编码系统。学习过程是一种类目化活动，人们会根据原有的类目编码系统，把新信息纳入原有结构，或形成新的类目编码系统（类似于皮亚杰的同化和顺应）。掌握学科知识的基本结构，对于促进学生认知发展具有重大意义。可见，学习适宜采取发现法，让学生自己去发现知识的基本结构。发现可以用脑去获得知识。"不论是在校儿童凭自己的力量所作出的发现，还是科学家致力于日趋尖端的研究领域所作出的发现，按其实质来说，都不过是把现象重新组织或转换，使人能超越现象再进行组合，从而获得新的领悟而已。"因此，发现学习中的发现是一种再发现，而学生的再发现与科学家的再发现，仅在程度上存在差别，本质上都是一种领悟或顿悟。从这个意义上看，学习就是通过学生的探索，自下而上地由具体、特殊的类目，上升到包括较高水平的类目编码系统②。当然，他还认为，促进学习的真正动力是认知兴趣，这是更直接、更稳定、更活跃的学习动机。

1986年，斯珀波和威尔逊合作出版的《关联：交际与认知》，从关联视角阐述了交际与认知。他们指出："人的认知过程倾向于尽可能以最小的心力来获得最大的认知效果。为了达到这个目的，人就必须关注与自己最为关联的既有信息。"③ 1995年，《关联：交际与认知》再版时，他们对"最为关联"重新定义，界定了最大关联和最佳关联。最大关联，就是用最小的努力获得最大的语境效果；最佳关联，就是付出适当的努力得到足

---

① 皮亚杰. 结构主义 [M]. 倪连生，王琳，等译. 北京：商务印书馆，1984.
② 布鲁纳. 布鲁纳教育论著选 [M]. 2版. 邵瑞珍，张渭城，等译. 北京：人民教育出版社，2018.
③ 斯珀波，威尔逊. 关联：交际与认知 [M]. 蒋严，译. 北京：中国社会科学出版社，2008：前言.

够的语境效果。所谓语境效果指语境前后意义的相融共生[1]。关联理论揭示了交际与认知的结构实质,对借助主线建构意义启发良多。

澳大利亚约翰·彼格斯和凯文·科利斯提出的SOLO分类理论,虽是可观察的学习结果结构,但与借助主线将离散感受连贯成意义是契合的,他们把某个问题的学习结果由低到高分为五个层次(见图3-1),即前结构、单点结构、多点结构、关联结构和抽象拓展结构:一是前结构层次(pre-structural),学生基本上无法理解和解决问题,只提供了一些逻辑混乱、没有论据支撑的答案;二是单点结构层次(uni-structural),学生找到了一个解决问题的思路,但就此而止,单凭一点论据跳到了答案之上;三是多点结构层次(multi-structural),学生找到了多个解决问题的思路,但未能把这些思路有机整合起来;四是关联结构层次(relational structural),学生找到了多个解决问题的思路,并能够把这些思路结合起来思考;五是抽象拓展层次(extended abstract),学生能对问题进行抽象概括,从理论高度来分析问题,而且能够深化问题,使问题本身的意义得到拓展[2]。这样,前一种水平的发展是后一种水平发展的基础。依据这五个层次,可以间接地评判学生的认知水平。可见,加工信息的能力影响着自身认知发展。需要强调的是,该理论不是把学习结果简单地分为对或错,而是把学习结果分为不同的认知水平。

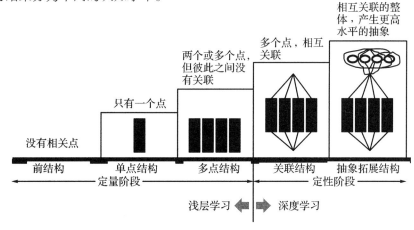

图3-1 SOLO分类图

---

[1] 王元华. 寻找"最大关联"和"最佳关联":文本阅读教学漫谈 [J]. 中学语文:教学大参考(上旬),2017(2):3-8.
[2] 彼格斯,科利斯. 学习质量评价:SOLO分类理论(可观察的学习成果结构)[M]. 高凌飚,张洪岩,主译. 北京:人民教育出版社,2020.

其实，文本是一个完美的结构，是一个最佳关联的意义体。教学这类文本，尤其是教学诗歌、散文、小说等文学作品，最忌讳支离破碎地讲解、条分缕析地剖析、不分主次地细读。为此，有必要借鉴结构主义理论，优化主线带来的结构，促使学生发现部分之间的关联，以及各部分与全文之间的关联，甚至要发现该文与本单元内、本学期内其他文本之间的关联，与其他学科之间的关联，与生活之间的关联，与社会之间的关联，促使学生的理解由前结构先发展到单点结构，再发展到多点结构，然后发展到关联结构，最后发展到抽象拓展结构，进而不断扩大认知容量，提升认知质态。

三、意义建构理论与主线教学

行为主义学习理论提出，神经系统组织通过刺激反应提供学习的大脑基础；认知主义学习理论提出，向复杂环境浸入时的认知执行，借助不同思维过程，在变化的环境中自我定位和调整定位；人本主义学习理论关注学习那些触动自我或让自我依恋的东西，强调情绪、渴望、满足、想象等在学习中的重要性；社会建构主义学习理论关注学生在与他人及社会互动中，形成经验的分享与链接……事实上，各类学习理论之间并没有绝对的界限，而是相互依存、彼此融合的。作为一种认知框架和思维方式，主线教学侧重关注其中的意义建构学习理论。

建构主义认为，人们获取知识不是被动接受，而是主动建构，注重主体在学习中的作用，强调个体经验与学习之间的关联，启发我们关注学习如何发生、意义怎么生成以及理想的学习环境应包含哪些要素等等。这种自我建构受同化和顺应的影响。阅读是或同化，或顺应，不断从先前状态进入另一种状态的过程。一方面，以自身经验为支点，加工外部信息，主动建构意义；另一方面，对已有经验不是简单提取，而是对照文本做出相应调动或改造。

梅耶的意义建构学习是继奥苏贝尔的"有意义言语学习"、罗杰斯的"意义学习"和维特罗克的"生成学习"之后的又一种建构主义学习理论，对借助主线建构意义启示良多。同样是意义学习，奥苏贝尔强调知识结构和先行组织者的重要性，通过渐进分化和整合贯通实现新旧知识的同化；罗杰斯更突出学习的自由、心理安全的环境和主动积极的心态，强调意义与学习者全身心投入相关。而梅耶于二十世纪八十年代，进一步发展了加涅的"为学习设计教学"的思想，提出"为意义建构学习设计教学"。梅耶对意义建构学习的心理机制，三种类型，知识分类与认知过程水平、与多媒体讲解教学的关系等方面的研究，为进一步认识意义学习提供了更全面、更深入的视角。需要强调的是，较之于奥苏贝尔、罗杰斯和维特罗克，梅耶的意义建构学习理论不仅提出一组操作程序，还对意义建构学习的各个方面提出了承前启后的独到见解。他指出，意义学习发生于学习者进行适当认知加工的过程中（见表3-1）：第一，选择相关的材料；第二，组织所选择的材料形成连贯的心理表征；第三，将所选择的材料与长时记忆中激活的已有知识进行整合①。主动学习是指学习者在学习过程中进行这三种认知加工。

表3-1 意义学习要素分析表

选择：聚焦新知识	组织：梳理新知识	整合：联系新旧知	效果
＊	＊	＊	无效学习（一无所获）
√	＊	＊	
√	√	＊	机械学习（简单套用）
√	√	√	意义学习（融会贯通）

注："√"表示实现了认知加工，"＊"表示没有实现认知加工。

主线教学正是致力于将离散的事实和感受关联起来，通过选择、组织和整合，使相关信息异质同构，连贯成意义。其间，学生会以原有图式为基点，与文本循环对话，相互作用，经历或同化，或顺应，发现语意，连贯意义，创生新意，并将新意"与长时记忆中激活的已有知识进行整合"，进而建构更高层次的整体意义。

四、经验学习理论与主线教学

二十世纪初，美国掀起进步主义教育热潮，儿童站到教育舞台的中心，儿童的需求、经验、活动成为教育关注的焦点，成为学生成长的新起点。从卢梭、裴斯泰洛齐、福禄贝尔，到杜威和泰勒，都主张儿童基于经验自然生长，教育的目的不在于为儿童提供具体知识，而在于通过学习让儿童感受生活，积淀人生经验。主线教学追求的正是学科逻辑与心理逻

---

① 盛群力，庄承婷. 意义建构学习新理念：梅耶的学习科学观述要[J]. 课程教学研究，2013(11)：27-32.

辑、生活逻辑深度融通，助力学习经验自然生长。

杜威在吸纳前人经验的基础上，提出将自然发展和社会效率作为教育目的。自然发展是个人能力的获得和社会化的过程；社会效率是个人在社会化过程中积极参与共同活动的能力，承担责任，服务社会。这样的教育目的，有助于实现个人与社会的统一。杜威丰富了经验的内涵，赋予经验名词和动词两种性质，静态的是具有连续性的行动结果，动态的是人与环境相互作用的过程。其实，经验的内涵非常丰富，"经验包含一个主动的因素和被动的因素，这两个因素以特有形式结合着。只有注意到这一点，才能了解经验的性质。在主动方面，经验就是尝试……在被动方面，经验就是承受结果"①。杜威所理解的经验不仅包含传统的、静态的意义，还包含所做的、所经历的事，所追求的、所爱的、所相信的、所忍受的过程……关注经验过程，强调经验的动态生成。杜威指出了经验的动态意义，"消解了把经验看作是已有活动结果的静止观点，消解了把经验看作是已获得的客观存在的观点，消构了经验与经验产生过程（活动）、经验与经验者之间的二元对立，从而赋予经验以鲜活的生命力"②。杜威还指出，经验的选择与组织必须遵循连续性和相互作用这两个原则。连续性意味着已有经验会对新经验的发展产生持续影响。教育不只是着力于儿童当下的发展，更应着眼于儿童的素养养成、精神成长等长远目标，是一种立足当下、走向明天的过程，一种由此及近、由近至远的过程。应重视学生的自我建构，而自我建构在于感受到学习的愉悦。"如果一个科目从来没有因其自身而被学生体验过或欣赏过，那么它就无法达到别的目的。"相互作用意味着儿童与周围环境彼此影响、相互改造。"教育者不仅需要清楚通过环境条件以形成真正的经验的一般原则，还需要认识到哪些环境有助于促进未成年人的进一步发展的经验。"③ 学生经验有所发展，会养成在新情境中解决新问题的习惯，促进学以致用，知行合一。主线教学应助长那些积极的、相互作用的、富有连续性的、能驱动儿童行为发生改变的经验，促成儿童自然成长。

---

① 杜威. 民主主义与教育 [M]. 王承绪, 译. 北京：人民教育出版社, 2001：153.
② 李冲锋. 杜威论经验与教育 [J]. 宁波大学学报（教育科学版）, 2006, 28 (2)：7-11.
③ 泰勒. 课程与教学的基本原理 [M]. 英汉对照版. 罗康, 张阅, 译. 北京：中国轻工业出版社, 2014：81-82.

泰勒对学习经验的看法与杜威存在一定的差异，他坚持的"五项原则""两种组织"和"三个标准"对优化主线带来的结构具有指导意义。"五项原则"是选择学习经验的一般原则。一是学生必须拥有实现既定目标的经验。目标既包括内容的陈述，也包括相关行为的表述。二是学习经验必须使学生在达成目标中获得满足感。学习经验除提供相关学习资源外，还得让学生通过学习解决问题，形成技能，获得成就感。三是学习经验必须适合学生现实的身心发展水平。四是相同的目标包含许多特定的经验。施教者在实际教育中可以选择不同类型的经验，获得不计其数的经验，来完成相同的教育目标或特定的教育目标。五是同样的学习经验会产生不同的结果。学生在解决某个问题时，除对知识本身进行理解与运用外，还会生成相关的其他经验。泰勒还提出学习经验的"纵向"与"横向"两种组织模式，"纵向组织"指不同时段学习经验之间的关联，"横向组织"指不同领域学习经验之间的关联。"三个标准"是检验组织学习经验有效性的。一是连续性，主要指课程要素的结构化反复，如培养阅读学科资料的技能是一项重要目标，必须确保学生有机会反复地、不断地训练和发展这一技能，直至形成这方面的能力为止。二是顺序性，主要包括提供逐渐复杂的学科资料并扩大阅读这些材料时所采用的技能操作的广度、增加分析的深度，学生不仅要反复训练这些技能，还要更广泛地历练这些技能。三是整合性，主要指课程经验的横向联系，即这些经验会帮助学生逐渐获得统一的观点，并逐渐将自己的行为与所处理的相关要素统一起来①。这三个标准被泰勒视为组织学习经验的基本标准。

后来，美国课程论学者古德莱德提出理想课程、正式课程、理解课程、运作课程和经验课程这五类处于不同层面、具有不同意义的课程②。经验课程是学生实际体验到的课程，是课程运行的最后层面，也是最终归宿。前四个层面的课程效应，只有在经验课程中才能得到充分体现。美国组织行为学教授库伯提出，学习可分为具体经验、反思观察、抽象概括和积极实践四个基本模式（见图3-2）。具体经验指通过沉浸于具体现实来掌握经验。反思观察指通过反思发生的事物来转化经验。抽象概括指通过

---

① 泰勒. 课程与教学的基本原理 [M]. 英汉对照版. 罗康，张阅，译. 北京：中国轻工业出版社，2014：81-82.
② 施良方. 课程理论：课程的基础、原理与问题 [M]. 2版. 北京：教育科学出版社，2020：9.

思考、分析和系统规划来掌握经验。积极实践指通过立即着手行动来转化经验①。这些经验学习的论述，对追求言意体验相生相长的主线教学，具有可操作的应用价值。尤其是"经验首先是一个经历的过程，是维护某种事物的过程，是忍受和激情的过程，是爱好的过程"②。这个过程既有言意相生，又有体验相长；既读进文本，悟得文中之意，又走出文本，看清文本之言，进而在文本言与意的转化中，获得相宜的语感和美感。

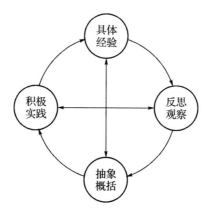

图 3-2　库伯体验学习圈

鉴于自然整体、结构主义、意义建构、经验学习等相关理论，主线教学倡导人本主义和人文主义，坚持走向儿童、走向实践、走向生活，创生体现文本核心的话题群，组织具有内在逻辑关联的学习活动，优化语文实践的关系、方式、结构等，助力学习经验从碎片化走向结构化，相生相长成主要意脉，进而彰显文本整体意义。必须强调的是，主线教学不会全盘接受相关理论，而是试图对相关的理论进行研读、消化和吸纳，开拓理论视野，增强结构意识，丰富从文本走向经验的策略和方法，以便朝着服务于"学"健康发展。

第二节　主线教学的逻辑关系

主线源于系列学习任务中各要素的相互作用。那就有必要厘清各方面

---

① 库伯. 体验学习：让体验成为学习和发展的源泉 [M]. 王灿明，朱水萍，等译. 上海：华东师范大学出版社，2008：33.
② 褚洪启. 杜威教育思想引论 [M]. 长沙：湖南教育出版社，1997：177.

关系，揭示各方面功能，发挥好各方面优势，以增进文本之言与文中之意逐层转化，助力学生随着言意体验相生相长，连贯起全文整体意义。

一、主线教学的基本逻辑

主线教学隐含一定的内在机理，涉及诸多关系，其中的关键是文本逻辑、阅读逻辑、经验生长逻辑，处理好这三者的关系，可以优化主线带来的结构。

1. 文本逻辑

文本相对自足、封闭，具有稳定的结构。文本逻辑指文本自身的主要结构和表达特点，如要素的勾连、意脉的舒展等。孙绍振教授指出，经典文本至少有三个层次的结构：一是显性的，按时间、空间顺序，将外在的、表层的感知连贯，包括行为和言谈的过程；二是隐性的，在显性感知过程以下的，是作者潜在的"意脉"变化、流动的过程；三是文体形式的规范性和开放性，还有文体的流派和风格，这层次更加隐秘[①]。可见，文本逻辑，不仅指显性的表达顺序，还指结构层面的词句与词句之间、段落与段落之间、首段与后文之间、末段与前文之间等的关系，更指隐性的作者谋篇布局的思路，以及极富个性的语言风格。文中这些或并列、或递进、或因果等关系，将语文知识、人文情怀和作者思绪融为一体。钱理群先生指出："有意不说，至少淡化文本之外的时代、写作背景、作家生平、思想，而把注意力集中于文本内的解读，在文本内把文本读懂，是更符合语文课的性质与要求的。当然这也不是绝对的，如果时代背景、写作背景直接关系对作品文字所表达的思想、情感的理解，那就非讲不可。"[②] 这表明，有时只有涉猎与作者有关的资料，了解写作背景，才能看清创作意图，体会到所抒发的情感，领悟到所表达的风格。这样，联系作者的为人处世、个性才情、情趣爱好等，从言外观言内，站位会更高，视野会更阔，对文本逻辑的把握会更准确、更全面、更深刻。

2. 阅读逻辑

阅读是非线性的，需要前后勾连，整体观照。"文本是一种层级结构，

---

① 钱理群，孙绍振，王富仁. 解读语文 [M]. 福州：福建人民出版社，2013：6-7.
② 钱理群. 经典阅读与语文教学 [M]. 桂林：漓江出版社，2012：182.

受文本层级结构的制约，阅读过程表现出一种组织化、层级化倾向。"① 王荣生教授指出，阅读理解的过程大致可以描述为"字词辨识，句子处理，读者把握语篇的字面讯息；读者根据语篇的字面讯息，推论字里行间没有明言的隐含讯息；连贯篇章和建立语篇结构，使语篇衔接并连贯成为一个可理解的整体；读者把所理解的内容与自己的生活经验对照与结合，扩展和丰富对世界的认识，进而对语篇进行评价"②。这个过程体现了阅读逻辑，表明阅读是文中之意有所连贯、不断增值的过程，是读者以个性、时代性和创造性，赋予文本新的意义，直至"对语篇进行评价"的过程。不过，这里的阅读逻辑，是教学情境下学生通过或朗读感悟、或想象体验，与文本连续对话、与环境相互作用。为什么引导学生有时先读开头的总起句，有时先读中间的过渡段，有时先读最后的总结语，有时先从相关背景资料开始读，有时先从作者生平信息开始读……因为必须遵从学生阅读该文的逻辑。探明学生阅读该文的逻辑，就是走向儿童，站在儿童的立场，捉摸学生会怎么读，读出什么，就是传授适宜的阅读方式，与潜在于文中的作者对话，发现作者的情感变化和表达思路。

3. 经验生长逻辑

阅读逻辑有与文本逻辑高度重叠的可能，读者经验与作者经验相互碰撞、冲突、融合，就是经验生长逻辑。具体表现在五方面：一是拥有清晰的阅读目标。面对一篇文章，每一位读者会带着自己的动机，增进阅读期待，明确当下任务，知晓学习要求。如有的人为了娱乐，可能会关注文中有趣的地方；有的人为了鉴赏，可能会关注表达艺术多于内容理解。二是在阅读中产生愉悦感。因作者生命情感的感染和言语智慧的启发，学生会产生与文本相呼应的阅读行为，习得与文本相对应的对话方法，会觉得自己聪明起来，并乐意将感受与同伴分享。三是顺应现实的心理经验。心中有什么才会看出什么，学生会在易知能懂处，凭自己的眼光注视，依自身的经验解读，用自我的言语表达，进入主客相融的状态。四是从多个维度连续对话。学生发现了文本核心，会聚焦该核心展开多层面对话，让核心之意多次重组，多维建构，不断增值，最终连贯成全文意义。五是产生自己的理解和感受。每一位读者会联系自身的经历、文化、知识等背景，生

---

① 李海林. 言语教学论 [M]. 2版. 上海：上海教育出版社，2006：452.
② 王荣生. 阅读教学教什么 [M]. 上海：华东师范大学出版社，2016：5-6.

成超越文本原意的衍生意义，产生个性化生命体验。明晰经验生长逻辑就是关注学生读的状态、读的成效。

文本逻辑、阅读逻辑、经验生长逻辑，这三者虽有所不同，但聚合点在于文本，一个是独立的文本及其特质，一个是阅读文本的特点与规律，一个是特定读者通过文本学习阅读的特点与规律。

二、主线教学的逻辑转化

文本逻辑、阅读逻辑、经验生长逻辑不会孤立存在，只会相辅相成。梳理这三个层面的逻辑，是为了遵从其中的内在机理，促使各方协同发力，促成"学生'学习活动'更有结构一点、更完整一点"①。

首先，阅读逻辑与文本逻辑应尽可能趋于重叠。相比而言，阅读逻辑相对开放、偏于多样，不同读者的理解可以不一样；而文本逻辑相对封闭、偏于统一，作者的表达意图和思路是特定的。尽管阅读逻辑与文本逻辑处于不同层面，但两者都处于生成状态，应尽可能趋于重叠。单从教学取向来看，既要敬重作者的表达意图，又要尊重儿童的阅读期待，更应追求作者经验与学生经验的融合。文本逻辑虽体现着作者独特的情思，但文本意义是在阅读中产生的，是作者与学生共同创生的；虽说学生可以个性化解读、多元化理解，但独特体验是有边界的，不可背离文本逻辑。学生阅读文本的逻辑是否与文本逻辑趋于重叠，主要看"作者想表达的"与"学生感受到的"是否趋于重叠。这里的"趋于重叠"体现在学生找到了与该文相呼应的阅读方法，产生了与该文相适宜的言意体验，发现了作者的情感变化，看出了创作意图的来龙去脉，看清了谋篇布局的行文思路，甚至还原出作者拿起笔创作时所展开的种种构想。当然，学生阅读文本的逻辑与文本逻辑完全重叠是不可能的。一是因为学生与作者的知识背景、生活环境不同，对文本的理解自然存在一定的差异；二是不同学生阅读同一篇文本的期待不同、方法相异，理解也会存在一定的差异。这些差异正是展开教与学的空间。

其次，教师阅读文本的逻辑与学生阅读文本的逻辑应尽可能趋于重叠。"阅读是一种被引导的创造。"（法国哲学家萨特）这里的"被引导"当然离不开教师。师生对话影响着阅读的取向，也左右着教师阅读和学生

---

① 王荣生. 阅读教学设计的要诀 [M]. 北京：中国轻工业出版社，2014：150.

阅读的基本逻辑。这里的逻辑不是制约阅读思路，更不是提供标准答案，只为多方交流提供支架，引示着对话的方向与范围，扩大着教师阅读与学生阅读的共鸣点。教师阅读文本，既要顾及语文课程总目标，又要体现作者的创作意图和思路，更要走向儿童，立足儿童立场，用儿童的眼光和方式，引导学生向老师学习怎么去阅读，务求把与该文相宜的阅读方式教给学生。教师阅读文本的逻辑与学生阅读文本的逻辑是否契合，主要看"想教的"与"实际上学的"是否趋于重叠。这里的"趋于重叠"取决于教师相机引导与学生自读自悟和谐统一，既共同遵从文本逻辑，又力促学生产生个性化体验。要实现这样的和谐，务必处理好教师导学与学生独学的动态平衡，必须借助体现文本核心的主要教学内容，组织前后联动的关键语文实践，让学生处于文本核心的最大关联之中，产生言意体验相生相长的力量。文本原意还原越鲜活，学生意会越清晰，言意体验越充分。同时，"趋于重叠"依附于教者预设的学生可对话的话题群，为文本意义生成提供相宜的语境，引领意义生成的方式和途径，以助力学生连续对话，将富有内在逻辑关联的语文实践，内化为前后连贯的主要意脉，增进文本之言与自我语言、文中之意与自身经验的互化，提升文本意义在这一位心中生成的质态。"趋于重叠"还依赖于教师营造多向对话的氛围，尤其是学生与文本、学生与学生以及学生与自我之间的对话。此时，"我与你的对话不仅是言语上的你来我往，而是寓于'生活深处'的具体体验"①。而"'生活深处'的具体体验"，主要表现为学生融入文本，产生体验，浸入主客相融。换言之，就是教师阅读文本的逻辑、学生阅读文本的逻辑与文本逻辑相融共生。我们应扩大这三者的交集，三者的关系可用图3-3表示。

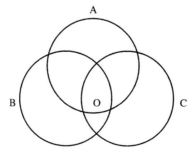

图3-3 教师阅读文本逻辑（A）、学生阅读文本逻辑（B）与文本逻辑（C）的关系

---

① 布伯. 我与你 [M]. 陈维纲，译. 北京：生活·读书·新知三联书店，1986：83.

A 表示文本逻辑，B 表示教师阅读文本的逻辑，C 表示学生阅读文本的逻辑，O 表示三者的交集。三者之间的交集越多，表明经验生长越充分。如果三者之间没有交集，则表明学生既没有读进文本，也没有适应老师。如果 B、C 之间有交集，但 A、C 之间没有交集，则说明学生虽对老师有所适应，但没有读进文本。如果 A、C 之间有交集，但 B、C 之间没有交集，则说明学生读进文本，却没有适应老师，老师想教的与学生实际上学的不在一个频道上，已严重脱钩。

再次，经验生长逻辑与文本逻辑应尽可能趋于重叠。阅读"被引导"，归根到底是被文本意义引导。阅读是某位读者在特定文本引导下，产生了自己的言意体验。主要表现为这一位读者依托自身经验，找到了适切这一篇的读法，获得与作者情感变化和表达思路趋于重叠的感受。能否趋于重叠，重叠度如何，主要看"这一位读者感受到的"与"作者想表达的"是否契合，这一位读者在与这一篇的对话中，是否既明文意、习文言，又共文情、行文道。明文意，就是明白了文本"写了什么"，这样写为了表达什么，就是读进了文本，还原出场景，与作者产生语意交流、心灵碰撞和经验融合；习文言，就是习得作者"怎么写的"，体会到这么写的好处，就是品读语言，悟得写法，探寻到作者语言运用、表情达意、谋篇布局的奥秘，发现了文本独特的表达思路；共文情，就是领会到作者"为什么这么写"，琢磨出作者的创作心境、情感态度、价值观念等，就是忘掉自己，沉浸文中，与作者同喜同悲、同哀同愁；行文道，就是既读懂作者，又读成作者，作者展现的才情已内化为自我的生命状态，文本表达的主旨已转化为自己的生活意向，就是对文中之道有所领悟，积极响应，循着文本意指，为人做事，创造生活。可见，这里的"趋于重叠"，是学生与文本自觉对话，甚至与自我自由对话，读出新的自我，感受到文本带来的启迪，觉得自己越来越聪明。其实，经验生长是自我对文本产生的内隐性体认，是自我对照文本对过去所积淀的经验的审视性改造，是自身经验与作者经验相互作用的过程和结果。其中的关键在于，借助言意体验相生相长的力量，不断地化文本之言为自我语言，化文中之意为自我生命意义。

从言意体验层面连贯意义，建构主线，是文本逻辑、阅读逻辑和经验生长逻辑趋于重叠的心理表征，是文本言与意逐层转化的过程和结果，是文本由静态先向表达文本核心的主要教学内容转化（主要是老师通过备课完成的)。在此基础上再向具有内在逻辑关联的语文实践活动转化，向前后感受连贯成主要意脉转化，向学习经验持续生长转化，最终让经验生长越来越可感，言语生命越来越自信。这也是阅读教学的永恒追求。

第三节　主线教学的运行机制

主线教学是为了聚焦文本核心，逐层转化文本的言与意，提升言意体验相生相长的质态，直至悟得整体意义。这个过程怎么运行？尽管过程是复杂的，但基本机制是"选择相关的材料；组织所选择的材料形成连贯的心理表征；将所选择的材料与长时记忆中激活的已有知识进行整合"[1]。在选择、组织和整合中，学生会从感受离散走向意义连贯，生成主要意脉，直至明文意、习文言、共文情、行文道、做真人。

一、选择，聚焦内容之"主"

文本言与意能否进入转化状态，言意体验能否相生相长，首先取决于教什么、怎么教。教什么和怎么教是语文课改的核心问题。如果不清楚教什么，甚至弄错了，那么，无论怎么教都会偏离目标，甚至与课程宗旨背道而驰。可见，务必厘清的是教什么，务必确定的是内容层面的核心，是教学内容之"主"。主线教学看似是方法层面的主张，其实是从重构教学内容层面切入的。王荣生教授指出，"如果不把教学方法原理层面的理念转化为具体的教学内容，那么那些所倡导的'理念'，比如充分尊重学生的自主学习性等，在很大程度上就会沦为空谈，至少在我们语文科是这样的。"[2] 他还指出，一堂语文课，如果没有合宜的教学内容，那么无论在教学方法上玩什么花招，竖什么大旗，都不可能成功。为此，主线教学之"主"，首先解决的是教学内容的确定，对文本内容进行梳理和聚合，探寻到文本核心，重构表达文本核心的主要教学内容。主要教学内容具有整体参与性。对教学活动起主导作用的是那些核心的、有聚合力的内容，能对离散的、动态生成的内容赋予意义并加以连贯。实际对话中，可以将之转

---

[1] 盛群力，庄承婷. 意义建构学习新理念：梅耶的学习科学观述要[J] 课程教学研究，2013(11)：27-32.
[2] 王荣生. 语文课程与教学内容[M]. 北京：教育科学出版社，2015：264.

化为体现文本核心的话题群，为文本意义生成提供相宜的语境，引领意义生成的方式和途径。坦率地说，教学内容困扰了语文教学多年，也是当前语文课改攻坚的难点。面对浩如烟海的文化史卷，教材编写者致力于精选文质兼美、具有典范性、富有文化内涵和时代价值的文章。面对统编语文教材，我们又该如何确定主要教学内容呢？怎么引导学生梳理并内化文本核心呢？语文核心素养的提出，为此指明了方向。不过，语文核心素养是谁的？当然是学生的。指向语文核心素养组织和呈现主要教学内容时，应走向儿童，依据儿童心理，坚持整体建构的教学资源观，发掘开放而有活力的课程资源。尽管《语文课程标准》以学习任务群的方式，明确了主要课程内容。实际教学中，我们还应从文化自信、语言运用、思维能力、审美创造这四维优选教学内容之"主"，聚焦"实际上需要教什么"。

一是文化自信。"赞天地之化育。"（《中庸》）"教育服务，文化育人。"我们的主要任务是，以教育方式服务于学生学习，务求目标润化，内容活化，环节简化，语言柔化，智慧互化。而真正起育人作用的是其中的文化。钱理群先生说过这么一句颇有深意的话，中小学教育的全部工作和意义，就在于为学生"打开一个广阔的文化空间"。语文是母语，是一种文化的存在。汉语言既是文化的载体，又是文化的重要组成部分，体现着中华文化蕴含的核心思想和人文精神。语文学习就是一种文化获得。语文课程以理解和热爱国家通用语言文字为基础，以涵养高尚审美情趣、厚植中华文化底蕴、坚定文化自信为重点，以提高国家通用语言文字综合应用能力为目标，在传承和弘扬中华文化中发挥着不可替代的作用。如，教学《猜灯谜》时，就可以组织学生读谜语、猜谜底、编谜面，让学生感受汉字的神奇。语文教育务必强化这样的文化认同、文化适应和文化融合，实现文化"增值"，助力学生在文化滋养中，感受中国人的精气神，获得精神生命的成长。文化自信需要的是"照着讲"和"接着讲"。"照着讲"是坚守文化，传承文化；"接着讲"是在理解中发展，在发展中理解，通过以文化言，实现以文化人。为此，学生可以通过主题阅读领略文化风貌，通过经典诵读感受文化意蕴，通过背景了解体会文化情怀，通过有机拓展丰富文化积淀，通过由点及面看清文化绵延，通过消解隔膜读懂文化映射，通过凸显红色浸染文化精神，进而通过丰富多彩的语文活动、相互呼应的综合实践，让传统文化春风化雨，让革命文化深入人心，让社会主义先进文化开花结果，让中华民族共有的心理底色焕发出新的生机。

二是语言运用。语言是存在的家，是心灵的外化。语文课程必须以发展语文核心素养为指向，以"学习国家通用语言文字运用"为要务。而语言运用既是发展语文核心素养的基础，又是在丰富生活世界和精神家园，需要在生活中学习语言，在实践中运用语言，从学得走向习得，从言不尽意走向言能尽意，从得意忘言走向言简意丰，直至形成良好的语感。为此，可以推送运用语言文字的真实任务，引发对话内需，唤醒学习动机，激活言语潜能，鼓励学生直接接触典范的语言材料，既依言循意，又据意品言，既品言得意，又意以言表，展开具有内在逻辑关联的听说读写，让自己的言行与正在处理的文字相契合。同时，激励学生做积极的语用有心人，自主选用朗读感悟、想象体验、识记积累、观察表达等方法，多领域、多方面地强化语文实践，展开综合学习，在建构语言、运用语言中，主动丰富语言经验，进入言语生命自我实现的状态。

三是思维能力。语言是思维的外壳，思维是语言的内核。语言运用必须借助于思维，同时又会促进思维能力提升。孔子说："学而不思则罔，思而不学则殆。"黄伟教授指出："如果有人问：能否简洁地回答语文教学内容到底确定在哪里？那我会毫不迟疑地回答：语言和思维；教语言，教思维。"[①] 人因斟酌而快乐，因推敲而成长，因思考而伟大。反观当下的语文课，时常发生假问题、浅表达、不思考等现象。好的语文课，有一条重要的标准，那就是有思维的力度、思考的深度、思索的长度。为此，应从活跃思维的角度，开发富有挑战的学习内容，推送持续进阶的学习任务，组织拾级而上的学习活动，激活学生的好奇心和求知欲，增强学生的问题意识，培育学生崇尚真知、勇于探索的精神，增进学生思维的敏捷性、灵活性、独创性、深刻性、批判性、整体性、严密性、聚焦性、连续性、发散性等，助力学生进入高阶思维，展开深度学习，提升语言运用的质态。

四是审美创造。语文学习，说到底就是让学生感受到什么样的语言文字是恰当的，是美的。审美是一种生命需求，是自然的，更是自由的。"爱美之心，人皆有之。"一个人如果不善，可能是坏人；如果不真，可能是伪君子；但没有见过不爱美的，尽管他爱的那个美，可能根本算不上

---

① 黄伟. 语文教学内容确定的几个问题 [J]. 江苏教育：中学教学，2013 (7)：6-10.

美。可见，爱美是每个人的本能。语文学习的土壤是生活，生活有多宽，语文的外延就有多广。生活与生命是美的源泉，表达与创造是美的结晶。生活让美与语文手牵手，一起走。一个人只有爱生活，追求美，才会有好心情，才会产生与文本相宜的美感，才会爱上语文。为此，应满足学生身心自由的内在需求，引导学生到自然、生活、社会中，发现美、感知美、欣赏美、创造美，到语文天地中鉴赏与创造语言美、形象美、情感美、意蕴美、理趣美，尤其要助力学生发现语言的形态美，聆听语言的音韵美，感受语言的节奏美，体验语言的情感美，进而领悟自我生命的存在与追求。

上述四维各有侧重，但都指向语文核心素养，厘清"实际上最好用什么去教"，挑明确定性教学内容，以优化主线带来的结构，聚合诸多不确定的因素，发挥各自优势，助力学生激活言语潜能，丰富言意体验，强化语文实践，提升语文素养，踏上诗意人生之路。

二、组织，建构活动之"线"

文本是书面语，是深思熟虑过的，是深度加工过的，必然有内在的逻辑。但文本逻辑很难被学生自知，也不可能在某一处集中体现，而似一串珍珠散落于各个角落。要整体把握文中一件事，或全面理解文中某个人，就得先从"被分解开来"的局部入手，研读一个个局部要点，后通过系列学习任务，聚合同类信息，连贯起这些要点，形成语文实践之链，生成言意体验之"线"。其间，需要以自身经验做支撑，需要基于旧知来思考，需要联系上下文去理解，需要打通生活去体验，以增进多方信息交流，以及文本之言与文中之意逐层转化。这样"组织所选择的材料形成连贯的心理表征"，认知容量大，有助于学生整体把握全文。当然，"人的认知过程倾向于尽可能以最小的心力来获得最大的认知效果。为了达到这个目的，人就必须关注对自己最为关联的既有信息"[①]。因为"既有信息"有利于学生建起自身与文本的链接，发现文中内在联系，找到将前后话语关联起来的核心。这里的核心，具有组织作用，能串联文中各部分，经各部分结构化重组后，会助力学生聚合散落于文中的相关信息，连贯起离散感受，生

---

① 斯珀波，威尔逊. 关联：交际与认知[M]. 蒋严，译. 北京：中国社会科学出版社，2008：前言.

成与文本核心之意趋向一致的语脉。要进入这样的组织状态，关键在于增强学生梳理信息的意识，激活学生的关联性思维，引导学生学会聚焦文本核心，从纵、横两方面"组织所选择的材料"。

横向组织是指不同层面的学习联动，意味着学生与环境彼此影响，相互作用。为此，一方面，要引导学生学会同类相聚，勾连关键的字、词、句、段，链接文本内外、课堂内外、校园内外，兼顾文本内容、表达形式、主旨思想，联结已会知识、当下所学知识、将要学习的知识等等；另一方面，要引导学生学会将字词放入语句之中，将语句放入篇章之中，将篇章放入单元之中，依托上位语境，环顾上下左右，发现要点之间相通的核心，进而将不同层面的信息交织于该核心，不同维度的言与意聚合于该核心。如教学统编教材三年级下册的《海底世界》时，一方面，研读第2至第5各个自然段时，借助"这一自然段围绕什么意思介绍的，从哪几个方面介绍的"引导学生发现每个自然段内句子之间的总分关系；另一方面，在分别学习第2至第6每个自然段时，适时回读或第1或第7自然段，通过每段一回读，形成结构化反复，引导学生发现全文段落之间的总分关系。这样，从不同层面感受总分关系，发现段内有段内总分、段间有段间总分的行文思路，习得作者"整合信息"（单元语文要素）的智慧。

纵向组织是指不同时段的学习联动，意味着当下活动对后续学习产生了影响。为此，一方面，通过听、说、读、写等语文实践协同发力，前后学习任务相融共生，助力学生既依言循意又据意品言，既品言得意又意以言表，在言与意的逐层转化中，连锁思考，"形成连贯的心理表征"；另一方面，务求前面对话是后续对话的基础，后续对话是前面对话的深化和拓展，前后对话构成递进关系，让学生由浅入深、由易及难地聚合相关信息，产生拾级而上之感，生成前后融通的语脉。如教学统编教材五年级上册的《搭石》时，一方面，通过"全文围绕搭石写了哪些内容"引导学生循着"话搭石—摆搭石—走搭石—赞搭石"，连贯起全文，发现全文的核心；另一方面，以"搭石联结着家乡人什么样的情感"引导学生潜入字里行间，触摸作者的情感脉搏，让"搭石的寓意"这一核心在"话""摆""走""赞"中不断增值，生成主要意脉。这样，多重交织，持续进阶，直至感受到家乡人的质朴与善良，以及作者的创作意图和思路。

需要强调的是，"在制造新联结的同时，还需要解除、抑制其他的联结,虽然这些旧联结曾因其有效性而得到保留,并制造了某种认知或情感上的平衡,这便解释了学习的困难所在"①。为此,务必改变按部就班的习惯,大胆舍去那些不重要、不相关、无须学的,以便腾出时空、集中精力,就文本核心多维研读、多次重组、多重建构,在文本之言与文中之意的逐层转化中,习得更有价值、更具特色的概括性知识,获得最大的、足够的语境效果。

三、整合,彰显语脉之"意"

阅读是一种对话,对话离不开语境。而"语境的生成也有一个发生、发展的过程,这个过程与言语的线性结构和心理结构的发生、发展过程是相伴相生的"②,与对话的语脉相伴相生。学生会循着语脉的走势,聚合多方同类信息,增进言与意的转化,连贯起离散的感受,生成相生相长的主要意脉。表现为多元对话彼此渗透,进入横向关联、纵向连续的生成状态。对话需要话题,多元对话需要主题,融通多元对话,更需要主话题。因为有时与"被分解开来"的局部对话,容易断章取义地讲解单个要点的意思;即使在把握全文时,有时也仅孤立地说明文本主旨,前后互不相干,学得散而杂,没有整体感,也就难以生成"线性结构",更难以形成连贯的语脉。造成这种断裂现象的主要原因是,没有形成系列学习任务,没有整合多方信息的核心,缺失超越单个层面、单一时段对话的主话题。这里的主话题,是由文本核心转化而来的,是起组织作用的话题,能对随性的、离散的对话赋予意义并加以连贯,为文本意义的生成提供相宜的语境,让文中的言与意围绕它逐层转化后,生成前后相融的语脉之"意"。这样,借主话题的统领力,聚合多方信息,连贯起离散的感受,整合起稍纵即逝的感知,进而助力学生悟得上位意义。上位意义理解了,下位意思就迎刃而解了,这种理解文本的路径更简捷,付出的努力更恰当,时间成本也更小。

语脉前后相融仅凭主话题是不够的,还应辅以开放而有活力的话题群,以引领文本意义生成的方式和途径,形成浑然一体的意义场。所谓话题群,是指一组指向文本核心的话题,它们既相互关联,又相对独立,点

---

① 焦尔当. 学习的本质[M]. 杭零,译. 上海:华东师范大学出版社,2015:37-38.
② 李海林. 言语教学论[M]. 上海:上海教育出版社,2000:367.

状分布在课时主话题、全文主话题、单元主话题之中。换言之，为表明起点与终点之间学习内容的分布状态，姑且称其间一个个具体的学习要点为辅话题。其实，主话题与辅话题是相对的，辅话题可以小到某个字或音、或形、或义的描述，主话题可以大到实用文讨论、革命文化交流等。这些话题带来一连串思考，在同类信息整合中会生成整体意义。尽管话题是对话文本的重要支撑，但脱离主要语境的单个话题既难以正确理解，又容易稍纵即逝，这就需要处于上位的主话题，来统领下位的辅话题。只有在一主多辅、主辅交融中，才会产生语境整体效果，前后对话的语脉才会有所彰显。为此，要引导学生依托主话题，关联辅话题，让话题群按一定的序列舒展，形成几个相续的学习时间点、几个连贯的对话着力点、几个内化核心的感悟点、几个演绎主话题的生长点。也就是说，相关的话题务必相互渗透融合，多维建构，才会促使诸多意义聚焦主话题，整合起来，生成前后相融的语脉，产生互为观照的力量，直至形成表达核心的主要意脉。

逐层转化单篇核心，形成多个要点融合的主要意脉。任何课文虽有原生价值，一旦选入教材，编进单元，必然具有特定的教学价值。当然，教学价值的实现，应以原生价值为基础，以文本核心为主要内容，以体现文本核心的主话题为抓手，通过逐层对话相关要点，发现彼此关联之意，连贯成语脉，生成超越这些要点的主要意脉。如，研读老舍的《草原》中的关键语句，是为了欣赏草原的自然风光，还是感受"蒙汉情深"，抑或是习得老舍将重点部分写具体的方法，这就需要借助上位的主话题加以引领。只有坚持一课一得，每堂课聚焦一个文本核心，拥有一个主话题，才能将散落于文中的关键信息梳理出来，增进不同层面、不同时段言与意的互化，生成全文整体意义。可见，单篇意义不仅取决于主话题是否指向文本核心，还依赖于辅话题是否唤醒文中之意，以及话题群的简约程度和结构状态。而处理好主辅话题的关系和功用，可以增进文本之言与文中之意的逐层转化，助力学生发现语意、连贯意义、创生新意。

逐层转化单元核心，形成多篇融合的主要意脉。现行统编教材是以鲜明的人文主题和清晰的语文要素这一"双线"组织单元的，不仅单元内课文之间存在依存关系，单元之间也存在一定关联，而且单元内的关联比单元之间紧密得多。可见，单元"双线"体现着各部分的类属性，理应将其转化为统整单元学习的主话题，引领学生依托"双线"，整合多方同类信息，连贯起诸多意义，获得超越单篇学习的上位要义。如果没有适宜的单元主话题，那么相关文章放在一起学习，就只是简单相加，也容易被遗忘。如把有关春天的文章放在一起，如果仅让学生感受春天的美景，价值不大。应务求从中获得一种新的意义：是学会观察，能积累素材，还是学会表达，能谋篇布局？这样，聚合某类资源，指向单元主话题多维对话，由个及类，异质同构，学生会沿着"类"的语脉，融通前后课文，生成单元主要意脉。这也要求我们在创生某一篇主要教学内容时，不仅要体现这一篇体式，更要顾及本单元人文主题和语文要素，务求从学生现实的心理经验出发，将想教的主要内容转化为学生可对话的话题，通过话题群的相互渗透与交叠，助力学生多维对话单元核心，促使不同课文、不同时段的言与意发生激荡，组织起来，整合起来，形成具有内在逻辑关联的行为链，生成相融共生的意义场，进而让一次次对话契合本单元"双线"，融入本单元"双线"，流变成本单元的主要意脉，彰显本单元的核心之意。

这里的"逐层转化"，从主线教学来说，是从先创生体现文本核心的主要教学内容，走向组织具有内在逻辑关联的语文实践活动，再走向助力言意体验相生相长；从意义学习来看，是从选择、聚焦内容之"主"，到组织、建构活动之"线"，再到整合、彰显语脉之"意"，（见表3-2）进而明文意、习文言、共文情、行文道，实现言语生命自然绽放。

表3-2 从文本走向经验的运行机制

文本	创生体现文本核心的主要教学内容 ➡	组织具有内在逻辑关联的语文实践活动 ➡	助力言意体验相生相长	经验
	选择、聚焦内容之"主" ➡	组织、建构活动之"线" ➡	整合、彰显语脉之"意"	

第四章 从文本走向经验的主线教学

从文本走向经验，不仅是走向儿童，走向实践，走向生活，还是走向单元学习，帮助学生聚焦单元核心，逐层转化文本的言与意，产生连贯理解，让言意体验相生相长成主要意脉，彰显整体意义，直至学会过完整的生活。本章从单元学习整体架构、单元主要教学内容、话题定位与驱动、有感的经验生长、单元学习的个案研究等方面，讨论怎么建构主线教学。

第一节　单元学习整体架构

任何教学主张都是在适宜条件下探寻合理的教学关系。从读什么、怎么读、读懂了什么来看，主线教学可分为单元视域、话题驱动、经验生长这三个过程性要素。

一、单元视域（读什么）：素养本位的主要内容

将语文学习置于大语境加以结构化是语文课改的方向之一。脱离大语境，怎么读都有其合理性。但教材是按单元编排的，依据单元专题，确认每一篇文本体式，就有了统一的框架和理据。如果将文本放入本单元去品读，理解会更深，体验会更充分。换言之，两篇文本单独读都很精彩，如果关联起来，互文阅读，一定会产生"1+1＞2"的效应。

现行统编语文教材是按课程目标的学段要求、课程内容的逻辑层级和特定的单元专题编排的，是以鲜明的人文主题和清晰的语文要素这一"双线"组织单元的。我们应遵从教材的内在逻辑，依托单元"双线"，对单元内容加以梳理、聚合，形成结构，彰显各部分的依存关系，力促学习内容相互关联，学习活动前后联动，引导学生由单个要点研读，向整体领会全文意蕴发展，向超越单篇的单元学习发展，不断扩大认知容量，持续丰富单元整体意义。其实，单元学习可依托教材，也可基于某个学习任务群自主开发。开发的单元可大可小，可以大到童话教学，甚至革命文化教学，也可以小到围绕某个字展开综合性学习。单元类型也是多样的，可以是古诗词教学，也可以是某本书阅读，还可以是某位作家的一组作品研读。本书着重讨论的是依托统编语文教材的自然单元。尽管可以从学段、学期、单元、课文、课时等不同层面统整教学内容，不过，一学期或某学段的时间太长，需要聚合的内容有点宽泛。而一篇课文的空间过小，聚合的内容较为狭窄，不足以彰显主线教学的优势。更适用的是遵从单元人文主题和语文要素，以"双线"统整单元内的教学内容。

如果从单篇走向单元，将多篇关联起来，就可以提高站位，开阔视野，超越单篇，形成完整的单元结构，生成单元整体意义。为此，首先，

要根据本单元的人文主题和语文要素，梳理单元内阅读、《口语交际》、《习作》和《语文园地》各自的价值，厘清本单元语文知识的分布、阅读要素的安排、习作要素的渗透、人文主题的聚焦等，把准单元内在逻辑，吃透单元属性。其次，要明确单元属性与单篇个性的关系、这一篇与相邻课文的关联，尤其是这一篇在本单元的特有功能，并据此重构这一篇课文的主要教学内容。需要强调的是，主要教学内容不是内容单一化，内容是多样的，正因为多样，才需要"类"来统领，需要核心来引领。如果没有核心作支撑，就会散乱，甚至会迷失方向。再次，重构某一篇主要教学内容时，不仅要联系本单元的人文主题，更要顾及本单元的语文要素，注重将单元"双线"对象化为某课时的学习内容，转化为学生乐于对话的具体话题，借助开放而有张力的话题群，有序舒展知识生长点、能力发展点和素养养成点，进而让一个个具有内在逻辑关联的话题契合单元"双线"，丰富单元"双线"，演绎为单元学习的主要意脉，生成共同的学习经验，内化为每一位的生命体验和言语智慧。

共读的文本制约着对话的方向与范围（见图4-1）。单元人文主题和语文要素，是编者规定必须学的内容；单元（或单篇）主要教学内容，是老师认为必须学的内容；体现文本核心的话题群，是学生实际上学的主要内容；有感的学习经验持续生长，是学生学成的主要内容。对照单元"双线"，可以确定单元和单篇的主要教学内容，主要教学内容又可以帮助师生创生相互关联的话题，主话题导向的对话又保证了班集体共同的学习经验持续生长，这一班学习经验持续生长与单元"双线"契合，又有利于课程内容结构化建构、课程目标序列化达成，从而建成以单元"双线"为主体的经验课程。尽管学生存在差异是客观的，依各自经验产生个性化理解是正常的，但如果拥有共同的主话题，他们会共情、共鸣、共振。这里的"共"，就是班集体共同的学习经验生长。这样，整体规划本单元"实际需要读什么""实际上最好读什么"，让单篇学习任务系列化，让各种要素聚焦单元核心组织起来，形成结构，既彰显单元学习的整体性，又拉开单篇学习的层次性，更体现课文之间的差异性，促成单元内各课时的学习融通为某种"你中有、我中也有"的意脉，助力学生循序渐进地达成课时重点学习目标、全文主要学习目标、单元核心学习目标，进入横向关联、纵向持续、连续进阶的生成状态。

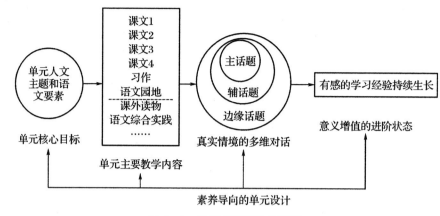

图 4-1 单元学习整体框架图

二、话题驱动（怎么读）：真实情境的多维对话

单元视域所解决的是"读什么"，所反映的是单元"双线"与单篇个性之间的关联，所表达的是通过单元学习，希望学生生成什么学习经验。不过，这时的"读什么"，仍是教学层面的思考，能否引起学生注视，能否被学生内化，还需要进一步向学习层面转化，向多元对话具体化。大家知道，阅读是"读者同作者的对话，同自身的对话，同以往的生活中自己相遇到的人与事的对话"[①]。"阅读教学是学生、教师、教科书编者、文本之间对话的过程。"[②] 这就要求我们确立对话观，营造对话氛围，创设对话情境，搭建对话平台，助力学生在对话中发现文本核心，找到言意转化路径，生成全文语境效果。可以说，师生—文本—作者对话是读懂文本的主要方式。文本意义一般没有明言，较为模糊，学生难以自知，产生歧义是不可避免的。这就需要推送明确的话题，引示文本意义的生成。其实，对话离不开话题，生动的对话总是与真实的话题契合的。话题有大小之分，有主辅之别。主线教学侧重关注的是主话题，试图借助主话题，为文本意义生成提供相宜的语境，为多元对话引示方向，确保课前、课中、课后的对话相互渗透融合，趋向一致，让对话深度发生。可见，这里的主话题是核心的、有组织的，能对随性的、离散的对话赋予意义并加以连贯。换言

---

① 山元隆春. 阅读教育 [M]. 京都：世界思想社，2015：11.
② 中华人民共和国教育部. 义务教育语文课程标准（2011年版）[S]. 北京：北京师范大学出版社，2012.

之，主话题是一种教学内容的表达形态，但又不等于教学内容，而是"实际上最好读什么"的主要内容；主话题是一种交流的中心话题、关键话题、核心话题，既富有弹性，又具有全息性和整体参与性，起主导对话的作用，能助力学生整体把握全文。

不过，主话题是唯一的，无论是单篇学习，还是单元学习，从起点切入，到各个要点融合，再到终点延展，主话题会若隐若现地贯穿其中，最终生成前后连贯的语脉。只是这样的主话题不会显而易得。那么，主话题从哪儿来，如何预设？虽说主话题的预设没有固定之法，但务必依据单元人文主题和语文要素、体现这一篇文本体式，并与学生经验、兴趣、需求相契合。就单篇而言，主话题可以源于文中的某个关键字、某个中心词、某句经典话、某个重点段、某幅文中插图、某项文后导读题、某种相宜意象……但这里的"某"，绝非信手拈来，务必具有全息性，能统领全文，体现全文意义，是全文的"大概念"，有"一叶知秋"的功效，一旦从文中提取，转化为主话题，会升华其意义。当然，转化时还应增进主话题的趣味性，能激活学生的好奇心和求知欲，调动学生对话的主动性和积极性；应增进主话题的开放性，使其在对话中自然生成，能衍生出一连串灵活而有张力的话题群，链接文外资源和现实生活，处于活跃的推波助澜的变化之中；应增进主话题的启发性，能激活言语潜能，让学生领会到话外之音，体会到言外之意；应增进主话题的统领性，能关联课内课外、校内校外、文本与生活、文本与学生等，促使学习内容融为意义链；应增进主话题的概括性，具有激活学习元素的张力，富有"以一当十"的生长力，能不断驱动学生对话；应增进主话题的聚焦性，能承上启下、沟通左右，像磁石一样，有序聚合学生的离散感受和易逝感知，促使点点滴滴的经验拥有相同的依托和共同的目标……总之，主话题应具有牵一脉而动全篇之效，拥有提领而顿、百毛皆顺之能，富有听说读写等协同的凝聚力，享有将字词句段等聚焦于一点的向心力，融合各个或辅话题、或小话题、或边缘话题后，会演化为连贯的语脉，生成明晰的对话方向和清晰的学习思路。可以说，主话题引领下的对话，可以多方向交流，个性化理解，多层面表达。

当然，仅靠主话题是不现实的，还应辅以开放而有活力的话题群。所谓话题群，是指一组指向主话题的下位话题，一系列处于整体表意的最大关联中的话题。也就是说，任何层面的主话题必然会衍生出一系列相关的或辅话题、或小话题、或边缘话题。我们应依据学生现实状态，推送一系列相互关联的话题，以引领意义生成的方式和路径。那么，如何推送适宜的辅话题，怎么将动态生成的松散的边缘话题或小话题，转化为相互关联的话题？边缘话题可以游离于主话题之外，但辅话题必须指向主话题。其间，不同时段、不同层面的话题，应形成交叠共进的"群"。如果学生只与一个个边缘话题或小话题对话，一定难以领会全文意蕴；如果前后话题或彼此孤立，或落差太大，学生也难以产生连锁思考，意义更难以连贯。可见，话题群不是互不相干的简单叠加，而是主话题导向的字词句段彼此渗透、听说读写协同发力、人文主题多维演绎、语文要素多重建构，更是从单向对话发展为多方交流，从单篇学习发展为群文学习，甚至发展为整本书阅读或跨学科的语文综合实践，直至形成完整的意义链。其实，无论是主话题，还是辅话题，或者是小话题，甚至是边缘话题，都会或隐或现、或多或少地影响对话。只是这里的影响不是圈定标准答案，更不是管控学生思维，而是打开对话思路，将对话引向核心。

那么，如何将对话引向核心，怎么增进话题内驱力？话题驱动是指话题与学生经验、兴趣、需求相契合，引发学生一次又一次地怀着好奇心去对话、去探究，直至悟得文本深层的意蕴。一般情况下，既要借助共鸣点或冲突点，从学习内容、方法、环境等方面进行外部驱动，又要设法将外部驱动转化为内在需求，从学习动机、喜好、需求等方面进行内部驱动。首先，要关注与文本要点重合的学生疑难点，设法将其转化为可对话的话题。王荣生教授指出，阅读教学的根本任务是教学生学会阅读。也就是"学生不喜欢的，使他喜欢""学生读不懂的，使他读懂""学生读不好的，使他读好"[①]。而将学生由"不喜欢"向"喜欢"驱动，由"读不懂"向"读懂"驱动，由"读不好"向"读好"驱动，主要靠的是话题有意思，能激起学生的兴趣、情趣、志趣。而将与文本要点重合的学生疑难点，转化为可对话的话题，有助于学生饶有兴致地对话，透彻深入地对话。其次，要将对话置于开放的语境之中，打通话题与生活之间的关联，帮助学生调动生活经验进行对话。话题不应封闭，应适度开放，应利于链接课内

---

① 王荣生. 阅读教学教什么[M]. 上海：华东师范大学出版社，2016：46-47.

外资源，拓展对话空间，进而让学生产生似曾相识之感，激起深入对话的内需力。再次，注重事先预设与动态生成相结合，让边缘话题、小话题、辅话题引领学生以灵动方式走进文本，依自身经验读进文本，获得连续对话的持久力。如果某个边缘话题或小话题有趣、有意义，学生一定会产生好奇心，生成"有话要说"的意愿，提升对话的主动性和参与度。当然，更为重要的是，学生有话题意识，在对话中生成自己的话题，这更有助于深度对话的发生。实践表明，话题意识是对话的主要动力之一。话题意识越强，持续对话的内驱力会越大，而其中所涉及的信息都需要学生自己去选择、组织和整合，这在很大程度上会提升学生的学习质态。

三、经验生长（读懂了什么）：意义增值的进阶状态

意义是文本的核心，阅读就是发现和建构文本意义。文本意义具有多重性和复杂性。主线教学着力聚焦文本核心，逐层转化文本的言与意，生成意义，让诸多意义融成主要意脉，彰显全文整体意义，是这一位读者借助特定文本所展开的自我实践、自我释放、自我发展、自我超越等状态的总和。

1. 在内容融合中体悟作者意义

任何作者创作前会设定意图，并在作品中一以贯之，以寄托自己的情思。可见，作者的创作意图应成为生成意义的基本依据。从内容看，意义生成是关键的字、词、句、段之间的融合，也是文本的主要内容、表达形式、主旨思想之间的融合，还是已会知识、当下所学知识、将要学习知识之间的融合，更是文本内外、课堂内外、校园内外之间的融合，其核心是学生与作者融合。如，学习统编教材六年级上册的《青山不老》，在交流课前搜集的相关土地沙化资料的基础上，播放我国晋西北地区土地沙化的相关视频，引导学生畅谈感受，认清晋西北环境整治的形势。然后，在品读文本、融合内容中，还原作者梁衡进村采访，发现山野老农面对自然条件的恶劣和生活条件的艰辛，义无反顾地用十五年的时间，将当地沙漠奇迹般地改造成一片绿洲的感人故事，体会到作者对老人崇高精神境界和不朽生命意义的由衷赞美。这样，学生关联上下，环顾左右，揣摩字词背后之意，体悟字里行间之情，更易领会到作者遣词造句的意图，悟得作者所赋予的意义。

2. 在言意转化中生成文本意义

作者意义不等于文本意义，文本意义是读者和作者共同创生的。从状态看，经验生长表现为充分地读、大胆地想、自由地说、真情地写，处于言意体验之中，自主独学，合作研学，化文本语言为自我语言，化文中之意为自我生命意义。主线教学追求的是借助主话题的统领力，导引对话文本的走向，既依言循意，据意品言，又品言得意，意以言表，在文本之言与文中之意的逐层转化中，发现文本核心，生成文本整体意义。如，统编教材五年级上册的《桂花雨》中的"桂花的香气，太迷人了"，单独看较为平淡，但该句体现着文本意义。学习全文时，可以将该句中的"迷人"转化为有针对性对话的主话题——"桂花为什么令作者着迷"，引导学生整体感知，找出文中含有"花香"的句子，并将"桂花的香气，太迷人了"分别插在这些含有"花香"句子的开头或末尾，形成新的语段，实现该语句与相关句子的互文阅读，发现不同时期"花香"不一样的意味，体会"花香"意脉的流变，以及"花香"背后所饱含的思乡之情。这样，围绕主话题多维研读、多次重组、多重建构，增进品味"花香"的连续性，以及与相关往事的彼此观照，让文本意义不断内化为自己的独特体验。

3. 在融入生活中升华生命意义

文本意义的实现，以学生的最终感受为标志。学生会依自己的经验去理解文本，创生意义。从价值看，文本应向生活的方方面面积累意义，用意义去引领生活。文本意义发展到一定程度，内化为语言经验，升华为生活意义，转化为人生智慧，才会对后续学习产生积极作用。如，学习统编教材六年级上册的《书戴嵩画牛》时，以讲故事为抓手，以讲激趣，以讲促读，以讲研读，以讲优读，一"讲"到底。其间，适时引导学生结合生活经验，抓"好书画"，想象杜处士有哪些表现；抓"尤所爱，锦囊玉轴，常以自随"，想象他吃饭时什么样子，睡觉时又会怎样；还可以想象牧童"拊掌大笑"时的情态和话语，想象"处士笑而然之"时会说些什么、做些什么……借合情想象，把故事讲具体，讲生动，让讲为读服务，让读的状态转换为讲的姿态，让这一篇文言文"活"在当下，"活"在学生的讲述中。这样，依托自身经验，将文本还原为生活原貌，领悟到其中的生活真谛。只有文本与生活经验对应，与现实生活关联，打通课内课外，链接校内校外，融通过去、现在和将来，勾连古今中外，该文才会被不断赋予生活气息，实现内生意义与外赋意义的和谐共生，让文本意义带给学生丰沛奇妙的生活享受，助力学生带着文本意义走向生活，感受生活，表达生活，创造生活。换言之，学生一旦浸润在真实可感的、充满情感交流的生活时空，就能获得意义升华、情感净化、精神洗礼，就会经历一次语言和精神同构共生的生命之旅。

第二节　单元主要教学内容

大家都知道统编教材按人文主题和语文要素"双线"组织单元的特色，都清楚单元学习的价值，关键是如何将单元"双线"对象化为具体的学习内容，怎么推送承载"双线"的语用任务，怎样建立"双线"与这一篇的类属关联、与每一位的心理联结，并据此组织体现单元核心的主要教学内容，呈现体现特定阅读取向的学习内容。

一、多元审视：把握单元学习的主要内容

既然有单元"双线"，就应在单元视域下，通盘安排单元教学内容，聚合与"双线"紧密相关的资源，进而组织起体现单元核心的主要教学内容，确保单元学习的相通性。

1. 依据教材特点发掘单元主要教学内容

单元内值得教的内容很多，"实际上需要教什么""实际上最好用什么去教"，我们可以依据人文主题和语文要素，促使单元"双线"辐射各课时教学，各课时教学回应单元"双线"，最终达成单元主要教学目标。如，统编教材五年级上册第六单元编排的《慈母情深》《父爱之舟》《"精彩极了"和"糟糕透了"》三篇课文都表现父母对子女之爱，让学生体会"舐犊情深，流淌在血液里的爱和温暖"（单元人文主题）。同时，这三篇还聚焦于"体会作者描写的场景、细节中蕴含的感情""用恰当的语言表达自己的看法和感受"（单元语文要素）。如果引导学生对这三篇中人物的语言、动作、神态等进行比较，由单一到类聚，由直接到间接，由正面到侧面，由泛化到准确，多层面体验不一样的真爱，学会品味细节中的深情，就会促成单元内各部分学习内容围绕"双线"相辅相成，形成有机整体。其间，通过单元内的精读课文学习"双线"、略读课文应用"双线"，"快乐

读书吧"展开大量课外阅读实践，促使"双线"转化为经验课程，促成学生体现"双线"经验的整体提升。

2. 依托本校优势统筹单元主要教学内容

把握单元主要教学内容时，既要依据教材特点，也要发挥地域优势，依托本校本学期语文教学目标与计划，结合学校语文教学现状、教研实际、课程特色等，适度统筹各单元的教学侧重点，适时增减各单元的学习时间。如，六年级上册有五个单元是按"双线"结构组成的，人文主题分别是"触摸自然""革命岁月""保护环境""艺术之美""走近鲁迅"。另有一个"小说"文体组织的单元，一个"有目的地阅读"的策略单元，一个"围绕中心意思写"的习作单元。各单元既各具个性，又有一定的关联，共同构成本册教材。拟定某个单元的主要教学内容时，如果依托本校本学期的语文教学计划，可以或结合学校举办的"红色文化节"，侧重第二单元的"革命岁月"主题教育；或结合年级组开展的"环保周"，增加第六单元的教学时间；或结合班级组织的"走近鲁迅"读书会，强化第八单元"借助相关资料，理解课文主要内容"的语文要素学习。这样，既可以保证校本统筹下单元之间协同发展，又可以促成单元语文课程班本化和生本化。

3. 对照课程标准调整单元主要教学内容

为避免教学目标把握不准，越位、缺位、不到位等，就得对照《语文课程标准》，梳理本学段的课程目标与内容，明确本学段要求与本单元学习之间的对应，以及不同单元教学目标与内容之间的差异、相似的教学目标与内容在不同单元中不一样的侧重点。单以写人文章为例，不同年级的教材中都有，且教材中并没有注明某一篇写人文章的具体学习目标。要弄清这一篇写人文章的学习目标，除依据单元"双线"外，还必须对照学段要求，判断本单元写人文章在此时此处的具体功用，以便调整本单元的主要教学内容。如，统编教材三年级上册第八单元、四年级下册第七单元和六年级上册第四单元的人文主题都是"人物品质"，所选的都是写人的文章，都应以学会写人为单元主要目标之一。但与其相应的语文要素各不相同，三年级上册第八单元的是"学习带着问题默读，理解课文的意思""学写一件简单的事"。四年级下册第七单元的是"从人物的语言、动作等描写中感受人物的品质""学习从多个方面写出人物的特点"。六年级上册第四单元的是"读小说，关注情节、环境，感受人物形象""发挥想象，创编生活故事"。这三个单元语文要素的侧重点是不一样的。再对照中年级的学段要求"能初步把握文章的主要内容，体会文章表达的思想感情"和高年级的学段要求"在阅读中了解文章的表达顺序，体会作者的思想感情，初步领悟文章的基本表达方法"①，不难发现，三年级的应侧重对写人文章的理解，四年级的应侧重学写生活中的真人真事，六年级的应侧重创编写人的故事。这样，对照相应学段要求审视，本单元的核心学习目标就一目了然了，单元主要教学内容就更合宜了。

二、区别异同：彰显单篇学习的彼此差异

把握单元学习的主要内容，不是学习内容同质化、单一化、标准化。单元内课文虽有共性，但各自的体式十分鲜明，应引导学生依托单元"双线"，比照参读，寻同辨异，发掘不同课文的各自特色，彰显单篇学习的个性，这样才能相互补益，增强张力。

1. 适度增删，把准单篇之间的共性

虽说每一篇在写作意图、谋篇布局、语言风格等方面是不同的，各有各的结构特点和表达个性，但组织单元学习时，应借助"双线"，删减无关紧要的，补充一些密切相关的，聚合不同课文的相通之处，把准它们之间共同的学习目标与互联的学习内容，以便学生集中精力，就本单元的"双线"学深悟透。如，统编教材三年级上册第二单元以"金秋时节"为主题，编排了三首古诗和三篇课文，从不同角度展现秋天别样的风景。如果孤立地展开单篇教学，容易被古诗、散文、现代诗歌等文体所左右，陷入散乱无序的学习状态。如果从单元篇章页的提示入手，基于"双线"组织单元学习，一方面，以人文主题"金秋时节"为主话题，借助文中共同描写的秋天景物，激励学生一边搜集描写秋天的文章自主阅读，一边到大自然中欣赏身边的秋色；另一方面，以"运用多种方法理解难懂的词语"和"学习写日记"这两个语文要素为抓手，引导学生自始至终学习运用不同的方法理解词语，将观察所得以日记形式写下来。这样，把准单元内单篇之间的共性，推送相互关联的学习内容，将每堂课的学习有机联动起

---

① 中华人民共和国教育部. 义务教育语文课程标准（2022年版）[S]. 北京：北京师范大学出版社，2022.

来，课内外的学习有效整合起来，有助于学生围绕单元"双线"，将读文、习作和生活融为一体。

2. 同中求异，凸显单篇之间的差异

单元内课文次序、要求不同，不仅内容、手法、语言风格等存在差异，而且学习本单元"双线"的侧重点、方式、程度等也不一样。组织单篇学习时，应尊重并梳理各自的个性，以各篇特色区分同类课文或同类语文知识，凸显这一篇学习内容的个性，拓展学生的认知视角。如，统编教材五年级上册第四单元编排的《古诗三首》《少年中国说（节选）》《圆明园的毁灭》《小岛》，都是表达"爱国情怀"的。如果不遵循文本体式，不尊重每一篇文体个性，各篇所体现的"爱国情怀"，就容易变为空洞的说教。如果结合所涉及的具体年代、人物、事件等，就可以展开比较阅读，将"爱国情怀"具体到人物言行、字间情意、特定情境等，并联系自己的经验，将对"爱国情怀"的体认转化为自身的生命感悟。这样，基于人文主题，揣摩每一篇课文的生命情感，有所侧重地展开体验式学习，避免只关注单元共性而忽略文本个性的倾向。

3. 遵循体式，彰显各篇文体的特性

小学语文有童话、散文、诗歌、说明文、说理文、叙事文等，即使是某个单元内相同体裁的不同课文，表达方式也会不一样。如果尊重每一篇的表达特性，遵循这一篇的特有体式，可以丰富同类体裁不一样的特性，助力学生既掌握这一篇的独特之处，又把握这一类的基本特点。如，统编教材五年级上册第一单元围绕"万物有灵"这一人文主题选编四篇散文，但《白鹭》属于诗性散文，《落花生》属于说理散文，《桂花雨》属于抒情散文，《珍珠鸟》属于叙事散文。教学中，引导学生感受各篇体式之不同，才能读懂这一位作者借特定事物所寄予的独特情思，才能"建立学生的已有经验与'这一篇'散文所传达的作者独特经验的链接"[①]。于是，可以"借此物抒何情"为主话题，彰显各篇的表达特性，丰富单元主要教学内容，为学生今后阅读散文提供多样学习经验。

可见，基于"双线"统筹单元学习，在进行求同的类属化研读的同时，应适度展开求异的比较阅读、求深的聚焦式阅读等，进而全面、透彻

---

① 王荣生. 阅读教学教什么 [M]. 上海：华东师范大学出版社，2016：8.

地把握本单元的主要学习内容。

三、强化联动：实现单元学习的整体效应

单元学习的相通性必须基于单篇学习的独特性。甚至可以说，只有致力于彰显单篇的独特性，才能发现单元的相通性，实现单元学习的整体性。

1. 基于"双线"，促成单篇学习的异质同构

教材通过"双线"组织单元实现单元的整体性，促使各板块形成合力，共同促成学生素养提升。这里的"双线"如何转化为整体的真实的学习任务？语文要素怎么形成一条线？人文主题又怎么形成一条线？这两条线又该如何在具体的学习活动中融合？要回答好这些问题，我们可以从主线教学角度，增进学习内容的彼此关联，强化学习活动的前后呼应，促使单篇学习联动起来、课内外学习联结起来，进而发挥"双线"组织单元的优势，促成单元内各篇课文学习异质同构。虽说单元内课文相对独立，但各篇在人文主题、情感基调、语文要素、写作特色等方面会趋于互通。只不过有的相通性很明显，一看便知，有的相通性较隐晦，需要琢磨才能发现。只有基于单元"双线"审视每一篇课文，发掘相关的可教资源，寻找它们内在的、深层的语意关联，弄清各部分的逻辑关系，才能去粗取精，去伪存真，重构更具价值的教学内容，才能将"双线"学习自然地融入学文之中，使品读文本与内化"双线"和谐统一，相得益彰。这样，单元学习会更有序列，更富结构，更易生成概括性知识。

2. 循序渐进，突显单元学习的进阶路径

组织单元学习时，一方面，各环节的学习因受"双线"统领，能呼应前面的学习内容，引发后续的学习活动，形成一定的系列和结构；另一方面，循着"双线"由浅入深、从感性到理性、从具体到抽象、从个别到一般地舒展单元主要教学内容，可以促成各课时的学习前后相继，逐层深入，构成具有内在逻辑关联的系列实践活动。其间，相对应的学习经验在进阶中有序发展，会形成某种持续生长的势态。如，统编教材四年级上册第四单元编排了四篇神话故事。本单元的语文要素是"了解故事的起因、经过、结果，学习把握文章的主要内容"，这是三年级"了解文章的主要内容"的提升，也为该册第七单元"关注主要人物和事件，学习把握文章

的主要内容"做铺垫。教学单元内第一篇《盘古开天地》时，可以从起因、经过、结果入手，帮助学生"了解文章的主要内容"，讲一讲盘古开天地的故事；第二篇《精卫填海》，要求学生将文言转化为白话，按起因、经过、结果讲完整；第三篇《普罗米修斯》，要求学生关注普罗米修斯的形象，除按起因、经过、结果讲完整外，还得将"盗"火的情节讲生动；第四篇《女娲补天》，要求学生默读课文后，说出故事的起因、经过和结果，学会提炼文中关键信息，展开合情想象，丰富女娲形象，讲好故事，进而"展开想象，写一个故事"。这样，在回望昨天、展望明天中，适度拉开学习层次，充分舒展每次学习的侧重点，让学生处于拾级而上的学习之中。

3. 螺旋式上升，提升单元之间的学习质态

螺旋式上升是指采取结构化循环的方式，组织同类或相似的学习，逐层提高要求，不断发展某方面的言语智能。这不仅指教材中某个自然单元的学习呈不断递升的状态，还可以是跨单元的某个语文要素学习呈螺旋式上升的势态。各单元虽有所分离，彼此侧重点不同，但只要"发展语文核心素养"这一课程总目标不变，立德树人的教育总方向不变，单元之间就必然存在某种内在的关联。实际教学中，可以就某个语文要素，对照学段的层级要求，关联相邻的教学点，实现该要素螺旋式发展。如，就默读而言，《语文课程标准》要求低年级学习默读；中年级初步学会默读，做到不出声，不指读；高年级默读有一定的速度。低、中、高年级的默读要求既各不相同，又相互关联，呈递升趋势。实际教学中必须经历多次分层历练，多重结构化反复，才能由生成默读经验，到尝试运用，再到习惯性运用，直到形成默读智能，使默读经验获得螺旋式发展。可见，针对某个语文要素展开学习时，应首先了解该要素在以往课本中是否出现过，学生已掌握了什么，还有哪些更高层次的要求，然后弄清该要素与相邻要素之间的关联，以及此时此处的学习侧重点，以免产生低效的重复。总之，只有每个单元学习内容选取得当，学习活动联动有序，学生才会学得透彻，各单元的学习才有可能相融共生，拉开经验课程的发展层次，做到后续学习相对前面有所提升，实现学生素养的循环往复和螺旋式上升。

第三节　话题定位与驱动

　　重构单元视域下的主要教学内容，解决的是"实际上需要教什么""实际上最好用什么去教"。不过，不是"教什么"选对了，学习成效就好，还得注意学习方式与学习内容是否契合，还得考虑我们具体怎么教，学生具体怎么学，学生实际上学什么。大家普遍认同"阅读教学是学生、教师、教科书编者、文本之间对话的过程"[①]。那么，如何创生适宜的话题，让话题既与学生经验、兴趣、需求相契合，驱动学生主动积极地对话，又能增强学生的问题意识，活跃学生的认知思维，让深度对话持续发生呢？我们试图从主线教学角度，厘清话题的定位和驱动，以主话题为支撑，提升对话的质态。

一、话题定位

　　在将主要教学内容转化为开放而有张力的话题群时，不仅要考虑能否唤醒对话动机，是否增进好奇心和求知欲，还要注意话题的真与假、难与易、多与少……让对话具有适宜的挑战性，让学生思维活跃、思绪连贯。如果话题太多，学生忙于应答，会觉得对话零散，也无暇思考语意之间的关联；如果话题过少，对话容易泛化，思路难以打开，会有浅薄之嫌。为此，预设、推送和舒展话题时，要着重做好如下定位。

1. 是预设的话题，还是生成的话题

　　"凡事预则立，不预则废。"话题有事先预设与动态生成之别。事先预设是课前设计的，动态生成是依课中的教学场景、语境变化、学生状态等即兴产生的，有随机性和现场感。如，有位老师在教学统编六年级上册的《月光曲》中，准备将皮鞋匠兄妹俩、皮鞋匠与贝多芬、盲姑娘与贝多芬的三轮对话，集中在一起展开教学，并预设了相应的话题"从这三轮对话中读懂了什么？贝多芬为什么弹琴给盲姑娘听？为什么弹了一曲又一曲"，试图引导学生走进皮鞋匠兄妹俩与贝多芬的内心世界，理解贝多芬即兴创

---

① 中华人民共和国教育部. 义务教育语文课程标准（2011年版）[S]. 北京：北京师范大学出版社，2012.

作《月光曲》的真实意图。交流中，有学生说："从兄妹俩的对话中，可以看出哥哥十分爱护妹妹，妹妹也十分体贴哥哥，兄妹俩的相互理解和支持，打动了贝多芬。"这位学生一眼看出兄妹俩与贝多芬三者之间的相互感动，该老师及时抓住这一动态生成，果断放弃原有话题，顺着该生的思路追问"谁被谁的什么感动后，做出了什么更感人的事"，引导学生联系上下文，发现人物的情感变化，感受人物的生命情感。从交流看，学生的话匣子已被打开，对话更为积极和充分，产生了"感动是双向的"生命体验。

学习具有适度的可能性和不确定性，但不应总是不确定的，且确定与不确定应处于动态平衡之中。这就需要相宜的预设，挑明那些必要的也是重要的确定性内容。但预设不是想方设法管控，只是尽可能满足学生的兴趣、需求等，以便做到以学定教，顺学而导。虽说课前无法预测学习的细枝末节，课堂上出现未曾预料的事件或问题是正常的，但如果把课堂动态生成绝对化，就没有预设的必要。实际上，面对灵动的学习，可以通过事先预设与动态生成相结合，一边对照事先预设的引领动态生成，一边依据动态生成的调适事先预设，以便因势利导，助力对话深度发生。为此，一要坚持话题创生观，尽可能让话题（包括主话题）在对话中自然生成，有不断推想、吸纳和提升学生对话的意识，有因生而动、因时而变、因情而作的习惯，有针对性地预设辅话题。二要赋予话题适宜的开放性，对动态生成多模拟一些情境，多推演一些可能，对学生的各种可能应了然于心，以免在课堂上或望洋兴叹，或听之任之。三要预设一些通式应变的话题，储备要全，调用要选。这样，才能根据课中的意外生成，捕捉到有价值的边缘话题或小话题，利用其中之意，调适对话走向，助力学生在原有经验基础上有所感悟。长此以往，即使对话中出现未曾预设或无法预设的话题，我们也有足够的智慧应对自如，将其中有价值的那部分内容引向辅话题，表达主话题，进而促使动态生成的不确定性向有利于内化文本核心的确定性转化，增强对话的内驱力和动态生成的活力。总之，话题的预设必须基于对学情的全面了解，对多种可能的充分预想，这样的话题才富有生命力，拥有内驱力，生成的话题才可预想、可引导，朝着主话题有方向地自然发展。

2. 是教师的话题，还是学生的话题

钱理群先生指出："我们分析一篇作品的起点不应该是某些既定的观

念，还是老老实实地从本文开始吧——一字一句地阅读、体验、琢磨、品味。这本身就是一种绝妙的审美享受，因而要珍惜自己从作品实际中得出的审美体验，它正是一切分析与研究的基础与起点。"① 那么，"从本文开始"的话题是谁的？是"我们分析"的，还是学生感受到的？起初可能是我们的，但归根到底应在对话中转化为学生的。"我们分析"文本的话题，不一定是学生感兴趣的，务必走向儿童，从儿童视角去阅读，依儿童心理加以转化，使其成为学生可对话的话题，让学生一次又一次地怀着好奇心，转化文本的言与意，产生"绝妙的审美享受"。如，读通统编教材四年级上册的《王戎不取道旁李》之后，可以展开"请同学们借助注释或联系上下文，理解课文的意思"的话题，这是深入对话的基础，也是学习文言文的重点和难点，学生通过自主学习和合作探究也能基本完成。然而，有位老师发现此话题驱动力不够，没有激起对话内需，学生陷入为完成任务而学习的被动状态。于是，该老师将此话题转化为"课文讲了一个什么故事？请同学们借助注释或联系上下文，试着讲一讲"。这样，将理解文意转化为试讲故事，一下子调动了学生的表现欲。在学生自主试讲后，老师先提供相应的插图，鼓励学生把故事中的画面讲清楚。接着，合情想象，如孩子们看到道旁"李树多子折枝"，会怎么想呢；"人问之"，问了些什么呢……将故事讲丰富、讲生动。然后，同伴之间互讲互评。最后，激励同学们回家讲给家人听。这一系列的"讲"，让学生在循环往复中持续进阶，轻松地弄懂文言文的意思，习得学习文言文的方法。

最有效的是个性化对话。虽说我们预设的话题在对话中起主导作用，但这里是"导"，不是"牵"。从教来说，话题只为文本意义的生成提供相宜的语境，只是教学活动的出发点和目的地、教学过程的总调节器，只是整堂课凝神汇精的课眼，在文本整体与部分之间进行适时的引领，会生成某个目标指向、某类内容意向、某种方法走向，代表着教学活动的发展方向。从学来看，话题是学生统览文本内容、把握文本主旨、习得作者表达特色的最佳视角，是学生行走全文的航标灯、品味要点的风向标、深度对话的助推器……主题能增强对话的方向意识，引领学生从现实的起点走向体现文本核心的终点。换言之，主话题既是对话的中心问题，也是相关问

---

① 钱理群，孙绍振，王富仁. 解读语文 [M]. 福州：福建人民出版社，2013：220.

题得以解决的出发点与着力点。可见，预设体现文本核心的话题群，应从学生现实的心理经验出发，考虑有没有唤醒学生的动机，是不是学生与文本的最佳关联，能不能增进文本之言与文中之意逐层转化，会不会激励学生以自身经验观照文本、对照文本改造原有经验。需要强调的是，我们不倡导"话题中心论"，因为话题只起由来、引领、点拨、聚焦等作用，只营造对话文本的关键语境，提供读进文本的某种支架，助力学生与作者对话，发现作者的情感变化和表达思路。这样，将我们预设的话题心理化处理和问题化呈现，让话题、问题与文本之间得以适应性关联，让学生怀着好奇，充满期待，感知作者意图，领会表达思路，悟得语言精妙，学会将离散感受的"珠子"串成更具价值的"项链"，进而连贯起全文，体会文本整体意义。

3. 是主话题，还是辅话题

没有主话题就难以关联起离散的对话，形成连贯的语脉。"无论如何，为了学习，每个学生都必须多次回到同一个主题上来，他必须从不同角度研究它，在接触日常事务时将之精练化。"① 可见，分散于文中的要点，必须置于全文语境，多次回应全文核心，才能彼此关联，生成连贯意义，融入长时记忆。这既要预设好表达全文核心的主话题，又要处理好话题的主辅关系。所谓主话题，是指核心的，有组织的，能对随性的、离散的对话赋予意义并加以连贯的话题。所谓辅话题，即指向主话题的下位话题，处于整体表意的最大关联中的系列话题。虽说辅话题更贴近学生认知经验，更利于学生打开思路，更能够引领意义生成的方式和路径，但游离于全文核心的，通常难以融入连贯的语脉。如，有位老师在教学统编教材二年级下册的《羿射九日》时，原打算随文学习"弓"这个生字，预设了相应的话题："知道'弓'是怎么来的吗？书写时要注意什么呢？"试图从字形入手，借助多媒体演示，引导学生了解"弓"的演变过程，认识"弓"，写好"弓"。随着教学的深入，这位老师意识到，从字不离词、词不离句的角度，"弓"的学习还可以与文中羿的形象关联起来。于是，将这个话题向主话题转化："知道'弓'是怎么来的吗？书写时要注意什么？从'弓'的书写中可以看出羿是一个怎样的人？"着重引导"竖折折钩（用红色粉笔标注）要一笔写成，折笔要长一点，在竖中线上出钩，这样，弓一长，

---

① 焦尔当. 学习的本质 [M]. 杭零, 译. 上海：华东师范大学出版社, 2015: 150.

才能拉得开,羿的神箭才能射得远、射得快,才能把太阳射下来"。评点学生书写时,她相机引导"折钩要写长一点,弓要拉开,要有劲,要表现出羿这位大英雄的力量"。这样,原来的话题还在,并以此为"引子",将"折钩要写长一点"的表象,先引向"射得远、射得快"的意象,再引向羿的英雄形象,打通识字与学文之间的意脉,进而读好相关语句,读出羿的大无畏。

不同层面话题的活跃度是不一样的,处于主话题周围的更为活跃,也更具价值;处于边缘的动态生成的更容易引发学生产生好奇,触动学生内心,但也容易游离,容易偏向天马行空的自说自话。只有指向主话题的话题,才算得上辅话题,才会形成几个相辅相成的对话着力点、几个演绎文本核心的感悟点、几个内化主话题的生长点,最终促成对话的语脉既前后连贯,又开放灵动,共同丰富文本核心之意。否则,那些边缘话题和小话题会变成离散无序的碎话题。可见,对话的质态不仅取决于主话题,还依赖于辅话题与主话题的协同以及前后话题的联动。只有以主话题为导向,确保前话题为后话题做铺垫,后话题是前话题的深入和拓展,前后对话形成进阶势态,生成超越单个话题的意义,才会促使话题群相融共生,形成较大的语境效果。

当然,主话题与辅话题是相对的,仅单篇而言可能有如下层面。如果体现这一篇核心的是主话题,那么据此逐层转化的文中要点就是辅话题;如果某要点必须历经多维对话,才能悟得其没有明言之意,那么体现该要点意义的是主话题,而据此逐层舒展的字、词,言、意等就是辅话题;如果把握某个字(或词),必须展开多维对话,那么体现该字(或词)意义的是主话题,而围绕该字(或词)展开的识记、理解、运用等就是辅话题。就某个字而言,学会该字是本时段的目标,也是主话题,而围绕这个字的音、形、义所展开的听、说、读、写等就是辅话题。可见,任何层面的主话题都需要与之相应的几个辅话题来演绎,确保主话题的意义不断增值。这就表明相关辅话题与主话题存在一定的对应和关联,且辅话题之间务必相互渗透融合,才能促使主话题的意指在话题群的回应中,逐步清晰,不断丰盈。学习单靠某一层面、某个维度是不够的,务必借助主话题的统领力,铺展多层面话题,展开多角度对话,直至多元对话彼此协同,多向交流连贯成语脉,生成相融的主要意脉,悟得整体意义。其实,主、辅话题往往交织在一起,辅话题常常隐含在主话题之中,没有谁是终极的主话题，也没有谁是终极的辅话题。谁都可能既是主话题，又是辅话题。

二、话题驱动

话题是驱动对话的。如果话题能激起内需，唤醒求知欲，那么，对话就会主动而充分。为此，有必要基于学生现实的心理经验，对标"实际上最好用什么去教"，创生既富有情趣又有挑战的话题，以驱动学生一次又一次地怀着好奇心去对话，产生与文本相宜的言意体验，直至与作者的生命情感和言语智慧相融。

1. 从文题入手，驱动对话

文题是文章的"眼睛"，或体现全文主旨，或概括主要内容，或点明主要人物……集简约、凝练、丰富于一体。有时，借助文题与全文的内在关联，将其转化为与全文对话的话题，可以助力学生疏通文本，连贯起全文。如，学习统编教材四年级上册的《盘古开天地》时，可以通过问题"看到课题产生了什么疑问"，来引导学生在畅所欲言中有意识地关注盘古为什么要"开"，"开"中哪儿神奇，"开"后又出现了哪些神奇。这些是在交流中自然生成的，是由文题衍生而来的，有利于学生聚焦核心，融入文境，想象体验，感受到盘古的阳刚、伟岸和神圣，体会到神话的神奇，在神话美的享受中浸润一种民族精神。

2. 从中心句入手，驱动对话

许多文章有总领、过渡、总结等作用的中心句，这类语句能揭示文本主旨，彰显行文思路，体现作者情思，是阅读文本的捷径。有时利用该句与全文的最大关联，预设驱动性话题，引导学生基于文中相关要点，多层面回应该句，可以促使对话方向清晰，语脉简明，生成连贯意义，领会到作者的创作意图和思路。如，统编教材三年级上册的《富饶的西沙群岛》，第1自然段中的"那里风景优美，物产丰富，是个可爱的地方"，就是全文的中心句。如果引导学生思考"这句话与文中各部分有什么关联，从哪儿可以看出西沙群岛风景优美，从哪里可以发现西沙群岛物产丰富，这么介绍有什么好处"，就可以围绕该中心句逐层舒展几个彼此呼应的话题，驱动学生探究文本内在逻辑，感受到作者推介西沙群岛时的言语智慧。

3. 从关键词入手，驱动对话

片言居要，要言不烦。有的字词看似平淡无奇，细细品味，精妙传神，耐人寻味，蕴含着作者特有的情思，体现着全文的核心价值。如果先建起这类字（或词）与学生的联结，再将其转化为与全文对话的话题，就可以透过该字（或该词）开展多维对话，领会到文中深层意脉。如，李白的《静夜思》是一望而知的经典，但要读出其妙处并不容易。全诗的关键词是"疑是地上霜"中的"疑"与"霜"，床前月光这么明，致使心有所"疑"，是月光还是霜华？因为心生疑问，所以举头望月。为什么李白怀疑床前月光是"霜"的光，而不是灯光呢？可不可以改为"床前明月光，疑是灯在亮"呢？当然不可。因为灯光的意象是温暖的，而霜给人寒意扑来的感受，"霜"的意象与李白当时深沉的乡愁是一致的、和谐的，"霜"使这首诗的乡愁，在李白举与低、疑与思的情动中连贯起来，意脉相通。可见，将"疑"和"霜"与学生的疑惑关联，转化为驱动性话题，引导学生沿着乡愁的意脉，体察李白当时的心境，意境会豁然开朗。

4. 从文图入手，驱动对话

有时，文中插图、配套挂图、相关视图等，再现着文本的核心内容，展现着所表达的主要形象。如果将这类图与文中相关要点的对应，转化为与全文对话的话题，就可以助力学生激活表象经验，增进直觉感受，引发合情想象，还原真实场景，进入体验状态，与文本深度对话。如，学习统编教材三年级上册的《卖火柴的小女孩》时，就可以将文中插图转化为驱动学生与全文对话的话题：联系课文想一想，文中两幅图哪儿不一样，画中小女孩的表情又有什么不同，从中揣摩小女孩的内心发生了怎样的变化。这样，引导学生一边比较前后画中小女孩的变化，生成几个相互关联的话题，连贯起全文；一边在了解小女孩悲惨处境、梳理小女孩擦燃火柴的幻想、感受小女孩的愿望中，适时回眸插图，增强对话张力，进而品味文字的真意，体验语言的温度，走进小女孩的内心世界，增添一份同情心。

5. 从导读题入手，驱动对话

课文中的导读题是根据单元"双线"和本文体式精心编写的，有的指向人文主题的感悟，有的指向语文要素的内化，有的指向学习方法的习得……有时将这类导读题转换为与全文对话的话题，可以打开阅读思路，增进文本言与意的转化，帮助学生连贯起全文。如，学习统编教材三年级上册的《美丽的小兴安岭》，就可以将课后导读题"如果到小兴安岭旅游，你会选择哪个季节去？结合课文内容说说你的理由"，转换为与全文对话的话题，引导学生给予关注：小兴安岭的春夏秋冬各有什么特点？哪些美景印象最深？哪种介绍方法值得学习？这些话题是由该导读题衍生出来的，有利于学生先从感兴趣的学起，然后在与同伴分享中，全面了解小兴安岭的春夏秋冬，习得作者的推介方法，悟得作者的以言尽意的智慧，进而学会感受美和表达美。

6. 从文本脉络入手，驱动对话

"作者思有路，遵路识斯真。"① 课文一般结构明晰，如果从中拎出一条主要线索，转化为与全文对话的话题，可以助力学生循着该脉络，连贯起全文，悟得作者的创作意图和思路。通常情况下，文本有事情发展、方位转移、情感变化等线索，如果能将情感变化转化为对话话题，更利于学生拨动情弦，触动内心，品言共情，情以言表。如，统编教材四年级上册的《走月亮》描写了阿妈牵着"我"的手，在云南洱海畔的月光下散步的场景。全文以"走"为线索，展现途中所见景物及联想，带给我们诗情画意般的享受。如果将"走"转化为"月光下，阿妈牵着'我'的手，走过哪儿？看到了什么？想到了什么"等话题，以此引导学生循着"走"的脉络品读文本，体会亲情，触摸语言的温度，就会发现一唱三叹的手法，感受到作者情感的一脉相承和自然流露。

7. 从相关文章入手，驱动对话

有时可以将与课文相关的（同类文体、同一作者、相似人文主题、相同语文要素等）文章引入课堂，就它们的某个类属，预设成与这一类文本对话的话题。这种跨课文、跨单元、跨学科的群文阅读，不仅可以增强学习内容的开放性，而且有助于学生在互文参读中，由个及类，习得某种概括性知识。如学完统编教材五年级上册的《牛郎织女》后，可以将《诗经·小雅》《迢迢牵牛星》、南朝梁殷芸的《殷芸小说》等文本放在一起，展开与叶圣陶《牛郎织女》的比较阅读，化对比异同为对话这一类文章的主话题，引导学生梳理它们在故事内容、人物数量、情节设置等方面的异与同，进而发现该故事的传承不是一成不变的，是在口耳相传中不断丰富的，不断被赋予时代精神的，今天的我们也可以根据自己的意愿，展开相宜的创造性复述。

8. 从相似经验入手，驱动对话

有的文本距离生活较远，学生一时难以理解。如果调动相似经验，将

---

① 叶圣陶. 语文教学二十韵 [C] //叶圣陶. 叶圣陶语文教育论集. 北京：教育科学出版社，1980.

该经验转化为驱动性话题，建立学生与该文的关联，就会消解学生与文本之间的落差，助力学生产生"似曾相识"的感觉，并基于自身经验领会文中之意。如，统编教材五年级上册的《将相和》，该文以战国时期秦、赵两国的矛盾为背景，通过"完璧归赵""渑池之会""负荆请罪"三个小故事，讲述将相之间由不和到和的经过，赞扬蔺相如机智勇敢、宽容大度、深明大义，以及廉颇勇于改过的精神。不过，这是两千多年前的事，离学生生活较远。为助力学生读懂故事，感受主人公形象，可以从生活经验入手，先让学生回想与好友发生过的矛盾，后来是怎么解决的。然后引导学生将这一生活经验转化为理解该文的话题：蔺相如（或廉颇）解决矛盾的办法与自己有什么不一样？哪儿值得学习？从中看出蔺相如（或廉颇）是怎样的人？以此拉近历史故事与当代学生之间的距离，助力学生以自身经验为支撑，走进人物内心，融入文本情境，产生相宜体验，领会"和为贵"的不易，进而对"从此以后，他们俩成了好朋友，同心协力保卫赵国"的体悟更深。

9. 从文本空白入手，驱动对话

空白是作者有意留下、没有写明、召唤读者想象的空间。好文章总有空白。如果联系上下文，合情想象空白，就能看到文本另一番风景。有时可以利用文中空白，将其转化为与全文对话的话题，想象当时的情景，还原具体场景，产生关联体验，读懂背后的人。如统编教材六年级上册的《穷人》，文中有多处空白，其中13处省略号，大多用于表现桑娜时而矛盾、时而坚定的心理状态，这一连串的省略，写活了一位贫寒的家庭妇女。这些包括省略号在内的空白，看似孤立，其实有一条意脉贯穿其中，那就是穷人善良的同情心。如果以"此时桑娜（渔夫）会想些什么"引导学生揣摩主人公内心，想象主人公神情，就可以将"会想些什么"转化为连贯全文的主话题，助力学生将前后对话聚焦于"善良的天性"，进而透过桑娜前后心情的变化，感受穷人的精神世界，生成心灵深处的怜悯之情。

10. 从语文要素入手，驱动对话

聚焦语文要素可以助力学生有针对性地展开听、说、读、写等，增进文本之言与文中之意逐层转化。尤其是"读"，可以发挥以"一"总"多"的作用。如果将"读"演绎为对话文本的话题，并一以贯之，无论不同层面的要点理解，还是不同时段的言意体验，都会融为一体，呈现出富有生机的整体美。如，教学统编教材六年级上册的《草原》时，以提问"这次读出了什么"逐层驱动学生尝试读读顺文本、自由读读懂文本、想象读读进文本、配乐读表达文本、无声读超越文本，这样，借力"读"，一次又一次进阶，直至读出草原的美丽风光和蒙汉同胞的民族情谊。再如，统编教材三年级上册习作单元有《搭船的鸟》《金色的草地》《我家的小狗》《我爱故乡的杨梅》等，其中《搭船的鸟》文字浅显，三年级学生理解其内容并不难。但作为习作单元第一篇，应侧重"体会作者是怎样留心观察周围事物的"（单元语文要素），这就成了学习难点。于是，将该难点转化为话题：小作者观察了什么？怎么观察的？引导学生去发现小作者是怎么用眼看、用耳听、用脑想的，进而将"留心观察"这一语文要素转化为观察实践。

除上述方式外，还可以从人文主题最突出、言外之意最丰富、人物情感最强烈、语言表达非常规等处入手创设话题，驱动对话。上述方式在实际操作中不是孤立的、封闭的，而是交叉重叠、动态生成、相辅相成的。

第四节 有感的经验生长

话题驱动，解决的是教师具体怎么教，学生实际怎么读的问题。接下来我们还得关注，学生读得怎么样，实际上读懂了什么，能不能表达对文本的感受，离散的感受有没有连贯成意义，诸多意义有没有融入主要意脉，文本整体意义有没有得到彰显。虽说言意体验相生相长是个性化的、生命化的、难以捉摸的，但对这一位而言，应引发能动对话、转化言意、创生意义等，而这些表现性任务又是可感受的、可观测的、可迁移的。

一、有感的能动对话

"动机永远是个体的内在状态和环境的多重因素彼此互动的结果。"[1]学生不会被动接受，只会带着自身经验与文本相互理解、彼此沟通，且两者之间的交流，首先源于动机，取决于学生有感的能动反应。正如孔子所说："知之者不如好之者，好之者不如乐之者。"（《论语·雍也》）已有经验被激活，言语动机被唤醒，心灵深处被触动，就会高度投入、能动参与、自得其乐。换言之，如果文本新颖、独特，具有一定的吸引力，能唤

---

[1] 焦尔当. 学习的本质 [M]. 杭零, 译. 上海：华东师范大学出版社，2015：69.

醒求新、求奇、求异等欲望，学生就会一次又一次地怀着好奇心去阅读。如，教学统编教材五年级上册的《圆明园的毁灭》时，有位老师故意将课题板书为"圆明园的辉煌与毁灭"，并若无其事地要求学生读一读，以引发疑惑。学生纷纷指出板书的疏漏后，这位老师顺势追问："文中第2～4自然段，明明写的是圆明园的辉煌，只有第1和第5自然段写的是圆明园的毁灭，为什么仅以'圆明园的毁灭'为题？如果改为'圆明园的辉煌与毁灭'，行不行？"这一下子增进了阅读期待，增强了阅读内驱力，助推学生自愿投入对话。"一切都发生在学习者的需求、兴趣、欲望、期待、渴望（依情况而定）和能够满足这一切的情境所具有的特性的彼此呼应之中。"[1] 可见，处于文本与学生之间的我们，一方面，应敬重生命，唤醒对话动机，尊重学生言语天性，顺应学生阅读该文的起初感受，助力学生激活已有的生活经验、情感积累、审美趣味以及言语潜能，拨动情感之弦，用自身的言语与陌生的文字对话，以自己的才情与文中之意交流，保持阅读的新鲜感和期待感。另一方面，应遵循阅读教学规律，依儿童心理转化文本，增进文本内在的吸引力，搭设适宜的支架，消解文本与学生之间的鸿沟，诱发学生主动去揣摩文本没有明言之意，还原作者原初的生命情感，倾听文本背后作者的言说，努力做作者的知音，认识到对话是一种需求、一种乐趣、一种享受，始终处于"我要""我在"的状态。

二、有感的言意转化

从文本走向经验，就是走向言意体验，走向"言—意—言"多重转化。李维鼎先生把言与意看成阅读的基本矛盾。他指出，文章一般可分为两个层面：一是外层，即语表层；二是深层，即意蕴层。阅读必须先通过外在的语言，从语表层进入意蕴层，产生共识、共情、共鸣，然后联系自身经验，通过体验，据"意"识"言"，体会作者以"言"尽"意"的方法和作用[2]。这样，依言循意，据意品言，品言得意，举象显情，借象启思，意以言表，在言、意、象、情、思的交融中，感受到作者的生命情感和言语智慧。如，教学统编教材四年级上册的《精卫填海》，在读懂"常衔西山之木石，以堙于东海"的大意后，引导学生围绕"常衔"合情想象，"海上狂风大作，巨浪滔天，这只精卫鸟依然_____""冬天到了，大

---

[1] 焦尔当. 学习的本质 [M]. 杭零，译. 上海：华东师范大学出版社，2015：69.
[2] 李维鼎. 语文言意论 [M]. 上海：上海教育出版社，2000：216-232.

雪纷飞，这只精卫鸟依然_____""夏天到了，骄阳似火，这只精卫鸟又渴又累，可是他依然_____"这样，借不同的情境，一遍又一遍地品读"常衔西山之木石，以湮于东海"，以促进"常衔"之言与"坚韧"之意的循环转化，感受到精卫以小而轻的木石，去填大而深的海的壮举，产生坚忍执着的生命体验。可见，创生情境、还原场景、比较异同等系列学习任务，可以增进文本之言与文中之意的逐层转化，引发学生在自身经验、文本语言与作者意图之间走几个来回，助力自身经验与文本表层语言碰撞、与文本深层意脉交流，去感受文本语言的精妙，去参与文本意义的建构。换言之，要营造言意冲突，促进言意转化，让文字背后的情思形象起来、跃动起来，使一个个文中要点还原为一幅幅鲜活的画面、一幕幕生动的场景、一段段感人的旋律，助力学生感受文本背后的那份情、那段爱、那颗心、那种味，在语言与精神的同构共生中，产生相宜的美感和语感。

三．有感的意义创生

"阅读是一种被引导的创造。"（法国哲学家萨特所言）言与意有机转化时，学生会发现语意、连贯意义、创生新意。其间，一方面，学生会与文本循环对话，用自己的经验理解文本，以自身的言语表达文本；另一方面，学生会对照文本，自觉地改造原有经验，已有经验会因文本意义的介入、阅读感受的纳入而有所变化。其实，文本是开放的，是召唤式的，文本意义没有超时代的、永恒的固定解释，而是读者与作者共同创生的。可见，文本意义的可能是无限的，会和读者一样处于变动之中，会随时空的转移而发展，因读者的差异而变化，永远不会固定和终结。当然，这并不意味学生可以游离于文本原生价值之外随意发挥，可以越过文本的边界自说自话，学生依自身经验创生文本意义，会受文本制约，会遵从文本逻辑进行个性化阅读，生成与文本核心相契合的理解，实现文本内生意义与学生外赋意义的和谐共生。这既是学生与文本循环对话的结果，又是学生认知经验逐步走向文本逻辑的过程，也是作者生命情感的再现、文本原生价值的实现。学生对照文本激活相应经验，融入个性色彩，让文本带动自身的活力，去追逐新的体验，去升华生命意义，并将新生意义再次带入文本、纳入经验、融入生命，产生自我生命的超越，进而读透文本，读出自我，读懂生活，读活言语生命，读浓人文情怀。如，教学统编教材六年级上册的《伯牙鼓琴》时，在学生读懂"破琴绝弦，终身不复鼓琴"，把"高山流水"化为言意体验后，教师可以引导学生拓展阅读300多年后《列子》中的相关记载，500多年后《吕氏春秋》中的相关故事，1 000多年后李白的"钟期久已没，世上无知音"，1 500多年后王安石的"故人舍我归黄壤，流水高山心自知"，2 500多年后课堂上的童心言说，以及课后相关语文实践活动的回应，激起学生寻觅知音的志趣，鼓励学生接着读、接着讲，将这个优秀传统故事一代又一代地传承下去，用高山流水的文化意象，照亮自己的诗意人生。当然，意义创生是以个体阅历为基础的，有时大可不必点明意义，留点模糊，存点空白，反而会成就学生的诗和远方。正如钱理群先生所说："真正的文学作品总是具有极大的混沌性、模糊性，包含多重的（甚至是开掘不尽的）意义，有的意义甚至是只可以意会不能言传、无法明晰化的，作品的价值要在读者的创造性阅读中去实现。"[1]

总之，建构从单元设计到话题驱动，再到经验生长的整体架构，就是致力于将"原生状态的文本内容"先向"富有特定阅读取向（教学取向）的文本内容"转化，再向"学生实际上学的文本内容"转化，接着向"学生个体表达的文本内容"转化（见图4-2），这就是通常所说的从文本内容到教学内容，再到学习内容，最终走向言意体验相生相长。从文本走向经验，有助于文本意蕴领会与个体经验生长趋向一致，让文本意义带给学生丰富奇妙的生活享受。这正是我们期待的阅读状态，正是主线教学追寻的质态。

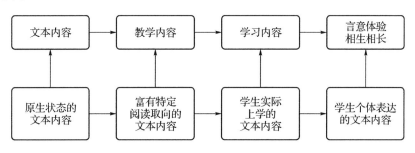

图4-2 从文本走向经验的内容处理途径

第五节　单元学习的个案研究

为提升单元学习的质态，我们在C校，以统编教材五年级上册第一单元为例，展开个案研究。本次研究的主题是，怎么落实单元人文主题和语

---

[1] 钱理群. 语文教育门外谈[M]. 桂林：广西师范大学出版社，2003.

文要素。

一、文本解读，探究落实单元"双线"的现实基础

1. 把握落实单元"双线"的教材要素

五年级上册第一单元选编了《白鹭》《落花生》《桂花雨》《珍珠鸟》四篇散文，其中《珍珠鸟》是略读课文。单元人文主题是"一花一鸟总关情"。单元语文要素有两个，一是阅读要素，为"初步了解课文借助具体事物抒发感情的方法"；二是习作要素，为"写一种事物，表达自己的感情"。这两个要素，在借助事物抒发情感上是相通的。

单看这四篇散文，它们从不同层面展现了大自然生灵的可爱与美好，语言风格各异，字里行间流淌着作者不一样的情感，但情感表达都是借助具体事物的（见表4-1）。《白鹭》围绕"白鹭是一首精巧的诗"展开，抓住白鹭的外形美以及水田独钓、闲立绝顶、黄昏低飞的画面美，描摹白鹭的神韵，表达对白鹭的喜爱以及对平凡而高洁、朴素而美好境界的追求。《落花生》以朴实、自然、亲切的语言，通过议花生，表明"做人要像花生一样，虽然不好看，可是很有用"的道理，表达对花生的赞美以及对父亲的深深怀念。《桂花雨》以"桂花香"为线索，重点描绘"摇花乐"，通过故乡桂花的幽香和"摇桂花"等童年趣事的交替浮现，抒发浓浓的思乡情愁。《珍珠鸟》通过描述与珍珠鸟之间发生的故事，抒发对珍珠鸟的喜爱之情，言叙真情中，赋予"信赖，往往创造出美好的境界"的深刻哲理。这四位作者表达的生命情感各不相同，表达的方法也各具特色，但都没有脱离对具体事物特点的描写。这一相通性使单元内课文形成了基于单元人文主题和语文要素的联合体。

表4-1 第一单元课文的异与同

课文	文本体式	所借事物	所表达的感情
《白鹭》	诗性散文	白鹭的外形和生活情态	表达对白鹭的独特感受
《落花生》	说理散文	落花生的好处	表明"做有用的人"的道理
《桂花雨》	抒情散文	与桂花相关的往事	抒发浓浓的思乡之情
《珍珠鸟》	叙事散文	逐渐得到珍珠鸟信赖的故事	呼吁和睦相处

如何拟定适宜的单元教学目标，统筹相宜的单元教学内容，组织具有内在逻辑关联的单元学习活动，是困扰我们的难题。而教材按人文主题和

语文要素"双线"组织单元，提供了一种破解该难题的视角。不妨遵循单元的整体性和连续性，对单元内容进行统整，创设单元主话题，助力学生整体建构单元意义，这不仅是教材编者的意愿，也是主线教学的优势。为此，可以梳理《白鹭》《落花生》《桂花雨》《珍珠鸟》以及本单元《口语交际》《习作》《语文园地》之间的内在关联，探寻"双线"与各部分的契合点，推送体现"双线"的学习内容，组织类属于"双线"的学习活动，引导学生揣摩作者是怎么借助这一个事物抒发不一样的情感的。这样，依托"双线"，借助主话题，对单元教学内容加以梳理、聚合，形成系列学习任务，促成单元学习相融共生，在彰显单篇个性中发现单元共性，实现单元学习的整体效果。

综上所述，本单元的主要学习目标拟定为：学会感受一花一鸟之美，增进热爱大自然之情；初步了解借助具体事物抒发感情的方法，能写一种事物，表达自己的情感。

2. 发掘落实单元"双线"的典型经验

我们搜集了有关语文单元教学的文章63篇、专著5本，并对这些文献进行梳理，试图了解当前有关语文单元教学的现状，发掘有关落实单元"双线"的典型经验，为本次研究提供有益的参考。梳理中发现，当前语文界对单元教学的认识尚存争议，有教学单位说、教学模式说、教学项目说、教学组织形式说等等，其中"单元主题教学""主题单元教学""单元整体教学"出现的频率较高，且三者基本相似，所表达的单元都是相对于单篇而言的。多数老师认为，相对于单篇教学，单元教学更为有效，有的认为可以增强语文教学的系统性、整体性、连续性和比较性，也有的认为可以增强语文教学的整合性、实践性和比较性，还有的认为可以增强语文教学的系统性、组合性、整体性、比较性、集中性和主体性。他们认为单元教学有两大优势：一是可以重组单元内课文，形成超越单篇的体现单元核心的主要教学内容，且不同单元的同类语文知识也可以相互渗透融合，更利于学生由浅入深地掌握相关概括性知识；二是可以增强听说读写等的彼此协同，更利于学生就某个单元重点连续阅读，生成前后相生的单元意义。

主张单元教学的，也存在不同的倾向。有些研究者倡导按知识结构单元教学法、五步三课型反刍式单元教学法、六课型单元教学模式等展开。如，李怀源老师将单元教学分为识字写字、朗读、积累运用、导读·理解、领悟·表达、口语交际与习作、读整本书、语文实践活动等模块[1]。他们的主张便于一线老师模仿，但也存在弊端：一是基本的操作流程会限制老师的创造性；二是就某一种流程而言，很难适应所有单元；三是这些基本流程倾向于语文知识与技能，对人文主题的关注不够。也有些研究者倡导从策略层面展开单元教学。如，卢谦校长提出强化单元意识，发挥整体效应；深入钻研文本，挖掘教学价值；尊重文本特点，选择教学内容；重视双基教学，追求言意兼得等策略[2]。他们的主张有利于发挥人文主题的优势，突出学生主体，强化语文与生活的联系，组织具有内在逻辑关联的语文实践活动，但没有深入研究如何避免这些活动使课堂变成环保课、思品课等问题，容易泛化语文。其中有的只是泛泛而谈，结合案例的较少，提供具体操作方法的也不多。

二、共同备课，汇聚落实单元"双线"的群体智慧

为明确本次研究的主要目的，研究小组先学习了单元学习整体架构、单元主要教学内容、话题定位与驱动、有感的经验生长等理论（详见本章一、二、三、四小节），然后就五年级上册第一单元，开展落实单元人文主题和语文要素的集体备课，请大家献计献策，现将备课意见整理如下：

1. 单元主要教学内容预设

对照学段要求，依据教材特点，遵循五年级学生的认知规律，本单元主要教学内容可设计成如下系列学习任务：

任务一，通读单元（1课时）。借助篇章页，浏览整个单元，了解"双线"，形成总体印象。

任务二，精读《白鹭》（2课时）。合作研学郭沫若是怎么借白鹭的外形和生活情态，表达对白鹭的独特感受的。搜集课外的借助事物抒发情感的文章片段并交流。

任务三，精读《落花生》（2课时）。合作研学许地山是怎么借落花生的好处，表明"做有用的人"的道理的。适度展开借物喻人小练笔。

任务四，精读《桂花雨》（2课时）。合作研学琦君是怎么借与桂花相关的往事，抒发浓浓的思乡之情的。适度展开借事寓情小练笔。

---

[1] 李怀源. 小学语文单元整体教学理论与实务 [M]. 北京：人民教育出版社，2017：80-92.
[2] 卢谦. 对单元主题教学的一点思考 [J]. 教学与管理，2011 (29)：27-28.

任务五，略读《珍珠鸟》（1课时）。自主学习冯骥才是怎么借逐渐得到珍珠鸟信赖的故事，呼吁和睦相处的。适度展开因事明理小练笔。

任务六，《口语交际：制定班级公约》（1课时）。自主学习怎么借公约表达共建和谐班级的愿望。

任务七，学习《语文园地》（2课时）。结合"交流平台"，对单元内课文的主要表达方法进行总结；结合"词句段运用"，深化"运用对比借物抒情"的学习。

任务八，《习作：我的心爱之物》（2课时）。学会"写一种事物，表达自己的感情"。综合运用本单元所学写法，抒发对事物的喜爱之情。

2. 单元教学总体构想

"工具性与人文性的统一，是语文课程的基本特点。"[1] 具体到统编教材，是以鲜明的人文主题和清晰的语文要素这一"双线"组织单元的。可见，语文要素和人文主题是有机统一的，是不可分割的，语文要素中含人文主题，人文主题中有语文要素。那么，如何既观照人文主题，又落实语文要素？怎么让单元"双线"落地生根？歌德说过："内容人人看得见，涵义只有有心人得之，而形式对于大多数人是一个秘密。"语文要素属于概括性知识，落实在某一篇中，有的较明显，容易找到具体的教学点，有的较隐晦，需要仔细琢磨才能对象化并成为具体的教学点。而人文主题落实到某一篇时，绝大多数是清晰的，也容易找到具体的教学点。加之学生容易被人文主题所吸引，主动关注语言形式的较少，也很难，更不要说什么语文要素了。如果语文要素缺失，语文教学就会泛化，学生也不知道学什么、怎么学。为此，怎么落实语文要素应是组织单元学习时着重研讨的内容。

具体到本单元，"一花一鸟总关情"这一人文主题，学生能够掌握，所涉及的白鹭、珍珠鸟、花生、桂花，他们也感兴趣。而"初步了解课文借助具体事物抒发感情的方法"和"写一种事物，表达自己的感情"，在统编教材中是第一次被提及。虽说只要求"初步了解"，但"初步了解"不是大而化之地了解，而是需要历经一系列实践形成一定能力，且该能力应达到会"写一种事物，表达自己的感情"。为此，有必要将"初步了解

---

[1] 中华人民共和国教育部. 义务教育语文课程标准（2022年版）[S]. 北京：北京师范大学出版社，2022.

课文借助具体事物抒发感情的方法"转化为单元主话题"借什么表达什么",并据此重构相互关联的单元主要教学内容。具体体现为:可以根据《白鹭》的诗意、《落花生》的说理、《桂花雨》的抒情、《珍珠鸟》的叙事,将"借什么表达什么"分别对象化为借物抒情、借物喻人、借事寓情、因事明理等单篇主话题,重构单元视域下单篇主要教学内容,让主话题贯穿单元学习始终,引导学生围绕"借什么表达什么"多维研读、多次重组、多重建构。这样,既彰显单篇个性,又体现单元共性,从学习这一位作者"借什么表达什么",走向梳理众多作者"借什么表达什么"的异与同,发现事物特性与情感个性之间的对应,进而激励学生从小练笔走向大练手,从仿照文中片段学写由某个事物想到的人,走向"写一种事物,表达自己的感情",逐步从范文"借什么表达什么"到生动的习作实践,丰富相关的语言经验,提升相应的表达智能。

叶圣陶先生曾指出:"能力的长进得靠训练,能力的保持得靠熟习,其间都有个条理、步骤,不能马马虎虎一读了之。"① 某种语文要素仅靠一两次活动,是难以习得的,必须借助系列学习任务的聚合力,依靠主话题的统领力,多次活动、多维实践、连续转化、持续内化,才会在"连续性和相互作用"中充满活力,生长意义,形成可迁移的言语智能。为此,训练"借什么表达什么"时,应由个及类,统筹好"这一类"的学习任务,展开"这一类"的学习任务,让"借什么表达什么"持续增添新意,在意义增值中不断深化对"借什么表达什么"的理解。单就"运用对比借物抒情"这一写法的学习,可以推送以下具有内在逻辑关联的"类"任务。

任务一,学习《白鹭》第3自然段时,了解郭沫若将白鹭与什么做比较,从中想表达什么,这样表达有什么好处。

任务二,学习《落花生》第10自然段时,发现哪句话与《白鹭》第3自然段中某个句子相似,还在哪儿见过类似的写法,并举一反三。

任务三,学习《桂花雨》第2自然段时,发现琦君是怎么引出桂花的。这种写法在《白鹭》和《落花生》中见过吗?试着运用对比借物抒情,学写一个片段。搜集课外的运用对比借物抒情的片段,并交流分享。

任务四,学习《语文园地》中的"词句段运用"时,体会各片段在描

---

① 叶圣陶. 叶圣陶语文教育论集 [C]. 北京:教育科学出版社,1980:183.

写事物上有什么相似之处，鼓励学生举一些类似的句子或片段。

任务五，习作《我的心爱之物》时，综合运用对比借物抒情。

这样，不同语境下的同类资源相互渗透融合、多重循环、多次重组，促使"运用对比借物抒情"的学习结构化，连贯成意义，让学生经历从初步感知到内化迁移，再到综合运用的进阶过程，进而将离散的感受转化为相生相长的言意体验，内化为生动的语言经验，形成真正的言语智能。

三、课堂实践，铺设落实单元"双线"的操作路径

1. 体现"双线"的单元教学简案

五年级上册第一单元教学简案见表4-2。

表4-2 第一单元教学简案

单元学习目标		学会感受一花一鸟之美，增进热爱大自然之情；初步了解借助具体事物抒发感情的方法，能写一种事物，表达自己的情感	
内容	课时	学习目标	学习任务
整个单元	1课时	了解单元人文主题和语文要素，初步形成单元总体印象，激发学习期待	1. 研读单元篇章页，明确单元学习目标。 2. 浏览本单元，说一说最想学习什么。 3. 借助思维导图，梳理各部分主要学习内容。 4. 还有什么想问的
《白鹭》	第一课时	学习生字词，感受白鹭的外形美，了解运用对比借物抒情	1. 自读课文。学习生字词。白鹭给你留下什么印象？ 2. 默读课文，郭沫若从哪些方面介绍白鹭的？围绕哪句话介绍的？ 3. 研读第1～5自然段，为什么说"白鹭是一首精巧的诗"？结合文中语句感受白鹭的外形美。了解作者运用对比借物抒情的写作手法。有感情地朗读、背诵
	第二课时	背诵课文。想象白鹭的生活情态，体会郭沫若对白鹭的独特情思，学习借物抒情	1. 研读第6～8自然段，浮现出哪些画面？给每幅画起一个名字。品味画中白鹭的美体现在哪儿。 2. 为什么说白鹭"是一首韵在骨子里的散文诗"？结合重点语句，体会拟人、比喻，读出字间所蕴藏的作者情思，并配乐朗读。 3. 阅读补充的《白鹭》说明文，议一议这两篇文章有什么不同。背诵全文。 4. 课后，自学《江雪》《钱塘湖春行》等古诗，感受作者借鸟儿所表达的情感

续表

内容	课时	学习目标	学习任务
《落花生》	第一课时	学习生字词，了解种花生和收花生写得略，议花生写得详	1. 郭沫若借白鹭表达了什么？许地山想借落花生的好处表明什么？自读课文。 2. 学习生字词。默读课文，议一议：围绕落花生写了哪几件事？哪儿写得详，哪些写得略？为什么这样写？ 3. 研读第1~2自然段，在母亲话前加提示语，并读一读。为什么要请父亲来？ 4. 为什么种花生和收花生写得简略？如果将种花生或收花生也详写，那么，许地山想表明的又是什么
	第二课时	学习许地山是怎么借花生的好处，表明"做有用的人"的道理的	1. 研读第3~15自然段，一家人是怎么议论花生的？花生还有什么特点？加提示语分角色读，再去掉提示语分角色读。 2. 父亲想借花生告诉"我们"什么？用了哪些方法说明他的观点的？哪些写法与《白鹭》中某个句子相似？从位置、外表、好处等角度比较花生与石榴的不同，体会花生的可贵。 3. 花生让你想起生活中的哪些人？理解借物喻人。阅读补充的许地山的资料，议一议许地山与花生的相似之处。 4. 阅读补充的陈毅的《冬夜杂咏》、冰心的《荷叶·母亲》，学习其中借物喻人的写法。 5. 试着借竹子、梅花、蜜蜂、路灯中的一个，写一位熟悉的人
《桂花雨》	第一课时	学习生字词，理解课文内容，学会运用对比借物抒情	1. 许地山借落花生的好处表明了什么？琦君想借与桂花相关的往事，抒发什么？自读课文。 2. 学习生字词。默读课文，桂花让琦君想起哪几件美好的往事？用小标题概括出来。 3. 研读第1~2自然段，琦君是怎么引出桂花的，这种写法似乎在《白鹭》和《落花生》中见过。琦君明明想抒发喜爱之情，为什么写桂花树笨笨的，而不写花朵的可爱？ 4. 运用对比借物抒情，学写一件心爱之物

续表

内容	课时	学习目标	学习任务
《桂花雨》	第二课时	体会琦君对童年生活的眷恋和浓浓的思乡之情，学习借事寓情	1. 回想运用对比借物抒情的好处。默读课文，画出文中描写桂花香的语句，结合起来读一读，读懂了什么？ 2. 研读第4和第6自然段，从两个"浸"字体会到什么？ 3. 研读第5自然段，从"缠""使劲""喊"等体会到什么？表演摇桂花，体会摇花乐。 4. 研读第7~8自然段，真的"比不上"吗？这样对比想突出什么？ 5. 阅读琦君《留予他年说梦痕》的片段，品味琦君思乡之情。配乐朗读全文。 6. 本文在"借什么表达什么"方面与《落花生》有什么相同之处和不同点？ 7. 学用借事寓情，写一段往事，表达喜爱、愤怒或厌恶等
《珍珠鸟》	1课时	了解珍珠鸟在"我"的呵护下发生变化的过程，理解"信赖，不就能创造出美好的境界吗"，学习因事明理的写法	1. 自读：冯骥才想借逐渐得到珍珠鸟的信赖的故事呼吁什么？ 2. 研读："我"对珍珠鸟的喜爱之情从哪儿可以看出？ 3. 品读：借助思维导图，呈现"我"逐渐得到珍珠鸟信赖的过程，交流感受。 4. 赏读：交流人与动物和谐相处的故事。 5. 比较读：本文在"借什么表达什么"方面与《白鹭》有什么相同之处和不同点？展开因事明理小练笔。 6. 延读：课后阅读《猫》，想一想，老舍借猫表达了什么
《口语交际：制定班级公约》	1课时	借公约共建和谐的班级。学会发言时控制时间以及总结共同和不同意见	1. 课前，由班委草拟班级公约。 2. 公约表达了什么？分小组讨论草拟的公约，形成各小组意见。 3. 班委汇总意见，修改完善，全班逐条表决，形成公约。 4. 课后将公约写下来，贴在教室里

续表

内容	课时	学习目标	学习任务
《语文园地》	2课时	总结本单元借助事物表达情感、运用对比借物抒情等写法	1. 本单元课文在"借什么表达什么"方面，有哪些相同之处？又有什么不同点？哪些表达情感的方法给你印象最深？举例说明。 2. 读"交流平台"中的句子，体会在描写事物的方法上有什么相似之处，能再举几个类似的句子吗？ 3. 比较"词句段运用"中每组句子加点词语的意思，根据要求用"温和"写句子。 4. 朗读并背诵《蝉》，联系相关资料，说一说作者想借蝉表达什么？ 5. 课后阅读蒂皮·德格雷《我的野生动物朋友》，想一想作者想表达什么
《习作：我的心爱之物》	2课时	综合运用借助事物抒发情感的写法写一件心爱之物，将喜爱之情融入字里行间	1. 重温本单元所学的表达情感的方法。 2. 了解习作要求：写一件心爱之物，抒发心爱之情，但尽量不用"心爱"这类词语直接表露，尽可能运用借物抒情等方法，将喜爱之情融入具体的事物之中。 3. 根据思维导图，先小组交流自己的心爱之物什么样子，怎么得到的，为什么喜欢。之后全班交流，同伴互评。 4. 自主习作。 5. 选2~3篇代表性习作在全班交流，有没有"喜爱""心爱"等直接表露情感的词语，如有，改为借助事物抒发情感或运用对比借物抒情等。 6. 同桌互评。 7. 自主修改完善。 8. 课后，办一期"我的心爱之物"习作专栏，贴上优秀习作和相应图片

2. A、B两位老师的单元教学

我们在C校，基于五年级上册第一单元开展个案研究，有两个有利条件：一是该校每学年会根据三、四两个年级的综合成绩，对四年级升五年级的学生进行平行性重新分班。也就是说，新组建的五年级8个班是同质的。二是该校三至六年级的教材刚由苏教版改用统编版（2019年秋季）。也就是说，五年级所有师生都是第一次接触新教材。在获悉本地区教育主管部门开展了如何使用统编教材的岗前培训，以及C校开展了例行的集体备课后，研究人员没有对C校五年级师生再进行人为干涉。只在师生不知情的情况下，先从8个班的8位任教语文老师中，选出在教学能力、学历、教龄、年龄、性别等方面相近的A、B两位老师，再用抓阄的方法，随机选定B老师参与研究。开学前，邀请B老师到S学校参与研究小组组织的落实单元人文主题和语文要素的集体备课，以及第一单元教学简案的研制。（详见前面的"共同备课，汇聚落实单元'双线'的群体智慧"和"五年级上册第一单元教学简案"）

事后，B老师按"五年级上册第一单元教学简案"组织单元学习。参研人员没有观摩A老师和B老师的教学活动。

四、学情后测，明晰落实单元"双线"的真实状态

1. 学过《珍珠鸟》的后测

得知A、B两位老师教完《珍珠鸟》后，研究小组请他们随后布置相同的课后作业，现场完成，当堂上交。此时安排后测有两个考虑：一是本单元四篇课文已学完，学生对单元人文主题和语文要素形成了一定的学习经验；二是《珍珠鸟》是略读课文，以自主学习为主，此状态下的测试更能体现学习成效。这次作业有四题：一是"课文给我印象最深的是什么"；二是"学习中，我觉得难懂的是什么"；三是"文中哪些地方我还没有读懂"；四是"学过课文后，我想提的问题是什么"。事后，对2个班所有学生的作业进行汇总和分析，发现这四题的汇总结果所反映的情况基本一致，不过，第一题和第四题的汇总结果易于呈现，也能说明相应的问题，所以仅将这两题的汇总结果呈现如下。

第一题为单项选择题："课文给我印象最深的是（　　）。A. 珍珠鸟十分可爱；B. 信赖，往往创造出美好的境界；C. 借逐渐得到珍珠鸟信赖的故事，呼吁和睦相处。"学生答案的统计结果见表4-3。

表4-3　第一题的统计结果　　　　　单位：人

选项	A班	B班	合计
A选项	2	1	3
B选项	27	10	37
C选项	13	31	44

经检验，卡方值$\chi^2=15.51>5.99$，故概率$P<0.05$，两个样本构成比差别有统计学意义，可以得出结论，A班对"信赖，往往创造出美好的

境界"印象最深的偏多，该班的学习可能侧重于人文主题；B班对"借逐渐得到珍珠鸟信赖的故事，呼吁和睦相处"印象最深的偏多，该班的学习可能侧重于语文要素。可见，同一篇课文，不同班级所学的侧重点如果不同，所产生的学习成效也会不一样。

第四题为问答题："学过课文后，我想提的问题是什么？"A班多数学生所提的是："作者为什么喜欢珍珠鸟？""珍珠鸟为什么怕人？""小珍珠鸟平时吃什么？""为什么雏儿不飞出去？""珍珠鸟为什么会有小白点？""珍珠鸟真可爱，我可以养一只吗？""老师，你见过珍珠鸟吗？"……显然，A班学生学过该文后，多数的认知停留在珍珠鸟上，而对"因事明理"的关注度不高。从中可以推想，A老师组织该文甚至本单元学习时，重文本内容、轻语言形式，重人文主题、轻语文要素，编者期望的"借助具体事物抒发感情"的学习没有得到有效落实。而B班多数学生所提的问题是："开头说珍珠鸟胆小，后来又说珍珠鸟胆大，这不是前后矛盾吗？""小珍珠鸟从'怕人'到'亲近人'，她妈妈也会这样吗？""文中多处写珍珠鸟的外形，有什么作用？""开头的'真好'，表达了什么？""题目为什么不用'信赖'，而用'珍珠鸟'呢？""我也想写一下妈妈带回来的小狗与我关系的变化，不知怎么去写"……显然，B班学生学过该文后，多数学生关注文本的表达特点，且积累了相应的"因事明理"的经验。从中可以推想，B老师是按集体研讨的教学简案组织该文甚至本单元的学习内容。

2. 单元习作的结果分析

获悉A、B两个班完成本单元习作《我的心爱之物》后，在师生事先不知情的情况下，将所有作文收集起来，混在一起，请第三方语文老师批阅。事前，为批阅这次习作设计了五级评价指标：

A级，选材切题，文从字顺，结构完整，借助事物抒发情感自然，喜爱之情真挚，书写规范，标点正确，错别字很少；B级，选材较切题，语句较通顺，结构较完整，借助事物抒发情感较自然，有一定喜爱之情，书写较规范，标点较正确，错别字较少；C级，选材基本切题，语句基本通顺，结构基本完整，借助事物抒发情感基本自然，喜爱之情基本真实，书写基本规范，标点基本正确，错别字少；D级，选材不太切题，语句不太通顺，结构欠完整，借助事物抒发情感不自然，标点不太正确，错别字多，字数不足350字；E级，选材不切题，语句不通顺，无结构或全文只有一段，没有借助事物表达情感，标点单一，错别字较多，字数不足250字。

批改中，第三方两位语文老师先根据上述评价指标，对所有习作进行单独评判。接着，对同一篇习作评判等级不一致的，重新合议，直至对拟给予的等级达成共识为止。批阅后，将所有成绩归班统计，结果如下（见表4-4）。

表4-4 习作成绩统计结果　　　　　　　　　　　　单位：人

评价层级	A班	B班	合计
A级	3	9	12
B级	8	14	22
C级	13	12	25
D级	13	4	17
E级	5	3	8

经检验，卡方值 $\chi^2=9.94>9.49$，故概率 $P<0.05$，两个样本构成比差别有统计学意义，可以得出结论，B班落实习作要素"写一种事物，表达自己的感情"的成效要好于A班。这与学完《珍珠鸟》后的作业汇总结果基本一致。从中可以推想，B老师是按集体研讨的教学简案执教的，将单元习作要素渗透到单篇学习之中，使其得到了持续转化，进而让学生获得了相应的概括性知识，习得了相应的表达方法，形成了相应的表达智能，达成了本单元的主要学习目标。而A班可能没有统筹好体现该习作要素的学习资源，或对该习作要素的学习不充分，或对该习作要素的学习较离散，相应的经验程度不高。

五、教者反思，审视落实单元"双线"的长短得失

为验证后测结果，研究小组分别对A、B两位老师进行访谈，话题基本一致。

1. 对A老师的访谈

(1) 您对本单元的人文主题和语文要素是怎么理解的？

本单元围绕"万物有灵"，从不同方面选编了四篇散文。单元人文主题和语文要素不仅体现在各篇体式之中，还体现在具体的人、事、景、物之间。《白鹭》通过诗性描写，抒发作者对白鹭的欣赏和赞美；《落花生》

借花生的好处，表达作者对"做有用的人"的感悟；《桂花雨》叙述有关桂花的童年往事，作者思乡怀旧之情倾注其中；《珍珠鸟》通过珍珠鸟从怕人到信赖人的变化，表达作者与珍珠鸟的美好情谊；《语文园地》总结课文中各类事物的特点与所表达的情感的对应；《习作：我的心爱之物》综合运用借物抒情，描写喜欢的事物，说明样子、来历、喜爱的缘由，把自己的喜爱之情融入其中。这样，在"双线"统领下，单元内各部分学习既各有侧重、个性鲜明，又彼此渗透、相互配合，形成了有机的整体。

(2) 在组织单元学习中，您是怎么落实人文主题和语文要素的？

单元学习不是简单相加，而是前后学习融为一体，力促"双线"融入单篇学习，贯穿单元学习始终。教学中，首先，我利用单元导读，引导学生浏览整个单元，初步了解"双线"。其次，通过相关课文的重点段落落实"双线"。如，依托《白鹭》第5自然段、《桂花雨》第5自然段、《珍珠鸟》第12自然段等，引导学生重点学习借助具体事物抒发特别情感的方法，领会这样表达的好处。再次，比较阅读，引导学生发现单篇的异与同，领会不同文本不一样的语言风格，并通过"读"将自己的感受表达出来。如，《白鹭》和《落花生》的语言风格不同，前者通过精妙语言直接抒情，可以熟读成诵；后者借事说理，托物言志，可以联系生活经验讲述故事。再其次，读写结合，帮助学生及时运用新生经验。如，学完《落花生》展开小练笔，"生活中有很多平凡的人，他们像花生那样，默默无闻地贡献着，请写一写身边这样的人"。最后，综合运用，合作共进。如，单元习作后，办一期专栏，贴上好的习作，鼓励分享和互评，也可以将自己的赏析跟帖在感兴趣的习作后面，使本单元的学习任务具有内在逻辑关联，共同落实单元"双线"。

(3) 您觉得学生对本单元人文主题和语文要素学得怎么样？

学生从了解"双线"到通过课文重点段落学习"双线"生成相应的学习经验，再到《语文园地》中总结各篇不同事物特点与所表达的情感的对应，最后到习作中围绕心爱之物抒发喜爱之情，各部分学习目标、学习情境、学习内容、学习方法得到了有机统整，促成了"双线"持续内化，生成了相应的表达智能。从完成的习作来看，绝大多数学生能把心爱之物的样子、来历写清楚，抒发自己的喜爱之情，达成了本单元的主要学习目标。不过，因为学生第一次使用统编教材，第一次学习单元人文主题和语文要素，没有这方面的经验，"双线"学习有点不太自然，学得可能不太充分。如果以前学过其他语文要素，现在学习借助具体事物抒发情感，就会容易一点。另外，要找到事物特点与感情个性的对应，并进行书面表达，对于小学生来说很难，要求不宜过高。

2. 对 B 老师的访谈

（1）您对本单元人文主题和语文要素是怎么理解的？

本单元的人文主题是"一花一鸟总关情"，花鸟是自然之物，也是人文之景。把情感寄托于事物，是作者表情达意的常用方法。借花鸟等平常之物传情达意的文章很多，这是文学创作的有效出口，也是情感抒发的便捷入口。本单元的语文要素是"初步了解课文借助具体事物抒发感情的方法"和"写一种事物，表达自己的感情"。前者从阅读理解角度切入，后者从习作表达角度切出，编排三篇精读课文《白鹭》《落花生》《桂花雨》，一篇略读课文《珍珠鸟》，一次口语交际《制定班级公约》，一次习作《我的心爱之物》和一个《语文园地》。一入一出，有入有出，人文主题和语文要素有机渗透、贯穿始终，组成了整体的学习单元。

（2）在组织单元学习中，您是怎么落实人文主题和语文要素的？

散文离不开抒情，有的直接表达自己的思想感情，有的含蓄婉转，耐人寻味。如何让学生体会到不同作者不一样的抒情方法？我一边依托单元主话题"借什么表达什么"组织单元系列学习任务，一边采用比较阅读的方法，彰显各篇体式。一是利用《落花生》与《桂花雨》都是写植物的，都借助"物"抒发情感，引导学生梳理《落花生》与《桂花雨》有什么不同，从中发现《落花生》侧重托物言志，通过人物对话，议论花生的好处，表明"做有用的人"的道理，而《桂花雨》侧重借事抒情，通过"我"与桂花的相关往事，表达思乡之情。二是利用《白鹭》与《珍珠鸟》都是写鸟的，也都借助鸟抒发情感，引导学生梳理《白鹭》与《珍珠鸟》有什么不同，从中发现《白鹭》侧重直抒胸臆，通过白鹭的外形美和动态美，直接抒发对白鹭的喜爱之情，而《珍珠鸟》侧重寓理于事，通过"我"逐渐得到珍珠鸟信赖的故事，呼吁人与动物和睦相处。三是在《语文园地》的"交流平台"中，安排类似的学习：《白鹭》《桂花雨》《落花生》《珍珠鸟》这四篇在"借什么表达什么"方面有什么相通之处？又有哪些不同点？引导学生基于不同文本理解"借助事物抒发情感"，发现事物特征与所抒情感之间的对应，学会借助生活中的相宜事物抒发情感，也自然地体悟到"一花一鸟总关情"。

(3) 您觉得学生对本单元人文主题和语文要素学得怎么样？

学生刚升入五年级，正处于从中年级到高年级的过渡期，在单元学习上不宜拔高要求。学习本单元人文主题，对他们来说难度不大，绝大多数学生都能说出各篇所借的"物"和所抒的"情"，理解自然界的花花草草、身边的大小事物，都或多或少地凝聚着人们或浓或淡的情感。其实，借物抒情也不难理解，但要找准事物特征与所抒情感之间的对应，让抒情自然而然有一定难度。在单元学习中，学生通过比较阅读，发现了所描写的事物与所抒发的情感之间的对应，并能借鉴作者的经验，通过微习作及时迁移与应用。如，学完《落花生》，从竹子、梅花、蜜蜂、路灯中选择一个，试着赞美相应的人。单元习作，又一次聚焦于"物"，着眼于"情"，先以"情"引"物"，再回想本单元所学的相关写法，接着以"物"表"情"，让自己想抒发的情感有所依托。这样，在一次次具有内在逻辑关联的语文实践中，相应的表达经验获得了螺旋式发展。只不过，他们的经验程度是参差不齐的，需要在今后的学习中，进一步巩固和提升。

六、研究小结，梳理落实单元"双线"的经验要点

本次是就怎么落实单元人文主题和语文要素所展开的个案研究。在对五年级上册第一单元进行整体解读后，对有关语文单元教学的已发表的63篇文章和已出版的5本专著进行文献研究，然后展开体现"双线"的单元教学集体研讨、后测、访谈等，试图探寻单元"双线"对学习经验生长的积极影响。本次研究得出以下主要结论：第一，单元视域下的单篇学习是课改的方向。这样的学习可以增进综合性，强化实践性，有助于学生提高站位，开阔视野，连续进阶，生成可迁移的语言经验，养成带得走的语文素养。但不可轻视单篇，应将单篇作为单元学习的主体内容，通过单篇之间的渗透融合，共建单元意义。第二，把准单元"双线"与单篇的依存关系是实施单元教学的关键。单元"双线"不应以结论直接传递，而应借助与各部分契合的内容，并将这些内容创生为可对话的话题群，转化为具有内在逻辑关联的学习任务，引发学生围绕"这一类"连续实践，多维建构，直至内化"双线"。第三，由个及类是单元教学的主要策略之一。单

元内单篇教学不可平均用力,应依据"双线",先精读第一篇,然后由扶到放、循序渐进地研读其他课文(及类),以便发挥好每一篇的功效,提升单元学习的整体效果。第四,主线在单元教学中有其优势。主线带来的结构更利于单元"双线"贯穿学习始终,力促"双线"与各部分学习相融共生,最终助力体现"双线"的诸多意义相生相长,连贯成主要意脉,彰显单元整体意义。换言之,主线有助于学生聚焦单元"双线",聚合"这一类"主要内容,生成班集体共同的学习经验。第五,单元教学空间很大,我们还可以做得更好。怎么将语文要素对象化为具体的学习内容,如何促成人文主题和语文要素有机融合,怎样实现单元"双线"内化与单篇意义建构、与学生经验生长的相辅相成,是亟待解决的问题。当前一线老师落实"双线"的意识不够强,相应的课程理解力和教学实施力相对迟滞。

第五章 从文本走向经验的基本路径

从文本走向经验,是对话文本的路径之一。本章从循环转化、基本环节、学习活动结构化的个案研究等方面讨论从文本走向经验的基本路径。

第一节 文本与经验循环转化

怎么依托经验读懂文本，怎样对照文本改造经验，是必须探讨的基本问题。从文本走向经验，不是非此即彼的二元对立，也不是从文本到经验的单向传递，而是既有文本唤醒经验，又有经验投射文本，两者处于循环转化的状态，且这种转化是无穷尽的。

一、经验依托，打开对话文本的思路

"温故而知新。"心理学告诉我们，心中有什么才能看出什么。可见，从文本走向经验，首先取决于自身经验被唤醒。投射于文中的经验越多，看出的东西也会越丰富。

1. 已有经验激活

不是文本有什么，就能读出什么，读者只能感受到与自身经验相应的东西。学生不是一张白纸，会带着已有经验开展对话。有的内容学生早已学过，只是深度和广度不够；有时，学生在生活中已积累粗浅的感知；有时，学生兴趣很浓，课前已通过某些途径获得相关信息；有时，学生在前一篇的学习中，已掌握类似方法，为学习本文做了铺垫；等等。学习容易从自身经验、兴趣、需求被激活的地方开始，这是现实的起点。已有经验一旦被激活，会扩大情感共鸣。面对这一篇，学生已拥有哪些经验，会产生什么冲突，可能遇到怎样的困惑，我们不应一无所知，有些是可以事先捉摸的，有些是可以课前了解的。一要了解本班群体学习语文的态度、习惯、能力等，并据此梳理，文中哪里是他们感兴趣的、已知道的、能自知的，哪儿是他们发现不了的、关注不到的，哪些是他们关注到但理解不深的，哪儿是他们不感兴趣却十分重要的。二要了解个体学习语文的情况，可以从作业质态、近期所读的书、家庭学习氛围等方面，尽可能知晓每一位学生的学习状况。三要了解特殊学生，如暂时感觉学语文困难的、性格特别内向的、思维非常活跃的等等。通过多渠道了解，全面把握每一位学生的已知、未知和难知之处，揣摩这一位兴趣点是什么、困惑处在哪儿、会怎么学等等。在充分了解与悉心揣摩的基础上，教师要对每一位学生的

起初感受做出基本评判,并设法激活相关的已有经验。需要强调的是,课上学生的实际状况比事先预想的要生动、活泼、丰富得多。课前多了解学生,是为了弄清哪里可让学生自学,哪儿需要适度引导,以助力学生产生好奇心并打开思路。

2. 现实经验容纳

这里的现实经验是指学生在学习中所表现出的状态。不同学生在同一堂课中的言行是不一样的,我们应尊重每一位学生的生命状态,呵护每一位学生的独特反应,尽可能容纳每一位学生的现场表现。这看似弱化了我们的引导,但能激起对话内需,增进阅读期待,助力学生带着自身感受积极开展对话。其实,语文不像其他学科那样追求标准答案,具有一定的柔韧性和模糊性,类似国画艺术,讲究似与非似之间的"神似"。无论是作者所表达的情思,还是学生阅读中的感受,有时很难说得清、道得明,有时也没有必要说清楚、道明白。只要有"似乎是"的感觉,有想了解文中之意的好奇心,有想探明为什么这么写的意愿,对话就会深入。加之文本是开放的,文本意义是作者与读者共同创生的,读者的感受会成为文本的一部分。也就是说,学生会以自身经验参与文本意义的建构,不同学生阅读同一篇文本时,品得的意味会有所不同。这里的不同是千差万别的,且对自己的后续学习起主导作用。为此,应尊重学生的不同状态,珍视学生的独特体验,善待学生的多样化感受,鼓励各有各的思考,各有各的感悟,各有各的表达。其间,有的感受看似出乎意料,实则包含着个人的生命色彩,体现着自身的独到见解。如果每一位动态生成的状态被呵护、被容纳,对话需求的多样、对话态度的特殊、对话习惯的独特、对话方法的特别等得到尊重,有足够的时空积极思考、合情想象、同伴讨论、相互质疑或静心审视,就会增强能动性,有利于采用更为积极的方式投入对话,进而让现实经验不断生成,让对话思路持续打开,进入彼此接纳、相互敞开的对话状态。

3. 群体经验分享

每个人的经验是有限的,如能彼此分享,会丰富各自的理解。英国作家萧伯纳曾说过,两个人交换苹果,每个人手上还是只有一个苹果,但两个人交换思想,每个人会同时拥有两种思想。群体经验分享,既能让学生参与更多的交往,拥有更多的合作机会,增进彼此友情,发现你我差异,找到各自所需，形成学习共同体，助力共同提高，又能促使相关信息多向交流、多维交融、不断增值。新课改倡导同伴协作，相互切磋，乐于与他人分享。师生之间、生生之间相互沟通，彼此启发，尤其是同伴之间的分享，不仅是一种有差异的互补互助，共建着文本意义，而且是一种生命情感的相融，提升各自体验，消解彼此差距，实现着多元对话的共鸣共识。因为学生之间年龄、经历和情趣趋于相近，容易理解同伴的困惑，站在对方立场替他人着想，用儿童经验进行沟通，相互体谅和影响，容易化伙伴的间接经验为自身的直接经验，生成共享共进的活力。为此，当理解有分歧、问题难解决或独学不深入时，应引导学生请教同桌、小组讨论或全班探讨，既各抒己见、敢想敢说敢问，又集思广益，以真诚的态度倾听他人的发言。尤其是出现与自己的见解相左的情况时，更应把自我感受与别人的意见进行比较，虚心吸纳他人长处，审视自身经验的不足之处，打开对话的新思路。

二、经验带入，增进对话文本的积极性

学生有时对文中要点视而不见、感而不觉，处于消极状态。产生这种认知落差是不可避免的。"阅读教学，就是建立学生与'这一篇'课文的链接，以帮助学生克服现有的语文经验与课文理解感受所需要的语文经验之间的落差。"[①] 为此，不仅要激活学生的相关经验，更要引导学生将自身经验投射于文本，带入文中，建立"与'这一篇'课文的链接"，展开积极对话。

1. 具象化带入

经验带入主要凭借具象而非抽象、感性而非理性。可以适度借助插图、挂图、简笔画、实物、多媒体、板书等，直观呈现文中关键内容，把文字转化成形象来感受，助力学生激活相应表象，带入相关经验，以可感的方式与文本积极对话。如，《桂花雨》是统编教材五年级上册第一单元第3篇课文，学习该文正值九月初，桂花还没有开。为调动学生相关经验，适时播放歌曲视频《江南桂花香》，悠扬欢快的旋律、色彩明丽的桂花、"有风香十里，无风十里香"的生活画面被激活，并与文本建立起关联，

---

① 王荣生. 阅读教学的基本任务与路径 [J]. 课程·教材·教法，2012，32（7）：84-94.

为后续理解做了很好的铺垫。当然，优美的课件、生动的画面等，只是丰富形象、促进对话、启迪思考的支架，不是学习的目标，更不是语言文字的华丽装饰。如果教者凭借自身深厚的文学素养、生动的教学语言、灵动的教学机智，将学生形象地带入文本，也能让对话充满活力。

2. 问题化带入

"学而不思则罔，思而不学则殆。"钱梦龙先生指出："教一篇课文，教师必须着眼于指点阅读的门径，学生则致力于自求理解，自致其知。教师当然也要提出一些问题，但这些问题必须是能够引导学生进一步阅读课文的富于启发性的问题，提问的目的不在于找个答案，而在于把学生的思维引导到文本上来。"[①] 其实，我们更应该鼓励学生"自求理解"，自主生疑，借助问题带入文本，积极对话。学习就是发现问题、探究问题、解决问题的过程。平时，尽可能避免将预设好的问题直接抛给学生，而应引导学生在对话中生成问题、发现问题，通过质疑问难，让简单问题自主解决，稍难问题小组解决，复杂问题讨论解决，综合问题多渠道解决。如，学习统编教材五年级上册的《将相和》，就可以激发学生自主质疑，同伴互助，分层解决：将是谁？相是谁？将相之间发生了什么？这类简单问题，由学生自行解决。将相为什么不和？蔺相如面对秦王毫不畏惧、有勇有谋，而面对廉颇为何不断退避？这类稍难问题，引导学生抓文中要点、联系上下文、讨论交流解决。认错方式很多，可以传话，可以写信，还可以把酒言欢，廉颇为什么采用"负荆"？从中看出廉颇是怎样的人？这类复杂问题，引导学生捕捉人物的语言、神态，展开小组讨论甚至辩论来解决……这样，分层解决自主提出的问题，既有助于带入经验，潜心会文，产生与这一篇相宜的言意体验，又能习得相应的阅读方法，提升解决问题的能力，可谓"一举多得"。

3. 生活化带入

生活化语文是"活"语文、有生命的语文。如果从真实生活出发，将生活经验带入，文本就会生动起来，鲜活起来。为此，可以通过生活经历回想、生活事例引进或生活情境创设等，引导学生将生活经验带入文本，发现文本与生活之间的关联，增进文本与生活的交流，读出生活滋味。

---

① 钱梦龙. 我和语文导读法[M]. 北京：人民教育出版社，2005：34.

如，学习统编教材六年级下册的《北京的春节》前，可以组织学生按过年的习俗，把教室装扮一新，贴上自己写的春联、剪的窗花，挂上自己做的彩灯等。课上，先从家乡春节的风俗聊起，讲一讲过年的趣事。接着，自读课文比较北京的春节与家乡的春节有哪些相同与不同之处，议一议北京的年味体现在哪儿。最后，创设表达情境，俄罗斯小朋友小安娜没来过中国，很想知道我们是怎么过年的，请以书信的形式，向她介绍一下。这样，从生活经验入手，学生在动手实践、回忆生活、比较阅读、写信表达中"活"学文本，积极对话。

4. 活动化带入

儿童有爱玩好动的天性，为此可以组织实践性游戏，创设活动化情境，激发探究愿望，让学生在玩中学、学中做，试一试、用一用，亲历一番、体验一次，学得既有意思又有意义。如，教学统编教材五年级上册的《什么比猎豹的速度更快》时，可以引导学生扮演各自感兴趣的鸵鸟、猎豹、喷气式飞机或火箭等，助力角色代入，先小组内自夸速度，后各小组派代表在全班推介，接着根据速度快慢进行排序。这样，化平淡的说明介绍为富有情趣的科学童话，课堂气氛活跃，学生情趣高涨，积极地阅读、讨论和讲述。再如，教学统编教材五年级上册的《冀中的地道战》时，在了解地道的式样、特点以及冀中人民如何利用地道打击敌人之后，引导学生画一画地道的示意图，并借助所画的示意图，当一回小导游，讲一讲地道战。这样，通过活动，将经验带入文中，学生们有情有趣地积极对话，感受到冀中人民在抗日战争中表现出的顽强斗志和无穷智慧。

三、经验支撑，扩大与文本的心理对应

看到大雁飞过，有人想到美食，有人欣赏风景，有人产生志向；阅读同一篇文章，有人觉得有趣，有人认为有用，有人感慨有道。文本意义会受读者经验的影响，读出什么与读者经验是对应的，有的是兴趣对应，有的是语文经验对应，有的是生活经历对应……我们能做的是引导学生不囿于自己原有的经验，借鉴他人经验，转化文中经验，激活潜在经验，不断扩大自我与文本的对应。

1. 依起初经验扩大对应

起初经验是第一次阅读文本时会在什么地方看出什么，是刚开始阅读

产生的直觉感受、粗浅理解。这类经验是学生走近文本的现实起点，读进文本的心理依托。要引导学生与文本深度对话，先得了解起初经验，把准学习起点，揣摩学生初读该文时，对什么感兴趣，读懂了什么，读不懂什么，哪里引发了思考，哪儿感知不到，等等，并依据这些较为活跃的经验，依托这些当下的认知、情感、态度等，放大学生的"有所知"，激活学生的"有所求"，增进学生的"似乎能"，扩大起初经验与文本的对应，促使起初经验有所增值。如，初读《穷人》，学生可能感受到桑娜和渔夫宁可自己吃苦也要帮助别人的美好品质，但难以理解"沙皇专制制度下渔民的悲惨生活"；初读《鸟的天堂》时，学生可能认识到保护环境的好处，但难以体会到巴金对自由的渴望。把准这些学情，以这些起初经验为依托，才有可能提高我们引导的针对性，扩大学生阅读文本的兴奋点、共情点、冲突点等，让个性化学习真正发生。如果无视起初经验，简单地从外部施加影响，甚至将难以理解的内容强加给学生，学生只能死记硬背，如此只会使学生增加学业负担，挫伤学习信心。

2. 融动态经验扩大对应

学生与文本对应处于生成状态，主要表现为经验状态愈发积极，学习思路逐渐清晰，这既是对动态变化新起点的追寻，也是对深度对话的推进。而推进的着力点是"从学生的一望而知指出他的一望无知，甚至再望也还是无知"[①]，进而引导学生基于当下感受，时而产生"陌生的熟悉感"，时而生成"熟悉的陌生感"，时而产生情感共鸣，时而发生认识冲突，在动态生成中，持续扩大与文本的对应。当然，这里的扩大是自主的、能动的，应在力所能及的范围之内。如果超出所能，就难以产生相宜的体验，难以发现文本意义。"床前明月光，疑是地上霜。"这句诗之所以至今仍有旺盛的生命力，是因为许多人读到该句时，会融入自身经验，产生情感共鸣。而与文本共情共振，就得扩大动态经验与作者经验的对应，让对话发生在最近发展区、当下矛盾处、内心冲突时，助力学生以当前状态为支撑，不断领会没有明言之意，连续对照文本调动经验、生成经验、重组经验。也就是说，我们着重帮助学生解决那些他们自己发现不了的、意识不到的、理解不深的问题，"学生不喜欢的，使他喜欢；学生读不懂的，使

---

① 钱理群，孙绍振，王富仁. 解读语文 [M]. 福州：福建人民出版社，2013：6.

他读懂；学生读不好的，使他读好"①。学生已懂的，可以不学；学生似懂非懂的，可以借助同伴经验学；学生不懂的，就想方设法重点突破，如通过主动直问、被动反问、随机巧问、趁热追问、连环套问等，引发学生思考，助力学生挑战自己，融入文本，还原场景，用自身经验与陌生的文字对话，依自我才情与文本交流。也可以鼓励学生合情地想、大胆地说、自由地做，展示真实的自我，将自身的认知局限暴露出来，这既利于学生主动去修正，又便于我们依据学生的行为表现及时做出适切引导，更有助于同伴看到彼此的长处与不足，从他人身上获得替代经验，活跃自我思维。

3. 引新生经验扩大对应

学生与文本的相互影响要趁势而上，持续进阶，逐层转化文本之言与文中之意，不断对照文本完善转化的方式和路径，扩大新生经验与作者经验的对应，思维一次比一次飞跃，每一次后续对话都比前一次有所提升，直至连贯起全文。然而，这类扩大有时显得生硬，甚至牵强，或没有基于前面的理解，或没有适宜的认知台阶，也就难以生成由自身经验支撑的整体意义。如何利用新生经验循序渐进地扩大学生与文本的对应，怎么助力深度对话持续发生，是值得探讨的。如，全国著名特级教师斯霞曾与一年级学生学习"祖国"，利用新生经验这样引导。斯老师问："'祖国'是什么意思呢？什么叫'祖国'？"有位学生说："祖国就是南京。"（许多学生笑了，知道祖国不是南京）斯老师没有批评这位学生，因为"祖国就是南京"是生活在南京的小学生的经验，于是，她顺着这位学生的经验引导道："不要笑，祖国是南京吗？不对！南京是我们祖国的一个城市，像北京、上海一样。大家再想想，什么叫'祖国'？""祖国就是一个国家的意思。""噢！祖国就是一个国家的意思，对吗？""不对。"（也有说"对"的）斯老师调动学生相似的经验追问："美国是一个国家，日本也是一个国家，我们能说美国、日本是我们的祖国吗？""不能！""那么，什么是'祖国'呢？谁再说一说。"有位学生说："祖国就是我们的国家。"斯老师进一步调动学生的生活经验，引导道："讲得对，祖国就是我们自己的国家。我们的爷爷、奶奶、爸爸、妈妈，祖祖辈辈生长的这个国家叫祖国。那么，我们的祖国叫什么名称呢？""中华人民共和国。"最后，斯老师鼓

---

① 王荣生. 阅读教学教什么 [M]. 上海：华东师范大学出版社，2016：61.

励大家说:"对了,我们的祖国叫中华人民共和国。我们大家都要热爱我们的祖国。"有关"祖国"的学习,斯老师多次引导新生经验,激活生活经验,连续扩大学生经验与"祖国"要义的对应,既引向经验,又走向生活。可见,学生似懂非懂时,可以或顺应学生的感觉推进,或凭借我们的讲解跟进,或推送真实任务促进。有时还可以依据学生的新生经验,灵活删减或增加对话环节,缩短或延长教学过程。这都需要我们具有丰厚的教学经验和敏锐的教学智慧。这种趁着新生经验进行瞬间调适的智慧,是书中学不到的,要在实践中长期锤炼与积淀,务求将自己的专业水平,提升至能理解经验的多变与差异,面对某些不顺畅的学习状态,有坦然的心态,会随机应变地用一句话或一个问题,将不利因素或突发情形自然地带过或轻轻地"抹去",不留痕迹。

四、经验改造,提升与文本的互化质态

阅读既是产生与自身经验对应的文本意义,又是生成与文本意义相宜的自我感受,不断化文本之言为自我语言,化文中之意为自我生命意义。

1. 吸纳生成,融入文本

生成状态的经验易打动学生、调动学生,让学生展得开,甚至无拘束,也是易被忽视、易消逝的。吸纳这类活跃的经验,看似信手拈来,实则是依行为表现灵动引导的一种方式,是助长经验的一种机智,是对新生经验的有效调适。为此,要密切观察,耐心倾听,关注学生经验状态,捉摸学生的细微变化,将其中有价值的及时纳入对话。具体体现在,面对动态生成的经验能及时做出评判,对利于当下对话的且学生能当堂内化的即时性经验,务求吸纳,适当放大这种稍纵即逝的感受,甚至果断调整对话环节;对虽有价值但与当下学习无关的或容易造成思维混乱的即时性经验,要冷静处理,或搁置,或弱化,或延后,让话题简约,让对话清晰;对有的不同见解,可以展开争辩,既尊重独特感受,又达成彼此间的共识;即使学生反应错误,也应披沙拣金,或摒弃无关的,保留合理的,或教给适宜方式,鼓励重新表达,或拨偏转正,引导继续探究,或给予针对性推进,化浅层跟风为深度思考⋯⋯这样,站在儿童角度有效吸纳,依据生成状态适度推进,引导学生品得文字背后之意,养成洞察言外之意的智能,进而让生成的某些即时性经验被更多学生吸纳,助力学生融入文本,

发现作者的情感变化和表达思路。

2. 充分体验，读懂作者

理解文本不是用某个结论去求证文中之意，更不是用干巴巴的语句去概括全文主旨，而是既走进文本，悟得文中之意，又走出文本，看清文本之言，言与意自然转化、充满活力、生成意义，与文中作者对话，感受作者潜在的生命情感和言语智慧，并运用自己的语言，表达对文本的独特感受。从这个角度看，阅读是个性化体验。体验是自我内生的生命感动，"以身体之，以心验之"，自我生命对经历的事产生情感并生成意义，是由外而内的"物我交融"和由内而外的"物我两忘"。只有实践了，体验了，作者经验才会转化为自我经验，直至产生生命的存在感和发展感。为此，要推送真实任务，引导学生从文本之言走向文中之意，再回归文本之言，在其间走几个来回，促使隐含之意逐渐清晰，不断增值，生成意脉，助力学生体会到言在表意中的独特方式。换言之，学生产生体验，一定会依言循意，据意品言，品言共情，情以言表，与作者同喜同悲、同哀同愁，经历一次从泛化认知到亲身体验、从揣摩想象到感同身受的过程。只有文中言、意、情、象、境等相融共生，生成浑然的意义场，才能助力学生虚心涵泳，切己体认，走进作者的内心，融入"耳醉其音、心醉其情、文若己出"的境界。

3. 激励自省，读出自我

阅读文本与认识自我是同步的。荀子言："心者，形之君也，而神明之主也；出令而无所受令。自禁也，自使也，自夺也，自取也，自行也，自止也。"（《荀子·解蔽》）这里的自禁、自使、自夺、自取、自行、自止与反躬自省是分不开的。学习有时需要停一停，让自省适时完善，进行自我提升。换言之，学习与自省是相伴相随的，自省是学习不可或缺的环节，是对学习过程的再检验，并调适元认知，不断进行自我实践、自我理解、自我修正与自我革新。其间，需要创设相宜的自省情境，引导学生时常质疑问难，自审自查，让自省成为主动学习的一种方式，成为自我调适、自我管理、自我觉悟的一种习惯；需要帮助学生掌握积累型自省、体验性自省、辐射式自省等方法，梳理自身存在的问题，主动调整学习方向，能动地改进对话方式，以增强善思力、自悟力、创生力；需要鼓励学生学会在学习中适时停一下，驻足回顾，总结所获得的，乐意将自己的感受分享出去,并接受他人评价;需要激励学生与自我心灵展开对话,让新生经验与生命情感对流,实现文本意蕴的领会和自我体验的超越,实现本我、自我与超我的彼此影响、互相配合、和谐共生。

4. 滋养情怀,激发抱负

新时代语文教育,比以往任何时候更需要人文关怀,更期盼使人为人,使人更像人。苏格拉底说过,"教育不是灌输,而是点燃火焰"。作为语文老师,有许多具体的知识要教,有不少现实的学业要抓,但最根本、最重要的是唤醒学生敬重生命的良知,滋养学生的人文情怀。这里的人文情怀,既是对自我生命和人生意义的关怀,也是对家国天下和黎民苍生的关怀,更是对人类命运的关怀。从文本走向经验,追求的是学生与文本相融的状态,彼此间鸿沟自然消解,学生潜能有所激活,会与文中一个个真实的生命相遇相知,展开自我灵魂的对照、自我精神的透视、自我生命的投射,以个体经验参与文本意义的建构,才情和抱负会在文本意义中留下个性色彩,最终走出文本,走向生活,实现对自我的超越、对生活的创造。为此,要引导学生将生成的某份情感、某些思绪、某种意义再次带入文本,纳入经验,融入生命,读成作者,读懂自我,读透生活,读活生命,读出人文情怀。面对一个个灵动的生命、充满活力的生命、具有独特情感和智慧的生命,应不断呵护其与生俱来的好奇心,激起对话内需,点燃心中火焰,从动机、情趣、环境、方法等入手,一步一步地坚持,一点一点地激荡,让领会文本意蕴成为提升生活意义、升华道德情操、完善精神自构、健全自身人格的过程,成为学会认知、学会做事、学会生活、学会生存的过程,成为生命力量不断强大的过程,让学生产生自信的体验,获得前行的力量。

综上所述,文本与经验循环转化,会成为多方信息融会的过程,最终助力学生明文意、习文言、共文情、行文道、做真人(见图5-1)。其实,经验依托、经验带入、经验支撑、经验改造没有固定的前后顺序,它们可以相对独立,也可以相融共生,促使文本与经验循环转化,助力学生一步一步地读进文本,融入文境,领会意蕴,不断以自身经验演绎文本,进而让文本意义充满生命活力,充溢生活空间,开拓美好的明天。

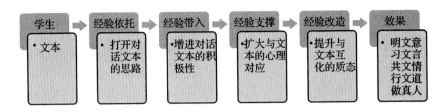

图 5-1 从文本走向经验的过程与结果

第二节 从文本走向经验的基本环节

任何教学主张都会依据特定的结构重组相关要素，且结构决定着教学的时空，影响着学习的质态。布鲁纳曾提出"结构原则"，要求"按照最佳的方式"开发教学资源，组织教学活动，优化教学过程，这对提高教学效益有着极其重要的指导意义[①]。王荣生教授也指出，教学内容的确定和学习环节的组织应"依体式，定终点；研学情，明起点；中间搭上两三个台阶"。"中间搭上两三个台阶"就是学习环节的组织原则[②]。那么，如何在起点与终点之间搭建台阶？什么样的学习环节才是适宜的？就单篇而言，我们主张以学生言意体验在师生—文本—作者对话中相生相长为主线，推送体现文本核心的学习内容，组织具有内在逻辑关联的学习活动，让学生借助主线带来的结构，去进行唤醒、体验、融通和应用，直至感受到作者的生命情感和言语智慧。

一、唤醒（顺应起点）

从文本走向经验的第一个环节是顺应起点，唤醒动机、经验、需求等，感知文本的字面信息，经验由潜在走向活跃。杜威指出，"教育是在经验中，通过经验和为了经验而发展的"[③]。为此，可以通过"初读后印象最深的是什么""自读产生了什么疑问""当前需要学的是什么""这句话能理解吗"等问题，了解学生的前在基础、原有生活、已有经验、初读感

---

① 布鲁纳. 布鲁纳教育论著选 [M]. 2 版. 邵瑞珍，张渭城，等译. 北京：人民教育出版社，2018：31-41.
② 王荣生. 阅读教学教什么 [M]. 上海：华东师范大学出版社，2016：56.
③ 杜威. 经验与教育 [M]. 汉英双语版. 盛群力，译. 北京：中国轻工业出版社，2016：14.

受等。这是学生的现实起点。只有把准起点，顺应起点，找到最佳切入点，才会激起参与、表达、分享等内需，产生似曾相识之感，调动相关经验，打开学习思路，开启对话之窗，催生交流情绪，增进阅读期待，增强读下去的信心，进而由自在存在渐入积极活跃的状态，全身心地投入，为后续理解全文开好头。其间，可以或依靠文中与学生起初感受相近的关键字、词、句、段，或借助文中与学生起初感受相关的插图，或再现文中与学生起初感受相似的真实情境，或利用文后与学生起初感受相应的导读题等，将此转化为本班学生普遍感兴趣的话题，以助力学生与文本建立起链接，扩大关联范围，找到读进文本的方式和路径，整体感知文本，了解到文本字面之意。换言之，如果顺应学生的当下感受，将这种起初感受，作为对话全文的切入点，甚至作为研读全文的依托，就会增进学生与全文对话的信心。如此，既有利于老师根据学生起初经验动态调整教学活动，提高教学的适切度，又有助于学生关照自我、调适情绪、集中精力，进入积极的学习状态。此时的唤醒，可能与文本核心关联不大，与理解全文距离较远，但它是读进文本的最佳起点。

二、体验（研读要点）

从文本走向经验的第二个环节是研读要点，带入自身经验，品味文本之言，体悟文中之意，产生共情共振，经验由自发走向自觉。虽说文本是表意整体，有一种向心结构，但对话必须从文中局部入手。如果以"关键点、关键语句、关键语序"为抓手，以文中要点为突破口，就容易从语表层走向意蕴层，依据字表之言，看出字间之意，发现此前没注意到的内容，感受作者的生命情感和言语智慧，产生相宜的美感和语感。换言之，只有依言循意，据意品言，品言得意，意以言表，实践自觉了，思维活跃了，心境敞开了，潜入字里行间，才会将静态文字还原为生动的形象，从文中要点读出某种意义。这需要"以身体之，以心验之"，拨动心弦，依自我经验，感受文中物象、事象、形象、意象等，增进与各个要点的多维交流、多重对话，直抵作者内心，外显文中涌动的情思，体会文中的生命跃动，让文本"活"在心中。为此，一方面，引导学生或注情入文揣摩语言，或角色扮演抒发情感，或移情体验感同身受，或趋同交流表达悲欢，或动情朗读传情达意，或自由抒怀适度宣泄，增进要点与学生之间的关联，助力学生以最小的努力，获得最大的语境效果；另一方面，以儿童的方式，依学生的心理，转化文中要点，营造认知冲突，促进文本之言与文中之意的逐层转化，让文字背后的情思生动起来、形象起来，扩大要点与学生之间的关联，助力学生以适当的方式获得足够的语境效果。可以说，此时学生或依自身经验对话文本要点，或敞开自我抒发所感所思，或用自己的语言表达要点之意，吐露内心的感想，放飞激荡的思绪，释放生命的活力，生成与文本相呼应的言意体验，习得与文本相对应的对话方法，进而与作者产生语意交流、心灵碰撞和生命融合。

三、融通（聚焦文本核心点）

从文本走向经验的第三个环节是聚焦文本核心，转化文本的言与意，把离散的感受关联起来、联结起来，连贯成意义，直至领会文本整体意蕴，经验由单一走向完整。解读文本虽然要从局部入手，但不可孤立地理解局部要点，必须字不离词、词不离句、句不离篇，务求将需要品味的字词放入语句之中，将需要理解的语句放入段落之中，将需要感受的段落放入篇章之中，将需要掌握的要点置于全文整体语境之中。这样才有可能依托大语境上勾下连，发现关联各个要点的核心，生成连贯各个要点的意义，进而悟得作者的情感变化和表达思路，直至达到"连贯篇章和建立语篇结构，使语篇衔接并连贯成为一个可理解的整体"[①]。此状态必然产生通透的体验，处于融会全文的最佳期，应助力学生用获得的知、习得的言、生成的意、激起的情言说主话题，表达文本核心，然后将该核心置于全文之上，驻足品读，用心、用情、用智多层面体悟该核心之意，多方式品味该核心之道，客观评价该核心在全文中的特殊作用。可以说，此阶段不是简单的对话，更不是偏离全文意蕴的自说自话，而是勾连上下、环顾左右、联想相关，产生连锁思考，生成连贯意义，领会要点之间的依存关系，发现要点之间的内在关联，感受要点之间的联动力量。这样，以多个要点为抓手，以话题群为载体，借助主话题的统领力，依托文本核心的向心力，融会言、情、象、意、境等，该核心之意会向全文意蕴进一步发展，文势、文脉、文味、文气会进一步彰显，全文的整体意蕴与课堂的浑

---

① 王荣生. 阅读教学教什么[M]. 上海：华东师范大学出版社，2016：5-6.

然意境会进一步共振,个体言意体验与文本意蕴领会会进一步重叠,进而促使营构成的对话场形成相融共生的张力,丰富言意转换的方式和路径,助力学生产生高峰体验,获得带得走的文本意义。总之,此阶段的融通是言意体验的相生相长,是意以言表的自我释放,体现了对话本文的核心价值与审美品位,是对话闪光的灵魂所在。

四、应用(延展终点)

从文本走向经验的第四个环节是延展终点,将获得的文本意义应用到文外情境中,检验经验,创生新意,解决新问题,经验由封闭走向开放。文本应向生活的方方面面敞开,引导学生在做中学、用中学、创中学。即使走出课堂,也会带着文本意义,或课后阅读相关书籍,或回家展开情感思绪的书面表达,或校外参与相关的语文综合实践活动……表达情感深处的悲欢,聆听内心深处的声响,体会自我生命的涌动,尝试解决新语境中的新问题,进而激发课外生活的需求,关注生活、感受生活、理解生活、创造生活。这样,走出文本,走向生活,用文本意义开拓更广阔、更开放的语文天地,用生活活化文本意义,而文本意义应用于日常生活,又有助于学生经由亲身体验,再次回味文本,自觉践行文中之道。文本意义有所释放,会不断增添新意,而意义再次增值又会提升自我生命的真义。可以说,应用是间接经验直接化、新生经验外显化、文本意义实践化,是经验的持续改造和与时俱进,需要学生具有综合能力和创新意识,也是在培养学生的综合能力和创新意识。同时,文本意义延伸到课外,应用于校外,去关注课后甚至若干天后心中留驻的东西,关注文本意义对生活的影响,生活会成为继续探究这一篇或这一类文本的广阔天地,成为自我完善与自我实现的需求,成为川流不息的生命之河。可见,此阶段的应用会开启崭新的学习,让学生拥有更多的发展机会和更大的成长空间,提升适应多样环境的能力,进而在不同生活情调和意趣中,感受到该文本无穷无尽的活力,为日后的阅读增添潜在补给,为生命成长提供不竭动力。

可见,经验围绕文本核心从相生到相长,直至连贯成主要意脉(即主线),这样的结构会不断提升学生的经验水平和探究意愿。其中的融通与应用是相互关联的。只有融通,才会去应用;应用是对融通的检验。融通,强调文本意义的内化,而应用强调文本意义的外化。体验与应用也是彼此对应的，有体验才会产生迁移力，拥有迁移力才会去应用。上述从文本走向经验（见图5-2），历经唤醒→体验→融通→应用四次进阶，学习行为始终朝着文本意蕴持续发展，对应的教学行为是顺应起点→研读要点→聚焦文本核心点→延展终点，始终指向核心目标结构化发展，进而促进学生与文本相互激活、互为揭示、循环对话，与之相随的体验会越来越充分，视野会越来越开阔，境界会越来越深远。

图5-2 从文本走向经验的基本环节

上述基本环节既适用于单篇，又适用于单元，也适用于重点语段。其中体验、融通是主要环节，有时可能循环往复，有时可以再下延一两个台阶。不过，我们所描述的基本环节不可能适用所有的单篇，仅作为有志者进一步探究的参考，实践中可以因文而变、因班而异，灵活处理，合理运用，吸纳成功的教学经验，调适相关的学习活动，不断丰富文本与经验循环转化的路径。

第三节 学习活动结构化的个案研究

为探寻什么样的学习活动有助于离散感受关联起来，连贯成意义，直至生成主要意脉，彰显文本整体意义，我们在Y校借助统编教材五年级下册的《祖父的园子》展开个案研究。本次研究主题是"怎么促进学习活动结构化"。

一、系统分析，关注《祖父的园子》学习活动结构化的现实基础

1. 把握《祖父的园子》学习活动结构化的教材要素

《祖父的园子》是五年级下册第一单元的第二篇课文，选自《呼兰河传》。《呼兰河传》是现代作家萧红的自传体长篇小说，以萧红童年生活为线索，反映呼兰河小城当时的社会风貌和人情百态，从而揭露中国封建社

会的陋习所形成的毒瘤、所造成的灾难。呼兰河小城封闭、窒闷，死气沉沉，人们麻木地对待自己的生活，也麻木地看待他人的命运。作为进步作家，萧红意识到"中国人有一种民族的病态"，那就是"病态的灵魂"。批判封建思想对国民灵魂的毒害是《呼兰河传》的创作指向。生活在这样的园子里，祖父恰似那又大又亮的太阳。

德国现代哲学家海德格尔指出："家园是人类诗意的栖居地。"那祖父的园子便是萧红的精神栖居地。该文以生动、明快、质朴、清新的语言，回忆"我"自由快乐的童年生活，将"我"的童真和祖父的慈祥活灵活现地展现了出来，表达了"我"对童年生活的眷恋，对祖父的怀念。这座充满童趣、自由自在的园子，给予了"我"无限美好的回忆。孩子气的腔调、泥土般的语言、诗意的描述是本文的表达特点，也极具教学价值。

单元人文主题是亲情依依，单元语文要素有两个，一是"体会课文表达的思想感情"，二是"把一件事的重点部分写具体"。《祖父的园子》虽是本单元第二篇课文，但第一篇是《古诗三首》，所以就"把一件事的重点部分写具体"来说，是第一次重点学习。该文虽选自长篇小说，因为该小说是自传体，加之选入教材时有所改编，已独立成文，从这一篇文本的体式来看，可以作为散文来教，作为回忆性叙事散文来学。无论从涉及的人、事、景、物来看，还是从叙述方式来说，该文较为贴近学生的认知经验，称得上小学语文教材中回忆性叙事散文的经典。

2. 发掘《祖父的园子》学习活动结构化的典型经验

我们搜集已发表的《祖父的园子》的相关文本解读、教学设计、教学赏析、教学实录等文章36篇，并对这些文献进行梳理，试图了解当前有关《祖父的园子》教学研究的现状，发掘有关《祖父的园子》学习活动结构化的典型经验，为本次研究提供有益的参考。梳理后发现，老师们普遍认为，该文以小女孩的姿态描写园中景物，讲述"我"和祖父在园子里的生活，贴近儿童实际，对阅读情趣的激发与言语智能的提升有一定的帮助。但从相关文献来看，有的老师对自传体的定位不够准，对文本脉络的梳理不够清晰，主要教学内容不够明确，没有厘清学习起点在哪儿，学习终点在何方，又该如何将学生从起点引向终点，止步于对文本内容的了解；有的老师用自我情感去替换萧红独特的情思，以教者经验去代替萧红的人生经历，没有体会萧红表达的诗意，没有体认萧红幽微的情怀。梳理中，我们还发现名师在组织本文学习时，都有一条或明或暗的主线。如，于永正老师是以"祖父对'我'的爱"为主线组织学习的，薛法根老师则以"自由"贯穿整个学习，而张祖庆老师将"眼中园、心中园、梦中园"融为一体。他们的教学遵循文体特点，目标聚焦、内容集中、重点突出、层次清晰，促成学习活动前后联动、连续进阶，富有结构、相对完整，生成了相融相生的主要意脉。名师们所做的良好示范、提供的宝贵经验，值得学习和借鉴。

二、小组备课，催生《祖父的园子》学习活动结构化的群体智慧

为明确本次研究的主要任务，研究小组先学习了文本与经验循环转化、从文本走向经验的基本环节等理论（详见本章第一、二小节），之后就《祖父的园子》开展"怎么促进学习活动结构化"的集体备课，请大家献计献策，现将备课意见整理如下：

学习应摆脱碎片化、浅层化，走向结构化、整体化。王荣生教授也指出，教学内容的确定和学习环节的组织，应遵循"依体式，定终点；研学情，明起点；中间搭上两三个台阶"[①]。就此，研究小组为参研老师提供了王荣生教授研制的备课模板（见图5-3），请大家先根据该模板自主备课，随后，逐一交流各自所填写的，即《祖父的园子》学习终点是什么，学习起点在哪儿，中间的学习环节怎么设计。换言之，思考学生需要学什么、怎样学更好，什么样的学习活动前后更趋一致、更为连贯、更有结构。

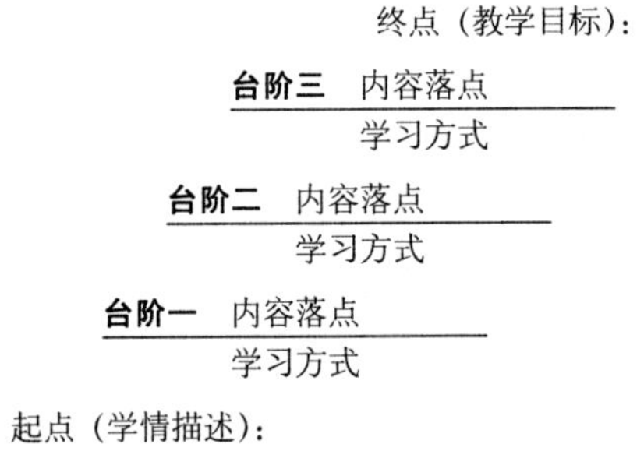

终点（教学目标）：

台阶三 内容落点
　　　　　学习方式

台阶二 内容落点
　　　　　学习方式

台阶一 内容落点
　　　　　学习方式

起点（学情描述）：

图5-3 备课模板

1. 定终点

大家认为，萧红在《祖父的园子》中，以小女孩的姿态自述童年的快

---

① 王荣生. 阅读教学教什么[M]. 上海：华东师范大学出版社，2016：56.

乐与自由，叙事性强，将其定位为回忆性叙事散文较为合适，也容易引起学生共鸣。该文语言质朴，别具韵味，虽无华丽辞藻，但字字饱含真情，表达了"我"对祖父深沉的怀念，对童年生活的深深眷恋。如，错把狗尾巴草当作谷子时，"我"不愿承认。祖父只是笑，慢慢讲谷子与狗尾巴草的不同。祖孙对话独立成段，将乐融融的场景描绘得栩栩如生。这样的意境，让我们徜徉在祖父的园子里，久久不愿离开。

就这一篇课文该学什么，学到什么程度，该如何确定教学目标，最好用什么去教，怎么去组织具有内在逻辑关联的学习活动，统编教材已提供破解这些难题的"金钥匙"——单元人文主题和语文要素，尤其是体现本质的语文要素。统编教材将基本的语文知识、必备的语文能力、适宜的学习策略和必要的学习习惯等，具体化为若干个语文要素，由易及难地分布于本套教材的单元系列之中。该教材单元语文要素是确定学习终点的主要依据之一。为此，既要立足"这一篇"，又要顾及"这一单元"，还要联系"这一册"，甚至要纵观"这一套"；既要依据"这一篇"的文本体式，发挥好"这一篇"的特有作用，也要落实好"这一单元"的人文主题和语文要素，彰显单元内课文之间的内在关联。我们认为，《祖父的园子》主要教学目标，应落在本单元人文主题和语文要素上，尤其是"把一件事的重点部分写具体"上。学习终点应设定为：通过了解"我"所做的事、所绘的景，体会祖父给予"我"的爱，以及"我"对祖父的怀念，发现萧红的情感变化和表达思路，感受本文语言清新自然、率真稚拙之美，悟得萧红是怎么把重点部分写具体的。

2. 明起点

《祖父的园子》"不仅仅是因为文本中向我们展示了祖父的慈爱，还因为后花园里自由的生活。这种自由与爱是作家萧红以小女孩的写作姿态表现出来的，这种姿态是作家的独特精神气质使然，更是作家潜在心灵意识的选择"。"在她的作品中，我们也不难发现，童年的生活不管苦难还是美好，作家萧红在面对她的童年时，她把仅仅残留的一点一滴美好的记忆溢于笔下，她把美好与光明留给了小读者，而所有这些的书写，萧红却是以一个小女孩的姿态完成的。"[①] 如果学生也以"小女孩的姿态"对话，将有

---

① 封建华. 跨越时空的翅膀：解读萧红作品节选《祖父的园子》[J]. 名作欣赏，2010（8）：79-80，85.

助于共情共振，体会到"我"的快乐与自由，感受到"我"的生命情感，走进"我"的精神世界。加之，"我"在祖父园子里的生活充满童趣，极富童真，这与爱玩的儿童天性是吻合的，与学生生活经验是贴近的，也容易触动童心。

虽说理解小萧红的自由快乐较为容易，感受文本语言特点难度也不大，但本文意境很美，寓意不凡，对于萧红坎坷的人生经历，学生也不太了解。如果要在坎坷人生的背景下，读懂祖父的庇护与关爱，以及祖父园子富有家的温馨，是较为困难的；如果要走进成年萧红的内心世界，体会萧红对祖父的怀念和童年的眷恋，感受到文中那份特殊的快乐与自由，那份"仅仅残留的一点一滴美好的记忆"，就更为困难了。可见，学习起点可拟为：以现实生活的快乐与自由，去体验祖父园子中"我"的快乐与自由，借身边长辈的慈爱，去体会园子里祖父的慈爱，从童心童趣入手，感受园中人、事、景、物，领悟"我"那份快乐与自由的特殊。

3. 设计台阶

结构决定性质。如何引导学生从起点走到终点？怎么在起点与终点之间搭设台阶？什么样的台阶才是最佳的？我们认为，在学生感受不到的地方，难以体会到隐含之意的地方，应搭建适宜的支架，提供适度的台阶，引导学生去探究"一望而知"背后的深意。学生自读文本，常常满足于写了什么，很少去思考这样写的好处。怎么走进萧红的内心世界，如何领会景物的象征意义，怎样品得反复句式的表达效果，怎么习得把重点部分写具体的方法，是需要搭设支架、提供台阶的。大家一致认为，首先，引导学生带着童心，初步感受小萧红的快乐与自由；其次，引导学生研读文中写人、绘景、叙事的关键语句，感受萧红的怀念之情；再次，引导学生发现萧红的表达思路，并仿照文中的反复句式等，表达一下自己的快乐或自由，尝试将重点部分写具体；最后，借助"阅读链接"，品读《呼兰河传》的结尾，拓展阅读相关片段，走进成人萧红的精神世界，体会本文深层的意味。这样，可以确保学习内容聚焦核心、相互关联，学习活动趋向一致、前后联动。但在对萧红创作意图的认识上，备课组产生了分歧，有的认为，本文主要是借园中景物以及园子里发生的事，表达"我"对祖父深深的怀念，可以紧扣"对祖父的怀念"组织学习；有的认为，本文主要回忆的是"我"在园子里的自由与快乐,这篇散文的"神"应是"我"的自由与快乐,可以聚焦"'我'自由自在"组织学习;还有的认为,自由是属于精神层面的,对儿童来说,容易泛化,应聚焦课题,借助具象化的园子,围绕"对祖父园子的眷恋"组织学习。后经大家商议,将备课组分为A、B、C三个小组,分别从"对祖父的怀念"(A组)、"'我'自由自在"(B组)和"对祖父园子的眷恋"(C组)这三个主话题,共商备课模板。

经各小组研商后,分别呈现出如下设计(见图5-4～图5-6)。

A组的设计(见图5-4):

终点(目标):①感受小萧红的童年生活,体会到萧红对祖父的怀念;
②领会到萧红将"对祖父的怀念"写具体的方法。

台阶四　落点:20多年后"我"为何还怀念祖父(引出《呼兰河传》)
活动:想象体验,拓展阅读

台阶三　落点:"一切都活了"为什么值得怀念(第15～19自然段)
活动:品读感悟,合作探究,入境体验

台阶二　落点:"我"和祖父在园子里做了什么值得怀念(第4～14自然段)
活动:自主阅读,合作探究,角色演读

台阶一　落点:祖父的园子里什么值得怀念(第1～3自然段)
活动:整体感知,合作探究

起点(学情):①学生能够从景物和趣事中读出快乐与自由;
②看不出萧红是怎么将"对祖父的怀念"写具体的。

图5-4　A组备课成果

B组的设计(见图5-5):

终点(目标):①感受"我"所做、所见、所想,体会到"我"的自由和祖父的慈爱;
②领会到萧红将"'我'自由自在"写具体的方法。

台阶三　落点:事物自由与"我"自由有何联系(第15～19自然段和全文)
活动:互文参读,迁移仿写

台阶二　落点:从哪些事看出"我"也是自由自在的(第4～14自然段)
活动:品读感悟,合作探究,角色演读

台阶一　落点:园子里的什么是自由自在的(第1～3自然段和第15～19自然段)
活动:自主阅读,合作探究,比较体会

起点(学情):①学生能够从景物和趣事中读出快乐与自由;
②看不出萧红是怎么将"'我'自由自在"写具体的。

图5-5　B组备课成果

C组的设计(见图5-6):

终点（目标）：①感受到祖父园子里动物的可爱、植物的繁旺、"我"的自在，悟得祖父的慈爱和园子的美好；

②领会到萧红将"对祖父园子的眷恋"写具体的方法。

台阶三 落点："我"会梦见什么样的园子（由第19自然段引出《呼兰河传》）

活动：想象体验，拓展阅读

台阶二 落点：祖父的园子里有些什么，哪些写得具体（第1～3自然段和第15～19自然段）

活动：比较研读，合作探究

台阶一 落点："我"和祖父在园子里做了什么，哪些写得具体（第4～14自然段）

活动：自主阅读，合作探究，角色演读

起点（学情）：①学生能够从景物和趣事中读出快乐与自由；

②看不出萧红是怎么将"对祖父园子的眷恋"写具体的。

图5-6 C组备课成果

三、同课异构，尝试《祖父的园子》学习活动结构化的操作方式

1. 根据各组设计形成的教学简案

三个小组先分别选出在教学能力、学历、教龄、年龄、性别等方面相近的主备课老师A、B、C。然后，这三位老师分别根据本组的设计，拟出各自的教学简案，并执教相应的研讨课。这里只呈现他们的第二课时简案。

A老师第二课时简案

学习目标：

1. 感受小萧红的童年生活，体会到萧红对祖父的怀念。

2. 领会到萧红将"对祖父的怀念"写具体的方法。

学习过程：

1. 重温"怀念"之景

（1）上节课，我们去了哪儿？"园子"前面为什么要加"祖父"？浏览全文，"我"怀念祖父什么？（适时板书：怀念）

（2）默读第1～3自然段，祖父的园子里什么值得"我"怀念？

合作探究：五彩缤纷（白、黄、红、金、绿），多样有趣（满身绒毛、小毛球、胖乎乎、圆滚滚、明晃晃、呼叫、冒烟、发光、闪烁）。（适时板书：样样都有）

2. 理解"怀念"之事

（1）默读第4～14自然段，"我"跟着祖父做了什么？这些事为什么值

得怀念？

先自主学习，后小组探究，再全班交流。分别从"栽花""拔草""下种""溜土""铲地""追蜻蜓"和"浇菜"等趣事，品读人物动作、语言等，说出浮现的画面，体会"我"的心情。（适时板书：瞎闹、乱钩）

（2）"我"要做什么就做什么，如果你是"我"的祖父，会让"我"瞎闹吗？小萧红的祖父又是怎么做的？这是一位怎样的祖父？

先自主学习，后小组探究，再全班交流。（适时板书：宠爱、疼爱、慈爱）重点品读祖父的"笑"，体会祖父的宽容、耐心、慈爱等。分角色朗读第6～12自然段。

3. 体会"怀念"之意

（1）自读第15～19自然段，感受到了什么？"一切都活了"为什么值得怀念？祖父给予了"我"什么？（适时板书：快乐、自由）

（2）将"花""鸟""黄瓜"等换成"我"读一读，有什么感受？大树和土墙真的会发出声响回应"我"吗？黄瓜开花和结瓜真的那么随意吗？

（3）画出反复句式，觉得重复吗？这样写有什么好处？

（4）第15自然段中"太阳"出现了几次？给你什么感受？

（5）品读第19自然段，小萧红会梦见什么？试用文中写法，描述一下梦中的人、事、景、物等。

4. 升华"怀念"之情

（1）读文后的"阅读链接"，对萧红祖父产生了什么新的认识？

（2）阅读补充的萧红资料。为什么时隔20多年，祖父仍值得萧红深刻怀念？（适时板书："前后大括号"）

（3）阅读《呼兰河传》的结尾。为什么结尾却说"并没有什么优美的故事"？

（4）课外阅读《呼兰河传》，适时开展班级读书交流会。

5. 板书设计

<pre>
              祖父的园子
              ┌ 样样都有
宠爱 疼爱 慈爱 ┤ 瞎闹 乱钩 ├ 怀念
              └ 快乐 自由
</pre>

B老师第二课时简案

学习目标：

1. 感受"我"所做、所见、所想，体会到"我"的自由和祖父的慈爱。

2. 领会到萧红将"'我'自由自在"写具体的方法。

学习过程：

1. 感受景物的自由

（1）上节课的学习，给你留下什么印象？浏览课文，从哪儿看出"我"是自由自在的？（适时板书：自由）

（2）自读第1~3自然段，这是一座什么样的园子？

合作探究：自由自在的园子（无拘无束、生机勃勃）。

（3）自读第15~19自然段，从哪儿看出景物是自由的？

合作探究：①"凡是在太阳下的……好像对面的土墙都会回答似的。""黄瓜愿意开一朵花……也没有人问它。"读出节奏，体会"我"内心的感受。

② 画出反复句式。连用了几个"愿意……就……"，读后（先师生合作读，再生生合作读）有什么感受？为什么会有这样的感受？

③ "一切都活了……都是自由的。"批注："要……就……"读出自由的感觉。

（4）萧红是怎么将景物写得如此自由的？

（5）用"要……就……"或"愿意……就……"表达一下其他植物或动物自由自在的状态。

2. 体悟"我"的自由

（1）默读第4~14自然段，哪些事能表现小萧红野性十足、自由自在？（踢飞菜种、错割韭菜和扬瓢泼水）

（2）师生合作读。师：祖父整天都在园子里；生：（我……）。师：祖父戴一顶大草帽；生：（我……）。师：祖父栽花；生：（我……）……祖父在劳动，我也在劳动吗？

① 批注："……就……""……了"，读出"我"的无拘无束。

② 抓住"瞎闹、乱钩、乱闹、抛、摘、吃、丢、追"等，读出"我"的自由自在。

③ 角色演读,重点体会往天上扬水的快乐与自由(拼尽、扬、大喊、下雨啰)。

(3) 萧红是怎么把自由自在写具体的?

(4) 用"……就……"或"……了",表达一下"我"自由自在地做其他事的状态。

3. 有"爱"才有自由

(1) 再读第 15～19 自然段。把花换成"我"读一读,有什么感受?把鸟换成"我"读一读,把黄瓜换成"我"读一读……

(2) 祖父变成了什么?从哪儿看出来的?(适时板书:爱)

4. 表达心中的自由

(1) 读文后的"阅读链接",对"我"自由自在产生了什么新体会?(适时板书:"前后大括号")

(2) 在我们的生活中,有没有这样的爱、自由和趣事?运用文中的方法写下来,并和同伴分享。

5. 板书设计

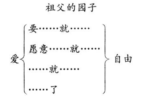

C 老师第二课时简案

学习目标:

1. 感受到祖父园子里动物的可爱、植物的繁茂、"我"的自在,悟得祖父的慈爱和园子的美好。

2. 领会到萧红将"对祖父园子的眷恋"写具体的方法。

学习过程:

1. 总览园子之"貌"

浏览全文,园子给你留下了什么印象?文中哪些是详写的?

2. 感受园中之"趣"

(1) 默读第 4～14 自然段,在园子里,"我"和祖父做了什么?哪些写得详?这么写有何用意?

先自主学习，后小组探究，再全班交流。分别从"踢飞菜种""错割韭菜""扬瓢泼水"等趣事，品读人物动作、语言等，体会"我"的心情。"我"踢飞的仅仅是菜种吗？还有什么？能把快乐读得"飞"起来吗？边"扬"边"喊"是什么样子？演一演。向天空扬出的仅仅是"水"吗？"喊"出的仅仅是"下雨啰"？似乎还在告诉我们什么？

（2）分角色朗读第6~12自然段。有几个"笑"？觉得祖父是一位怎样的人？

（3）这是一座什么样的园子？（适时板书：趣园、事、抓细节）

3. 体会园中之"爱"

（1）默读第1~3和第15~19自然段，祖父园子里有什么？详写了什么？这么写有何用意？

（2）这里的园子给你留下什么印象？五彩缤纷（白、黄、红、金、绿），多样有趣（满身绒毛、小毛球、胖乎乎、圆滚滚、明晃晃、呼叫、冒烟、发光、闪烁），自由自在（生机勃勃、无拘无束）。

（3）大树和土墙真的会发出声响回应"我"吗？黄瓜开花和结瓜真的那么随意吗？"我"为什么会有这样的感觉？

（4）画出反复句式。"要……就……""愿意……就……"各出现了几次？觉得重复吗？这样写有什么好处？

（5）将"花""鸟""黄瓜"等换成"我"读一读，有什么感受？祖父变成了什么？祖父和太阳有哪些相似之处？

（6）"我"的快乐是谁给予的？这又是一座什么样的园子？（适时板书：爱园、景、巧反复）

4. 升华园中之"情"

（1）再读第19自然段，小萧红会梦见什么样的园子？写梦有什么好处？（适时板书：家园、梦、融情景）

（2）为什么将园中趣事和祖父关爱写得详？用文中写法试写自己的趣事。先自主表达，后全班交流。

（3）读文后的"阅读链接"，对祖父的园子产生了什么新认识？

（4）阅读补充的资料。为什么时隔20多年，萧红仍念念不忘那座园子？（适时板书："前后大括号"和怀念）

（5）配乐朗读《呼兰河传》的结尾，为什么我们觉得快乐和自由，结尾却说"并没有什么优美的故事"？课外阅读《呼兰河传》，下周举办班级读书会讨论。

5. 板书设计

$$祖父的园子\quad 是 \begin{cases} 趣园\quad 事（抓细节） \\ 爱园\quad 景（巧反复） \\ 家园\quad 梦（融情景） \end{cases} 怀念$$

2. 观摩 A、B、C 三位老师执教《祖父的园子》

为确保上课的三个班尽可能同质，我们先对 Y 校五年级 252 名学生近三个学期的语文综合平均成绩从高到低排序，将分数相同或接近的三人配成一组，共配成 84 组。再将 84 组按成绩从高到低排序，分为优秀（27 组）、良好（34 组）、一般（23 组）三档。接着，从优秀、良好、一般三档中，采用抓阄的方法（随机抽样原理）分别抽取 14、17、11 组，共抽取 42 组。然后，对每组的三名学生，再用抓阄的方法，决定谁在 A 班，谁在 B 班，谁在 C 班，由此，组建 A、B、C 三个班级，每班 42 人。

A、B、C 三个配对样本班建成后，请 A、B、C 三位老师到对应的班级执教《祖父的园子》，按两课时授课。参研人员集中观摩他们执教的第二课时。

四、教后评议，分享《祖父的园子》学习活动结构化的积极建议

主持人：上午，三位老师同课异构的《祖父的园子》第二课时，都重视聚焦本单元的人文主题和语文要素，着重体现回忆性叙事散文的特点，注重引导学生以"小女孩的姿态"，学习萧红是怎么将重点部分写具体的，只是三节课的聚焦点稍有不同，对应的学习环节也不同，学习活动结构也不一样。下面请大家谈谈观课后的感受。

第一阶段：聚焦"对祖父的怀念"的学习活动

师 1：A 老师从"'我'怀念祖父什么"切入，引导学生沿着怀念之景、之事、之意、之情，走进园子，走进萧红的童年生活，走进萧红的精神世界，体会萧红那份深沉的怀念，结构清晰，意义连贯，体现了这次研讨的主题。

师 2：A 老师注重基于文本的情感基调，引导学生围绕"'我'怀念祖父什么"这一主话题，先感受园子的样貌，再梳理"我"与祖父在园子里做了什么，然后体会园中一切动植物的生命活力，借助生动的景与事，体

会祖父的宠爱、疼爱和慈爱，以及"我"对祖父的怀念，学习重点聚焦，学习活动前后联动，上出了主线教学的味儿。

师3：A老师没有直接告知"我"怀念祖父什么，没有直接说明萧红是怎么将"对祖父的怀念"写具体的，而是通过富有结构的话题群，引导学生围绕既生动又关联的话题，与具体的要点直接对话，与生动的事物深度交流，渐渐地读成了文中的小女孩。因为思路简洁，学生既学得轻松，又体会到了"我"对祖父的深沉怀念。

师4：A老师紧扣"怀念"这一情感之线组织学习，从对昆虫、花草、大榆树的描写中体会怀念，从栽花、拔草、种菜、铲地等趣事中体会怀念，从大树、土墙与"我"呼应，花、鸟、虫子与"我"一样自由自在中体会怀念，让怀念之情多层面显现，多维度交织，"对祖父的怀念"是怎么写具体的，也随之清晰起来。

师5：A老师以"怀念祖父"为主话题，引领学生一边关联相关要点，一边领会萧红是通过寓情于事、寄情于景、反复句式等，将"对祖父的怀念"写具体的，使本单元的人文主题和语文要素在这篇课文中，得到了逐层转化和具体融合。

师6：童年的萧红遭受冷落欺侮，度日如年，在呼兰河这样的小城里，似乎只有祖父，才给予她温暖，给予她关爱。把"怀念祖父"作为核心去渲染，从对景物的描绘，到对自由的宣泄，A老师引导学生发现景物、趣事、"我"、祖父之间的依存关系，学习萧红通过"瞎闹""乱钩"以及反复句式等将"怀念祖父"写具体的。这堂课学习活动的结构是完整的。

第二阶段：聚焦"'我'自由自在"的学习活动

师7：文中虽有怀念祖父之情，但此情不一定是萧红的主要创作意图，从萧红的坎坷人生来看，自由自在才是她想表达的，而且自由自在容易引起学生共情，所以我偏向于B老师将"自由自在"作为文本核心。无论园里之物，还是园中之事，都为了表达"我"自由自在。"物"就是"我"，"我"就是"物"，在自由氛围中，物我一体，物我两忘。

师8：我也认为，萧红主要表达的是"我"在祖父园子里自由自在，但对学生而言，理解自由背后之意，以及萧红是怎么表达自由的，有一定的难度。B老师一边抓"趣事""活景"，引导学生感受，一边从反复句式入手，引导学生体会这么写的作用，让"言"与"意"自然转换，让自由之意自然显现。

师9：抓反复句式是这堂课的教学特色之一，不过B老师没有为学习反复句式而学习反复句式，而是以读代讲，通过不同学生交替读、师生合作读等方式体会反复句式，"读出了什么感受""为什么会有这样的感受"，这样，学生离散的感受在"读"中融为了一体，连贯成意义。

师3：B老师还注重通过自主阅读、比较研读、角色演读等，引导学生沿着感受景物的自由，体悟"我"的自由、有"爱"才有自由，表达心中自由持续进阶，习得萧红将"'我'自由自在"写具体的方法，学习重点突出，学习任务清晰，是一堂成功的课。

师10：正如你（指师3）所说，B老师先从景物自由入手，将第1～3和第15～19自然段聚合在一起学习；然后着重学习第4～14自然段，理解"我"无拘无束地玩耍，自由自在地生活；最后再回读第15～19自然段，并借助板书以及"阅读链接"，引导学生理解事物自由与"我"自由有什么关联，体会"我"对自由的向往与追求。因为前后学习都指向自由，所以产生了连贯意义，也体现了主线教学的优势。

师11：B老师以"'我'自由自在"为导向组织学习，引导学生将"花""鸟""黄瓜"等换成"我"读一读，一切都"活了"，植物们是自由自在的，"我"也是自由自在的，而这些自由自在又源于祖父的爱，祖父的爱与"我"的自由成了相辅相成的人间真情，成了其乐融融的生活画卷。

师12：我赞同你（指师11）的看法，三位老师都运用了"换成'我'读一读"的方法，这一下子将事物的自由与"我"的自由关联起来，自然地由物的自由，体悟到"我"的随心所欲，将事与"我"联系起来，将物与"我"交织起来，将景与情融合起来，在这个专属于祖父和"我"的园子里，一切都是快乐的、自由的、美丽的，学生也渐渐地融入放飞童心的情境之中。

师5：物与人的融合，还体现在B老师引导学生理解"太阳在园子里是特别大的"，这里的"太阳"其实是指祖父，这样的引导突出了事物的象征意义，可以说，事、景、人相融是萧红将重点部分写具体的一大特色。另外，B老师没有补充介绍萧红后来的坎坷人生，可以淡化忧伤寂寞的情绪，有助于突出自由与快乐，也符合儿童的趣味。

第三阶段：聚焦"对祖父园子的眷恋"的学习活动

师9：C老师借助"园之貌、园之趣、园之爱、园之情"这四个相互关联的话题，帮助学生聚焦"对祖父园子的眷恋"，理解这里的园子不仅是自然的园子，也是祖父的园子，更是自由的园子、精神的园子，尤其是梦中向往的精神家园。

师12：从学生这头思考，能够从景物和趣事中读懂快乐与自由，但看不出萧红是怎么将"对祖父园子的眷恋"写具体的，这是教学的起点。C老师基于这一起点，从"我"做了什么走向看见了什么，从事的自由走向景的自由，从身的自由走向心的自由。这样一步一个台阶地组织学习，有助于学生激活童心、感知童趣、领悟童真，与萧红深度对话。

师6：C老师从自然之园入手，从"我"所做的趣事起步，一步一步地将学生引入精神家园。不仅教学的落点在园子上，而且关注这是谁的园子。强化这是祖父的园子，真正值得"我"怀念的，是给予"我"足够爱的祖父。因为祖父的存在，这座园子才成为"我"的生活乐园。

师2：C老师先引导学生体会在园子里"我"做的事有趣在哪儿，哪些是具体叙述的，这样写有什么好处。接着，体会祖父园子的景物有趣在哪儿，哪些写得具体，这样写又有什么好处。然后，通过"我"会梦见什么样的园子，让学生沉醉于情景相融之中。最后，通过课文后面的"阅读链接"，引出萧红的坎坷经历，让学生产生前后认知反差，顺势推介《呼兰河传》，鼓励学生去了解萧红那真实而短暂的人生。这样由表及里，层次分明，思路清晰，有助于学生整体把握全文。

师1：C老师引导学生品言得意后，以"这样写有什么好处"去追问，体会细节描写的好处、句式反复的益处、情景相融的妙处，关注语言形式，品味语言风格，透过文字品情思、话写法，体会"抓细节""巧反复""融情景"的作用，这样，"对祖父园子的眷恋"是怎么写具体的学习是多维的，是富有结构的。

师8：我认同你（指师1）的看法，C老师将"'对祖父园子的眷恋'是怎么写具体的"，对象化为彼此关联的学习任务，引导学生读一读、议一议、想一想、写一写，在品"细节"中生成"园之趣"，在抓"反复"中体会"园之爱"，在写梦境中升华"园之情"，在多维研读、多次重组中历练情景相融等表达智能。

师7：C老师借助胖乎乎、圆滚滚、明晃晃等关键词语，让学生感受园子的自然之美，体会"我"对园子的喜爱之情；借助栽花、拔草、种菜、铲地、辨认谷子等趣事，让学生感受园子主人的人格之美，体会祖父的包容、耐心和慈爱；借助大树、黄瓜、太阳等景物的象征之意，让学生感受园子的精神之美，体会"我"对自由的向往，对童年生活的怀念。可以说，C老师从多个层面，丰富学生的审美感受，让学生获得相应的美感和语感。

师11：从"我"在园子里所做的趣事，走向园中一切都活了，再走向对梦中园子的眷恋，C老师始终将"学"聚焦于"对祖父园子的眷恋"。尤其对席地而眠的梦中园的描绘，将"小女孩的姿态"转换为"成人萧红的心态"，是对"我"眷恋祖父园子的一种升华，也是对全文进行精神层面的深度建构。

师10：C老师最后的拓展很好，先借助席地而睡，引导学生想象"我"会梦见什么样的园子，再借助"阅读链接"，补充介绍萧红的坎坷人生，推介《呼兰河传》，引导学生从整本书的视角再次回味该文，从悲剧意味深度领会萧红所表达的快乐与自由，从而读懂萧红，读出自我，读到生活。

第四阶段：优化学习活动结构的建议

师6：三位老师虽然都利用"阅读链接"，引导学生走进萧红的精神世界，但各有各的方法和路径。前面有老师（指师5）认为，B老师没有补充萧红坎坷人生的资料，可以淡化忧伤寂寞的情绪，有助于突出自由与快乐，这个观点我不太赞同，这与编者安排"阅读链接"的意图是不相符的。A和C两位老师都注意引导学生思考，"20多年后，'我'为何还这么眷恋园中生活"？这是借历史的眼光，探寻言外之意。过去的不只是一种经历，20年前的生活，"我"为何这么眷恋？现在的"我"又遭遇了什么？这样去追问，"祖父的园子"会变得立体起来，萧红的生命情感会变得完整起来。虽简短的课文难以让学生读懂萧红创作《呼兰河传》的意图，但这样的努力，起码会让学生对萧红的构思产生更深入的理解，对萧红的生命情感产生更真切的体验，那就是萧红写"趣"是因为"不趣"，写"自由"是因为"不自由"，写"活"是因为"不活"。

师4：C老师先从"哪些趣事"切入，从激发童趣开始，后着重从"事之趣"与"景之活"这两个维度组织对话,再以"梦见什么样的园子"和"阅读链接"结束,看起来所有的学习都落在"园子"上,着力点较为具象,但学生的"学"仍侧重于"物",就好比平时写的《我们的教室》《我的校园》,只是有关园子的表面理解,深入精神层面不充分,体会园子背后那美好与伤感交织的意味不浓。

师12:你(指师4)说得有道理,三位老师都将具体的景物换成"我"读一读,感受"一切都活了",都或多或少地点到情景相融,前面有人(指师11、师12)对此已做过点评。而且B、C两位老师都将前后两次写景的语段放在一起,集中学习,这更利于学生融入"一切都活了"的意境。其实,学生实际读到的是"身之自由"。"身之自由"和"心之自由"是两个不同层面,从"身之自由"到"心之自由"是一种提升。"身之自由"学生说得多,"心之自由"学生悟得少,"梦中园"的意境并没有完全打开。

师5:三位老师的板书都有特色,都依据各自的聚焦点,形成了思维导图,整体展现了萧红是怎么将重点部分写具体的,这有助于学生还原萧红的创作意图,看清萧红的行文思路,领会萧红是怎么谋篇布局的。如果借助板书进一步营造"心之自由",会更好地走进萧红的精神世界。

师2:三位老师所关注的文本核心有差异,为了让学生透彻地理解课文,都将萧红所抒发的情感聚焦于某个核心,但他们的聚焦有点概括的意味,与散文教学的个性化要求有点相左,与我们将这一篇自传体小说节选的改编定位为回忆性叙事散文的初衷不太相符。学习该文,应往细腻处走,引导学生通过文中特殊句式,体会特有的生命情感,感受作者独特的情思,而不是接受某个概括性结论。

师7:聚焦文本核心组织学习是可以的。但这篇课文着重表达的是什么?是抒发对祖父的怀念,还是表明对自由的渴望,抑或是表达对祖父园子的眷恋?文本核心究竟是什么?我一直在思考,现在仍疑惑。不过,三位老师都从各自的侧重点,引导学生理解萧红是怎么表情达意的,只是所表达的情意有一些差异,学生实际所学也各不相同。

师3:我觉得"对祖父的怀念""'我'自由自在""对祖父园子的眷恋"这三者应该是一体的,它们的上位意义应是萧红的创作意图和思路,是萧红那单纯而又有点复杂的生命情感,是萧红那美好与伤感交织的深深怀念,被我们人为分开,总觉得有点主观化,有点割裂之嫌。情感是整体的,文本也是整体的,学生的理解更应是整体的。

主持人: 今天的研讨,十分坦诚,也富有成效。从三位的教学来看,都注重聚焦文本核心,对学习活动加以聚合,形成结构,既同课异构,又殊途同归。不过,A老师侧重以"对祖父的怀念"为主话题,B老师侧重以"'我'自由自在"为主话题,C老师侧重以"对祖父园子的眷恋"为主话题。其实,明确文本核心,创生主话题,只是探寻解读文本的切入口,这个切入口也是读懂文本的突破口,以求领会作者的创作意图和思路。虽说一千个读者就有一千个哈姆雷特,就理解特定文本而言,我一直认为总有一种是最佳的。那么,什么才是最佳的?创作意图和思路才是最佳的。我们应朝着整体把握萧红的创作意图和思路这个方向去努力。同时,积极响应王荣生教授倡导的"使学生的'学'更为丰富些、多样些,使学生的'学'比较有结构、比较完整"[1],务求从学生现实的心理经验出发,营造更为自由的学习氛围,将学习时空还给学生。学生自由地读到哪儿,就将学习活动推进到哪儿,这样的课更能上出自由的味儿,上出回忆性叙事散文的味儿。

五、学后测检,反映《祖父的园子》学习活动结构化的真情实态

三位老师上完课后的第十天,将原先组建的A、B、C三个班126名学生混在一起,进行学后测试。这次后测有两项:一是选择题,"前几天,学习的《祖父的园子》,给你印象最深的是(　　):A.对祖父的怀念;B.'我'自由自在;C.对祖父园子的眷恋。"二是习作,"借鉴《祖父的园子》的写作方法,以《难忘的_____》为题,完成一次习作。注意将难忘的原因写清楚,重点部分写具体。"事前,研究小组为这次习作设计了五级评价指标:

A级,选材切题,文从字顺,难忘之因清楚,情感真挚,重点突出,书写规范,标点正确,错别字很少;B级,选材较切题,语句较通顺,难忘之因较清楚,有一定真情实感,重点具体,书写较规范,标点较正确,错别字较少;C级,选材基本切题,语句基本通顺,难忘之因基本清楚,情感基本真实,重点基本具体,书写基本规范,标点基本正确,错别字

---

[1] 王荣生. 求索与创生:语文教育理论实践的汇流[M]. 济南:山东教育出版社,2013:277.

少；D级，选材不太切题，语句不太通顺，难忘之因不太清楚，没有重点，标点不太正确，错别字多，字数不足350字；E级，选材不切题，语句不通顺，无难忘之因，叙述过于简单，全文只有一段，标点单一，错别字较多，字数不足250字。

事后，请第三方语文老师批阅。其中，习作由两位老师批阅，他们先根据上述五级评价指标，各自对所有习作单独进行评判。接着，对同一篇习作评判等级不一致的，重新合议，直至对拟给予的等级达成共识为止。所有后测题批阅完后，成绩按原先组建的A、B、C三个班归班统计，结果见表5-1～表5-6所示。

1. 选择题的统计结果（见表5-1～表5-3）

表5-1 选择题统计结果（一）　　　　　单位：人

选项	A班	B班	合计
A	25	5	30
B	7	24	31
C	10	13	23

经检验，卡方值 $\chi^2=21.38>5.99$，故概率 $P<0.05$，两个样本构成比差别有统计学意义，可以得出结论。

表5-2 选择题统计结果（二）　　　　　单位：人

选项	A班	B班	合计
A	5	6	11
B	24	9	33
C	13	27	40

经检验，卡方值 $\chi^2=11.80>5.99$，故概率 $P<0.05$，两个样本构成比差别有统计学意义，可以得出结论。

表5-3 选择题统计结果（三）　　　　　单位：人

选项	A班	B班	合计
A	25	6	31
B	7	9	16
C	10	27	37

经检验,卡方值 $\chi^2=19.71>5.99$,故概率 $P<0.05$,两个样本构成比差别有统计学意义。

综合表 5-1~表 5-3 可见,同一篇课文组织和呈现的主要教学内容不同,与之相随的学习活动的结构紧密性和功能协调性会不同,学生所领悟的文本意义的深刻性和迁移力也不一样。

2. 习作的统计结果(见表 5-4~表 5-6)

经检验,卡方值 $\chi^2=10.63>9.49$,故概率 $P<0.05$,两个样本构成比差别有统计学意义,可以得出结论,B 班的教学成效优于 A 班(见表 5-4)。

表 5-4 习作统计结果(一)　　　　　　　　　　单位:人

评价等级	A 班	B 班	合计
A 级	2	7	9
B 级	8	16	24
C 级	15	13	28
D 级	11	3	14
E 级	6	3	9

经检验,卡方值 $\chi^2=10.42>9.49$,故概率 $P<0.05$,两个样本构成比差别有统计学意义,可以得出结论,C 班的教学成效优于 B 班(见表 5-5)。

表 5-5 习作统计结果(二)　　　　　　　　　　单位:人

评价等级	B 班	C 班	合计
A 级	7	18	25
B 级	16	17	33
C 级	13	5	18
D 级	3	1	4
E 级	3	1	4

经检验，卡方值 $\chi^2=32.95>9.49$，故概率 $P<0.05$，两个样本构成比差别有统计学意义，可以得出结论，C 班的教学成效优于 A 班（见表 5-6）。

表 5-6 习作统计结果（三）　　　　单位：人

评价等级	A 班	C 班	合计
A 级	2	18	20
B 级	8	17	25
C 级	15	5	20
D 级	11	1	12
E 级	6	1	7

从习作的统计结果表 5-4～表 5-6 来看，C 班的教学成效好于 A 班和 B 班，B 班的教学成效好于 A 班，这与参研人员课堂观察到的基本一致。单就落实语文要素来说，参研人员发现，C 班将"把一件事的重点部分写具体"，具体化为"哪儿写得具体""写得这么具体有什么好处"等话题群，以品味"园之趣→园之爱→园之情"为明线，以学习"抓细节、巧反复、融情景"为暗线，推送系列学习任务，组织具有内在逻辑关联的语文实践活动，促使文本之言与文中之意逐层转化，让诸多意义融入"对祖父园子的眷恋"这一主要意脉，彰显了全文整体意义；而 B 班虽有萧红是怎么将"'我'自由自在"写具体的学习，但学习内容彼此关联度不够，学习活动前后联动性不强，文本言与意的转换率不高，也就难以生成前后融通的主要意脉；A 班也展开了萧红是怎么将"对祖父的怀念"写具体的学习，因学习内容之间的关联不太紧密，学习活动的联动不太协同，对其的实际学习并不充分，也就难以形成相应的连贯意义。

六、实录对比，深悟《祖父的园子》学习活动结构化的得失行为

为进一步审视《祖父的园子》学习活动结构化的得与失，研究小组比照 A、B、C 三位老师的课堂实录，择取一个代表性教学点整理成如下对比表（见表 5-7）。

表 5-7　《祖父的园子》教学点实录对比表

教学点	A 老师的教学实录	B 老师的教学实录	C 老师的教学实录
"太阳在院子里是特别大的……都是健康的、漂亮的。"	**师**：第 15 自然段中"太阳"出现了几次？ **生**：三次。 **师**："太阳"反复出现，给你什么感受？ **生 1**：太阳会一次又一次带给小萧红温暖。 **生 2**：园子的温暖是太阳带来的，所以小萧红觉得祖父是她心中的太阳。 **生 3**：祖父的爱就像阳光一样，小萧红觉得祖父特别温暖，特别伟大。 **师**：有道理！原来这儿的太阳象征着祖父	**师**：把花换成"我"读一读，有什么感受？ ………… **师**："我"变成了这个，变成了那个，此时祖父变成了什么？ **生**：祖父变成了太阳。 **师**：从哪儿看出来的？说一说理由。 **生 1**："太阳在院子里是特别大的，天空是特别高的"，实际上是说，祖父在园子里特别呵护小萧红。 **生 2**："太阳光芒四射，亮得使人睁不开眼睛，亮得蚯蚓不敢钻出地面来，蝙蝠不敢从黑暗的地方飞出来"，是说因为祖父在，连可怕的小动物都躲得远远的。 **生 3**："凡是在太阳下的，都是健康的、漂亮的"，就是说，只要祖父在身边，小萧红就十分开心。 **师**：也就是说，祖父是萧红心中大大的—— **生**：太阳。 **师**：让我们一起品味这份特殊的情感吧！ **生（齐）**："太阳在院子里是特别大的……都是健康的、漂亮的。"	**师**：把黄瓜换成"我"读一读，有什么发现？ ………… **师**："我"变成了这个，变成了那个，那么，祖父变成了什么？ **生**：变成了太阳。 **师**：祖父和太阳有哪些相似的地方？ **生 1**：太阳给人温暖，祖父也给了"我"温暖。 **生 2**：太阳给万物带来生机，祖父也给"我"带来了快乐与自由。 **师**：（课件出示：祖父慈祥的笑脸）再一次端详祖父的笑脸，产生了什么新的感受？ **生 1**：祖父的微笑就是"我"心中的太阳。 **生 2**：祖父的疼爱能驱散小萧红内心的忧伤，让她快乐起来。 **师**：再一次浏览第 6~12 自然段，有什么新发现？ **生 1**：祖父的开朗乐观影响了小萧红，她也变得开朗乐观了。 **生 2**：祖父的笑让小萧红学会笑对生活，快乐成长。 **师**：难怪"我"可以"瞎闹"，可以"乱钩"，原来是祖父如太阳般的微笑，给了"我"快乐和自由。让我们一起体会这份特殊的宠爱吧！ **生（齐）**："太阳在院子里是特别大的……都是健康的、漂亮的。" **师**：难怪"我"可以"不用枕头，不用席子，把草帽遮在脸上"，就睡在房子底下阴凉的地方，原来有祖父太阳般的庇护。让我们再次体会这份特殊的慈爱吧！ **生（齐）**："太阳在院子里是特别大的……都是健康的、漂亮的。"

在"太阳在院子里是特别大的……都是健康的、漂亮的"这个教学点上，三位老师都揭示了太阳的象征意味。只是，A 老师着重从反复入手，

引导学生发现太阳的象征意味；B老师重视角色置换，引导学生将自己摆进去，带入文中，还原场景，产生体验，体会太阳的象征意味；C老师不仅注重角色置换，而且回读前面的第6~12自然段，勾连后面的第19自然段，学习时空更开阔，学习活动的内在关联更趋紧密、前后功能更为协同，有助于学生依托大语境上勾下连，聚合多方信息，增进文本言与意的转化，多层面领会太阳的象征意义，多视角体悟太阳的象征意味。显然，在这个点上，B班的学习活动比A班的更富有结构性，C班的学习活动比B班的更多维，更连贯，也更相融共生。

七、专题小结，建构学习活动结构化的实践经验

本次就学习活动结构化所展开的个案研究，先对相应的教材内容，以及36篇已发表的关于《祖父的园子》文本解读、教学设计、教学赏析、教学实录等的文章进行梳理，然后展开课前研讨，同课异构，观课议课，后测、实录对比等，以探寻什么样的学习活动有助于言意体验相生相长。本次研究得出以下主要结论：一是从"定终点"看，学习成效与主要教学内容密切相关。为此，应依据单元人文主题和语文要素，以及这一篇文本体式，探明文本核心，并将此转化为可教的主要内容，转化为可对话的话题群，以助力学生悟得作者的创作意图和思路。二是从"明起点"看，学习状态的好坏取决于是否与学生经验、兴趣、需求相契合。为此，应把准学生现实的心理经验，并据此创设真实情境，激起学生的好奇心和求知欲，建起学生与文本之间的链接，打开学生对话文本的思路。三是从"中间搭上两三个台阶"看，学习活动的结构既决定着教学的时空，也影响着学习的质态。为此，可以借助主线带来的结构，促使学习内容既聚焦文本核心、拥有主话题，又相互关联、多维呈现，让相随的学习活动既前后联动、相互渗透融合，又由浅入深、循序渐进，这样，助力课始、课中、课末的言意体验趋向一致，离散感受连贯成意义，诸多意义融入主要意脉，彰显全文的整体意义。四是从同课异构看，组织和呈现的主要教学内容不同，与之相随的学习活动的结构紧密性和功能协调性会不同，学生所领悟的文本意义的深刻性和迁移力也不一样。具有内在逻辑关联的学习活动，容易使学生产生相生相长的言意体验，生成的意义也容易趋于连贯和完整。

第六章 从文本走向经验的策略与方法

　　主线教学的基本矛盾是既要彰显文本核心的唯一性，又要追求个体体验的多样化。这就需要调和两者的关系、结构、状态等，助力学生在开放而有张力的对话中，多次重组、多维建构、多重循环，连贯起前后相融的语脉，生成主要意脉，直至彰显全文整体意义。本章从实施策略、关键行为、常用方法、学习方法适切度的个案研究等方面讨论从文本走向经验的策略与方法。

第一节　从文本走向经验的实施策略

聚焦文本核心，逐层转化文本的言与意，就是为了追求多方对话语脉相融，确保文本意蕴领会与个体经验生长共生，助力言意体验相生相长，促成学生朝着既定目标健康发展。

一、文本意蕴领会：实现学生与作者视界融合

文本不是永恒不变的客观对象，而是有待生成意义的认知主体。学生与文本是一种互为主体、彼此解释、相互沟通的关系。其间，学生会依托自身经验，与潜在的作者对话，产生与文本意义相宜的感受。

1. 扣主话题自主领会文本意蕴

自主指自己做主，不受别人支配，表现在阅读中就是自己选读内容，选用学法，主动投入对话。可是，学生对文字的感知力、对文本的理解力是有限的，文中要点难以自知，误读时有发生。换言之，生成文本意义不是脱离文本的、离散的、浅层次的自说自话，而是基于文本的、整体的、深层次的多元对话。那么，学生靠什么展开这样的对话？从内生来说，依托的是认知经验；从外赋来看，依据的是体现文本核心的主话题。主话题可以引示交流意图，界定对话范围，起到引领意义生成的作用。课堂中的对话是多元的、开放的、不确定的，时常需要主话题加以引导，让离散的对话融入大语境。当然，主话题不是某种结论，其意义的可能应多元化。这就要求主话题唯一而不单一、确定而不固定、精要而不一览无余，务求多维舒展，促使离散的对话融入其中，大千世界被带入其中，展示其衍生万千气象的容纳力与表达力，让主话题引领的多元对话越来越深入，生成连贯全文的语脉，引领学生学会透过有限的文中要点眺望无限的全文意义，依确定的要点产生不确定的体验。如，统编教材四年级下册的《乡下人家》，虽说作者是按房前屋后的空间顺序和季节顺序交替描写的，既有白天、傍晚、深夜的不同场景，又有春天、夏天、秋天的不同风景，但这里的多姿多彩会让学生产生繁杂之感。这就需要依据全文中心句"乡下人家，不论什么时候，不论什么季节，都有一道独特、迷人的风景"，创生

对话主话题"你对文中哪一处景致感兴趣？此处哪儿独特，哪里迷人？能起一个好听的名字吗？"让看似离散的"瓜藤攀架图""花开三季图""雨后春笋图""鸡鸭觅食图""门前晚餐图""秋虫夜吟图"等，通过"独特"和"迷人"关联起来，形成一幅整体的乡下人家画卷，展现乡下人家生活的朴实、自然与和谐。这样，借助主话题的统领力，自主连贯离散的感受，可以促使动态生成的体验连贯成语脉，不断丰盈文本意义，直至悟得全文的整体意义。

2. 凭辅话题自觉领会文本意蕴

自觉是指自己有所认知与觉悟，在阅读中表现为学生唤醒了动机，自愿与文本展开对话。对话是发自内心的，一般要从文本局部入手，要悟得局部要点之意，又必须以相宜的话题为抓手。话题可以从这一个要点转化而来，也可以由主话题衍生而来，还可以依学生经验生成。不过，应基于前面要点，关联后续要点，随学习的进程、情境的变化、学生的差异等进行动态调适，让语脉处于生成状态。可见，对话文中的要点不在于去复制原意，而在于发现背后之意，在于凭借相应的辅话题，将多方信息组织起来，连贯成全文意义。如，教学统编教材六年级上册的《我的伯父鲁迅先生》时，可以先根据文前"学习提示"，在主话题"鲁迅是一位怎样的人"的引领下，"用较快的速度默读"，厘清事件，并分别创生出"谈《水浒传》""笑谈'碰壁'""燃放花筒""救助车夫""关心女佣"这五个辅话题。然后引导学生抓关键词句自觉对话：在"谈《水浒传》"中，抓语言、动作描写，感受到鲁迅对晚辈的关心；在"笑谈'碰壁'"中，抓语言描写，感受到鲁迅对黑暗现实的不满，以及乐观斗争的精神；在"燃放花筒"中，抓神态描写，感受到鲁迅的慈祥和率真；在"救助车夫"中，抓动作、神态描写，感受到鲁迅对贫苦人民的关心；在"关心女佣"中，抓阿三的话，感受到鲁迅"为自己想得少，为别人想得多"，进而在爱憎分明的形象感染下，体会到作者对鲁迅先生的无比怀念、热爱和敬仰之情。这样，凭借相宜的辅话题，聚合和加工多方信息，不断超越单个要点，连贯起要点之间的意脉，让单个要点的对话服务于对主话题的探究。只有领会各个文中要点隐含之意，倾听某个字或词发出的细微声响，才会还原出背后富有生命力的真实场景，走进作者内心，感受到作者的生命情感，体会到作者以言尽意的智慧，让文本意义随辅话题的联动而趋于清晰，学生经验随话题群的融合而持续生长。

3. 借台阶自然领会文本意蕴

自然既指大自然，也指不做作，不勉强，不露痕迹，化有意为无意，在阅读中表现为恰到好处，自然而然，将作者投射于文本的创作意图和思路自然还原，恢复到被艺术化前的状态，让原汁原味的作者意图渐次显现，让抽象的文字跃动起来，"活"在学生语文实践之中，助力学生产生相宜的美感和语感。这尽管需要搭设支架，提供台阶，让对话生成由浅入深、由粗至精、由易及难、由点到面的进阶效应，但这里的台阶，应与学生认知经验相契合，既要防止梯度过大，导致学生思维惰性化，又要防止过度增加层次，随意增添辅话题，应协调好辅话题的多少、先后、疏密等，有的可以浓墨重彩，有的只需点到为止，还要促进前后话题的联动，让前面的对话为后续对话做铺垫，后续对话是前面对话的深化和拓展，前后对话构成了递进关系，生成前后相融的语脉，助力学生产生拾级而上的体验。如，教学统编教材四年级上册的《为中华之崛起而读书》时，紧扣主话题"周恩来为什么会提出'为中华之崛起而读书'"分四个层级展开，分别列出对应的小标题："表达振兴中华。""耳闻中华不振？""目睹中华不振！""立志振兴中华！"第一个标题是句号，从文字表层来理解周恩来志向的可贵；第二个标题是问号，抓"沉郁""难以忘怀"等，体会周恩来对中华不振的疑惑；第三个标题是感叹号，抓"哭诉""训斥"等，体会周恩来目睹中华的苦难与屈辱；第四个标题是感叹号，抓"烈火""响亮"等，体会周恩来发出誓言的坚定与深沉。这样，借助适宜的台阶，自然地深化对周恩来志向的认同，逐层升华对周恩来的钦佩，助力学生对照周恩来的少年，思考自己读书的目的，从小树立远大志向，激发人生抱负。可见，适宜的台阶可以优化学习活动的结构，引导学生一次又一次地怀着好奇心去探究文中之意，产生相生相长的体验，整体领会文本意蕴。

4. 依经验自由领会文本意蕴

自由是指不受拘束、不受限制，表现在阅读中，学生依托自身经验，借助话题群，自在对话，随性表达，并对言行负责。阅读是围绕经验展开的有意义的对话。只有学生经验与作者经验产生对流、互为激荡，学生才会摆脱某些束缚，突破某些制约，进入自由对话的状态。如，统编教材四年级下册的《小英雄雨来（节选）》，内容较长，如何实现长文短教？可以引导学生，先在主话题"为什么说雨来是小英雄"的引领下，自由阅读，自主提问，接着，学生各自带着问题，小组内相互解答，组内无法解决的，借助问题清单，提交全班释疑；然后，将同伴无法互助解决的写在黑板上，供全班进一步讨论。在全班讨论中，教师一边引导学生筛选并解决那些对理解课文有帮助的问题，一边适时补充提出"'我们是中国人，我们爱自己的祖国'出现了几次，有什么作用""'有志不在年高'，雨来的'志'是什么""第一部分'游泳本领高'与'英雄'有关吗，为第六部分'雨来没有死'做了哪些铺垫"等关键问题，启发学生深入探讨。这样筛选、讨论和探究，不仅有利于学生集中精力，直击学习重点和难点，而且有助于学生依托自身经验，循序渐进地感受到雨来的机智和勇敢，进而激励学生课后阅读《小英雄雨来》原著，并开展一次专题故事会。可见，依经验自由领会文本意蕴，可以从学生现实的心理经验出发，推送整体的真实的学习任务，引导学生调动相应的经验，上勾下连，品味文字背后之意，感受作者的生命情感，揣摩作者的表达思路，也可以鼓励学生互帮互助，让他们拥有更多的学习渠道、更自由的表达方式，还可以创设相宜的语用情境，让学生进入不同的学习环境，拥有更多的发展机会、更开阔的生活空间。

二、经验生长：促成学生能动发展

经验生长是自由的、能动的、动态发展的。为此，教学应尽可能与学生的兴趣、需求相契合，促成学生沿着自身需要、情趣和困惑，自主学习，发现语意，连贯意义，创生新意，生成与自身经验相应的文本意义。

1. 唤醒动机助力经验生长

经验是内生的，是在自主实践中生长的，不是外赋的，绝不会脱离能动行为。学生是富有活力的，只有拨动心弦，唤醒动机，才会投入对话，产生体验。从心理学的角度来说，经验生长与动机唤醒成正相关，动机越强，志趣越浓，对话越容易深入。学生如果对探究文中之意感兴趣、有乐趣，会产生"我要""我能"的愿望，主动运用已有的生活经验和知识储备积极对话，在还原相应场景中带入自我，增进文中言与意的转化，能动地改造原有经验。相反，如果没有对话需求和体验意愿，学习只是一句空话，经验生长也只是"空中楼阁"，绝不会促进自我发展。为此，要重激励、善引导，尽可能激活学生的求知欲，满足学生求新、求异、求奇等心理，触动学生内心，增强学生对话的内驱力，助力学生角色代入、身份置换，让学生激起主动探究的内需，产生与文本相宜的体验。

2. 个性化阅读助力经验生长

文本意义从单一走向多元已不可逆转。借助主话题，连贯对话语脉，生成主要意脉，不是某一篇意义的单一化甚至标准化，而是某一时段能够聚焦文本核心展开多元对话，直至发现作者的情感变化和表达思路。文本具有一定的模糊性与多义性，不可能像数学知识那样稳定、客观、精准，试图以所谓的标准答案取代文中之意，会与文中诗意越来越远，会使对话视野越来越窄、阅读情趣越来越淡。阅读是个性化行为，学生不是消极接受文中之意，而是主动感受作者的生命情感，能动地揣摩以言尽意的智慧。应尊重学生的个体体验，表扬学生的独特感受。这里的独特是学生所产生的不同于他人的体验。每一位都是能动的主体，都拥有不同的生活经历、知识结构、审美情趣、文化背景等，面对同一篇文本，必然产生独特的理解，必然与众不同。一千个读者就有一千个哈姆雷特，同样的作品不同的人必然会读出不一样的感受。为此，应鼓励学生带着自我的语文经验阅读文本，调动自身的生活经验展开对话，用个性化言语表达文本，产生自己的理解与感受，提升自己的情感与智慧，让个性才情转化为持续学习的动力，让言语生命自然地涌动和绽放。

3. 多元对话助力经验生长

和则相生，同则不继。聚焦文本核心，推送主话题，只提供了对话的主视角、主方向、主要内容，绝不意味对话内容的单一化。主要内容可以从不同层面展开，每一次任务可以类同形异、异质同构，以便学生聚合多方信息，产生整体体验。在尊重文本原生价值的基础上，可以多角度、有创意地阅读，可以利用同伴分享、阅读反思等环节，拓展对话空间，进入不同的语用情境。为此，教师可以借助开放而有活力的话题群，引导学生链接文内文外、课内课外、校内校外等多方资源，鼓励学生以"我有不同意见""我想补充""我来纠正"等，表达自己的见解，激励学生或从人文主题去体会，或从语文要素去内化，或从语言风格去品读，也可以或以欣赏者"正"着读，或以批判者"反"着读，或以旁观者审视读，或以"当事人"表演读……自觉远离当下的认知状态，不断产生或"熟悉的陌生感"、或"陌生的熟悉感",多角度揣摩文本核心之意,多维度透视主话题的深意,多方位感受文中的生命情感,多层面领会作者以言尽意的智慧。这样,敞开思路,广开言路,让学生拥有更多的交流途径、更多的表达方式,能动地开拓自我的诗意时空。

4. 价值引领助力经验生长

"阅读是一种被引导的创造。"(法国哲学家萨特所言)尊重独特体验,不是任由学生随心所欲、胡思乱想,学生的理解不可脱离文本,不应背离文本应然要义。其实,学生的感受不一定都正确,也不可能都正确,因为他们的语文经验有限,生活经验不足,与文本存在落差是客观的。如果一味尊重独特体验,一味放纵任性的见解,对多元感悟过度追捧,过分珍视,任由学生误读、别解、歪曲,对错误的理解或熟视无睹,或听之任之,或无原则迁就,甚至视为创意加以褒奖,学习就会充斥太多的随意与任性的想当然,就会产生只有随性活动而无深度对话的后果,文本意义就会削弱,甚至丧失。这看似尊重学生,实际上会导致学习随意化、浅层化,学生也难以静下心来展开对话,难以产生有意义、有深度的思考,难以领悟作者的表达意图和思路。这种"多元陷阱"与"一元泥潭""二元对立"同样有害。有的学生甚至把鲁迅先生救助车夫,临走前掏些钱给他,说成是为了博取别人的眼球(《我的伯父鲁迅先生》统编教材六年级上册);把哈尔威船长有机会自救,却选择和船一起沉入大海,说成是不懂得珍惜生命(《"诺曼底号"遇难记》统编教材四年级下册)。可见,无视文本原生价值的自说自话,其实既没有读进文本,又没有读到自我,更没有读懂生活,也绝不是什么个性化阅读。任何以尊重独特体验为借口,以鼓励多元感悟为幌子的行为,都是虚伪的、无益的,会成为名副其实的"草原野马"。概而言之,阅读不是信马由缰、天马行空,不是无价值、无方向的自由畅想,既不能以多元中的"一元"取代全文意义,更不能脱离文本自说自话,否则只会怂恿盲目自信且毫无意义。

三、文本意蕴领会与个体经验生长是一体两面

文本意义是读者与作者共同创生的。从文本走向经验,不是文本与经验非此即彼的取舍,也不是将两者视为不同的课程价值。有人认为强调文本就是以文本为纲,一丝不苟地遵从文本体式,原原本本地讲解文本原生

意义；强调经验就是以学生为中心，任由学生自由阅读，随性言说，天马行空。这显然失之偏颇。我们认为，文本意蕴领会与个体经验生长如同手心与手背，是一体两面。文本意蕴领会，应追求这一位悟得作者的创作意图和思路，最终与作者的生命情感和言语智慧相融；个体经验生长，应追求化文本之言为自我语言，化文中之意为自我生命意义，读出个性色彩，促成个体发展。这样，文本意蕴领会带动经验生长，经验生长增进文本意蕴领会，文本意蕴不断增值又助力新的经验生长，如此良性循环，螺旋式发展，直至共文情、行文道、做真人。这也整体建构着主线教学的内涵和外延。

1. 文本意蕴领会与个体经验生长需要动态平衡

无论是文本意蕴领会，还是个体经验生长，都是动态的，都是学生自己的事。一边作者经验转化为学生经验，产生与文本相宜的感受，提升着言语智慧和生命感悟；一边个体经验投射到文本之中，生成与自身经验相应的文中之意。那么，如何促使个体经验生长与文本意蕴领会动态平衡，促成两者相辅相成呢？"极高明而道中庸。"我们认为，既要放得开，允许自主选读文本内容，自己选用学习方法，自由表达阅读感受，让学习处于开放的、不确定的状态；又要收得拢，不放纵学生茫然无序地自由，学生的个性化理解必须基于文本，指向作者表达意图，悟得作者以言尽意的智慧。这样，学生在"自由"与"规则"之间实实在在地行走，自觉借鉴作者经验改造自身经验，促使感受由不确定走向确定、从离散走向连贯，让经验沿文本意指扎扎实实地生长。可见，利用好体现文本核心的主话题，把握好个体独特体验与文本特有意蕴之间的平衡，处理好自主阅读与教者引领的和谐、个体经验与群体智慧的互化，可以增强文本意蕴领会与个体经验生长之间的张力，促成言意体验在文本意义引领下相生相长。

2. 文本意蕴领会与个体经验生长需要趋向一致

应倡导自主学习、多元感悟、各抒己见、自由表达、见仁见智。文本被不同学生多元化解读是正常的，产生误解甚至曲解也是可以理解的，鼓励多元对话也是正确的，但不可背离文本，不能断章取义，不应支离破碎，感悟的多元、体认的独特、理解的多义不应零零散散。这就需要将多方信息加以聚合，有机交织，促其融合。而聚焦文本核心是融会多方信息的策略之一，可以聚拢关键的字、词、句、段，勾连上下文之意，连贯起离散的感受，增进文本言与意的转化，促成自我理解与文本原意趋向一致。为此，不能以学习活动热闹为追求，不可被行为活跃、思维散乱的假象所蒙骗，而应在尊重个体生命意义的前提下，引导学生将松散的知识、易逝的感受、局部的认知关联起来，将不同时段的理解指向文本核心，连贯成意义，融入主要意脉。当个体体验游离于文本之外时，应当机立断，使其指向文本核心，被文本意义引领；当个体体验有利于文本意蕴领会时，应不失时机地抓住，适度强化，激励学生顺势而为地生成新意。只有保持这样的清醒头脑与敏锐智慧，才有可能从纷繁变化中，捕捉到有价值的加以引导，才不会因学生的涣散感受而不知所措，因学生的游离见解而迷失方向。只有个性化阅读、多元化感悟，聚焦文本核心，学生才能在内生意义与外赋意义共生中，悟得作者的创作意图和思路，才能减少自我体验离散的现象。

3. 文本意蕴领会与个体经验生长需要主辅交融

无论是文本意蕴领会，还是个体经验生长，都需要学生聚合多方信息，找到相互关联的、支撑性的文中要点，产生连锁思考，促成离散感受联结起来，连贯成意义，生成主要意脉（也就是"主线"），彰显全文整体意义。虽说文本核心是唯一的，但建构文本意义的路径不能唯一化，文本意义不可单一化，言意体验不应线性化。对话语脉的连贯，主要意脉的生成，既必须依言循意，又需要据意品言，既必须品言得意，又需要意以言表，既必须言意转换，又需要情意共生……从状态来看，意脉的流变是多样的，会生成诸多线，绝不会只有一条线。将所有学习只系于一线，且没有丝毫的游离，是不可能的，也是不可取的。可见，主要意脉是一股线，是多维之线交织而成的，是多重之意整体建构的。我们着重探寻的是其中起主导作用的意脉。意脉有主有辅才有张力，才有生命力。换言之，主线教学有主要意脉，也有辅助意脉，时常以复线形态发展，可能是主线、辅线、长线、短线、明线、暗线、实线、虚线，等等。这里或一主多辅，或一长多短，或一明多暗，或一实多虚的意脉交织在一起，拧在一起，生成一股开放而有活力的"缆索"，多维地松动与舒展，有助于生成内在的主意脉与外在的场效应。为此，既要有主有辅，借条条彩线编织课堂，感受到文本意义的多重交响，又要一主多辅、以主带辅、主辅协同、主辅共生、主辅一体，切不可主辅不分或反辅为主，更要将文本核心转化为主要的学习目标，融会每一位的感受，协调好若干意脉流变的方向、状态等，务求多方信息有机穿插，相互渗透融合，促使诸多意义共同拧成体现核心的"缆索"，进而彰显文中诗意，提升整体领会文本意蕴的质态。

4. 文本意蕴领会与个体经验生长需要多样统一

世界是多样统一的。每一位的经验生长与这一篇的意蕴领会也应多样统一。"多样"体现在每一位对同一篇理解的差异之中；"统一"体现在文本核心对每一位多元感悟的引领之中，对每一位个性化体验的引导之中。"多样统一"既要多样中求统一，又要统一下谋多样，规则中显自由，自由中有规则，就是"多"统于"一"，"辅"从于"主"，寓"多"于"一"，寓"辅"于"主"，就是指向文本核心，推送相互关联的学习内容，展开前后联动的学习活动，促使不同时段对话连贯成开放而有活力的语脉，稍纵即逝的感受融成相生相长的主要意脉，彰显着文本整体意义。如果只强调多样，而忽视统一，势必"模模糊糊一大片"，"模糊一片"必然降低对话的质态；如果只强调统一，而忽视多样，势必概念化、结论化，必然丧失文本应有的诗意。多样统一，从空间来看，各种学习元素拥有共同的依托与相同的目标，相互关联，异质同构，处于相辅相成的状态，共建着文本意义。从时间来看，不同时段的学习元素舒展井然有序，运行趋向一致，呼前应后，连续发展，共同助力离散感受融成主要意脉。其间，多样总处于不确定、不平衡的状态，平衡是暂时的、相对的，而不平衡是绝对的，从不平衡走向平衡，然后走向新的不平衡，再走向更高层次的平衡。这样，多样统一的力量会组织起相关学习元素，增进不同时段的学习相互渗透融合，促进主话题与话题群、主要教学内容与次要教学内容、这一篇意蕴与每一位体验和谐共生，让学生感受到文本之言与文中之意的自由转化，直至与作者生命情感和言语智慧相融。

总之，意义生成与生命体验永远是血肉相连的，我们既要重视这一篇的意蕴领会，又要追求每一位的经验生长，务求两者和谐共生。只有既关照每一位的经验自由生长，又促成这一篇的意蕴自然领会，才能实现教师导学与学生独学的和谐，文本引领与个体体验的相辅，价值同构与意义独创的相成，最终助力学生自信地成长。

第二节　从文本走向经验的关键行为

"互动、系统、网络、调节、干扰是大脑动力学的关键词，也是学习的关键词。"① 那么，从文本走向经验，有哪些关键词呢？从言意体验相生相长角度看，不仅需要文本内在的隐性的意义来引领，还需要学生外在的显性的行动去实践，需要唤醒、关联、对话、体验、循环、融通、应用等关键行为做支撑。

一、唤醒

人既必须自主生长，又需要外部助长，且外部助长也是通过唤醒内部需求起作用的。而从文本走向经验就是一种唤醒、诱发和点燃。其间，既有经验唤醒文本，也有文本唤醒经验。当把知识看成是情境性的、猜测性的、价值性的并不断被反驳和证伪的相对真理时，教学必将特别关注学生的好奇心、求知欲、批判意识和探究精神②。为此，可以从增强文本"情境性、猜测性、价值性"入手，激发学生的"好奇心、求知欲、批判意识和探究精神"，以唤醒学生内心深处的学习动机、已有经验、言语生命等。

1. 唤醒学习动机

行为是由动机引发的。学习动力首先源于动机。动机是"由某种需要所引起的有意识的或无意识的但可实现的行为倾向。它是激励或推动人去行动的内在动因"③。动机有内部动机和外部动机之分，内、外两种都必须处于适宜水平，过强或太弱会影响学习。我们不仅要激活外部动机，更要引发内在需求，务求将外部动机向内生需求转化。为此，可以关注学生的情趣，顺应学生的内需，增进阅读期待；也可以创设真实情境，让学生产生好奇，思维活跃，身心自由；还可以通过直观形象、幽默风趣等手法，调节氛围，让学生以相宜的情感投入阅读；更可以沟通生活，拉近文本与学生的距离，让学生产生亲近感……如，教学统编教材三年级下册的《赵

---

① 焦尔当. 学习的本质 [M]. 杭零，译. 上海：华东师范大学出版社，2015：65.
② 黄伟. 课堂教学活动化：特征、意义及偏误矫正 [J]. 天津师范大学学报（基础教学版），2008（1）：48-52.
③ 杨清. 简明心理学辞典 [Z]. 长春：吉林人民出版社，1985：95.

州桥》时，发现大部分学生对赵州桥这一"创举"难以产生共鸣，于是利用多媒体，展示一组赵州桥与其他石拱桥的对比图片，顺势引导："赵州桥与其他石拱桥有什么不一样？能根据文中内容，向游客推介一下吗？"这样，唤醒进一步探究的动机，引导学生发现赵州桥的坚固、美观、雄伟，产生对我国古代劳动人民智慧的赞叹之情。其实，学生对任何新事物都充满好奇，只要动机被唤醒，一定会自愿参与，积极对话。

2. 唤醒已有经验

阅读是基于经验的意义建构。每一位都拥有自己的个性生活，积累了特有的个体经验，只有激活已有经验，才会依托经验读进文本。众所周知，优秀的文章都是作者独特的生命表达，学生阅读时也会心有所动，产生个性化感受。不过，学生与作者之间存在落差是客观的，有时对文本内容熟视无睹，有时对文本要点视而不见，有时对文中之意难以自知。这就需要捕捉学生细微的心动，并顺此去唤醒学生的已有经验，激活学生的言语潜能，扩大学生经验与文本要点的对应范畴，增进学生经验与作者经验的对流，助力学生对照文本调动原有经验，产生与自身经验相应的文本意义。如，统编教材五年级上册的《忆读书》，内容多，信息量大，整体感知全文后，可抛出话题"读过冰心提到的书吗，感受和冰心一样吗""还喜欢读什么书，有哪些经验值得分享"，以此唤醒读书经验，畅谈读书体会，让"小书虫""小博士""万事通"与该文建立最佳关联，融入"忆"的语境。事实上，此话题一出，绝大多数学生举起了手。显然，他们产生了共情共振，这为后续理解"我永远感到读书是我生命中最大的快乐"和"读书好，多读书，读好书"做了良好的铺垫。这种对照文本所唤醒的经验，有利于学生产生"陌生的熟悉感"，在似曾相识中引发思考，带来阅读的愉悦，增添进一步对话的信心。

3. 唤醒言语生命

言语生命是言语行为最本真、最活跃、最积极的状态。语文实践与生命契合，会唤醒学生的内在需求，甚至自觉追求。唤醒言语生命是让学生产生与文本相宜的体验，更好地感受自己，更多地接纳自己，获得生命的存在感和发展感。为此，要注重言语生命的养育，引导学生向往美好，追求生命意义，实现生活境界的提升和精神世界的超越。如，教学统编教材六年级下册的《竹石》时，就可以通过先感受竹石的动作"坚劲"，品质

"坚劲"，再拓展写作背景、其他三位诗人的咏竹诗以及郑板桥的其他咏竹诗，不断唤醒学生内心深处的"坚劲"，体悟郑板桥的精神"坚劲"、人格"坚劲"，展开当下六年级学生与300多年前的郑板桥的深度对话，让学生透过与文字的对话，过渡到对郑板桥精神的体悟，直至上升为对自我生命意义的叩问。可以说，对话文本是言语生命不断被唤醒的过程，学生会在一次又一次唤醒中，一次比一次更真切地认识自我，感受生活，一次又一次借助文本自我激励、自我调适、自我塑造、自我成长，自觉地展开生命建构与自我超越。

二、关联

没有关联，就没有结构；没有结构，也就难以生成主线。从文本走向经验，不是静态经验的简单积累，而是动态经验的相生相长，表现为学生遇到疑难时，会联系旧知去思考，联系上下文去理解，联系生活去体验。"这些相互联系的新旧信息，被当作前提在推理过程中一起使用时，可以衍生出更多的新信息。如果没有这种新旧前提的组合，就无法推出这类新信息。这种因新信息的加工而导致的信息增值的效果，我们称之为关联。增值效果越大，关联性就越大。"[①] 为此，可以从学习内容、学习活动、学习方法等角度，促进相关信息关联起来，连贯成意脉，不断增值，助力学习经验生长。

1. 学习内容关联

学习内容关联是指主要内容相互交叠共进、渗透融合，一以贯之。其中可以是文中要点与学生现实生活或认知经验的关联，也可以是分散信息黏合，多方资源聚合，从自然现象到社会百态，从一种生活状态到另一种生活领域，还可以是这个点依存于某个面。文中某些字、某个词、某句话、某件事，孤立看平淡无奇，一旦联系大语境品读，语味十足。如，教学统编教材六年级下册的《真理诞生于一百个问号之后》，就可以关联"体会文章是怎样用具体事例说明观点的"这一单元语文要素，先鼓励学生围绕课题质疑，初步了解真理与问号的关系。接着，引导学生梳理作者是怎么阐述观点的，运用哪些事例来论证的。然后，帮助学生发现每个事

---

① 斯珀波，威尔逊. 关联：交际与认知 [M]. 蒋严，译. 北京：中国社会科学出版社，2008：前言.

例都是"'司空见惯'的现象→发现问题→反复实验→得出结论"的表达思路,并用三个不同的事例印证观点的。最后,借助板书,将前后学习内容进一步关联,突出事例之间的协和,进而习得作者紧扣观点选取不同事例的论证方法,让文本意义不断增值。当然,更为重要的是助力学生将自身经验与文本内容关联起来,力促各方学习资源一体浑然,"尽力让学生感受到关联,让学生意识到'这有什么用',至少是'这可能有什么用'"①。

2. 学习活动关联

学习活动关联是指语文实践呈现出因果、递进、点面等关系,听、说、读、写等协同发力。为此,首先,要增强不同时段学习活动的纵向关联。学习活动过程是由阅读该文的逻辑与学生心理适应性关联决定的,其间的唤醒、体验、融通、应用等持续进阶,共同助力学生连锁思考,产生连贯意义。其次,要增强学习活动彼此之间的横向关联。单从听、说、读、写来看,如果既发挥各自功用,又彼此协同,就会相互补充、促发和联动,促成不同层面的学习相辅相成,生成整体势态。最后,要增强学习活动整体与部分、部分与部分之间的关联,统筹好各个学习环节的次序、功用等,促使各部分学习连贯起来。可以说,学习活动之间关联越紧密,相应信息增值越明显。如,为促成单元语文要素"读小说,关注情节、环境,感受人物形象"在统编教材六年级上册的《桥》中的落实,可以展开如下前后联动的主要学习活动:一是"画出描写雨、洪水、桥的语句,在旁边记下阅读感受",意在通过短句的表达特点,感受雨的猛烈;通过品读写桥的语句,体会到这里的桥不只是那座窄窄的木桥,还是老汉用血肉之躯撑起的生命桥;通过画洪水曲线图,理解环境推动情节;通过对"为什么用这么多笔墨写雨、洪水、桥"的探究,领会环境衬托人物、环境推动情节、情节塑造人物。二是"读一读描写老汉动作、语言、神态的语句,说一说这些描写的作用",意在围绕"像一座山"与"凶得像只豹子"、"揪"与"推"等之间的矛盾冲突,感受老汉高大的形象。三是阅读补充的片段,意在发现片段中环境描写与人物形象的不协调,先自主修改,后全班交流,以深化对环境衬托人物的理解。可见,这三次进阶前后

---

① 焦尔当. 学习的本质[M]. 杭零,译. 上海:华东师范大学出版社,2015:72.

关联，共同促成本单元语文要素在《桥》的学习中多次反复，多维转化，持续增值。

3. 学习方法关联

学习方法关联是指帮助学生选用与内容契合的方法前提下，务求学习方法之间彼此协同，相辅相成，进而共同建构全文意义。这既需要入乎文内，更需要出乎文外。有时走出文本，与文本保持适当的距离，产生"熟悉的陌生感"或"陌生的熟悉感"，反而能成就理解。吕叔湘先生曾说过："每逢在种种具体问题上遇到困难，长期不得解决的时候，如果能够退一步在根本问题上重新思索一番，往往会使头脑更加清醒，更容易找到解决问题的途径。"[1]"退"不仅是看清问题的方法，也是助力学生找到适宜学习方法的方法。我们可以退到作者当初创作的意图处，退到与学生已有经验更贴近、认知经验更充分的起点。毋庸置疑，方法是否相宜，与"退"的状态是否适度相关，"退"的状态越适度，方法与内容就越契合，方法之间就越关联，学生体验就越充分，相应的信息增值也就越大。如，教学统编教材五年级上册的《将相和》时，我们先不妨"退"到廉颇与蔺相如矛盾的爆发点，引导学生横向对比廉颇与蔺相如的言行，初步感知廉颇的争强好胜和蔺相如的"胆小"。再将蔺相如面对秦王与廉颇的言行进行纵向对比，思考蔺相如到底是"胆大"还是"胆小"，并通过角色扮演，化身为蔺相如，体会蔺相如的顾全大局。接着，让学生纵向对比廉颇之前的狭隘与之后的知错就改，体会廉颇的勇于改过。最后，对比文中主人公解决矛盾的智慧和学生平时处理矛盾的经验，从而丰富主人公形象。这种纵横交错的对比，增强了多方信息的关联，有助于学生读懂人物，领会到对比的妙用，习得相关的言语智慧和人生经验。

三、对话

如果学习元素仅有静态关联，没有动态交融，是难以生成连贯意义的，务必让相关元素联动起来，进入彼此对话状态。这里的对话是宽泛的，可以是各种元素之间的彼此影响。其间，起主要作用的是文本、学生、教师。探讨对话可着重从师生、生生、学生与文本、学生与自我这四

---

[1] 吕叔湘. 吕叔湘语文论集 [M]. 北京：商务印书馆，1983：323.

方面展开。

1. 师生之间平等对话

师生对话可以以教为中心,老师教学生学;也可以以学为中心,老师服务于学生学;还可以师非师、生非生,师亦生、生亦师。最后一种对话更能激起情趣,引发思考,助力学生调用自身经验能动地对话。对话能否进入"你"中发现"我","我"中发现"你"的状态,首先取决于老师能否将自己定位于"平等对话的首席",这是师生和谐对话的前提。对话中的老师引导应尽可能隐秘,处于潜在状态,让学生对教的状态无感,而对自己学的状态有感。如,学习统编教材一年级下册的《要下雨了》时,理解"潮湿",对于读懂小燕子的话十分重要。于是,教者故意装不懂:"小朋友们,潮湿见过吗,什么样子,教教我,好吗?"这种儿童化请教姿态,一下子调动了学生的积极性。有的说:"下小雨时,地上湿润润的。"有的说:"洗澡时墙上会有小水珠。"还有的说:"下大雾时,湿气很大。"可见,此处的对话激活了生活经验,打开了话匣子,为读懂句中因果关系,做了良好的铺垫。当然,师生平等对话,应指向文本核心,不断向这一方向聚集力量。这就要求适时适度地推送体现文本核心的话题群,以引领学生对话。这样,师生交流目标一致,行动同向,相互敞开,互为接纳,彼此驱动,学生会在时而苦思冥想、时而豁然开朗中,产生对话的愉悦感。这种愉悦感又会作用于师生,使师生浸润其中,敞开各自心扉,情思在彼此碰撞中自由舒展,意义在双方心田里自由流淌,实现着师生双方言语与精神的同构共生。

2. 生生之间共享对话

众人智慧一定胜过一人,对话是相互认同与理解。如果彼此敞开心扉,畅谈感受,对话会深入。加之学生之间因为拥有相近的年龄、相似的知识水平、相近的生活阅历,更容易引发共鸣。生生对话可以纵向贯通,前一次讨论与后一次交流有内在的联系;可以横向关联,不同学生的交流彼此共享;也可以直接对话,成为对话双方的主体;还可以间接对话,生生或师生直接对话对在场的其他同学产生影响。表面上直接对话成效明显,实际上间接对话的频率高,参与面广,影响力大,其价值不言而喻。但无论是哪一种对话,都需要心灵在场,都必须直抵内心,助推着情感交流、意识交锋和智慧碰撞。如,教学统编教材四年级下册的《"诺曼底号"

遇难记》时，课上有学生质疑："哈尔威船长在大家撤离后，为什么不弃船逃生？"教师没有直接回答，而是将此疑问抛给学生。经小组讨论后，有的认为，从"必须把六十人救出去"可以看出，哈尔威心里只有乘客和船员，完全忘了自己；有的认为，哈尔威早已抱定"船在我在，船亡我亡"的决心；有的认为，这一情节安排是小说塑造人物形象的需要；还有的认为，希望哈尔威撤离，因为他的存在比沉入海底更有意义……这样，生生对话的密度、强度和效度有所增强，形成了相互敞开、彼此包容的对话场。在自由交流中，学生们学会交际，学会合作，懂得尊重和理解他人。当然，这里的学会需要老师创设乐于交流的情境，营造人人想说的氛围，提供个个能说的方法，引导学生意识到分享见解、贡献智慧，不仅是自己的义务，也是对同伴的支持。

3. 学生与文本循环对话

文本是对话的主要载体，是多元对话的另一个主体，与师生进行着有意义的交流。师生与文本对话就是把静态文字还原为生命情感的过程，是文本意义不断生成的过程。学生与文本对话是其中的第一要义，老师与文本对话、老师与学生对话、学生与学生对话都是为学生与文本对话服务的。学生与文本对话不同于普通的交流，而是相互敞开、循环影响、共建意义的过程，是双方的精神相遇。首先，学生与文本对话是通过发现作者的情感变化和表达思路实现的。学生会凭自身经验产生与文本意义相宜的感受；文本也会向学生敞开，吸纳学生经验，生成与学生经验相应的意义，会因意义昭示而最终得以完成。其次，学生与文本对话是通过对照文本改造着自身经验。学生领会文中之意，与作者经验融合，获得自我提升；文本向学生展现意义，就是借用作者的生命情感和言语智慧，提升学生的生命情感和言语智能。如果将文本视为被理解、被记忆、被复述的对象，作为客观的、不变的意义体，就会影响学生对文中之意的领会。这种单方面寻求文本对学生的影响，会成为单向独白、单轨灌输，丧失对话的意义。如，统编教材二年级下册的《羿射九日》是一篇神话故事，整体感知后可以通过多种形式的讲故事，引导学生与文本循环对话。先借助文中插图，将画面讲清楚，再联系文后"表格"，按"起因、经过、结果"将情节讲完整，然后联系生活，合情想象，将故事讲生动，最后回家讲给家人听，讲出故事的神奇。这样一次又一次进阶，既有助于学生带入经验，产生独特的感受，又增进了羿的刚毅有力和英勇无畏对学生的感染。可见，学生与文本对话表现为两者之间生成循环转化的语意场。

4. 学生与自我审视对话

学生与自我对话是语文教学的根本目的。语文教育的目的是育人，培养"完整的人"，是追求精神独立，促进人格提升。在本我、自我、超我三重人格成长中，借鉴作者经验，在本我阶段实现潜意识的获得快感，在自我阶段满足社会化的意识觉醒，在超我阶段达到规范化的标准制约，让学生与本我争斗，和自我对话，向超我奋进，形成良好的人格。如，在统编教材四年级下册《囊萤夜读》的教学中，可以引导学生思考："囊萤夜读，让你对学习有了怎样的体会？"有的说："车胤家里穷，无法读书，但从不放弃，努力克服困难。我们生活这么好，却不认真读书，真可惜。"有的说："我以后要少玩手机，少打游戏，多读书，像车胤一样勤奋。"这些发自内心的感言，表明学生已从车胤身上读到了自己的影子，读出了自我，读懂了生活。其实，学生与自我对话，是在"此我"与"彼我"的比较中展开的，在"小我"与"大我"的斗争中发展的，意在不断调控本我的生活情绪，提升自我的生命状态，追求超我的人生理想。可以说，学生每一句精彩的言说，都是从生命中流淌出来的。学生对话文本必然带有鲜活的生活经验，沾染着自我的生命色彩。也只有融入自我，才会从对话文本中获得语感和美感。为此，应把目光更多地投注于每一位学生，引导他们把对话既看成外在的生活需要，又看成内生的精神需求和言语生命的自我完善与自我实现。只有发自内心的需求，才会激起对文本内隐性体认，并对照文本对所积淀的生活经验和语文经验进行审视。正如美国心理学家波斯纳所言，"没有反思的经验是狭隘的经验，最多只能是肤浅的知识"[1]。学习正是在审视中对话，实现文本意蕴领会和自我生命超越，实现本我、自我与超我彼此约束、互相协调、和谐共存，促成自我健康发展。

四、体验

体验是"以身体之，以心验之"，是个性化的、生命化的、实践化的，既有文本言与意的自我体认，又有已有经验的情境再现，更有当下的生命

---

[1] 赵昌木. 论教师成长[J]. 高等师范教育研究，2002 (3)：11-15.

感动。我们可以通过介入表象、注入情感、融入情境等方式，助力学生从现实生活融入艺术世界，产生相宜的内心反应。

1. 介入表象体验

"象立则言达，象活则意生。"儿童是借助形象认识世界的，是以直觉感应为主对话文本的。文本是对现实世界的间接反映，要悟得作者的表达意图和思路，需要直观的表象做支撑，将文字转化成形象来感受。品味文中某个要点，如果辅以相宜的表象甚至物象，就会增强学生的直觉感受，助力学生将抽象的还原为具体的、间接的转换为直接的，将文本的言与意转化为生动的语文实践，将关键要点想象成相应的场景、人物形象或生活画面。换言之，如果学生观察相应的文中插图、配套挂图、相关视图，感受到与该要点对应的物象、事象或形象，就可以引发相宜的定向、逆向、类似或对比等联想，借助相关的表象经验，增进文本之言与文中之意的有机转化。如，统编教材五年级上册的《父爱之舟》的两幅插图，都是作者吴冠中的画作，呈现出家乡的风光，表现了作者对小舟独有的情感。在直接感知文本的基础上，可以引导学生观察这两幅插图，借助画面的写意，激活生活经验，助力学生先产生小舟物象，再合情联想，将文本内容转化为小舟表象，想象成承载亲情的"小舟"意象，感受到父亲对"我"无微不至的关爱。也正是这"小舟"，成为"我"日后努力学习、砥砺奋进的动力源泉，成为父爱之舟、希望之舟、人生之舟。此时的文本已不再是语言文字的集合，而是学生心中的一种场景、一首诗歌。可见，借助与某个要点相应的表象，激发学生想象，将相关的事物或场景带入阅读，介入经验，可以促使文本的言与意鲜活起来，让文本"活"在生动可感的表象中，"活"在相宜的言意体验中。可以说，所介入的表象越契合，学生越容易被带入文境，产生的体验也越充分。不过，介入表象不应刻意追求直观、花哨的图画实物，视听动人的多媒体课件，特别是高年级，应趋向理趣与简约，务求通过想象、关联、描述等，彰显语言文字的魅力，增强对话的语文味。尤其应多描绘、少概括，鼓励学生抓细节描述，用自己的语言描述，依自身的经验描述，在不同表象描述中铺陈事象，渲染形象，丰富意象。

2. 注入情感体验

"夫缀文者情动而辞发，观文者披文以入情。"（《文心雕龙·知音》）

文本是有情感的，有生命的，作者将情思转化为文字，自然饱含着自己的生命情感，这正是理解文本的心理基础。学生也拥有色彩斑斓的个体情感，快乐、悲伤时，对文本的理解是不一样的。儿童极易带着自我情绪对话。情绪不仅是理解文本的心理基础，更是对话文本的内生动力。学习的过程是情感交流的过程，文中之情会与学生情绪产生对流，与学生生命相互激荡。为此，我们既要与作者以及文中人物的生命情感相融，把准文本情感基调，遵从文本价值取向，营造相宜的对话氛围；又要设法让学生与文本共情，感受到作者的生命情感，发现作者的情感变化，让文中之情触动内心，拨动情弦，进而养育学生富有诗意的灵性和良知的善性；更要蹲下身子，走进童心，感知童趣，领会童真，以儿童之情，怀情而教，以情激情，激活、渲染、引导或唤醒相似的情感经验，或激发情以言表的愿望，或升华萌生的情感，让学生注入相宜的情感，参与多方对话，提升对话文本的情感质态。如，教学统编教材五年级上册的《慈母情深》时，可以引导学生列举生活中类似的小事例，谈一谈母亲对自己的关爱，以及自己当时的内心反应。这样，注入相似情感，揣摩文本之言，体会文中母亲的辛苦和远见。情感一旦共鸣共振，暗流即刻涌动，学生会在文中之情与自我情绪的激荡中，洗涤心灵，净化灵魂，产生对母亲的感激之情。而生成的情感又会作用于文本言与意的转化，或注情入文揣摩语言，或角色扮演抒发情感，或移情体验感同身受，或趋同交流表达悲欢，或动情朗读传情达意，或自由抒怀适度宣泄……这样，基于自身生活经验，对照文本情感基调，体会作者的心路历程，触摸文字的情感温度，融入文本的精神世界，浸染文中涌动的情感，感受文中灵动的生命潜流，奏响情弦最强的音符，进而将自身置于其中，产生心灵默契，腾起抒怀言志之情，进入情味盎然的状态。

3. 融入情境体验

"有我之境，以我观物，故物皆著我之色彩。"[①] 就是说，融入情境，产生体验，眼前景变成了胸中景，景物发生了变化，便与众不同，有了新的意义。为此，可以利用生动的语言，描绘文本情境，帮助学生转化文本之言与文中之意；也可以通过相宜的音乐，适时渲染，为学生融入文境营

---

① 王国维. 人间词话 [M]. 梁莹, 译. 北京：北京联合出版公司, 2015.

造氛围；还可以借助多媒体形象、声音等元素，调动多种感官，让学生全身心浸润其中；更可以或分角色朗读，或协作表演，引导学生换位思考，走进某个角色的内心世界。如，统编教材五年级上册的《落花生》叙述种花生、收花生、尝花生、议花生的过程，以过花生收获节为重点，详写议花生，场景固定，涉及人物不多。教学中可以创设会话情境，展开角色表演。通过与人物置换身份，助力学生融入"议"的氛围，感受父亲的殷殷期待，激起自我人生思考。可见，真实的情境，有助于增进代入感，增强语言文字的感染力，还原文中生活场景，外显作者情感变化和表达思路，彰显相应的言外之象、象中之意。其中的关键是既要入乎情境之内，又要出乎情境之外，依境循意，举象显意，品言得意，意以言表，在"物我交融""物我两忘"中，体会到言外之意、语外之情，悟得这一篇之真义。换言之，我们应借助相宜的情境，引导学生如临其境地对话，转化文中的言与意，与作者相识相知，直至角色替换成作者，进而让字间之意鲜活起来，变成一幅幅生活的画面、一幕幕生动的场景、一段段感人的旋律，助力学生体悟到那份情、那段爱、那颗心、那种味，实现言语生命的升华。不过，这类情境的创设，应略高于学生现实的心理经验，有时大可不必点明某种情意，留点空白，有点模糊，反而会成就学生的想象与诗意，助力学生产生超验。

需要强调的是，虽说言意体验是从文本走向经验的主要方式，但体验不是万能的，也不会孤立存在，其状态离不开知识的支撑、思维的相伴、想象的参与等。

五、循环

春、夏、秋、冬是大自然的循环。循环不仅是自然界的现象，还普遍存在于社会生活中，人们认识事物，总是由低级向高级、由感性向理性循环发展的。学习也是一种循环往复、螺旋式上升的过程，既包括新旧知识之间、学生与环境之间、辅话题与主话题之间等的外循环，又包含前后体验之间、言意转换之间、经验与应用之间等的内循环。我们应让内外循环有机统一、形成结构、充满活力、丰富意义。

1. 起点可循环

起点是依据学生能做什么来考量的，与原有经验密切相关，体现在学生对文本的适应度上。起点与终点一旦被提出，意味着两者之间已经进入适应与不适应的循环。任何学习首先考虑的是已知与新知之间的联结。奥苏伯尔指出："如果我不得不把教育心理学的所有内容简约成一条原理的话，我会说：影响学习的最重要的因素是学生已知的内容。弄清了这一点后，进行相应的教学。"[1] 这就要求我们把准学生的已知，利用已知对新知进行同化或顺应，让新旧知识的不适应与适应进入循环转化状态，让学习起点不断更新。如，教学统编教材三年级下册的《荷花》时，上课伊始，可以通过交流看过的荷花是什么样子，或诵读学过的有关荷花的古诗，了解学情，找到学生与该文的最佳关联。此时，学生对荷花的印象，可能是笼统、单薄、分散的。如果顺着这些起点引导提问"我们该怎么把见过的荷花写具体，叶圣陶又是如何把观察到的荷花写清楚的"，就可以助力学生对照文本，审视自身经验，增进新旧知识联结，缩小甚至消解与该文的落差。为此，教师应着重了解学生已具备哪些知识、方法、能力等，尤其要"了解学生的阅读难点在哪里，即不喜欢、读不懂、读不好的地方"[2]。然后，引导学生从能够自知的"点"入手，增强似曾相识之感，用已有经验与陌生的文字对话，依自我认知与文中作者交流，从对文本的不适应走向适应，再走向新的不适应，始终处于动态适应之中。具体操作时，可以通过预习作业、课前访谈、相关调查等，了解学生相关的语文经验和生活经验，关注每一位的需求以及彼此之间的差异，帮助这一位与这一篇建立个性化链接；还可以依据上课伊始旧知复习、新知导入中学生的反应，当堂切入现实起点，化解学中难点，调适学习活动，以增进学生与文本的适应度。如果这样的不适应与适应进入良性循环，学生积极性会提高，参与度会提升，愉悦感会渐增。

2. 过程巧循环

过程循环是指不同时段的学习指向文本核心，多次重组，多维实践，学生往复于类同形异和异质同构之中，进入连续对话状态。学习活动应按一定序列舒展，且文本核心应处于多维研读、多次渗透、多重建构之中。这里的"多"不是简单重复，而是不同层面学习具有内在逻辑关联，构成

---

[1] 奥苏伯尔. 教育心理学：认知观点 [M]. 佘星南，宋钧，译. 北京：人民教育出版社，1994：扉页.
[2] 王荣生. 阅读教学教什么 [M]. 上海：华东师范大学出版社，2016：49.

递进关系，不断从一种状态进阶到另一种状态。为此，既要依据维果茨基的"最近发展区"，让教学适度走在学生发展的前面，又要提供循序渐进的学习台阶，搭建逐层进阶的对话支架，引发学生不断思考，助力学生上勾下连，生成彼此关联、前后呼应的主要意脉，让文本核心之意不断增值。如，教学统编教材三年级上册的《总也倒不了的老屋》时，可以借相同表达思路"反复"推动情节的特点，先引导学生在学习小猫与老屋的故事中，生成"老屋正准备倒下，谁来请求什么，老屋是怎么做的"的主话题。然后，引导学生循着主话题的意指，分别学习老母鸡、小蜘蛛和老屋之间发生的故事。最后，激励学生合情想象，续编"老屋正准备倒下，又有谁来请求帮忙，老屋又会怎么做"。这样，主话题引领的对话语脉有所连贯，学习过程进入循环进阶状态。其实，语文学习就是一种语文实践循环发展的过程。《语文课程标准》就注重整合课程目标相关条目，课程随学段升高而难度递增，螺旋式循环发展较为明显。这就要求相应的学习层次分明，在时间分布线上形成循环而上的势态，而这种势态是以基础型、发展型、拓展型学习任务群的形式组织与呈现的。虽说学习任务群的落实，已拥有对应的专题单元，但我们应增强单元之间，尤其是单篇之间相互关联的意识，注重将某要点学习、某篇学习，置于系列学习任务之中循环建构，让每一次学习比前一次有所提升，让不同层面学习彼此联动，不同时段学习形成拾级而上之势，助力学生循着主话题的意指，循环往复地建构单篇甚至单元意义，不断深化个体经验与核心之意的融合。

3. 终点再循环

从课时教学来看，终点是"希望学生上完这堂课以后怎么样"[1]，课堂有终点，学习无止境。这里的终点虽指某时段学习活动的结束，但并不意味本时段生成的意义终结，应追求课虽止而意无穷，借助言意体验相生相长的力量，鼓励学生将文本带来的意义应用到课外、校外，融入新时空，使其再生，促其增值，生长出更开阔、更深刻的意蕴。如，教学统编教材三年级上册的《掌声》时，引导学生联系上下文，理解第一次掌声是同学们发自内心的鼓励，给英子带来勇气，第二次掌声饱含同学们对英子的赞扬，给英子带来自信。学生们从中体会到，既要在别人身陷困境时不吝啬

---

[1] 王荣生. 阅读教学教什么[M]. 上海：华东师范大学出版社，2016：66.

鼓励的掌声，又要学会从别人关爱的掌声中获取力量。最后，展开讨论："以前，获得过哪些掌声？今后，会将掌声献给谁？"帮助学生化英子的感动为自我的生活经验，产生"乐于为别人鼓掌"的心愿。终点再循环可以是新知的对接、文化的渗透，也可以是学习方法或策略的迁移，还可以是新生经验应用到更广阔的天地，生成灵动的生活智慧与生命意义。有时终点之意可以向心灵深处再循环。带着新生意义，即学即用，活学活用，读出个体生命色彩，读出自我的人生思考，自然地将新生经验内化为自己的心灵感悟，滋养生命，生成终身受用的智慧。有时终点之意也可以向生活再循环。将新生意义应用到生活之中，借助现实生活中的相关资源，学会生活，拥抱自然，融入社会，形成对生活、自然、社会的正确认识，为日后"读万卷书，行万里路"储备方法，拓宽思路，培育自信。有时终点之意还可以向明天再循环。新生意义进入循环往复状态，心中必然生成某种生命意向、某种人生抱负，感受到生命的飞扬、心境的豁达，生命会向着明天进发，把昨天的文本内化为今天的经验，开启走向明天的大门，踏上诗意人生之路。

六、融通

融通既指聚焦文本核心，逐层转化文本的言与意，前后感受演绎为内通外联的意义链，生成连贯圆融的统一体，又体现为学生发现作者的情感变化和表达思路，生成主要意脉，悟得文本整体意义，还促进不同层面、不同时段的言意体验进入相生相长的状态。

1. 主要内容融合

主要内容的融合是指体现文本核心的不同层面的内容相互关联，交叠共进，融为一体。只有多方信息聚合起来，各方内容融合起来，才会生成内容之"主"，一以贯之，学生也才会借此连贯起全文。经验是依存具体内容生长的，学习内容可以是局部要点，也可以相对独立，但内容之间务必拥有类属关系，实现异质同构。如，教学统编教材五年级上册的《搭石》时，可以通过"全文围绕搭石写了哪些内容"的提问，引导学生融合各个自然段，体会到全文内容的明线，以"搭石联结着家乡人什么样的情感"的提问，引导学生潜入字里行间，体会到文中情感的暗线，助力学生在"明""暗"交织中，发现话搭石、摆搭石、走搭石、赞搭石的主要意脉，感受到家乡人的质朴与善良，习得借物喻人的表达方法。可见，意义浮现于各个要点之间，活而不乱的学习浑然一体，得益于主要内容的融合。如果没有主要内容的融合，其他学习活动、学习方法的相融是毫无意义的。我们首先必须增强主要内容之间的关联，使其成为各部分学习值得依存的主体，与各部分学习融合后，不断增值和升华。

2. 语文实践融会

前后关联的经验才可能生长，也就是说，如果经验之间彼此孤立，是难以生成连贯意义的。为此，识字、学词、练句、悟文等必须协同起来，听、说、读、写、思、议、评等务必趋向一致，进而相辅相成，彼此融会。李海林先生指出："所谓阅读，直接的对象是言语作品，实际上指向语境的意义，阅读的过程，实际上就是一个由言语到语境，透过言语寻找语境、感受语境的过程。"[1] 那么，如何实现"由言语到语境"，怎样"透过言语寻找语境、感受语境"？我们倡导借助主话题的统领力，融会多层面对话来体现，连贯前后对话语脉来实现。如教学统编教材六年级上册的《夏天里的成长》时，可以先将单元语文要素"围绕中心意思来写"转化为主话题，逐段揣摩表达方法，后借助板书梳理中心句与各段的关系，再采用思维导图直观呈现作者是怎么围绕中心意思写的，引导学生发现这一表达特点；也可以组织讨论第2～4自然段是否能调换顺序，是否可以删去其中一段，引导学生领会该文是从三个方面逐层递进的；还可以根据文本结构分工朗读，引导学生发现作者谋篇布局的思路，习得"围绕中心意思来写"的方法。这样，无论哪个环节的语文实践，因共同指向主话题，拥有了内在逻辑关联，彼此得到了融会。可见，体现文本核心的话题群，可以组织起不同层面的学习活动，促使语文实践从碎片化走向彼此融会。

3. 学习过程融畅

语文实践融会侧重于横向协同，而学习过程融畅侧重于纵向发展。不同时段的学习起初可能相对独立，但最终会前后融畅，走向完整，这种变化与对话语脉连贯是相伴相生的。"经验的连续性原则意味着每一种经验既会从过去的经验中获取一些东西，又会以某种方式改变以后要经历的那种经验的性质。"[2] 可见，过程融畅是学习进阶的体现，逐层推进着后续学

---

[1] 李海林. 言语教学论 [M]. 2版. 上海：上海教育出版社，2006：364-390.
[2] 杜威. 经验与教育 [M]. 汉英双语版. 盛群力，译. 北京：中国轻工业出版社，2016：21.

习，力促学习朝着终点发展，最终进入前后连贯、首尾呼应的生长势态。具体表现有两方面：一方面，不同时段学习联动、文本内在关联彰显、学生前后对话连贯等相辅相成，学习起点与终点之间首尾贯通，融为一体；另一方面，新生经验不断改善着后面的学习，前面学习成了后续学习的铺垫，后续学习成为前面学习的巩固与提升，前后学习构成递进关系。如，教学统编教材二年级上册的《雾在哪里》时，可以借助"雾真淘气，把什么藏起来了"这一主话题，引导学生发现作者是按"雾自言自语→把什么藏起来了→藏后之景"的思路来描述变化的，并运用"无论……还是……都……"等句式，来表达大雾笼罩下的景象，进而引导学生循着作者这一相通的表达思路，自主研读其他自然段，促成学习过程融会贯通。可见，学习过程融畅实际上是学习内容彼此融合与语文实践前后融会相辅相成，是主话题对不同时段对话的持续融通。只有增进主话题与话题群，以及不同时段的对话相融，才能促成文本意义随着学习进程而不断完整。

4. 言意体验融生

融通，归根到底是言意体验相生相长的状态，是聚焦文本核心，逐层转化文本的言与意，连锁思考，连贯意义，使诸多意义融入主要意脉，彰显出全文整体意义。可见，意义生成是由学习内容彼此融合转化而来的，由语文实践前后融会演绎而来的，学习内容与语文实践契合，又是文本之言与文中之意逐层转化而来的，是文路与教路围绕学路相融共生的表达方式，是言意体验进入前后融生的进阶势态。其间的核心是每一位学习经验都有所生长（见图 6-1），x 表示学习内容彼此融合，y 表示语文实践前后融会，z 表示言意体验相生相长，其中，x 会影响 y，y 也会影响 x，两者是交织的、协同的。x 与 y 越契合，表明 z 的质态越佳。换言之，如果学生既发现学习内容彼此关联，又感受到言语行为前呼后应，那么他一定处

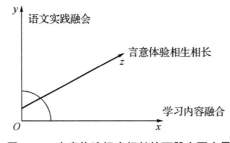

图 6-1 言意体验相生相长的两股主要力量

于经验生长状态。如，教学统编教材三年级上册的《搭船的鸟》时，一方面，借助主话题"'我'观察了什么，是怎么观察的"，探明自然段之间的关系，尤其是第2、4自然段一静一动的关联，助力学生整体把握全文内容；另一方面，借助文中插图以及相关视频，引导学生在想象画面、比较体验中学习观察，学会表达，言语行为始终指向"学会留心观察"（单元语文要素）。这样，可以增进语文实践与学习内容的契合度，强化前后学习的逻辑关联，促成学习内容舒展、语文实践发展与言意体验融生这三者相辅相成。也就是说，言意体验相生相长的质态与语文实践者的状态密切相关，实践状态不同，生命体验相异，与之相随的经验生长必然各有千秋，这也决定着具体文章的意义在具体读者心中的强弱、丰简、明暗等。

总之，学习内容是否融合，语文实践是否融会，只是外在的；学习过程能否前后融畅，言意体验能否相生相长，才是内生的、关键的，而这一切正是借助充满活力的主线生成全文整体意义的过程。

七、应用

学以致用，知行合一，是从文本走向经验的应然状态。这需要借助文本带来的意义，拓展适宜的语用时空，引导学生做中学、用中学、创中学，将新生经验应用于新的情境，开拓更多的发展路径，提升适应不同环境的能力。

1. 即学即用

这是一种随即将新生经验应用到与当下学习较为相似的情境之中解决类似新问题的方式，一般指课内当堂应用。宽泛一点，听、说、读、写等都可能在应用，学习活动的进程、言语行为的过程也可能在应用。叶圣陶先生指出，"必须使所学的东西融化在学生的思想、感情和行动里，学生的思想、情感、行动确实受到所学的影响，才算真正有了成效"[①]。这意味着，文本只有融入自我"思想、感情和行动"，并能用自己的语言表达，才有意义。为此，可以引导学生依托自身经验，借助某个连接点、聚合点、拓展点等，开展富有挑战的扮演导游、争当辩手、仿写练笔、阅读补充的文外相关资料等活动。这样，即学即用，以用促学，依新生经验拓展

---

① 叶圣陶. 叶圣陶教育名篇 [C]. 北京：教育科学出版社，2007：66.

应用的时空，让新生经验在真实的语文实践场中，生长出新的意义。如，在统编教材五年级上册的《将相和》中，廉颇得知蔺相如为了赵国利益避让自己时，"觉得自己为了争一口气，就不顾国家利益，真不应该"。据此可以引导学生先紧扣"脱下""绑着"，还原廉颇登门请罪的场景，感受廉颇知错就改的言行和悔恨自责的心情；再让学生回忆自己曾做过的错事，以及向对方承认错误的情景；然后顺势引导，提问"假如让你重新向对方认错，你又会怎么做，这一次认错与上一次有什么不一样"，这样，让学生生活经验与廉颇勇于改错的智慧产生碰撞，彼此的距离会缩短，甚至会消解，会理解由"不和"到"和"的不易，进而将勇于改错内化为自己的生活智慧。当然，推送的语用任务要可操作，能够助力学生消解文本与生活、文本与自我的边界。只要语用任务与新生意义契合，形成自由应用的实践场，学生就能够将学融于用，在应用驱动中创生文本新意。

2. 变式应用

这是一种将新生经验应用到与当前学习不太相似的情境之中解决相关新问题的方式，一般指走出课堂展开变式应用。"课内得法，课外受益。"学生生成新意，会觉得自己聪明了起来，激起继续探究的愿望，自觉带着文中之意，走出课堂，到课外生活中去能动地应用，到广阔的语文实践场去灵活地应用，到开放的大语文中去自由地应用，让文本意义与课外阅读关联起来，与校外生活联动起来，获得新的生长力和辐射力。如，教学统编教材三年级上册第二单元"金秋时节"时，可以先组织"寻找秋天"的综合性学习，引导学生一边在课外自读多篇有关秋天的文章，一边到大自然观赏身边的秋色，画一画秋景，写一写对秋天的感受，抒发一下喜爱之情，让文本意义处于应用状态。等到冬天来临时，再组织"感受冬天"的综合性学习，引导学生一边搜集描写冬天的文章，开展专题阅读和交流，一边走进冬天，感受天气寒冷，观察大雪纷飞，体会大地孕育春天的力量。这样，借鉴所学的，描绘眼前所见的，与时下季节契合，让文本意义不断激活课外生活，让现实生活鲜活可感、充满生趣，进而深化对课文的理解，引导学生与秋冬春夏亲密接触，全面认识大自然，真正爱上大自然。当然，推送这类语用任务，有一定的挑战性，既要有坡度，又不至于让学生束手无策。

3. 综合运用

这是一种将新生经验应用到更为广阔的社会文化生活之中解决复杂的

新问题的方式。"纸上得来终觉浅,绝知此事要躬行。"丰富多彩的生活是历练智能的最佳课堂。新生经验应用于生活,服务于生活,才是学习的最终目的。人的完整性必须植根于生活的完整性。从文本走向经验,就是为了让学生会过完整的童年生活。著名教育家陶行知指出:"要把小孩子从鸟笼中解放出来……鸟的世界是森林,是海阔天空。"① 从空间分布、呈现状态、载体形式、功能特点来看,语文资源是取之不尽、用之不竭的。我们应努力建设开放而有活力的语文课程,让自然风光、文化遗产、风俗民情、方言土语、国内外的重要事件等都成为语文资源。为此,既要引导学生把生活引进课堂,又要帮助学生将课堂拓展至生活,到广阔的生活天地中去自主观察与实践、自由探究与发现,更要激励学生用文本意义去开拓生活空间,自觉去"读万卷书,行万里路",借书中智慧去感受生活、理解生活、表达生活、创造生活。如,统编教材六年级下册第一单元以"民风民俗"为主题,编排了《北京的春节》《腊八粥》《古诗三首》《藏戏》四篇课文。学习该单元期间,可以开展"推介家乡"的综合实践活动。活动前先分为家乡民风、家乡民俗、家乡美景、家乡美食、家乡历史等小组。然后各小组自行利用课余或双休日到街道、社区、博物馆、档案馆等参观、采访和调查,拍摄相关照片,录制采访视频,搜集多方资料,撰写活动日记,并定期汇报活动的进展、得失以及下一步计划。教者全程参与各小组讨论,倾听学生心声,了解实践进程,在小组遇到难题时,能及时给予鼓励和指导。最后,各小组将收获制作成手抄报,并以"家乡的民风民俗"这一专栏展示。这样,学生在社会文化背景中,了解"民风民俗"的相关趣事与寓意,感受"民风民俗"的演变与发展,激起热爱家乡之情,进而从课本必然王国走向生活自由王国,最终借助文化的力量,获得言语生命的自然成长。

第三节　从文本走向经验的常用方法

王荣生教授指出,所谓阅读方法,就是"关键的地方在哪里,从这些地方看出什么东西来"。我们应"指导学生注意到以前没注意的地方,看

---

① 方明. 陶行知教育名篇 [C]. 北京:教育科学出版社,2005:224.

出以前没看出的内容"①。任何学习方法都是情境化的、实践化的、个性化的，都有自身的优点和局限，只有与具体课文相宜，让具体学生适应，才是有效的。文本体式不同，语言形式、内在结构和表达风格等都会不同，所采用的学习方法也应不一样。可见，从文本走向经验，既需要善用朗读、默读、略读等一般性方法，常用调动旧知、联系上下文、结合生活等多元融合方法，又需要依据学生与文本之间的落差，借力话题驱动，从文眼、文脉、问题、情境等方面，引导学生聚焦文本核心，逐层转化文本的言与意，连锁思考，连贯语脉，产生相生相长的言意体验，生成与文本相宜的主要意脉，直至与作者的生命情感和言语智慧相融合。

一、借文眼，助力言意体验相生相长

文眼是能揭示文本意义的关键词句，是作者表情达意的凝聚点，是全文的核心，能引示学生把握文中关键、领会创作意图、厘出表达思路，具有画龙点睛、统领全文等作用。借文眼助力言意体验相生相长，改变按自然段顺序展开阅读的习惯。以牵动全文的文眼为突破口，将其转化为学生感兴趣的主话题，助力学生回归到作者创作的原点，展开呼前应后的对话，直至发现作者的情感变化和表达思路。

借文眼助力言意体验相生相长的关键在于老师既要发现文眼，又要从学生现实的心理经验出发转化文眼。这取决于老师能够正确理解文本，充分了解学情。文眼可能是文题、中心句、总领句、总结句、过渡段等，可以转化为探明文本逻辑、突破教学重点、化解学习难点等视点，产生牵一"点"而动全篇之效。如，统编教材四年级下册的《白鹅》第2自然段"鹅的高傲，更表现在它的叫声、步态和吃相中"的"高傲"，既有承上启下的作用，又是全文的文眼。学习该文，如果从"高傲"突破，将"高傲"转化为与全文有针对性地对话的主话题——"鹅的高傲表现在哪些方面，从哪儿看出来的"，就可以引导学生调动有关骄傲的情感经验，研读上文，品读下文，连贯全文，发现文中体现高傲的语句，感受到白鹅特有的生活习性，领会"高傲"在全文中的特殊作用，进而将诸多意义融入以"高傲"为核心的主要意脉之中。

---

① 王荣生. 阅读教学教什么［M］. 上海：华东师范大学出版社，2016：28.

文眼是文中语言的直接陈述，用起来直观，富有具象性与实在感。它不仅能带动全文，凸显与文中各部分互为映衬的关系，而且能提升专注力，引导学生展开针对性对话。当文眼与相关内容重组，演绎成前后连贯的语脉后，会成为助推学生深度对话的内驱力，助力学生发现文眼的特殊意义与表达效果，体会到文本内在的聚合关系。

　　借文眼助力言意体验相生相长有以下三个注意点：一是切不可为选文眼而选文眼，那些远离学生经验的、学生不感兴趣的文眼选了也得不偿失。二要尽可能凸显文眼丰富的情意和特有的作用，促成文眼与相关内容相互渗透融合。三要利用文本相关内容，对文眼进行多维投射，丰富文眼的意义，让文眼呈现多样面貌，体现多元价值，展示出诱人的凝聚力与辐射力。

二、循文脉，助力言意体验相生相长

　　文脉是作者创作的思路，是贯通全文的表达线索，体现着文本的内在逻辑。循文脉，助力言意体验相生相长就是将文脉转化为学生感兴趣的主话题，引导学生循着文脉，连续对话，发现作者的情感变化和表达思路，让文本意义围绕文脉不断增值。

　　循文脉，助力言意体验相生相长的关键在于老师既要理出文本的脉络筋骨，又要基于学生现实的心理经验转化文中脉络。如果多条文脉并存，还要分清主与辅，务求将其中的主要脉络转化为与全文有针对性地对话的主话题，以助力学生疏通全文，把握整体意义。不同的文体有不一样的行文思路，有的按时间前后、事情发展顺序等纵向舒展，有的围绕文本核心分别叙说几件事来横向铺展，有的循着隐含的某种情感变化发展。课文一般都有文脉，只要用心研读，总能理出或明或暗、或主或辅、或情节或情感的脉络，这给聚合多方信息提供了有利条件。如，在统编教材六年级上册的《灯光》中，"灯光"是贯串全文的主要线索，可以将此转化为与全文对话的主话题——"不同地点不同时候的灯光之间有什么联系"，以此引导学生循着"灯光"梳理文本，比较相关要点，体会到正因为郝副营长心中憧憬灯光，所以危急时刻他点燃旧书照亮队伍前进的方向。正是有了战场上千千万万微弱的火光，才有天安门前璀璨的灯光。继而思考在不同的灯光中，看到了怎样的郝副营长。这样，循着"灯光"披文得意，品言共情，感受到郝副营长向往光明、心系未来的高尚情操，增进对郝副营长以及千千万万为了新中国勇于献身的革命先烈的敬佩与感激之情。

循文脉，助力言意体验相生相长的优点体现为作者的思路、老师的教路、学生的学路相辅相成为主要意脉，既有利于学生明晰对话路径，聚焦学习重点，将相关的字、词、句、段等交织于文脉，连贯起全文，又可以助力学生循着文脉走进作者的内心世界，弄清创作的来龙去脉，习得谋篇布局的方法。

循文脉，助力言意体验相生相长必须注意到，循文脉导引对话，不仅含有文本的脉络，还伴随着老师的教路，且三者不是孤立并存的，而是交织于一体相融共生的。尽管三者的交融依存于文路，但应以学路为主体，作者思路和老师教路都应服务于学习思路而进行舒展。换言之，动态生成的学路是否清爽，不仅取决于文本脉络的揭示是否清晰，而且取决于老师的教学思路是否简约。

三、解问题，助力言意体验相生相长

这里的问题是牵一问而动全篇的核心问题，是连续对话的主问题，转化为学生感兴趣的话题后，具有以一抵十之效，能助力学生聚焦文本核心多维提问，疏通文本，连贯语脉，生成与文本相宜的主要意脉，最终悟得文本整体意义。

解问题，助力言意体验相生相长的关键在于，如何助力学生自主提炼恰当的核心问题，怎么从学生现实的心理经验出发转化主问题，怎样引导学生多渠道解决该问题。核心问题可以直接或间接利用文前或文后的某道导读题，也可以通过文中起总领、总结、过渡等作用的关键语句转化，还可以根据文本体式，从表达特点、阅读方法、语文要素等方面设计。但核心问题既要与学生经验、兴趣、需求相契合，又要有鲜明的引向性、高度的聚合性和适度的开放性，应成为学生持续对话的出发点、着力点和目的地，成为学习各个文中要点的枢纽，逐层解决后，会演绎成前后融通的主要意脉。如，教学统编教材五年级上册的《慈母情深》时，可以围绕"慈母"创设核心问题——"这是一位怎样的母亲"，引导学生对照生活经验，梳理文中要点。在"七八十台缝纫机发出的噪音震耳欲聋"中，感受母亲挣钱的不易；从三次"我的母亲"的迭现中，品读母亲的外貌神态，体会

母亲的憔悴与瘦弱；在四个"立刻"的铺排以及"塞"钱的细节中，体会母亲的忙碌、疲惫和无私……这样，在核心问题的引领下多次追问、多维提问，感受到梁晓声带着特别的心情，在特殊的场景中看到了平时难以察觉到的母亲另一面特有的形象，从而领会到"当妈的"深厚、深刻和深远。

解问题，助力言意体验相生相长的优点体现在核心问题为对话提供了一个大语境，有利于学生产生通达之感，整体把握全文。同时，也为学生留足自主对话、多元感悟的时空，避免问题太多、过细，致使学生停留于内容层面的浅阅读。

解问题，助力言意体验相生相长的注意点是，核心问题的创设与推送，既要指向文本核心，更要与学生经验、兴趣、需求相契合，以便学生依自身经验突破学习重点，化解对话难点。要注意对核心问题展开有层次的演绎、有坡度的推进，但又切忌在"小问题"上兜圈子，谨防由原来的"满堂灌"异化为"满堂问"。要坚持问题从学生中来，到学生中去，鼓励质疑问难，倡导相互反驳。要注意引导学生围绕核心问题品言得意，意以言表，切忌只回答问题。"答案意识"淡化了，对话才有可能多元、生动、充分，课堂才有可能书声琅琅、议论纷纷、情意浓浓。

四、依情境，助力言意体验相生相长

依情境，助力言意体验相生相长指从学生现实的心理经验出发创设真实情境，激活已有经验，帮助学生身临文境地品读文中言，感同身受地体会文中意，产生与文本相宜的体验。

依情境，助力言意体验相生相长的关键在于老师要把准全文意义，并创设相宜的情境。这里的情境可以借用文中的插图呈现，也可以借助文中特定的声音表现，还可以是贯穿学习始终的意象，更可以是师生对话的整体语境……但务必与学生经验、兴趣、需求相契合，与文本体式相吻合，有助于学生共情入境，产生内心反应。如，教学统编教材三年级上册的《海滨小城》时，先借助文中插图，辅以海浪绵延、海鸥欢闹之声，创设海滨小城的自然情境，整体感知全文。接着，依托该情境，一边抓关键语句，分别想象海上、海滩、庭院、公园、街道等场景，感受海滨小城之美，一边借问题"你认为哪些句子重要"梳理文本，发现作者的总分式表达思路。然后，借力该情境，引导学生在海浪绵延、海鸥欢闹声中，用读表达海滨小城之美。最后，在该情境营造的氛围中，"当一回小导游，为游客介绍一下海滨之城"。这样，借该情境一次又一次地还原场景，连贯对话语脉，让学生自始至终置身于海滨小城迷人风光之中，体会到"海滨小城之美"的流变，以及"海滨小城之美"背后的情感变化。

依情境，助力言意体验相生相长的优点体现为情境形象直观，利于引发共情，触动内心，让学生身临其境地行走于文中。体现全文意义的情境与各部分学习融合后，会逐渐生成整堂课的主要意境，学生依境品言、会意、共情，增进言与意的转化，情与境的交融，促使言、象、意、情、境相互渗透融合，相辅相成，让该意境不断增添新意。中国古代美学中的意境，揭示了情境体验的基本特征，情境的不断创生、交融和丰盈，正是这类对话的特有形态。

依情境，助力言意体验相生相长必须注意到，依托情境只是学生读进文本的方法，不是阅读文本的目的。情境的创设，既要基于学生现实的心理经验，又要适时、适宜、适度，务求服务于学生与文本的对话，切不可用情境代替学生品味语言文字。另外，情境的创设受学习设施、学生适应度、老师情绪等影响，要注意因地制宜，因文而异，因生而变。

五、用"循环"，助力言意体验相生相长

用"循环"，助力言意体验相生相长指将某个起主导作用的文中关键语句，与其他文本要点互文观照、循环映衬，通过其他要点对该语句多重投射，多维重组，助力学生一步一步梳理文本，一层一层读透文本。换言之，可以将该语句分别插入相关自然段的开头、中间、结尾，组成新的语段，产生多维影响，增进上下文之间的呼应，彰显文本的内在关联，形成彼此融合的语境效果，进而借力该语句连贯起全文。

用"循环"，助力言意体验相生相长的关键在于老师要理出文中关键语句以及对应的要点。这里的语句可能是言外之意十分丰富的词句，也可能是形象较为感人的人物描写，还可能是故事错综复杂的情节概述……其语意只有结合相关要点互文参读、彼此揭示后，才会逐层外显，不断增值。如，教学统编教材六年级上册的《桥》时，可以通过诵读文本开头的"黎明的时候，雨突然大了。像泼。像倒。山洪咆哮着，像一群受惊的野

马，从山谷里狂奔而来，势不可当"，辅以大雨倾盆、山洪暴发的视频，渲染形势严峻、震撼人心的环境，并将此分别穿插在洪水来临纷纷逃生、生路被堵折返而回、小桥太窄难以通过、党员奉献揪出儿子这四次冲突之中，交融于这四段文字之间，循环往复，多重渲染，助力学生浸入其境品读全文。其间，再以"面对这样的洪水，老支书的表现与人们有什么不同？从中看出老支书是怎样的人"的提问，引导学生品读老支书的动作、语言、神态，揣摩老支书的内心，感受老支书的形象。这样，借文中关键语句，循环体会山洪暴发的危急，将各个要点的学习置于惊心动魄的场景中，融入惊魂动魄的环境里，助力学生既如临其境地感受到老支书的忠于职守、舍己为人，悟得"桥"的深层意脉，又领会到环境描写推进情节发展的表达方法。

用"循环"，助力言意体验相生相长的优点是可以多层面揣摩某个关键语句之意，感受该语句多义、模糊等特点。学生对某个关键语句一次又一次循环品读所生成的新意，会作用于相关要点的学习；而相关要点学习所生成的意义，又构成品读该语句的新体验，为整体把握该语句甚至全文进行新的超越，展开新的建构。这样，该语句的理解处于进阶之中，各个要点的学习也处于大语境之中，会促使言意体验处于生生不息、绵绵不绝的生长状态。

用"循环"，助力言意体验相生相长必须注意，循环品读不是简单的互读，也不是比较阅读，而是彼此接纳、互为揭示的品读。被循环语句必须既与学生的经验、兴趣、需求相契合，又承载全文核心学习价值，把准这样的语句并非易事。另外，务求多意会少言传，保持被循环语句的全息性与柔韧性，不刻意寻找某一个或几个答案来阐释，防止将该语句的诗意变成理性说教。

六、联"前后"，助力言意体验相生相长

联"前后"，助力言意体验相生相长体现为前面学习是伏笔，后续学习有回应，前后感受形成内在呼应，前后体验有所连贯，前后意义相融共生。任何文本都有内在的呼应，前面写到的，中间或结尾会有回应；后面提到的，前面会有铺垫。如果将这种前后呼应，转化为学生可对话的主话题，可以助力学生上勾下连、瞻前顾后，逐层转化文本的言与意，直至连

贯起全文。这里的前后照应、首尾呼应，其实就是利用主话题的统领力，引导学生联系上下文，关联前后要点，生成前后相生的意义，发现作者的情感变化和表达思路。

联"前后"，助力言意体验相生相长的关键在于老师不仅要把准文本外在的呼应，还要发现文中内在的逻辑，更要了解学生现实的心理经验，将此创生为连续对话的主话题，助力学生看出各个要点之间的关联，领会到作者谋篇布局的智慧。如，统编教材四年级上册的《一个豆荚里的五粒豆》，以五粒豆的命运为明线，以小女孩的变化为暗线。如果将"五粒豆中谁最了不起？为什么"作为对话全文的主话题，既能激起学生的认知冲突，又可将"明""暗"双线有机交织。这样，有利于学生先比较五粒豆不同的遭遇和各自的前后变化。接着，在"为什么最后一粒豌豆最了不起"的思辨中，感受与之相应的小女孩的言行举止、音容笑貌，发现小女孩的前后变化与最后一粒豌豆生长的契合，悟得双方都完成了各自的生命意义。最后，再次比较其他豌豆的前后变化，体会故事开头与结局之间的呼应，从中领会到大故事套着小故事的表达智慧，感受到平实、仁爱、敬重生命的生活态度。

联"前后"，助力言意体验相生相长的优点体现为注重铺垫后续学习，适时回应前面学习，有利于前后语脉相互渗透融合、浑然一体，有助于学生在勾连"前后"中找到疏通全文的核心，体察到文本的内在关联，激起探究文本表达智慧的意愿，体会到作者的创作意图和思路。

联"前后"，助力言意体验相生相长必须注意到呼应不是前与后的简单照应，而是后对前的有机融合与适度递升。前面的应与学习起点吻合，注重渗透，后续的应指向学习终点，注重提升，务求呈现逐层进阶的势态。另外，呼应既是文本的一种写作手法，也是学习活动的一种组织方法，更是言意体验的一种心理状态，务求三者相辅相成。

七、融多篇，助力言意体验相生相长

多篇，可以是单元内的几篇课文，也可以是一篇课文加几篇课外相关文章，还可以是单元内的几篇课文再加几篇课外相关文章。融多篇，助力言意体验相生相长通常指在学习某一篇的后期，链接多篇比照参读、多维对话、发现异同，进而超越单篇，或深化某一篇的理解，或建构这几篇的

相通之意。

融多篇，助力言意体验相生相长的关键在于，如何从意义生成的视角，创设超越单篇甚至多篇的人文主题、语文要素、表达特点、语言风格的概括性知识。如，在教学统编教材六年级上册的《桥》的后期，可以引入《"诺曼底号"遇难记》，帮助学生从情节发展、环境描写、人物塑造等方面，梳理异与同，体会这两篇课文都有的危险来临时的环境渲染和人们惊慌恐惧的场面描写之后，着重比较老支书与船长组织脱险方式的不同，从中凸显老支书没有用死亡威胁，却能组织村民有序逃生的人格魅力，感受到老支书的以身作则、大公无私、受民拥戴以及置生死于度外。另外，讨论"最后才点明老支书与小伙子的关系，这么写有什么好处"时，还可以补充一些去掉结尾的小小说《在柏林》《窗》《雪夜》《最后一只乌鸦的最后一句坏话》，引导学生先自主阅读，猜想这几篇小说的结尾，再比较自己的猜想与作者的巧思有什么不一样，进而体会小小说结局的意外和耐人寻味。

有聚合才有比较，比较可以引发思考，产生对多篇的整体理解，尤其易于由此生成群文阅读的新动力，体会到超越单篇的新意义。这就是融多篇助力言意体验相生相长的优点。

融多篇，助力言意体验相生相长需注意多篇研读属于综合性学习，应在常态学习某一篇的后期，在拥有一定的相关学习经验之后开展。被比较的多篇，既要有相通之处，又应各具个性，要从不同层面去表达概括性知识。要协调好多篇的主与辅，一般情况下，应以某一篇精读课文为主，以其他文本为辅，切忌平均用力。

八、凭"举一"，助力言意体验相生相长

举一反三原指"举一隅，不以三隅反，则不复也"（孔子《论语·述而》）。凭"举一"，助力言意体验相生相长是指基于学生现实的心理经验，先揭示文本核心"一"，并将"一"转化为与文本各部分对话的主话题，然后引导学生依托"一"的语境，对话相同、相似、相近甚至相反的要点，从不同层面、不同角度、不同维度，开拓空间，拓宽视野，丰富认知。换言之，先以某个核心为抓手，组织学生研读，生成相应经验，然后沿新生经验展开多样语用，解决新语境中的新问题。

凭"举一",助力言意体验相生相长的关键在于,最大可能发挥好"一"的作用,帮助学生调动经验以领会核心"一"的意义,站到"一"的高度触类旁通。这就要求先举好"一",引导学生把握核心"一",并将"一"的意义连续迁移到不同的语用场;后反好"三",通过不同层面的真实任务,引导学生梳理"三",发现"三"的相通之处,在视野渐次开阔中,生成前后融通的主要意脉。如,教学统编教材五年级上册的《落花生》时,引导学生先悟得花生的特点,回想生活中有哪些人不慕虚荣、无私奉献,以深化对借物喻人即"一"的理解。接着,凭借物喻人开拓空间,阅读补充的陈毅《冬夜杂咏》、冰心《荷叶·母亲》等,发现人与物的相通之处。然后,说一说"竹子、梅花、蜜蜂、路灯"等的品质,继而由某一种事物去联想类似的熟悉的人,试着写一段话。这样,让借物喻人在"反三"中,不断内化为学生的言语智能。其实,凭"举一"助力言意体验相生相长,可以运用于某一课,也可以运用于某个单元。单元视域下有精读课文、略读课文、课外阅读等,一般可以把单元内第一篇精读课文作为"一隅",逐步让学生自主阅读其他课文或课外文章。

凭"举一",助力言意体验相生相长的优点体现为不必面面俱到地学习,只需先集中精力,学透某个核心,然后凭借该核心,由类及多,牵动全篇,甚至带动整个单元,进入触类旁通的状态,还可以助力学生凭借"一",提高站位,开阔视野,开拓更多可选择的发展路径。

凭"举一",助力言意体验相生相长必须注意,既要从学生现实的心理经验出发,理出"一"这个核心,彰显"一"的要义,赋予"三"以意义,更要注意瞻前顾后,上勾下连,让"三"促成"一"的意义不断增值。

九、趁"先入",助力言意体验相生相长

"先入"是指先获得的经验会在认知中占主导地位,后来遇到不一致的信息,不容易接受。有时可以利用这种心理现象,在课始(或单元学习之初)就单刀直入地推送全文(或整个单元)的概括性知识,并将此转化为学生可对话的主话题,助力学生先领会该主话题的要义,然后对话与之关系紧密的内容,舍弃或抑制其他内容。

趁"先入",助力言意体验相生相长的关键在于,老师要依据学生经

验、兴趣、需求处理好"先入"的推送方式，使"先入"既富感染力，又有迁移力，让学生有情趣、有能力把握"先入"的要义。"先入"可以是对某个文中要点的研读，也可以直接亮明本时段的主要学习目标，还可以讲明本时段着力关注的人文主题或语文要素……但务必一次性给予学生整体感受，让学生共情、共鸣、共振，甚至产生心灵震撼。如，教学统编教材四年级上册的《牛和鹅》时，为落实单元语文要素之一的"学习用批注的方法阅读"，引导学生先从单元篇章页入手，明确主要学习目标。接着，回想曾经运用过哪些批注方法。然后，将该文与其他课文比较，发现排版上的不同，并学会在右空处自主批注。同时，利用多媒体示范：有疑惑时，提出问题，写在右空处，这叫提问式批注；有感想时，及时记录，写在右空处，这叫随想式批注……这样，先明确目标，集中精力掌握一些批注方法，后自主阅读，尝试运用适宜的批注方法，有助于学生从不同角度与文本深度对话。

趁"先入"，助力言意体验相生相长的优点体现为起始时明晰本时段学习的核心，学习目标就直截了当，学习内容就清晰明了，有利于学生直击学习重点和难点，快速锁定主要学习任务，排除不必要的干扰，解除习惯性思维，将注意力持续聚焦于核心，保证学习的确定性、清晰度以及高效性。这在受时间与精力限制的情况下有一定的实用性。

趁"先入"，助力言意体验相生相长必须注意基于学生现实的心理经验，用儿童的方式推送"先入"，借相关内容诗化"先入"，防止过早割裂或概括"先入"，学生缺失感同身受的体验，得到的只是某个抽象的结论，整堂课缺乏语文味。

除上述方法外，还可以借助任务驱动、话题聚焦、项目探究等助力言意体验相生相长，在此不一一推介。这些方法可以单用，也可以交叉重叠用。运用何种方法，怎么运用，应依据学生现实的心理经验和文本体式而定，应尽可能由学生自主选用，以遵从方法运用的情境化、实践化、个性化、多样化等规律。

第四节　学习方法适切度的个案研究

为探寻学习方法与这一篇、这一班，甚至这一位的适切度，我们在 H

校,借助统编教材三年级上册的课文《搭船的鸟》展开个案研究。本次的研究主题是,怎么选用适切的学习方法。

一、文本透析,认知与《搭船的鸟》学法适切的现实基础

1. 把握与《搭船的鸟》学法适切的教材要素

《搭船的鸟》是三年级上册习作单元第一篇精读课文。该文以儿童的口吻,记叙"我"在一次去乡下探亲的船上,细致观察,认识了一位可爱的新朋友——会"搭船"的翠鸟,表明留心观察的好处。该文属叙事散文。"我"坐在船舱里,听到雨点打在船篷上"沙啦、沙啦"的声音。翠鸟出现后,"我"看到它美丽的外形,羽毛翠绿,翅膀带着一些蓝色,还有一张红色的长嘴。正遐想时,又看到翠鸟"冲""飞""衔""站""吞"等一连串敏捷的捕鱼动作。语言浅近、朴素、清新,字里行间充满纯真的童趣,洋溢着一颗热爱大自然的童心。

这是统编教材第一次出现习作单元。以"留心观察"为专题,篇章页以法国艺术家罗丹的"生活中不缺少美,只是缺少发现美的眼睛"这句名言为导语,语文要素是"体会作者是怎样留心观察周围事物的",习作要求是"仔细观察,把观察所得写下来"。习作自成单元体系,有精读课文和习作例文,精读课文侧重于引导学生体会留心观察的好处,学习留心观察的方法;习作例文为学生"把观察所得写下来"提供范例,便于学生借鉴与仿写。"交流平台"对单元内所学的观察方法进行了梳理与总结;"初试身手"提供试写练习与实践活动,让学生试用所学的方法。最后,让学生综合运用相关方法,展开本单元的习作。

本单元选编《搭船的鸟》《金色的草地》两篇课文和《我家的小狗》《我爱故乡的杨梅》两篇习作例文,意在引导学生感受作者观察的细致,体会仔细观察的好处,做生活的有心人,留心观察周围的人、事、景、物,丰富自身的观察经验。该文是单元内第一篇精读课文,文后的第一道导读题是:"读课文,想想作者对哪些事物作了细致观察,说说你是从哪里看出来的。"说明作为习作单元的精读课文,与其他单元有所不同,应侧重引导学生体会细致观察的方法与好处,增强留心观察的意识。观察对三年级学生来说,并不陌生,统编一、二年级教材中有相关学习内容,如二年级上册的口语交际"有趣的动物",二年级下册的写话"写一写你的

一个好朋友",本学期第一单元习作"猜猜他是谁"等,都与观察有关。此时学生已知道可以用眼观、耳听、手摸等方式观察,但对于留心观察好处的体认,对细致观察方法的掌握,从未展开过单元学习,也没有形成成熟的观察经验,需要专项历练这方面的智能。

2. 发掘与《搭船的鸟》学法适切的典型经验

我们搜集已发表的《搭船的鸟》的相关文本解读、教学设计、教学实录等文章19篇,并对这些文献进行梳理,试图了解当前有关《搭船的鸟》教学研究的现状,发掘与《搭船的鸟》学法适切的典型经验,为本次研究提供有益的参考。梳理中发现,老师们注重通过对翠鸟外形与捕鱼场景描写的教学,激发学生喜欢翠鸟、热爱大自然之情。但有的老师对该文功能定位不准,将其作为一般性课文来教,自始至终没有引导学生学习观察,没有顾及习作单元的核心目标与主要任务;有的老师对该文体式理解有误,紧扣"搭""吞"等,强化拟人手法,将其作为童话来教;有的老师为了引导学生学习观察,在没有读懂小作者是怎么观察的情况下,让学生一会儿观察大公鸡的外形,一会儿观察小猪吃食的动作,一会儿观察小狗看家的神态,过度开发文本之外的观察资源。这些课,表面上听、说、读、写频率高,学生忙得不亦乐乎,实际上既没有体会到小作者极具个性的情思,也没有体察到留心观察的好处,更没有掌握留心观察的方法。梳理中还发现,有些老师既遵从习作单元的学习要求和叙事散文的文体特点,又尊重三年级学生现实的心理经验。如,有的老师引导学生围绕留心观察,沿着"说感受→明方法→学表达"的思路疏通文本,层次分明,整体感强,收到了目标聚焦、内容连贯的学习效果;有的老师引导学生从观字形到观外形再到观捕鱼场景,观察渗透于每一个学习环节;有的老师引导学生比较阅读第2、4自然段,一静一动,学习活动富有张力,有利于学生习得观察方法;有的老师按"对象、时间、地点、所得(所得又分外形与动作两栏)"这几栏设计观察记录单,引导学生学习文本,并运用该记录单到生活中留心观察。他们所做的良好示范,所提供的宝贵经验,值得学习与借鉴。

二、合力备课,汇集与《搭船的鸟》学法适切的多方观点

为明确本次研究的主要任务,研究小组先学习了从文本走向经验的实

施策略、关键行为、常用方法等理论（详见本章一、二、三小节），然后开展"什么样的方法与学习《搭船的鸟》适切"的集体备课，请大家献计献策，现将备课意见整理如下：

本次集体备课的主要任务是，怎么为《搭船的鸟》提供适切的学习方法。王荣生教授指出："阅读教学就是让学生在不同的文本中，学会看不同的地方以及看出不同的内容。""阅读方法，即如何阅读，可以概括为应该看什么地方和从这些地方应该看出什么来。"他还指出："每个教学环节实际上包括两个部分，一是'内容落点'，是指学生在这个环节里的学习目标或者学习内容。二是'学习方式'，是指在这个环节里学生怎样达成目标。"① 他的这些观点，是探寻与《搭船的鸟》学法适切的学理。

学习方法与学习内容是互为条件、相辅相成的。只有学法而无契合的学习内容，或者只有内容而无适切的学习方法，都会陷入形式主义。学习方法与学习内容的关系，应"先内容，后方法；为内容，定方法"②，应是盐溶于水的状态，绝不是油漂于水面的现象③。"阅读方法就是'点划评注'。'点'哪里，'画'哪里，既取决于阅读目的，又取决于文本体式。"④ 考虑到本单元是以留心观察为专题的习作单元，课文属于叙事散文，所学内容以及所用学法不能脱离这一客观语境，这是探明《搭船的鸟》可教内容和适用学法的主要依据。如果从王荣生教授提出的文本功能来考量：一是让学生透彻理解课文，当作定篇来教；二是对学生理解不了的地方加以指导，当作样本来教；三是让学生学习观察方法，当作例文来教；四是根据课文内容组织观察活动，当作用件来教；五是借这一篇引导学生读一些有关留心观察的其他文章，当作引子来教。从本单元专题看，应侧重于将《搭船的鸟》当作例文和用件来教，考虑到这是三年级学生第一次专项学习留心观察，更适宜当作例文来教。

明确了这篇课文的主要功能，锁定了主要教学内容，还应了解学生的兴趣点、疑难点在哪儿。该文语言浅近，内容易懂。但对于体会小作者如何观察，学生兴趣不浓，也难以自知，这无疑既是学习重点，也是学习难

---

① 王荣生. 阅读教学教什么 [M]. 上海：华东师范大学出版社，2016：13-65.
② 王荣生. 听王荣生教授评课 [M]. 上海：华东师范大学出版社，2007：70.
③ 郑春. 主线教学：小学语文阅读教学新视点 [M]. 北京：教育科学出版社，2013：77-78.
④ 王荣生. 阅读教学教什么 [M]. 上海：华东师范大学出版社，2016：13-65.

点。那么，针对这一重难点，又该选用什么样的学习方法呢？大家一致认为，一方面，根据三年级学生的实际水平、接受能力、学习习惯等，可以提供边读边思、联系上下文、结合生活等多元融合学习方法，鼓励学生生成问题、还原场景、入境体验，发现小作者的观察方法和表达思路；另一方面，应依据学生的经验、兴趣、需求等，现场动态调适，尽可能让学生自主选用学习方法，以便每一位学生找到适切自己的学习方法。

  大家还就引导学生"看什么地方和从这些地方应该看出什么来"进行了深入探讨：一要看出小作者观察了什么。小作者观察了雨天船上的场景，尤其是翠鸟外形、捕鱼等。二要看出小作者是怎么观察的。坐在船舱里，小作者怎么看，怎么听？翠鸟出现后，他又怎么看，怎么想？引导学生发现小作者所运用的具体的观察方法。可以通过文中插图、相关视频等，助力学生想象体验，比较感悟，与小作者对话，发现小作者之所以能看清美丽外形，是因为从整体到部分进行观察的；之所以能看到敏捷动作，是因为借助分解动作进行观察的。此外，还应比较阅读第2、4自然段，一静一动，有动有静才有生趣，动静结合才显生动。三要看出留心观察的好处。在这次探亲之旅中，因为"我"留心周围事物，所以认识了一位可爱的朋友——会"搭船"的翠鸟。四要尝试运用小作者的观察方法。领会到第2自然段的观察方法后，应即学即用，当堂观察另一种动物外形的图像，并交流观后感受；领会到第4自然段的观察方法后，也应及时迁移，当堂观察另一组连贯动作，尽可能动笔写一写，以历练相应的智能。其间，要鼓励学生主动留心观察，积极投入观察，自觉观察身边的动物、植物、场景等。

  总之，《搭船的鸟》的学习应将"留心观察"创生为主话题"'我'观察了什么，是怎么观察的"，以增强观察意识，丰富观察方法，提升观察智能，为本单元后续学习开好头，打好基础。

三、课堂实践，寻求与《搭船的鸟》学法适切的操作路径

1. F老师第一次执教

  研究小组推荐F老师上研讨课。F老师根据上述共同备课意见，结合了解到的学情，拟出《搭船的鸟》的教学简案。

  我们先对H校三年级245名学生，按他们近三个学期的语文综合平均

成绩进行排序，将分数相同或接近的配成一对，共配成122对，并将122对按成绩由高到低排序。接着，根据122除以40求出的3.05，采用隔3的办法，从中抽取40对，共80人；然后，对每对的两名学生，用抓阄的方法，决定谁在A班，谁在B班，这样，组建A、B两个同质班级，每班40人。

A、B两个配对样本班建成后，请F老师第一次在A班执教《搭船的鸟》，按两课时授课。参研人员集中观摩了F老师执教的第二课时。

2."学习单"设计的有关说明

课前，研究小组设计了相应的"学习单"，共四题：一是课文主要写了（　　）A. 搭船的鸟的外形和捕鱼场景，B. 搭船的鸟与人的相处，C. 小作者观察搭船的鸟很细致；二是运用小作者先整体后部分的观察方法，观察画中小动物，并将观察所得写具体；三是运用小作者分解动作的观察方法，观看视频（或表演），并将观察所得写具体，尤其要将动作写清楚；四是课后观察身边的动物、植物或场景，并借助《观察记录单》（见表6-1）写具体。

表6-1 观察记录单

项目	记录内容
观察对象	
观察时间	
观察地点	
观察所得	

以上"学习单"一至三题随学习进程当堂完成，第四题当天完成，第二天上交。

四、评议课堂，共商与《搭船的鸟》学法适切的有效策略

主持人：刚才，观摩了F老师执教的《搭船的鸟》第二课时。根据学会"留心观察"的单元要求，应着重引导学生看出小作者观察了什么、是怎么观察的。下面的评课，请大家谈一谈这方面的看法。

第一阶段：学生在什么地方看出了什么

师1：这堂课围绕主话题"'我'观察了什么，是怎么观察的"展开，从看出小作者是怎么观察翠鸟外形的，到看出小作者是怎么看清翠鸟捕鱼

场景的，再到借助板书看出小作者的观察方法，最后到重温罗丹"缺少发现"的名言，F老师自始至终引导学生看出"我"观察得细致，发现"我"观察的方法，体会到留心观察的好处，上出了习作单元的味儿。

师2: 在F老师的引导下，比较第2、4两个自然段的"静"与"动"，看出了小作者前后观察不一样，发现了小作者细致观察的方法。学生看到的，不仅有外形与捕鱼场景的静动结合，还有具体的从整体到部分、分解动作等方法，积累了观察经验，达成了预期目标。

师3: 从整体到部分观察外形被发现后，F老师随即引导学生，运用该方法观察大公鸡的图像，有的学生能看出鸡冠火红火红的、脖子金黄金黄的、黑得发亮的大尾巴弯弯的，公鸡的美被生动地表达了出来，这说明该生学会了细致观察。

师4: 我也有同感。发现小作者用一连串动作表现捕鱼之快后，F老师引导学生，用动作分解的方法，观察小狗吃食的视频，并当堂写一写。这里的迁移深化了观察方法的学习。尤其是"学习单"的第四题，鼓励学生课后留心观察，并记下观后所得，让学生带着观察经验走向实践，走向生活，去体验留心观察的好处。

师5: F老师注重引导学生连续学习观察。如，学习第4自然段时，先从文中看出小作者的观察方法，再通过观看对应的视频，将观察方法的学习直观化，接着用"先……接着……然后……随后……最后……"描述这一连串动作，然后运用分解动作的方法，观察小狗吃食的视频，并将观察所得写下来，这样，聚焦观察，多次观察，多维观察，观察经验获得了连续生长。

师6: F老师没有为学习观察而学习观察，没有局限于"例文"功能，还注重引导学生感悟字里行间之意，体会小作者独特的情思："我"因为留心观察，认识了一位可爱的新朋友，给"我"的旅途增添了快乐。可见，F老师也将这篇课文当作"定篇"在教，目的是让学生透彻地理解。

师7: F老师呈现大公鸡的图像，播放小狗吃食的视频，引导学生及时运用学到的方法进行自主观察，注重发挥这一篇"用件"功能。可以说，学生习得的观察方法，不仅是跟文中小作者学的，也是在实践中体会到的。这样，从文本学习走向观察实践，所生成的观察经验是生动的、持久的。

第二阶段：学生还应在什么地方看出什么来

师5：F老师是根据教材编排的方式复习生字词的，可不可以联系对应的情境，一组一组地归类复习？如，结合在雨天乘船去乡下的场景，集中复习"小船、船篷、橹、蓑衣"等，这样，让学生依托情境，看出某一串字词的异与同，整体把握这类词。

师3：学习留心观察主要依托第2和第4自然段，其实，还可以依托其他自然段。如，第1自然段小作者是怎么观察下雨场景的，看到了什么，听到了什么？这样，引导学生体会到观察无处不在，只要留心，都会有收获。

师2：在体会小作者怎么观察上，F老师引导学生先学习第2自然段的文字，后观察翠鸟的外形图，从中探明小作者的观察方法。这样的学习顺序，放在其他单元是可以的。而本单元重点学习留心观察，应尽可能还原小作者观察在先、表达在后的真实过程。可不可以让学生先看一看翠鸟的外形图，说一说观察到了什么，后带着观察经验，到文中去领会小作者是怎样观察的，小作者的观察与我们有什么不一样的地方。这样，小作者留心观察的方法更容易被发现。

师7：你（指师2）的观点我赞同。其实，学习第4自然段也可以如此，也应让学生先观看一下翠鸟捕鱼的视频，说一说观后感受，再读一读相应的文字，体会敏捷的动作是怎么被小作者看得一清二楚的，而我们刚才为何看不清。这样，有亲身体验作为参照，更容易发现小作者仔细观察的不易，更容易激起学会观察的意愿，并全身心投入后面的观察。

师1：学生体会到小作者怎么观察翠鸟外形后，随即运用该方法去观察公鸡图像，虽说学生观察得仔细，说得也精彩，但只是色彩方面的简单模仿，属于近迁移，可不可以展开变式模仿，做一点远迁移。如，添加小燕子的图像，让学生自选其中的一个去观察，挑战从另一个层面去观察，这样，既体现方法运用的灵活性，又满足不同学生的学习需求，让每一位学生都能有所发展。

师6：对，我也有同样的感觉。F老师引导学生运用分解动作的方法，尝试观察小狗吃食的视频。可小狗吃食的动作是缓慢的，看得很清楚，而翠鸟捕鱼的动作十分敏捷，不用心观察，是看不清的。可见，小狗吃食与翠鸟捕鱼的节奏不同，相应的观察方法也应不一样，可不可以换一个动作节奏快的视频?

师4:非常赞同你们(指师1和师6)的看法。我想补充的是,"观察小狗吃食视频并写一写"这个环节放到比较阅读第2、4自然段之后不太妥,如果放在刚学完第4自然段之后,关联性会强一些,迁移效果会好一些。

师3:我还觉得,F老师仅从疑问的角度引导学生学习第3自然段,有点单薄,略显生硬,与全文语境不太和谐,但又没有想出更好的方法。

第三阶段:梳理学习方法对照表

主持人:大家刚才的建议中肯、可行。我们可不可以先帮助F老师梳理一下,这堂课学生运用了哪些学习方法,然后帮助F老师想一想,下一次执教最好引导学生用上什么样的学习方法。

于是,研究小组就主持人的提议展开探讨(具体过程略),并梳理出《〈搭船的鸟〉(第二课时)学习方法对照表》(见表6-2)。

表6-2 《搭船的鸟》(第二课时)学习方法对照表

学习内容	为F老师第一次执教梳理的学习方法	希望F老师第二次执教中运用的学习方法
复习导入	1. 复习生字词。 2. 回想全文主要内容。 3. 讲述第1自然段	1. 结合情境,一组一组地复习生字词。 2. 回想全文主要内容。 3. 边讲述第1自然段,边思考小作者看到了什么,听到了什么
第2自然段	1. 自读第2自然段,议一议小作者观察了什么,是怎么观察的(抓特点、从整体到部分)。 2. 观察翠鸟图像,说一说翠鸟的美体现在哪儿,用朗读表达出来。 3. 运用抓特点、从整体到部分等方法,观察大公鸡图像,说一说看到了什么	1. 观察翠鸟图像,说一说这是一只什么样的鸟。 2. 自读第2自然段,想一想小作者的观察和我一样吗,哪儿不同。 3. 观察翠鸟特写图,又看出了什么,前后两次观察有什么不同(抓特点、从整体到部分)? 4. 翠鸟的美体现在哪儿,用朗读表达出来。 5. 运用抓特点、从整体到部分等方法,观察大公鸡或小燕子图像,说一说观察到了什么
第3自然段	自读第3自然段,想一想哪一种标点符号用得多,这说明了什么	听轻音乐,读第3自然段,思考小作者在想什么,还会想什么,想的与什么有关

续表

学习内容	为 F 老师第一次执教梳理的学习方法	希望 F 老师第二次执教中运用的学习方法
第 4 自然段	1. 自读第 4 自然段，议一议小作者观察了什么，是怎么观察的（分解动作：冲、飞、衔、站、吞）。 2. 观看翠鸟捕鱼的视频，想一想为什么没有看清，观看慢镜头的翠鸟捕鱼视频。 3. 用"先……接着……然后……随后……最后……"的句式将翠鸟捕鱼的过程说完整。 4. 用朗读表达翠鸟捕鱼之快	1. 观看翠鸟捕鱼视频，说一说看出了什么。 2. 自读第 4 自然段，想一想小作者看出的捕鱼过程和我一样吗，哪儿不同。 3. 小作者看得清楚的奥妙是什么，观看慢镜头的翠鸟捕鱼视频，又看出了什么？（冲、飞、衔、站、吞） 4. 用"先……接着……然后……随后……最后……"的句式将翠鸟捕鱼过程说完整。 5. 用朗读表达翠鸟捕鱼的敏捷。 6. 观察刚上完体育课的男生和悠闲看书的女生喝水的不同状态（现场表演），选其中一个，用分解动作的方法写一写
总结	1. 比较阅读第 2、4 自然段，发现有什么不同？ 2. 观察小狗吃食的视频，用分解动作的方法写一写。 3. 借助板书，梳理所学的内容。 4. 重温"生活中不缺少美，只是缺少发现美的眼睛"	1. 比较阅读第 2、4 自然段，发现有什么不同，这样写有什么好处？ 2. 借助板书，总结"我"观察了什么，是怎么观察的。 3. 重温"生活中不缺少美，只是缺少发现美的眼睛"

最后，主持人对这次研课做了总结，并希望 F 老师坦然吸纳大家的意见，结合《〈搭船的鸟〉（第二课时）学习方法对照表》，进一步完善教学方案，准备第二次执教。

五、改进实践，创新与《搭船的鸟》学法适切的优化之径

根据研究小组的建议，F 老师拟出新的《搭船的鸟》教学简案，第二次执教《搭船的鸟》。这次执教的是事先建成的配对样本班的 B 班，按两课时授课。参研人员集中观摩了第二课时。因为参研人员观课后一致认为，F 老师引导学生采用的学习方法与《〈搭船的鸟〉（第二课时）学习方法对照表》中"希望运用的"基本一致，且在学习方法适切度方面，第二次比第一次好，所以没有再安排评课，只对 A、B 两个班的"学习单"进

行汇总分析，对第二次执教进行实录整理，并请 F 老师对两次执教感受做自述。

六、跟进后测，呈现与《搭船的鸟》学法适切的真实状态

F 老师在 B 班第二次执教时，安排了与第一次执教相同的"学习单"，并同样要求学生，第一至三题随学习进程当堂完成，第四题当天完成，第二天上交。

事后，将 A、B 两个班的"学习单"混在一起，请第三方两位语文老师批阅。两位老师先各自根据自己的经验，分 A、B、C、D、E 五个等级对所有"学习单"单独进行评判。接着，对批阅等级不一致的，重新合议，直至对拟给予的等级达成共识为止。批阅完后，再归班统计，结果如下（见表6-3）。

表6-3 学习单统计结果

评价等级	A班	B班	合计
A级	4	10	14
B级	9	17	26
C级	13	8	21
D级	10	3	13
E级	4	2	6

经检验，卡方值 $\chi^2 = 10.66 > 9.49$，故概率 $P < 0.05$，两个样本构成比差别有统计学意义，可以得出结论，B 班的学习成效要好于 A 班，这与参研人员观课感受基本一致。从中看出，在 F 老师的第二次执教课堂上学生所用的学习方法更适切该文体式，更契合自身经验，更利于学习和掌握小作者是怎么观察的，又是怎样表达的，进而提升观察智能。

七、自觉反思，明晰与《搭船的鸟》学法适切的优劣之处

1. F 老师第二次执教的课堂部分实录及点评

为探讨学习方法的适切度，研究小组整理了 F 老师第二次执教的第二课时的教学实录，并请专家点评。在此择取部分呈现如下。

一组生字的复习

师：再来看一组，（多媒体出示：冲 飞 衔 站 吞）谁来读？

（学生"开火车"读）

师：都读正确了，发现这些词都是——

生（齐）：动词。

师：这些动词中，哪两个跟我们的"口"有关？

生：一个是"衔"，一个是"吞"。

师：对，"衔"和"吞"都跟"口"有关，但又是截然不同的两个动作，"衔"是什么样的动作？这是洗干净的笔，谁来衔一衔？（一位学生将笔衔在嘴里）同学们看！这就叫——

生（齐）：衔。

师：那"吞"呢？好多男生做了一个"吞"的动作，一起来！（师生一起做吞的动作）嚼都没嚼，就吞下去了！老师再给一个词。（多媒体出示：嚼）

生（齐）：嚼。

师：怎么嚼？嚼嚼看。

（学生做"嚼"的动作）

师：孩子们，原来觉得相似的，经过我们仔细观察，发现动作完全不一样，就像"衔""吞""嚼"，虽然都跟"口"有关，但动作截然不同，平时我们可要观察仔细哦！

专家点评：学习观察的机会无时不有，无处不在。复习生字词也要仔细观察，认真辨别，也可以从中培养观察智能。将一组生字放在一起，置于特定的语境下，引导学生作比较，发现彼此的相同之处和不同点，看清字形，辨清字意，形成认知模块。"衔""吞""嚼"的意思，在学生体验中，清晰具体，生动形象，记得牢，领会得深。

第3自然段的学习

师：小作者好喜欢这只鸟儿啊！（多媒体播放轻音乐，并出示文中插图）鸟儿静静地站在船头，周围只有摇橹的声音……（听轻音乐片刻）它在干什么呢？小作者一直在静静地看着它，（多媒体添加第3自然段的文字）谁来读？

（学生"开火车"一句一句地读，渐渐地进入思考的状态）

师：这只鸟儿还是静静地站在那儿，眺望着远方。它在想什么呢？它在想——

生： 是不是饿了呢？

生： 是不是想捕鱼吃呢？

生： 是不是累了，在船上休憩一会儿呢？

生： 是不是从外祖父家，特意来接"我"的呢？

师： 孩子们，有没有发现这一段写的都是——

生（齐）： 小作者的疑问。

师： 心中所——

生（齐）： 想的。

师： （板书：想）孩子们，"想"也是观察啊！观察可看、可听，还可以——

生（齐）： 想。

师： 有时我们可以天马行空地想，但这里想的必须和谁有关啊？

生： 和翠鸟有关。

师： 对，因为观察的主角就是——

生（齐）： 翠鸟。

师： 这段话特别美，让我们也来静静地猜想猜想。

（在轻音乐下，学生齐读第3自然段）

专家点评： 第3自然段容易被轻视，常常一带而过，更不可能有什么学习方法的引导。而F老师借助轻音乐以及自身的教学语言，营造相宜的氛围，将学生引入小作者好奇的心境，一下子读出疑问的感觉。尤其是"开火车"一句一句地读，其间的停顿，将无形的内在"想"，转换成有形的外在读，形象地呈现出小作者思考的真实状态。随后，引导学生沿着小作者的思绪展开，就有话可说了，也顺理成章了。"这里想的必须和谁有关啊？"这一引导既及时又很有必要，使学习有方向、有进阶。总之，F老师利用这一自然段的体式，引导学生学习容易被忽视的观察方法——想，十分自然，非常有效。

第4自然段的学习

师： 我正沉浸在猜想之中，突然翠鸟动了起来，它在干什么呢？看！

（学生观看多媒体播放的视频）

师： 你刚才"哇"了一声，为什么？

生： 好快啊。

师：有没有更快的词来形容呢？

生：非常非常的快。

生：直接冲进水里。

师：老师想到了一个词，（板书：敏捷）刚才的画面展示了翠鸟捕鱼的动作，它的动作非常——

生（齐）：敏捷。

师：捕鱼动作太敏捷了，一眨眼，鱼已经到了翠鸟的——

生（齐）：肚子里。

师：翠鸟还有更厉害的名字，叫鱼狗、鱼虎，说明它捕鱼的本领特别大，动作非常快。这一眨眼的捕鱼过程，被小作者写出来了，而且写得非常完整、清楚。想不想读啊？

生（齐）：想。

师：（多媒体出示第4自然段）自己读。一边读，一边想小作者用了什么方法，把这个过程写得这么清楚的呢？

（学生自由读）

专家点评：引导学生思考"小作者用了什么方法把捕鱼过程写清楚的"，"写清楚"的前提是"看清楚"，有助于学生先将"自己的看"与"作者的写"关联起来，再通过"作者的写"，将"自己的看"与"作者的看"关联起来。

师：老师读的时候啊，感觉翠鸟捕鱼的过程好像一步一步就在我的眼前。你们有没有这种感觉？

生（齐）：有。

师：那么，小作者用了什么办法让我们看清"这一步一步"的呢？

生：用了把速度写得很快的办法。

师：怎么把这么快的过程，一步一步写出来的呢？请打开书，到书中去找一找。

（学生自由读）

专家点评：教者多次强调"一步一步"，这不仅是翠鸟捕鱼的过程，也是我们观察的要领。观察也要一步一步地展开，不可马虎，必须看清楚、听仔细、想明白。

师：我正想着，它一下子——

生（齐）：冲进水里，不见了。

师：我看到了翠鸟"冲"的动作。孩子们，拿起笔，在这一段中，圈出像"冲"这样的词。（学生动笔圈画，师巡视）再找一找，都圈出来。你找到了哪些？

生：我找到了"冲、飞、衔、站、吞"。

师：（多媒体将"冲、飞、衔、站、吞"加粗变红）一下子找到了五个！你们找全了吗？

生（齐）：找全了。

专家点评：学生一下子找全五个动词，一方面因为前面复习生字时，将"冲、飞、衔、站、吞"作为一组动词学过，做了铺垫；另一方面，F老师先示范性地圈出"冲"，然后引导学生到文中去找类似的词，这些学习支架有助于学生发现这一串动词的相似之处，习得小作者的观察方法与表达思路。

师：孩子们，现在再读一读，一边读，一边想，"冲、飞、衔、站、吞"这几个动作有没有浮现在我们的眼前？

（学生自由读）

师：读动词时，如果加上相应的动作就更有意思了。咱们试试看。

（学生一边自由读，一边做动作）

专家点评：一边读，一边想，一边做相应的动作，丰富言意体验，还原真实场景，融入敏捷的情境。

师：你们发现，小作者是用什么方法把捕鱼过程写清楚的？

生：是用动词写的。

师：几个动词？

生：五个动词。

师：对。用一连串的五个动词来写的。（板书：连贯）先是——

生（齐）：冲。

师：接着是——

生（齐）：飞。

师：然后是——

生（齐）：衔。

师：随后是——

生（齐）：站。

师：最后是——

生（齐）：吞。

师：正是这一连串的动词，让我们看到了翠鸟是怎么一步一步地吃到鱼的。谁来完整地说一说，翠鸟捕鱼的先后过程。

生：先冲，后飞，再衔，接着站，然后吞。

师：你把几个动词连起来了，能不能把动作说具体呢？冲到哪儿？

生：翠鸟先冲进水里，接着又飞了起来，嘴里还衔着一条小鱼，然后站在船头，最后一口把小鱼吞了下去。

师：给她掌声！看来，你已经学会了小作者的描写方法，把这一连串的动作写清楚，就把捕鱼过程写完整了。孩子们，这些动词可以前后交换吗？

专家点评："这些动词可以前后交换吗？"引导学生注意，观察是有先后次序的，这既是观察方法的具体指导，也是学习方法的自然引导。

生（齐）：不可以。

师：因为这些动作是一个接着——

生（齐）：一个的。

师：它们是——

生（齐）：（师指板书的"连贯"）连贯的动作。

师：老师要奖励你们，再来观察一下翠鸟的连贯动作。这次是慢镜头，一个画面一个画面地呈现。（多媒体播放视频。学生一边观看，一边随着老师的引导说出看到的画面。播放到"站在船头"的画面时停止）后面翠鸟会干什么？猜猜看。

生（齐）：一口吞了下去。

师：现在可以把这个过程读清楚吗？谁来读。

（学生读第4自然段）

师：给她掌声！刚才我们学习了捕鱼的过程，这是一个敏捷的过程。敏捷还可以从文中哪儿看出来？拿起笔，画一画。

师：（师巡视）不要整句地画，只画关键的词语。哪些词语让你感受到快？

生："它一下子冲进水里，不见了"，真快！

师：（多媒体将"一下子"变为红色）"一下子"冲进水里。

　　生：我还找到了"没一会儿"。

　　师：（多媒体将"没一会儿"变为红色）没一会儿，很快。还有一处？

　　生：一口。

　　师：（多媒体将"一口"变为红色）一口快不快？

　　生（齐）：快。

　　师：能不能把这种快的感觉读出来？

（学生齐读第4自然段）

　　专家点评：除动词外，引导学生关注"一下子""没一会儿""一口"，进一步体会翠鸟捕鱼的敏捷，丰富表达动作快的方法，发现浅近语言背后的深意。

　　师：大家读得太好了！一读，就会！一点，就通！翠鸟捕鱼的动作十分敏捷，但小作者观察得很清楚。学到这儿，想不想试一试，也来观察观察，也来写一写？

　　生（齐）：想。

　　师：好！那就满足大家的心愿，咱们先来现场观察观察！老师带了两瓶水，没来得及喝，现在我来喝水。要注意看清老师的动作，女生（指老师自己）一般很矜持的哦！我怎么拿的——

　　生（齐）：轻轻地拿。

　　师：（一边表演，一边讲解）接着拧开瓶盖，然后——

　　生（齐）：抿。

　　师：抿了一小口，然后高兴地说："这水真好！"我喝水的过程，你们看清楚了吗？

　　生：看清楚了。

　　师：外面热死了。终于下体育课了。一位男生很想喝水，他会怎么做呢？谁来演一演。（一位男生上台表演，老师及时提示）你是走进教室的吗？

　　生：跑。

　　师："冲"更好。重演一次，好吗？

（学生逐渐进入情境，快速地冲进教室……）

　　师：这位男生喝水时什么样子？头——

生（齐）：仰起来。

师：水直往嘴里——

生（齐）：倒。

师：喝过还说"真好喝"。这位男生的喝水过程，看清楚了吗？

生（齐）：看清楚了。

师：请大家回想一下，你是喜欢男生喝水的样子，还是喜欢女生喝水的样子？选择其中的一个，写一写。把喝水的过程写清楚，尤其要把动作写准确。

（学生自主写，师巡视。约三分钟）

师：咱们来交流交流。

生：只见她轻轻地拿起一瓶水，拧开瓶盖，喝了一小口，然后抿了抿嘴，笑了笑说："这水真好喝！"

师：猜猜看，他写的是男生还是女生？

生（齐）：女生。

师：这说明他写成功了，给他掌声！他用到了"拿""喝"，然后"抿了抿嘴"，最后"笑了笑说"。

生：只见他快速地跑进教室，抓起一瓶水，拧开盖子，仰起头，直往嘴里倒，"咕噜咕噜"地猛喝起来。喝完水，用袖子将嘴一抹，高兴地说："真好喝！"

师：猜猜看，她写的是男生还是女生？

生（齐）：男生。

师：这也说明她写成功了，给她掌声！"用袖子将嘴一抹"真形象！说明她观察得十分仔细。如果改一个字，把"跑进教室"改为"冲进教室"，是不是更完美？还有想说的，课后，同学之间可以交流交流。

专家点评：引导学生先观看视频，谈观后感受，再学习第4自然段，发现小作者是"一步一步"观察的，这样，依托自身观察经验，还原小作者观察在先有感而发在后，接着写成文章的真实过程。因学生观察与小作者观察有了比较，容易察觉小作者观察得细致。在此基础上，观看慢镜头更利于发现小作者观察的方法，领会小作者用一连串词语表达敏捷的写法。最后，师生现场表演喝水，观察喝水的不同状态。因为前后形成了急与缓、快与慢的张力，便于学生看清喝水的过程，看明两者之间不同，看出诸多细节。选择其中的一个写一写，尊重学生的差异，有助于每一位有话可说。在这一自然段中，将学习留心观察转化为多维实践，充分、生动。值得肯定的是，教者对相关学习方法的引导十分自然，没有为学习观察而学习观察，而是将学习观察自然地融入学文之中，让品读文本与学习观察有机融合，相得益彰。

2. F老师第二次执教后的感受

F老师：习作单元与其他单元是有区别的。我是第一次执教习作单元，怎么引导学生运用适切方法展开学习是一种挑战。两次执教《搭船的鸟》，第一次执教只想着怎样落实"留心观察"，组织了相关学习内容，提供了一些学习方法。事后发现，这样做有为学习观察而学习观察之嫌，有为掌握观察方法而生硬学习的倾向，与三年级学生现实的心理经验贴得不太近。方法基本是我提供的，学生学习不够充分。

对照大家"希望运用的"学习方法，我对原有教案进行了改进，第二次执教时引导学生进一步聚焦主话题"'我'观察了什么，是怎么观察的"，着重运用如下学习方法，促进观察自然发生。

一是在场景还原中细致体会。我注重遵循叙事散文体式，创设真实情境，引导学生还原小作者观察的场景，体会小作者极具个性的情思，感受我们日常生活中所没有、所不可能有的观察经验。如，教学第2自然段时，先出示翠鸟图像，引导学生说一说"这是一只什么样的翠鸟"，然后阅读文本，了解小作者看出了什么。小作者看出的和我们看到的有什么不一样？这个不一样的地方，正是小作者观察细致所在，将难以察觉到的"不一样"转化为认知落差，形成学习张力，助力学生体会小作者观察得十分细致。再如，教学第3自然段时，在舒缓的轻音乐下，我先引导学生"开火车"一句一句地读出小作者的疑问，慢慢地将读的姿态，转换成想的状态，然后以"这只鸟还是静静地、静静地站在那儿眺望着远方，它在想什么呢？它在想……"让学生化身为此时此境中的小作者，甚至化身为此时此境中的翠鸟，融入与场景一致的遐想之中，感受到此处的美感和语感。

二是在多维观察中掌握方法。在还原观察场景的基础上，注重拓展观察时空，让学习留心观察进入连续状态，多层面体察小作者是怎么观察的，又是怎样表达的。如，学习第2自然段时，先观察翠鸟外形图；接着阅读文本想一想，小作者是怎么观察的，与我们刚才的观察有什么不一样；然后观察翠鸟特写图，比较前后两次观察的不同，感受到小作者先从整体抓特点、后从局部仔细观察的智慧。这样，还原了小作者先整体把握、后仔细观察、再有序表达的真实过程。再如，学完第 4 自然段后，男、女生表演了喝水的不同状态。我引导学生观察两者的不同。因为有了对比，观察形成了快与慢的张力，便于学生看清喝水过程，看细喝水动作，看明各自特点，进而学会观察，学会表达。这样的多维观察，有利于学生内化小作者的观察方法。

三是在学法适切中走向细致。平时，高频率利用图片、视频展开教学，容易导致学习游离于文本之外，把语文课上成介绍翠鸟的生物课。而借助相关画面引导学生一边品读文本，一边现场观察，不断向细致处感受小作者观察的智慧和表达的精妙，其间画面的呈现与学会观察是适切的。如，观察翠鸟特写图时，引导学生"分别说一说它的羽毛、翅膀、嘴、腹部、爪子等"，向细致处观察；提问"这只鸟，有哪些颜色呢"引导向细致处观察。再如，教学第 4 自然段时，当学生第一次看翠鸟捕鱼视频没看清楚时，鼓励学生读一读，想一想，小作者是怎么观察的。发现学生没有关注动作后，我先圈出"冲"，然后引导学生到文中去找与"冲"类似的词，这一下子打开了思路，将观察引向细致……这样，教的方法与学的方法适切，学的内容与学的方法契合，有利于学生的观察走向细致，产生拾级而上之感，进而积累观察经验，历练观察智能。

八、凝练小结，厘清把握学习方法适切度的要点

本次是对"怎么选用适切的学习方法"所展开的个案研究。先对相应的教材内容，以及 19 篇已发表的《搭船的鸟》的相关文本解读、教学设计、教学实录等文章进行梳理，然后开展课前研讨，观课议课，测试分析，实录整理，教者自述等，以探寻就一个单元、一篇文章、一个班级，甚至一位学生而言，什么样的学习方法才是适切的。本次研究的主要结论：一是学习方法既要与课文适切，又要与学生适切，并体现在动态生成的学习内容之中。换言之，学习方法与学习内容的关系，应是盐溶于水的状态，绝不是油漂于水面的现象。二是学习方法是否适切，还取决于教学方法是否得当。教的方法越隐秘，与教学内容越契合，学习方法会越适切，学习状态会越充分。换言之，应追求学生对老师踏雪无痕的"教"无

感，而对自己饶有兴致的"学"有感。三是应尽可能鼓励学生自主选用学习方法，自我调适学习行为，知道哪儿需要翻阅什么资料，哪里需要回读某个要点，进而找到适切自己的学习方法。四是学习方法之间也应彼此适切，具体体现在能正确判断看哪些要点和从这些要点看出什么关联来。这不仅要聚焦文本核心，看出文中要点，还要发现要点之间的关联，连贯成意义，进而让诸多意义融入主要意脉，彰显全文整体意义。五是对习作单元的教学方法尚有待摸索。习作单元是统编教材的编写特色，与其他单元是有区别的，习作单元究竟学什么，怎么学，应有哪些特别的学习策略与方法，目前一线老师尚不清楚，这会造成习作单元的编写意图难以得到全面实现。

第七章 从文本走向经验的样态与势态

从文本走向经验，从哪儿开始，在哪里发生？我们致力于以自身经验唤醒文本，对照文本改造原有经验，让静态文本酝酿出个性化体验，促成读者经验与作者经验深度融合，侧重关注学生唤醒经验、调动经验、实践经验、重组经验、创生经验、检验经验、修正经验、积累经验等。本章从样态、势态以及经验差异生长的个案研究等方面探讨从文本走向经验的最佳状态。

第一节　从文本走向经验的样态

从文本走向经验，表征着读者在阅读过程中的基本样态，其间，怎么"走向"，会产生什么，会涉及哪些内在的、隐性的、变动的元素，取决于以什么样的方式逐层转化文本的言与意，协调哪些元素助力学生连锁思考、连贯意义，直至生成主要意脉，悟得全文整体意义。

一、调动经验

阅读必然产生情趣，产生阅读情趣是读者的需要。"调动经验"是指文本唤醒了经验，经验由潜在状态进入活跃状态，激发了好奇心和求知欲，自愿调动与文本相关的经验，建起与文本之间的链接，主动读进文本。

1. 兴趣有所激活

兴趣是学习的内在动力，是主动学习的一种需要，是持续学习的支撑性条件。文本一旦与自身经验产生共鸣，引发兴趣，会左右对话进程，影响对话质态。为此，应尽可能激活每一位的兴趣，关注学生的眼前喜好、当下需求，了解学生对话的意愿、准备、共鸣点、冲突点以及善用的方法，唤醒学生学习动机，激发学生探究欲望。从大的方面来说，要关注他们学习语文的基本状况、基本表现和基本特点，以及阅读速度、对话习惯、表达方式、思维能力、审美取向等等。从小的方面来说，要关注张小三或李小四这一位学生，面对特定的文本，哪里是喜欢的，哪儿是不喜欢的，哪里是能读懂的，哪儿是读不懂的，等等。只有充分了解学情，把准学生现实需求，满足学生当前意愿，才能激发学生的好奇心，增进的学生求知欲。换言之，备课时既要立足于读进文本，还原场景，忘掉自我，沉浸其中，与作者同喜同悲、同哀同愁，更要走向儿童，推想学生会在哪儿同喜同悲、同哀同愁，自读会"读什么""怎么读"，起初感受是什么，进而引导学生进入兴味盎然的学习状态。

2. 差异得到尊重

每一位学生各有各的个性，生命状态不同，行事风格各异，学习方式也不一样。他们既体现着同伴之间的共性，又表现出各自的特点。遵循共性时，要承认差别，尊重差异，预设弹性要求，注意区别引导，务求彰显个体生命意义。有的喜欢读课文，但是不做任何批注；而有的读第一遍时，就能画出文中关键，并记下所思，再读时会对这些批注进行验证和补充。为此，一方面，应了解每一位的独特之处，掌握每一位的当前状况，眼里不是抽象的学生，而是具体的张小三或李小四，是灵动的生命，务求走进每一位的学习生活和内心世界，把准这一位当下的生活积累、情感态度、思维特点等，顺应这一位的文化背景、认知习惯、表达能力等，进而让每一位的优势得到充分发挥。另一方面，应提供可选择的学习任务，将学生之间的差异，缩小到可以展开教学的程度。可以通过回顾先前的教学经验，琢磨绝大多数学生阅读本文的基础是什么，困惑有哪些，障碍在哪儿，本时段教学目标与绝大多数学生当下认知的落差有多大，哪里是绝大多数学生能读懂的，哪儿是需要适当点拨的；哪里是必须抓住不放、重点深究的，哪儿是可以忽略不计、一带而过的；哪里是目的单一、一学即会、不必费时的，哪儿是语意多重、需要研读的……既尊重差异，又缩小差距，既聚焦核心，又适度开放，就能针对这一班的实际需求，分解学习重点，化解对话难点，让这一班学生都愿学要读，而这又会增进探究文本的兴趣，促使这一班学生进入积极的对话状态，推动学习姿态前移，增强自身经验调动，提高对学习内容的适应度和内化率。

3. 落差获得弥补

学生与文本存在落差是客观的，老师想教的与学生愿学的如有落差则是主观的。究其原因，老师梳理出应该教什么，却不了解学生对什么感兴趣，不知道学习起点在哪儿。依据儿童心理转化文本，创设可对话的话题，基于儿童起点推送文本，提供适宜的学习支架，才有可能让文本富有感染力，引起学生注视，拨动学生心弦，让学生产生内心反应。"乾以易知，坤以简能。易则易知，简则易从。"[1] 要让学生易于知道，乐于探究，就必须遵从"易知简能"的自然法则，先推送那些学生有意愿学的文本内容，那些学生易于感知的文中要点，以建起学生与这一篇的链接，缩小甚至消解学生与文本之间的落差，增强学生似曾相识之感，激起学生主动对

---

[1] 黄寿祺，张善文. 周易译注. [M]. 上海：上海古籍出版社，2012：374.

话的愿望。这就需要洞察学生与文本之间的落差，顺应学生现实的心理经验，将文中要点转化为学生可对话的话题，转化为学生要学的内容，在转化上下功夫，使我们想教的与学生要学的无缝对接，力促主要教学内容能够适应学生、调动学生，服务于学生的"学"。正如王荣生教授所说："了解学情，并不是指对学生的情况泛泛而论，而是要针对某一篇具体课文，去探测学生的学习经验——哪些地方读懂了，哪些地方没读懂，哪些地方能读好，哪些地方可能读不好。"① 这样，在"没读懂""读不好"的地方，增加情感共鸣点、认知冲突点，增强对话张力，增进学习信心，激起探究内需，让学生与文本的适应度不断提升。

4. 关联最佳化

有时学生看似在读，其实视而不见，见而不觉，觉而不知其意。虽说新知是高于学生现实经验的，但如果不能与现实经验产生适应性关联，就难以被学生自知。福建漳州南山寺有个古老的泥菩萨，传说当年雕塑师很自信，雕塑完成后，自认为完美无缺，扬言如能挑出毛病，分文不取。有关官府发动百姓参观，都挑不出毛病。一个小孩却看出来了，手指太粗，鼻孔过小，挖鼻孔成问题。为什么明摆的缺陷大人看不出，小孩子却一目了然？原因在于小孩大多有挖鼻孔的习惯，而大人一般没有这个习惯。可见，感知是有选择的，要让学生对新知感而有觉，就必须把准新知与旧知的交界点，实现新旧知识的最佳关联。新旧知识的交界点越准，关联度越佳，经验活跃度就越高，文中没有明言之意就越容易显现。否则，我们以为十分明显的东西，学生不一定看得见。"最大关联"和"最佳关联"的"交际与认知"原理②也启发我们，要引导学生关注与自己有关的信息，不断扩大文本间接经验与自身直接经验的交集范围，注重从自身直接经验中唤醒某些东西，并将这些东西与文本之间关联。这样，借助直接经验去增进间接经验与文本之间的关联，依托个体经验去增强群体经验与文本之间的关联，凭借自身经验去强化他人经验与文本之间的关联，依靠校内经验去引发校外经验与文本之间的关联，以便以相似经验还原文本，用亲身经历理解文本，不断产生我要对话的意愿。

---

① 王荣生. 阅读教学设计的要诀 [M]. 北京：中国轻工业出版社，2014：117.
② 斯珀波，威尔逊. 关联：交际与认知 [M]. 蒋严，译. 北京：中国社会科学出版社，2008：前言.

5. 生活被打开

生活既是起点，又是归宿，也是从文本走向经验的桥梁。只有向生活的方方面面敞开，让生活与文本交流，感受到阅读的好处，觉得阅读是一种享受，学会过阅读生活，学生才会生成阅读内需，自愿去阅读，积极去对话。可见，不能囿于文本，应适度引入学生熟悉的生活资源，让生活与文本无缝对接，让抽象的文字与生活场景产生对流，让文本意义更贴近生活原貌，彰显文中的生活气息，进而让阅读生活有滋有味。这就需要站在儿童的立场，开发有活力的语文资源，组织起本校或当地资源，使相关资源由潜在状态转化为活跃状态，扩大所学内容与生活对应的范畴，与经验关联，让学生产生鲜活的生活体验。可以在上课之始，从知识铺垫、兴趣诱发、情感调动等方面，引进生活事例，创设生活情境，将相宜的生活资源引入课堂，以调动学生相似的生活经验，激发学生对话文本的内需。也可以在课堂上吸纳生活故事，满足课堂生活需要，让生活经验向文本渗透，使对话富有生活气息，内生为生活新需求，引领学生体会鲜活的语文。如，教学统编教材五年级上册的《鸟的天堂》时，如果问："巴金爷爷几次经过鸟的天堂？分别在什么时候？"学生会产生记忆式反应，回答："两次，分别在傍晚和早晨。"如果换成生活化问题："假如你去鸟的天堂，会选择什么时候？"学生会把自己摆进去，以有意义的方式表达见解。还可以在课末展开综合性学习，引导学生到生活中去，或拓展阅读，或抒写感受，或参观调查……增强学生联系文本意义理解生活的意识。这样，既引入生活资源读活文本，又借鉴作者经验感受生活，看似远离了文本，却处处有作者的影子。如果链接的是唾手可得的生活素材，更利于将静态的、孤立的消极文字，演化为灵动的、鲜活的、体现生命情感的积极语言，与文中一个个真实的生命相遇相知，主动领会甚至创生文本意义。当然，打开生活，要谨防画蛇添足，提防无目的、无原则、不适宜地冲淡文本，务求学生对照生活走进文本、对话文本，读出文中的生活味。

二、实践经验

阅读，必然产生代入感；代入角色阅读，就是在场。在场是一种生命的本能，是人最本质的需要。经验的活跃来自行为的在场感。"学习是一连串'内化的行动'，行动能有力地刺激学习者的兴趣，将他置于一种情境之中，让他产生那种执行任务的愿望。"① "实践经验"是指与文本产生共鸣，融入文境，读成文中人，读成作者，文本的言与意不断转换为实际行动，自觉运用读、画、议、写等方式，积极对话，提升认知，生成意义。

1. 善用读法实践

读是最经常、最重要的语文实践方式，通过有声语言或无声语言，可以再现作品艺术形象。语文重意会，有时读着读着，就与作者的生命情感融为一体了。当然，不同学生常用的读法会不一样，面对特定的文本，如果读法相宜，学生会融入其中，读出文味，喜欢上该文，否则会"小和尚念经，有口无心"。为此，要引导学生依据抑扬顿挫的语言、错落有致的节奏、奇特严谨的结构，采用相宜的读法，读进文本，读出在场感。如，统编教材三年级下册《陶罐和铁罐》第15、16自然段："'多美的陶罐！'一个人说，'小心点儿，千万别把它碰坏了，这是古代的东西，很有价值的。'""'谢谢你们！'陶罐兴奋地说，'我的兄弟铁罐就在我旁边，请你们把它也掘出来吧，它一定闷得不行了。'"这两个自然段都是提示语在中间，长度和形式相似。可以先让学生自主试读，体会人物的心情，感受语气的不同。再引导学生发现，"多美的陶罐"，语速缓一点儿，才能体现初见陶罐的惊喜与赞美；而"谢谢你们"，语速略快一点，语调干脆且响亮，才能表达出陶罐重见天日的兴奋。更重要的是，"一个人说"，后面停顿要长一些，语速总体偏慢，以突出那种由衷的赞叹之情；而"陶罐兴奋地说"和后半句的连接要紧密一些，语速总体偏快，以凸显陶罐对铁罐的关切之情。这样比较，学生会体会到不同的情感有不一样的朗读方式，不同的读法会产生不一样的表达效果。

2. 参照形象实践

语文学习是感性与理性的结合，常常形象大于意思。如果从文中抽取意思，很容易；但将意思寓于形象，让学生感受到，很难。要悟得文中之意，有时必须将文字转化为形象，对所表达的产生直观感受，激起"我在场"的内心反应。为此，可以引导学生参照相宜的物象，建立与文本的表象联结，产生如闻其声、如见其人的感受，获得生动活泼的体验。如，统

---

① 焦尔当. 学习的本质 [M]. 杭零, 译. 上海：华东师范大学出版社, 2015: 81.

编教材五年级上册的《鸟的天堂》，文中有一幅描绘"鸟的天堂"的插图，画面有静有动，给人带来视觉冲击，让人如临其境。可以引导学生先参照该图，对"一簇簇""堆""翠绿""明亮""照耀"等展开联想，再现榕树的茂盛，然后思考"似乎每一片绿叶上都有一个新的生命在颤动"中"生命"指什么，为什么会"颤动"。这样，先参照插图，再现文中形象，琢磨内隐的"新生命"，再融入场景，感受语言文字的魅力，会产生在场对话的愉悦感。其实，还可以参照实物、挂图、多媒体等所展示的文中形象，融入文中去感受，去体验，生成与作者经验相融的现场感。

3. 依托情境实践

"作者胸有境，入境始与亲。"[①] 尽管课文具有时代性和典范性，但有的与生活较远，学生难以读进文本，更难以体会到没有明言之意。此时，可以创设真实情境，激活相似经验，增强在场意识，让学生披文入境，感同身受，将静态文字推演成鲜活场景，与文中人物对话，产生身临其境的高峰体验。如，教学统编教材六年级上册的《狼牙山五壮士》时，初读文本后，依托电影《狼牙山五壮士》的片段创设情境，再现五壮士为掩护群众和连队主力转移，诱敌上山，英勇歼敌，最后壮烈跳崖的场景。在此情境的感染下，引导学生找到与镜头对应的文字读一读，不知不觉中读入文境，化为其中的壮士，表达慷慨的言行，语气随壮士遭遇的变化而愈发激昂，读出了视死如归、宁死不屈的气势，读得热血沸腾，欲罢不能。

4. 合情想象实践

心领神会与想象是分不开的。合情的想象可以助力学生融入文境，产生在场言说的感觉。为此，可以推送富有诗意的任务引发学生想象，产生相宜的"内心视像"，还原作者的省略，补充有意不说的"空白"，让言外之意逐渐显现，让学生走进艺术世界，产生在场体验。如，教学统编教材二年级上册的《望庐山瀑布》，仅靠具体的分析或生动的讲解，学生难以感受到李白浪漫的情怀。如果引导学生对"生紫烟"的香炉峰、"挂前川"的瀑布、"直下"的"飞流"、"落九天"的银河展开合情想象，就能走进李白"疑"的状态，生成相宜的"视像"，感受到庐山瀑布的雄伟气势与作者气贯长虹的胸襟，激起对祖国壮丽山川的热爱之情，进而爱上《望庐

---

① 叶圣陶. 语文教学二十韵 [C] //叶圣陶. 叶圣陶语文教育论集. 北京：教育科学出版社，1980.

山瀑布》，爱上李白，爱上古诗词。

5. 自由表达实践

表达既是人生存与发展的基本需求，也是语文实践的极好方式。学生融入文境，发现作者的情感变化和表达思路，会产生与人分享的愿望。此时，可以引导学生情以读表、意以言表，甚至可以依据文本体式叙述、抒情、议论、说明，让文本成为自由言说的凭借，让表达成为有滋有味的实践。尤其是书面表达，从遣词造句到布局谋篇，学生都会认真思考、斟酌、修改，直到自我满意为止。其实，书面表达可以是读中批注，将所感、所思、所疑，用圈、点、勾画、注写等方式记下，也可以是读后仿写，仿其立意、仿其手法、仿其结构，甚至可以仿其语言，还可以写一写感想，描述阅读生活，抒发独特情感。自由表达中，要宽容错误，鼓励大胆抒怀，表达多了，渐渐地在场感也会有质的增强。

除上述外，还可以通过演讲、辩论、参观、调查等方式，增强在场意识，强化语文实践，且善用读法、参照形象、依托情境、合情想象、自由表达等可以协同发力，相辅相成。在鼓励学生做语文实践有心人时，应推送多样语用任务，让学生进入在场实践的状态，提升转化文本言与意的能力。

三、重组经验

要想学会一项技能，必须联系多方信息重新组合。重组经验可以助力高级心理机能的发展。"知觉重组或认知重组注重的是要认清事物的内在联系、结构和性质。"[①] "重组经验"是指多方信息有所聚合，发现此处对话与上下文的关系，自觉将离散经验关联起来，分散意义连贯起来，促进文本之言与文中之意逐层转化，看出文本内在的关系、结构、功用等。

1. 行动连续中重组

不是所有的经验都会生长，只有前后连续的才有可能生长。生长的关键在于，经验从离散状态走向连续状态，不同时段的经验联动起来，前后相续。动态生成的即时性经验，有时只是关于某个点的感受，只是对文本的表层感知，只与文中显性事物相关，显得离散而模糊，但这类经验很大

---

① 施良方. 学习论 [M]. 北京：人民教育出版社，2001：143-144.

程度上是学生对文本的直觉感应，受自身已有经验影响较大，受文本原生价值制约较大，受教者教学取向左右程度较大。如果此时从依言循意走向据意品言，从品言得意走向意以言表，在言与意的连续转化中，连锁思考，"形成连贯的心理表征"，说明经验已从简单积累走向彼此联动，获得重新组合，形成了连续的行为链。为此，应尽可能从学生现实的心理经验出发，遵循从感应走向感知再走向感悟的认知特点，顺应从文字走向形象、从物态走向表象、从感官参与走向心灵体验的发展路径，让前面对话成为后续对话的基础，后续对话成为前面对话的深化和拓展，前后对话构成递进关系，趋向一致，意向连贯，走向连续，促成文本唤醒经验与经验投射文本进入连续转化状态。而这一切又是适时推送具有内在逻辑关联的话题群，引导学生学会关注相邻的要点，关联上下，呼应前后，联结离散的感受，吸纳易逝的直觉，聚焦文本核心，丰盈对话主话题，力促感知、理解、体验、联想、梳理、应用等，彼此协同，形成合力，促使不同时段生成的松散的经验联动起来、融通起来，并结构化重组，进而不断重组意义，持续连贯意义，逐渐与作者的生命情感和言语智慧相融合。

2. 环境影响中重组

环境是一种支持学习的外部条件，有物质的、活动的、心理的，既有丰富的学习资源，又有灵动的人际交往。"当学习者的心智活动和他所处的环境之间建立起丰富的对话时，他的知识水平就会有所进步。"[①] 经验是在环境的作用下生长的，只有在多样环境作用下才能提升。新生经验如果不与真实环境产生互化，就会稍纵即逝，也难以连贯成意义，且仅与当下环境产生互化是不够的，还得迁移到新的环境中加以应用，尝试解决新语境中的新问题。换言之，潜在的、朦胧的、离散的某情感、某意思、某方法，如果历经不同的语用环境，多次重组、多维建构，就会形成结构化反复，助力学生学会环顾四周，勾连左右，聚合多方信息，改造原有经验。为此，有必要推送不同形式、不同层面的学习任务，提供开放的、富有挑战的语文实践场，引导学生同类相聚，勾连关键的字、词、句、段，链接文本内外、课堂内外、校园内外，关联文本内容、表达形式、主旨思想，联结已会知识、当下所学知识、将要学习的知识等等，学会多维研读文本

---

① 焦尔当. 学习的本质 [M]. 杭零, 译. 上海：华东师范大学出版社，2015：59.

核心，产生意义趋同、形态相异的多样认知。那么，如何营造这样的真实环境？我们认为，一方面，要学会增强新旧知识之间、上下文之间、前后对话之间、文本与生活之间、该文与其他文本之间等的联动；另一方面，要学会将字词放入语句之中，语句放入篇章之中，篇章放入单元之中，依托上位语境，环顾上下左右，发现要点之间共通的核心，进而将自我直接经验与文本间接经验、课内经验与课外经验、校内经验与校外经验加以重组。

3. 过程完整中重组

连贯意义需要完整的心智活动，展开循环往复式品读。这取决于能够将文本作为有机的整体来处理，将课堂作为和谐的整体来立意，将教学作为融通的整体来展开，将学生作为完整的人来尊重。这里的整体不仅是语文实践的生态，各个学习环节起承转合，有序而自然，各种学习活动首尾呼应，浑然一体，也是逐层转化文本核心，生成多个要点联动的整体结构，还是通过具有内在逻辑关联的语文实践活动，开拓重组经验的主要路径。经验只有在整体的真实的学习任务中，在"连续性和相互作用"中，在不同层面、不同时段学习的相融共生中，才会持续生长。经验要靠这样的生态来助长，能力要靠这样的过程来历练。库伯的体验学习圈也表明，理想状态的经验生长至少要经过具体经验、反思观察、抽象概括和积极实践四个阶段的循环过程才能完成[1]，过程中每个阶段都十分重要，只不过不同阶段，学生所产生的体验存在差异而已。如其中的"积极实践"就表明学生已学会检验经验、修正经验和完善经验。为此，要引导学生学会沿着主话题的意指，将听、说、读、写等语文实践聚焦于文本核心，言行一致，前后相生。进而促使学生既会入乎其内，又能出乎其外；既会读进文本，又能走向生活。自觉实践经验，不断修正经验，让文本意义在学习进程中趋向完整。这样，才会处于全文核心的最大关联之中，才会产生整体效益，进而用最小的努力获得最大的意义，或者付出适当的努力得到足够的意义。

4. 自我审视中重组

审视指自我检查，自知己短，弥补不足，纠正过失。"吾日三省吾身"

---

[1] 库伯. 体验学习：让体验成为学习和发展的源泉 [M]. 王灿明，朱水萍，等译. 上海：华东师范大学出版社，2008：33.

就是一种自我审视。审视不是对经验的简单否定，而是对经验的一种修正，思之则活，思活则深，思深则透，思透则明，思明则新，思新则进。可以说，审视是经验再重组，意义再增值，对后续学习有所指导。美国学者波斯纳认为，个体成长的公式是：经验＋反思＝成长。他指出，没有反思的经验是狭隘的经验，至多只是肤浅的知识。审视应成为经验生长的重要环节，其中包括学习目标、学习内容、学习方法等是否相辅相成。为此，课前可以布置预习，引导学生学会回顾旧知，审视以前学过的类似内容、方法等，以便与文本建立最佳关联；课中可以对前面学习进行审视，学会连贯前后学习，产生最大关联；课后可以通过思考"读懂了什么""还有什么不懂""还想知道什么"等，学会对课堂表现、对话方式、学习收获等进行梳理；平时可以通过你来我往的交流，聆听他人意见，撰写相关日记等，自我优化学习生活。这样，适时地停一停，回顾学习历程，总结理解得失，发现自身优势，认识自我不足，学会什么时候审视，审视什么，怎么审视，进而善于审视，乐于审视，形成自我审视的意识与自我调适的能力，提升审视质态，养成审视习惯。从元认知来看，应着重树立正确的学习观，丰富审视方法，提升审视智能，学会自我完善。只有在重组经验中审视，在审视中重组经验，让审视成为常态，才会让自我审视成为重组经验更经常、更重要的方式，成为提升思维水平和探究动力的助推剂。

四、创生经验

创生意味着能够发现新意，解决新问题。法国哲学家萨特认为："阅读是一种被引导的创造。""创生经验"不仅指超越单个要点，发现新的意义，也指新生经验处于应用状态，能够借鉴他人经验解决当下实际问题，开拓更多的发展路径，学会过自由完整的生活。

1. 循环往复中创生

创生不一定是创造新事物，可以是读者与作者心灵碰撞，也可以是离散经验走向完整，连贯成意义。经验有了生长力，会超越现象，悟出新意，生成概括性知识，进而激起"居然我能这样"的喜悦感，不知不觉中进入创生状态。当然，这里的创生不是简单重复，而是不同角度、不同层面的结构化重组，形成"连续性和相互作用"。换言之，"教学内容的连续性，不是存在于教科书的纸面上，而存在于活生生的课堂教学里，落实在具体的学生个体身上"[①]。将"教学内容的连续性""落实在具体的学生个体身上"，就是驱动学生先与相关要点建立适应性关联，再让这些要点彼此联动，进而增进文本之言与文中之意的循环转化，发现上位意义，获得概括性知识。如，统编教材五年级上册的《落花生》，以借物喻人见长。如果借"本文的写作特点是什么""借什么比喻什么""为什么落花生可以比作'做有用的人'""这样借物喻人有什么好处"等问题组织学习，学的是有关借物喻人的事实性知识，属于表达特点的感知记忆，虽侧重于文本之言，但弱化了文中之意。如果聚焦借物喻人，逐层开展分角色朗读、联系生活中相似的人评说、补充同类文本比较阅读、尝试运用借物喻人仿写等多重实践，就能够促成习文言与明文意的循环转换，提升借物喻人学习的活力。尤其是后续的补充阅读和仿写练笔，能够增强应用借物喻人学习的连续性和适应性，为学生超越经验、洞察新知、创生新意，开辟广阔的天地。这样，既注重单个要点的理解与积累，又力促文本的言与意循环转化，有助于学生上勾下连，左顾右盼，超越原有认知，创生整体意义。

  同理，如果单元核心没有多重循环、多维往复，而只有事实性知识，就发现不了单篇之间的相通之处和不同个性，难以实现单元学习结构化和连贯化，难以生成概括性知识，更难以创生超越单篇的单元意义。其实，单元学习更有助于学生从生成某种经验，走向尝试应用该经验，再走向再造性应用该经验，最后走向创造性应用该经验，让该经验在多样语用中不断重组，持续生长。如，教学统编教材五年级上册第二单元时，就可以围绕"学习提高阅读速度的方法"这一语文要素，创设不同层面的任务，展开交叠式往复和结构化循环。基于中年级初步学会默读，做到不出声、不指读的经验，《搭石》作为单元开篇，应侧重引导学生集中注意力阅读，不回读，这是学习本单元的起点；第二篇《将相和》应侧重引导学生连词成句地读；第三篇《什么比猎豹的速度更快》应侧重引导学生依据段落特点，抓关键语句迅速把握全文；第四篇《冀中的地道战》应侧重引导学生带着问题读，综合运用所学方法。《语文园地》中的"交流平台"应侧重引导学生对单元内所学的"提高阅读速度的方法"进行梳理与总结；"词

---

① 王荣生. 听王荣生教授评课 [M]. 上海：华东师范大学出版社，2007：23.

句段运用"应侧重提示学生及时概括语句的意思，提高阅读速度。这样，前后学习既各有各的个性，又逐层转化着共同的单元语文要素，不断拓展"学习提高阅读速度的方法"的广度和深度，助力学生获得概括性知识引导和完整性实践应用，生成更高层次的快速阅读智能。可见，单元学习能够改善离散的、点状式学习，促进前后学习螺旋式循环发展，提升学生发现单篇之间异与同的敏感度，实现单篇特色与单元核心和谐共生，创生出单元整体意义。

2. 持续进阶中创生

创生意义既依赖于多维化研读文本核心，又需要学习活动持续进阶，期待通过言意体验相生相长，促成诸多意义融入主要意脉。具体表现在前后话题递进式舒展，前话题是对话后话题的基础，后话题是对前话题的深化和拓展，前后对话有适宜的台阶，呈现出首尾融通之势，让学生由表及里、由浅入深，产生拾级而上之感，感受到意义创生的愉悦。一般情况下，学习首先是聚合与加工多方信息。此时可借助主话题的统领力，展开上勾下连，融会相关信息，创生整体意义。如，教学统编教材五年级上册的《桂花雨》时，可以紧扣"浸"，先将第4、6自然段关联起来，引导学生说一说，从这两个自然段中的"浸"体会到了什么，删去两个"浸"后比较阅读又发现了什么，然后在关于"这两个'浸'有什么不同"的思辨中，联系上下文，调动生活经验，想象整个一年人们用桂花做了些什么。这样，循序渐进地辨析"浸"的异与同，对相关信息进行深度加工，"浸"的意脉自然进入创生状态。其次，既要驱动学生透过语表层，发现要点背后之意，又要超越单个要点之意，创生上位意义。如，可以从"哪些语句描写桂花香的"切入，引导学生先整体感知《桂花雨》，梳理相关语句，聚合关键信息，再"将这些语句连起来读一读，又读懂了什么"。通过集中研读，比较参悟，发现不同时期"花香"的特殊之意，体会到"花香"意脉的流变。再次，借质疑问难创生意义。产生与文本相宜的理解后，可以鼓励学生或"反"着读，或"逆"着读，或以审视者的角度读，或以批判者的角度读，评说文中人物，怀疑文中故事，质疑文中语言，进入高阶对话状态。如，教学完《桂花雨》，就可以引导学生带着问题"还有什么疑问"来回读。有学生问："文中写的是桂花香、摇桂花、收桂花、念桂花，为什么不以'桂花'为题，仅以'桂花雨'为题是不是偏题了？"借助这一疑问，进一步审读文本，融会"雨"与"快乐"、与"乡愁"的意象，体会到"桂花雨"的灵魂，生成"桂花雨"的诗意，让学生精神世界随作者的生命情感而升华。

3. 综合运用中创生

新生经验处于应用状态，即学即用，活学活用，才会转化为自我的言语智能，内化为自己的生命感悟，润泽为自身的心灵滋养，养成终身受用的生活意向和人生意义。如，统编教材五年级上册的《鸟的天堂》，作者抓住景物特点，展开静与动的双重描写，按由远及近的顺序，描写榕树的静态之美，以点面结合的方法描写百鸟欢闹的动态之美。依据这一表达特点，可以直接点明"'鸟的天堂'没有鸟与'鸟的天堂'有鸟"的静动变化。但这充其量只是事实性知识，属于感知记忆、简单认知，学生难以体会到"动静有变化"的真实情态。可在学生自读后，播放大榕树独木成林与百鸟欢闹的相关视频，借力生动画面，从树叶、树枝、树干等方面，直观地感受"鸟的天堂"黄昏的静态美，从叫声、颜色、样子等方面，直观地感受"鸟的天堂"早晨的动态美。接着，比较两次去"鸟的天堂"的所见所闻所思，一树一鸟，一静一动，静有静的远近不同，动有动的前后变化。领会到"动静有变化"的写法以及好处之后，通过"这奇观该怎样推介，才会吸引游客呢"的提问，激励学生当一回小导游，向游客推介"鸟的天堂"。然后进一步引导学生思考生活中哪些场景（如高邮湖畔、蝶园广场等）该怎样运用"动静有变化"作推介，并展开小练笔。最后，推荐学生课后阅读同类文本《灰椋鸟》，并画出文中体现"动静有变化"的语句。这样，从自主学习、还原场景、比较阅读，掌握"动静有变化"的写法，走向扮演小导游解说，再走向体现"动静有变化"的场景仿写以及课外阅读，经验处于生成和应用状态，生长的时空不断拓展，主要意脉持续开阔，直至内化为自我的言语智能。可见，真实情境中的综合运用可以赋予经验新的生长力，力促经验转化为自身内在的生活需要，开拓新的生活空间，帮助学生意识到处处是创新之地，天天是创新之时，人人是创新之人[1]，自觉到生活中去发现、去探索、去创造，而这一切必将融入"知天地人事、育生命自觉"的人生主线之中。

---

[1] 方明. 陶行知教育名篇 [C]. 北京：教育科学出版社，2005：211.

调动经验，实践经验，重组经验，创生经验，是言意体验相生相长的基本样态（见图7-1）。调动经验是为了实践经验，实践经验是为了重组经验，重组经验是为了创生经验，创生的经验又有可能成为新的可调动的经验。可以说，这四种样态既各有特点、各具功用，又彼此交叉、相辅相成，始终处于相生相长的状态，最终促成学生明文意、习文言、共文情、行文道、做真人，会过完整而自信的童年生活。

图7-1　从文本走向经验的基本样态

第二节　从文本走向经验的势态

阅读文本与发展自我是同步的，读书在于读自己，理解他人时感受自己、发现自己、发展自己。从文本走向经验就是为了从文中生成意义，用意义引领生活，产生人生思考，从阅读的我走向新的自我，实现身心解放和自我超越，成为真正的人、大写的人。尽管经验状态是千差万别的，从听老师讲走向同伴协作，从课内老师引导学走向课外自主探究，从正确理解走向亲身体验和充分表达，从在文中什么地方看出什么东西走向从文中要点之间看出彼此间的关联……但总的势态是从消极走向积极、从依附走向独立、从懵懂走向自信。

一、从消极走向积极

文本是静态的，学生面对文本，时常"一望而知"，其实，并未发现文中要点，并未领会文中之意。要真正读懂文本，既需要借助相宜的实物、图画、板书、视频等，还原文中场景，营造认知冲突，生成外在的心理力场，让文本从静态走向生动；又需要唤醒动机，拨动情弦，悦纳动态生成，使字间之意，像潮水一般涌入心田，生成内在的心理张力，让经验从消极走向积极；更需要增进内在心理张力与外在心理力场对流，让学生在文中敞开自我、释放自我，经历一次文本与经验循环转化的生命之旅。

1. 从朗读表达中走向积极

绘声绘色、悠然心会地朗读，可以助力学生潜入字里行间，融入文本意境，生成心理张力，激起积极对话的内需，读到与文本相宜的意义。但这类朗读不是简单的重复读、放任读、泛泛而读，而是品言共情，情以读表。如，特级教师支玉恒执教《歌声》时，借助朗读将学生引向积极，可谓炉火纯青。"你的声音多好听啊！不要着急，（示范读）仿佛一个暮春的早晨……"学生仿读，但未进入文本意境，支老师继续引导："雨下得有点大，再来——雨点再小一点，仿佛——"学生的语调有了变化，仿佛加了调味剂，然而难以摆脱习惯的腔调。支老师及时点拨："哦，这风太大了。（示范读）像爱人的鼻息吹着我的手一样——"学生的嗓音顿时又轻又柔，声音动人心弦。在支老师踏雪无痕的引导下，学生时而倾听范读，时而潜心默读，时而品味诵读，文字被赋予了情感与生命，鲜活了起来，跃动了起来，已然成为视觉画面与听觉形象，蒙蒙的春雨、浓郁的花香、新鲜的微风，在学生心中飘散漫溢，是那样自然圆融、了无痕迹。此时，一切精细的讲解都黯然失色，任何华丽的展示都苍白无力。在怦然心动的朗读中，困惑消解了，心智启迪了，视野开阔了，心理张力增强了，经验状态积极了。

2. 从浮想联翩中走向积极

阅读离不开想象。想象可以唤醒相似表象，调动相应经验，补充文中空白，还原真实场景，有助于文字转换为形象，间接还原为直接，意思生成为生活，让文中之意生动起来，自我体验直观起来。如，统编教材六年级上册的《草原》，第1自然段是描绘草原美景的经典之作，但大多数学生没去过草原，难以感受到文中意境。这就需要引导学生联系生活和上下文，回想见过的草地或草坪，借助生活经验，再现相应场景，融入那辽阔而美丽的草原风光，感受一碧千里的意境美。单就其中的"羊群一会儿上了小丘，一会儿又下来，走到哪里都像给无边的绿毯绣上了白色的大花"，可以先借助熟悉的"绿毯""白色的大花"，想象草原的辽阔和羊群带来的生机，再回想："辽阔的绿毯可神奇了，与咱们见过的绿毯有什么不一样？"有学生惊喜地叫道："活了！这绿毯上的白花会动呢！"可见，这位学生基于自身经验想象羊群的活动，感受到了草原的千里之碧和生机盎然，产生了积极体验。

3. 从画面显现中走向积极

课本插图、教学挂图等不仅能将抽象的内容形象化，将隐含的内容图像化，将点状的内容场景化，让文中之意形象起来，而且能让学生产生身临文境的心理张力。如，教学统编教材六年级上册的《西江月·夜行黄沙道中》时，读顺全词后，不必逐字逐句地解释意思，可以先出示放大的文中插图，引导学生观察，通过找与文字对应之景，增强词与画的关联。接着，通过"这句话，让我想到了什么画面"的提问，帮助学生逐句猜想所表达的意思，以转换画中景与词中意。这样，凭借插图，猜想句意，用自己的语言描述"黄沙道"幽静的山村月夜，不知不觉中浮现出与全词意境相宜的生动画卷。此时，该词原初的生气和活力会和盘托出，学生参照插图讲述对应句子的大意，会侃侃而谈，会感受到浓郁的乡村生活气息，体会到辛弃疾对美好生活的向往，诵读状态会越来越积极。

4. 从音乐渲染中走向积极

门德尔松说过，"在真正的音乐中，充满了一千种心灵的感受，比言词更好得多"。有时辅以相宜的音乐，会引发相应的情感，生成和谐的心理张力，有助于浸入文本情境，感受到语言的温度，产生生命体验。如，学习统编教材六年级上册的《月光曲》第9自然段时，学生在"这是一首什么曲子"的好奇心的引领下，找到描写乐曲的语句并不难，难的是融入文境，走进贝多芬的心境，感受到生命情感的流变，并读好相应的语句。此时，教师可以播放钢琴曲《月光曲》，开启学生心扉，拨动学生情弦：音乐响起，清幽舒缓，想象月亮刚从海面升起的美景；随后气势逐渐增强，曲调出现转折，想象月亮越升越高；接着音乐高昂激越，节奏越来越快，想象海上刮起大风，卷起巨浪……时而舒缓，时而明快，时而悠扬，时而激越，在叹服贝多芬技艺高超的演奏中，逐渐浸入美妙胜境。再读这一自然段时，专注、真挚、深沉，一字一词似乎从内心深处迸发出来。此时无论是文字还是乐曲，已无法彼此分开，在配乐诵读中是那么相得益彰、浑然一体。

5. 从板书演示中走向积极

文中意脉隐秘于字里行间，加之有的结构不清晰，有的情节较复杂，有的人物主次难辨别……如果借助板书，演示文中之意，外显内在脉络，就可以生成认知张力,助力学生潜心会文、深度思考,进入积极的对话状态。如,统编教材六年级上册的《灯光》,讲述解放战争时期,郝副营长在一次围歼战打响前,借火柴微弱的亮光,看一幅小孩在电灯下读书的插图,产生无限的憧憬;战斗打响后,后续部队与突击连失去联系,郝副营长点燃那本书,用火光照亮后续部队前进的方向,我军胜利了,郝副营长却牺牲了。本文虽为略读课文,但学生理解灯光的多重意象有点困难。为此,可以围绕灯光设计板书如下(见图7-2):

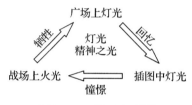

图7-2 《灯光》板书

此板书是在自读后的全班交流中生成的,揭示了全文的主要意脉,也是对课文前导读语"课文中,天安门前璀璨的灯光、郝副营长书上插图中的灯光和战场上微弱的火光,三者之间有什么联系?它们与课文题目又有什么联系"的有效回应。此板书有助于学生连贯上下文,疏通全文,由广场灯光引起回忆,循灯光梳理行文思路,看清贯穿全文的灯光意脉,体会到插图中的灯光是郝副营长和千千万万战士的革命理想,天安门前的灯光是郝副营长与千千万万烈士用生命铸就的,进而铭记那些为了今天幸福生活而牺牲的先烈,珍爱来之不易的当下生活。

6. 从媒体展示中走向积极

适度运用现代教育技术,如多媒体、交互式新媒体等,发挥声、光、形、色等元素的直观、有趣以及表现力强等作用,再现场景,烘托氛围,渲染情感,让静态文本形象起来,让消极文字跃动起来,与学生共情共鸣,促使学生生成栩栩如生的心理张力。如,统编教材六年级上册的《狼牙山五壮士》记叙抗战时期五名战士为了掩护群众和连队主力转移,诱敌上山、奋勇杀敌、英勇跳崖的故事。在借助文中插图,说一说"五壮士跳崖时会想些什么"时,起初学生交流的内容有点单薄,情感也不够激昂。于是,教师利用多媒体,播放"五壮士跳崖"的电影片断,目睹这一壮烈的场景,一时群情激奋,浸入壮举之中。此时,再次言说"五壮士跳崖时会想些什么",话语丰富了,语气坚定了。接着,配上相宜的音乐,顺势齐读第 6～9 自然段，读得心潮澎湃。可见，此处借多媒体推送视频和音乐，将学生带入真实的场景，学生弥补了起初经验的不足，生成了极强的心理张力，获得了相宜的高峰体验。

走向积极，既有外在的文本引领，又有内生的体验驱动，是内外相生的生命状态。我们还可以通过生动形象的描述、激情洋溢的演说、催人深思的追问、对比鲜明的衬托、适当的比喻、风趣的暗示等，激活潜能，引发思考，助力言意体验相生相长，让学生因悟得文本核心之意而兴奋、而快乐，养成积极向上的生活习惯，不断汲取前行的力量。

二、从依附走向独立

文本是经过精心选编的，是素养养成值得依附的媒介。如果不立足文本，就不可能感受到作者的生命情感，更不可能借鉴到作者的人生智慧；如果唯文本是从，死读书，读死书，就会生搬硬套，成为书呆子。可见，阅读不仅在于读懂文本，还在于将文本与日常生活交流、与社会实践对接、与天地人事关联。这既需要依托经验读进文本，更需要走出文本审视自我。学生起初受文本影响较大，但随着阅历的丰富，会逐步摆脱文本的束缚，会将文本视为一种参照去感受生活，读出超越文本的生活意义，迈向超我的生命自觉。长此以往，他们会依据自己的心愿选读文本，用自己的方式为人行事，自主解决实际问题，人格会趋向独立，会由独立的人走向"完整的人"。

1. 在自由氛围中走向独立

走向独立是一种自信自尊、自立自强、自我调适、自主判断甚至自我决断，表现为学生成为生活的主人，有自主学习的需求、方法、责任等。这些不是先天就有的，而是在自由氛围中、在环境熏陶下逐渐养成的。二十世纪八十年代，有记者问沈从文："为什么抗战时期的西南联大会培养出那么多人才？"沈从文只回答了两个字："自由。"可见，养成独立人格，必须拥有自由。某报纸曾报道过这样一则消息：某小学，老师出了一道练习题："下雪了，雪融化后，会变成什么？"绝大多数的回答是"变成了水"。只有一位写的是"变成了春天"。回答"变成了水"的，被一一打了勾，而回答"变成了春天"的，却被打了叉。"雪融化后，变成了春天"的理解超出常人，表现出这一位丰富的想象力与独特的创造力。然而，这种独特表现被判为错误，富有诗意的嫩芽就这样被摧残了，独立思考的意识就这样被扼杀在萌芽之中。为此，应尽可能营造宽松的氛围，创设自由的学习情境，开拓更多自读自悟的时空，给予学生自信和心理安全，鼓励学生自主对话、独立思考、主动探究，增强走向独立的意识。

2. 在情趣驱动中走向独立

情趣不仅是学生理解文本的心理基础，更是学生读出生命意义的内生动力。"真教育是心心相印的活动。唯独从心里发出来的，才能达到心的深处。"[1] 当然，情趣不是迎合，而是一种怦然心动，应着力于相似情感的演示、特定情感的感染，以激起对话内需，助力学生注入相宜的情绪，生成认知趣味，逐步走向志趣，保持独立自主的心态。首先，我们要有精气神，这是助力学生生成情趣的前提。我们有情怀，学生才会有情趣。应将对学生的热爱、关怀、体贴、谅解、鼓励、期待等转化为有情有趣的言行，怀情而教，以情激情，投入甚至倾注与文本相似的情感，拨动学生平静而不平常的情弦，让学生在潜移默化中辨明是与非、爱与憎、美与丑、真与假、善与恶，历练学生走向独立的意志。其次，文中故事情节、人物形象、人文主题等，是学生生成情趣的客观基础。要把准文本情感基调，遵从文本情感倾向，或激活相似的经验，或升华萌生的情感，或唤醒情以言表的愿望，让相宜的情趣弥漫每一个学习环节，滋养性情，催生灵性，让学生带着学习趣味走向独立。最后，角色置换、品言共情，是学生生成情趣的关键。务必发掘那些契合儿童经验的文本资源，并向儿童愿学能学转化，让其触动学生内心，与学生兴趣共振、情感共鸣、志向共生，让学生觉得有情有趣，主动依自我才情与文本交流，化作者的生命情感为自我的生活态度。这样，认知与情趣相辅相成，既是语文学习的应然状态，也是学生走向独立的必然追求。

3. 在质疑问难中走向独立

"我思故我在。"（笛卡尔语）人最本质的存在方式，不是会听、会说、会读、会写、会用，而是"我在思考""我会思考"，思考自己的或他人的认知合理性。这样的思考又必须从问题开始。问题可以助长独立思考。为此，一方面，可以让学生在模仿我们提问中学会质疑，学会"反"着读、

---

[1] 董宝良. 陶行知教育论著选 [C]. 北京：人民教育出版社，1991：279.

"逆"着读，在一望而知处读出问题，产生认知冲突，激起明辨是非的愿望，调动多方信息，主动解决问题，进而培养独立自主的精神。如，教学统编教材五年级下册的《田忌赛马》的后期，可以引导学生就"谁是真正的赢家"展开深度对话，进一步推想故事人物的思维过程（这也是单元语文要素之一）。有的说出田忌认为自己是赢家的缘由，有的摆出孙膑认为自己是赢家的道理，还有的道出齐威王认为自己是赢家的理由。这样，帮助学生从纠缠文本内容中解脱出来，借故事人物的智慧，丰富生活经验，练就独立品性。另一方面，让学生提问并不难，可有价值的问题寥寥无几，能否提出有深度的问题，关键在于我们的引导，在于推送开放而有张力的任务，不断增强学生的问题意识。如果问题展不开，就难以引发深思，更难以产生自行解决问题的动力。朱熹说："读书始读，未知有疑，其次则渐渐有疑，中则节节有疑。"学生从敢问到好问，再到善问，逐步摆脱依附，逐渐练就思维的敏捷性、灵动性、独创性等，自觉将低级思考先推向高级思维，再发展至富有独立人格的评鉴，不断提升思维质态。其实，学生提的问题，无论大的、小的、深的、浅的，都应妥善处理，进而活跃学生思维，促使学生学会针对具体文本自主提问，自解疑惑。如果能自主解决问题，可以为独立人格的养成，开拓更为广阔的空间。

4. 在意义探究中走向独立

探究文中之意是一种重要的阅读方式，也是一条走向独立的路径。没有好奇心和求知欲，就没有探究性学习；没有个性化学习，也没有探究性学习，个性化学习与探究性学习是相伴相生的。认知情趣的高低、时空支配的自主性、对话方式的差异性等，决定着探究行为的多样，体现着走向独立的个性色彩。《语文课程标准》指出："充分利用网络平台和信息技术工具，支持学生开展自主、合作、探究性学习，为学生的个性化、创造性学习创造条件。"① 为此，一要鼓励学生自主选择学习内容，自由选用学习方法，按自己的意愿去阅读，提供展示自我的机会，从依赖教师中解放出来，从盲从文本中解脱出来，在意义探究中拓展语文生活时空，提升走向独立的质态。二要引导学生合作探究，促使同学之间互帮互助，学会交往和分享，开拓更多的问题解决路径，善用更多的探究方式。三要提供比较

---

① 中华人民共和国教育部. 义务教育语文课程标准（2022年版）[S]. 北京：北京师范大学出版社，2022.

异同、突破重点、拓展延伸、察觉关联、逆向思维、多维重组等相宜的探究方法，鼓励大胆评鉴、标新求异，提出新观点、新思路、新方法，让学生在探寻意义中，提升走向独立的智能。四要推送真实的探究任务，引导学生在文本与生活之间建立最佳关联，自主选择、组织和整合多方信息，进入彼此接纳、相互影响的状态，形成连贯的心理表征，生成超越文本的生命意义，学会过独立的童年生活。

5. 在自我审视中走向独立

能否走向独立，关键在于会不会对自我认知过程有所体察，有没有自我认识、自我检验、自我调适等能力，也就是自我审视能力。只有对自身学习状态有清醒的认识，能自我调控，才会找到适宜的学习方法自主去探索，独立去评鉴。为此，要引导学生自我管理学习，自主改进学习，驱动自学能力提升。换言之，要通过"阅读方法掌握了吗""能向别人讲述读过的内容吗""产生的问题解决了吗"等提问，引导学生在学习进程中适时地停一停，回望自己的感受，重温自身的言行，与自我多一份对话，意识到自我疑问的移动、自己思绪的变化，梳理所采用的学习方法、所生成的文本意义，以提升审视自我认知合理性的能力。实际操作中，可以从三方面加以培养：一是计划策略，包括制定各时段学习目标，确认浏览哪些资料、何时请教何人等等。二是自理策略，包括自我梳理、自我探究、自我总结等，如边读边自我提问、用彩笔圈画重点、编写小测试题等等。三是调适策略，这往往与自理策略同时使用。如学习某首古诗时，理解诗意较为困难，当意识到了解诗人相关信息可以促进理解后，会主动利用课余时间查阅相关资料。这样，学生自己制订学习计划、自己选择学习内容、自由选用学习方法、自觉调控学习过程、自主评价学习结果、自身修正学习错误等智能会有所提升，独立自主的能力会显著提高。

从依附走向独立是一个漫长的过程，不可能一蹴而就，需要消除思维惯性，发展批判性思维，务求要点让学生自主发现，思路让学生自我打开，问题让学生自己解决，借助言意体验相生相长的力量，在比较阅读中走向独立思考，在质疑问难中走向独立探究，在问题解决中走向独立做事，在社会实践中走向独立生活，进而带着独立的精神，去感受生活、融入社会、走向明天，去完善自我、成全自我、实现自我，获得言语生命的自然成长。从终身发展来看，从依附走向独立，是永无止境的。

三、从懵懂走向自信

"幼儿养性,童蒙养正。""养"的关键在于用自己喜欢的方式为人做事,积极向上,自然成长,学会过自信的童年生活。自信是发自内心的自我肯定,是成功的第一秘诀。我们追求内在的言意体验相生相长,最终是为了培养学生积极的生活作风、自信的人生态度。新时代语文教育比以往任何时候更需要关注培养什么人、怎么培养人。而彰显主线的意义,在于将语文教学与新时代精神结合起来,让语文学习与新时代发展同向、与提升核心素养契合,引领学生在丰富语文经验和生活经验中,激起生活理想和人生抱负,自尊自爱,自理自省,自强自豪,做自信的人、大写的人、光明坦荡的人,以便融入社会、幸福生活。

1. 从文本主旨中走向自信

以文化人是语文课程的根本目标。一方面,教材增加的体现中华优秀传统文化、革命文化和社会主义先进文化等的课文,蕴含着丰富的育人资源,这是培养自信的人的基本保证;另一方面,我们应采用适宜的方式,力促文中之道与学生经验共鸣、与学生体验共生,内化为学生的核心素养。而从文本走向经验,可以帮助学生通过与作者生命情感和言语智慧相融,对文中或明示或暗含的"道"有所领悟,体认那些社会公认的"道",把人生的路走对,将心灵安顿好,自信地去为人做事。如,教学统编教材五年级上册的《圆明园的毁灭》时,可以先从法国作家雨果有关"两个强盗毁灭圆明园"的评论导入,激起爱国之情。再通过关键词句品读,感受圆明园曾经的宏伟壮丽以及被毁灭的经过,体会字里行间的痛惜之情。接着,品味有关时间的词语,理解英法侵略者破坏的时间之长、力度之大,并透过"侵入、闯进、凡是、统统、掠走、任意、就这样"等词语,感受侵略者行径的野蛮以及作者的愤怒之情。然后,在阅读文后《七子之歌(节选)》《和平宣言(节选)》之后,回读《圆明园的毁灭》,体认文本主旨思想,升华对祖国灿烂文化的珍爱之情。随后,诵读《少年中国说(节选)》,感受梁启超强国梦的炽烈,坚定勿忘国耻、振兴中华的决心。最后,开展以"在伟大的民族复兴路上,我们应该做些什么"为主题的演讲比赛,让学生抒发自己的报国之志。这样,学生通过自读、意会、体验、讨论、演讲等,品文言、明文意、共文情、行文道,生成了勿忘国耻、振兴中华的主要意脉，播下了立志报国的种子。可见，借力文本主旨，可以增进理想信念、文化自信、责任担当，树立远大的人生志向。

2. 从单元主题中走向自信

统编教材依据学生的认知水平，按人文主题和语文要素"双线"组织单元，每个单元以一句格言或诗句为导语，用较为灵活的方式，将单元主题标示出来。我们要琢磨这些导语，务求将其要义渗透到单元内各课时的教学之中，形成单元主要意脉。如，统编教材四年级上册第七单元的导语是"天下兴亡，匹夫有责"，结合单元内课文，可以将单元主题理解为"为中华之崛起而读书"；第八单元的导语是"时光如川浪淘沙，青史留名多俊杰"，单元主题可聚焦于仁人志士的精神。展开单元教学，应依托既定的主题，聚合相关资源，帮助学生指向单元主题，透彻理解每一篇的主旨，并依此观察生活、自信生活，感受到文本带来的精神成长。如，学过统编教材三年级上册第六单元《富饶的西沙群岛》《美丽的小兴安岭》《海滨小城》等课文之后，可以通过演讲、征文、写解说词等形式，引导学生走进生活，发现自然之美、家乡之美，表达对家乡风物的喜爱、对祖国山河的热爱。这就要求我们对小学教材的单元结构，特别是人文主题的编排有大致的了解，尤其对该学期教材中单元主题要了然于胸，处理好各单元以文化人的契合点。需要强调的是，落实单元主题不是空洞说教，应结合具体的课文内容对单元主题进行多维转化，务求去唤醒学生对美好事物的向往，促进学生增进自信，憧憬未来。当然，除利用教材单元主题外，也可以自主开发。如，围绕革命文化可以将描写革命年代人和事的文章聚合起来，展开红色经典的群文阅读，让《吃水不忘挖井人》《狼牙山五壮士》《小英雄雨来（节选）》《清贫》《冀中的地道战》等互文参照，彼此联动，融为一体，帮助学生铭记那段不容忘却的历史，激发民族自尊心，培育民族自信心，立志为中华民族伟大复兴而努力读书。

3. 从课外阅读中走向自信

腹有诗书气自华。教材是有限的，仅凭课内，无论怎么用力，学生都难以"气自华"，阔达的人生态度更难以形成。"课内得法，课外受益。"课外阅读对学生的发展是至关重要的。统编教材从"阅读链接"到"快乐读书吧"，再到配套的《语文素养读本》，这些编排体现了编者注重通过课外阅读以文化人。我们应发挥好这一优势，引导学生多读课外书，去吸取更多的生活经验和人生智慧，积淀丰厚的文化底蕴，增强自信的底气。可以将课外阅读与单元学习关联起来，以人文主题、语文要素、某位作家为引子，向学生推介相关的整本书，并提供足够的自主阅读时空。也可以依托近期开展的语文综合实践活动，即时推介相关文章或书籍。还可以利用教室墙壁，开辟"图书超市""好书推介""读书心得"等栏目，介绍有关读书的名人名言。在课外阅读分享课上，时常围绕"名人与书""我与书"展开交流，让学生在讲述名人读书的故事和自己读书的趣事中，逐步树立正确的世界观、人生观和价值观。更可以发掘课文资源，采取"一篇带多篇""一篇带一本""一篇带多本"等措施，实施"1+X"工程。如，学完《蟋蟀的住宅》，可以推介一些《昆虫记》的精彩片段，告知学生类似的趣事《昆虫记》里比比皆是，以引导学生爱上《昆虫记》，爱上大自然。其实，以课文带动课外阅读的途径很多，可以推介与课文有密切关联的"亲缘作品"，如，学完《祖父的园子》后推介《呼兰河传》；也可以根据课文的作者、主人公、事件、场景等，推介有关联的"边缘作品"，如，学完《为中华之崛起而读书》后推介《名人故事》；还可以凭借教材中"我爱阅读"等栏目，推介相应的名著，让学生感受到名家的智慧，并借鉴名家经验，展开灵魂的对照、精神的透视、生命意义的投射，实现自我超越。这样，阅读之舟会由课本驶向书的海洋，优秀的作品会不断给予学生精神滋养。学生胸襟会更开阔，格局会更高远，人生状态也会越来越自信。

4. 从生活实践中走向自信

我们不仅要引导学生读好有字书，更要鼓励学生好读无字书，将学习向校外延展，向社会拓展，不断开拓语文生活空间。换言之，只有在生活实践中运用语文，将语文融入日常生活，才会形成对生活、自然、社会的正确认识，从而过上乐观向上的童年生活。当然，学生从课堂走进生活，融入社会，还需要借力社会调查、参观访问、角色体验等综合实践活动，以打开感受生活、亲近社会、关注时事的通道。如，教学统编教材五年级上册的《慈母情深》时，在学生感受到梁晓声带着特别的心情，在特殊的场景，看到了平时难以察觉到的母亲另一面特有的形象之后，可以组织练笔"你见过妈妈（或爸爸）是怎么工作的吗？课后或去观察一次，或去体验一回，并记下感受"。这样，有助于学生对父母多一些理解，对生活多一份热情，对自己多一点信心。学生只有从文本走向实践、走向生活，悟得生活中的语文，将生活作为学习语文的广阔天地，才能增强时时处处学习的意识，提升感受生活的能力，形成自然淡定的处事风格，养成"读万卷书，行万里路"的人生习惯。再如，学完统编教材五年级上册的《落花生》后，以问题"身边有像落花生一样的人吗"，激发学生课后走访和调查，发现身边平常人的不平凡事迹，进而学会关注生活中的人和事，学会关爱他人、理解生活、开创人生。总之，言意体验相生相长这一主线，只有扎根于生活这片沃土，才会开出美丽的花，结出甜蜜的果，学生才会将文中之道与生活共振、与时代共进、与自然接轨、与生命会晤，树立人生抱负，让阅读富有生命意义，让自我真正成为学习的主人、生活的主人、时代的主人，进而去关怀家国天下和黎民苍生，关怀人类命运。

从文本走向经验的状态是多样的，从消极走向积极、从依附走向独立、从懵懂走向自信只是其中的典型势态而已。实际教学中，可以循着立德树人这根核心线滋养儿童生活，依儿童生活建构主线意义，用主线意义去引领童年生活：从单篇学习，走向单元学习；从课堂学习，走向会过语文生活；从会过多彩的校园生活，走向会过完整的童年生活……促进语文经验越发丰富，生活经验越发积极，人生经验越发睿智，让动态生成的主线意义助力学生踏上自信且富有诗意的人生之路，迈向豁达人生的彼岸。

第三节 经验差异生长的个案研究

言意体验相生相长是个性化的、生命化的，为探明不同学生不一样的经验生长状态，我们在D校借助统编教材五年级上册的《鸟的天堂》展开个案研究。本次研究的主题是"如何助力经验差异生长"。

一、文本研究，把握基于《鸟的天堂》经验差异生长的现实基础

1. 把握基于《鸟的天堂》经验差异生长的教材要素

《鸟的天堂》是五年级上册第七单元第三篇精读课文，是著名作家巴金的作品。巴金先生以清新隽永、朴实优美的语言，记叙了他和朋友两次经过"鸟的天堂"时的所见所闻，表达了他对自然和生命的赞美以及对自由的渴望。该文属游记散文，以游览"鸟的天堂"的过程为序，以描述"鸟的天堂"的奇观为重点，运用以静带动、动中寓静、静动结合等描写

方法，先写"'鸟的天堂'没有一只鸟"的遗憾，再写"'鸟的天堂'的确是鸟的天堂"的赞叹。描写大榕树时，以由远及近的顺序，突出静态之美；描写百鸟欢闹时，以点面结合的方法，彰显动态之美。先树后鸟，一静一动，对比强烈，波澜起伏，给人以心灵震撼。该文既自然朴实，又细致周密，在看似平常的行文中展示出巴金先生娴熟的写作技巧。

  该单元围绕"自然之趣"这一人文主题，选编了《古诗词三首》《四季之美》《鸟的天堂》《月迹》，从不同角度描写不同时间、不同地点的景物。所选课文均有静态描写和动态描写。如，《山居秋暝》对清泉、竹子、莲叶等景致进行动态描写，衬托山间傍晚的幽静；《四季之美》描写春天黎明天空颜色的变化、夏夜萤火虫翩翩起舞、秋天大雁比翼而飞、冬天早晨白霜遍地等景致，凸显景物的动态美；《鸟的天堂》傍晚是静谧的，早晨是热闹的，一静一动，特色鲜明；《月迹》既有对月亮爬竹帘格儿的动态描写，也有对满院子银色月光的静态描写，充满情趣。单元语文要素之一是"初步体会课文中的静态描写和动态描写，学习描写景物的变化"。《古诗词三首》文后的第二道导读题是"读一读，想象诗句描写的景象，体会其中的静态描写和动态描写"；《四季之美》文后的第二道导读题是"读下面的句子，联系上下文，体会其中的动态描写"；与前两篇相比，《鸟的天堂》在静态描写与动态描写方面更为典型，文后的第二道导读题是"课文分别描写了傍晚和早晨两次看到'鸟的天堂'的情景，说说它们有哪些不同的特点。用不同的语气和节奏读一读相关段落"。单从这些导读题来看，该语文要素在单元内一脉相承，与《鸟的天堂》的契合点是：感受大榕树的生命力和群鸟欢腾的壮观场面，学习巴金观察和描写"鸟的天堂"的方法，体会静态描写与动态描写的表现手法和表达效果。组织该文的学习时，可以"'鸟的天堂'没有鸟→'鸟的天堂'有鸟→'鸟的天堂'的确是鸟的天堂"为整体架构，着重比较傍晚与早晨"鸟的天堂""静""动"的不同特点和描写手法，引导学生感受人与自然和谐之美，激起学生对生命的热爱、对自由的向往，领会"鸟的天堂"的变化。

  2. 借鉴基于《鸟的天堂》经验差异生长的教学经验

  我们搜集已发表的《鸟的天堂》的相关文本解读、教学设计、教学实录等文章27篇，并对这些文献进行梳理，试图了解当前有关《鸟的天堂》教学研究的现状，发掘有关助力经验差异生长的经验，为本次研究提供有益的参考。梳理中发现,《鸟的天堂》最早出现在 1934 年复兴初级中学教科书中,后又收录在人教版四年级上册、北师大版四年级下册、教科版四年级下册和长春版五年级下册教材中。虽然该文深受广大读者喜爱,老师们也注重将动态描写和静态描写以及巴金游览"鸟的天堂"的情感变化作为主要教学内容,但有的老师引导学生过度关注农民不许捉鸟、人与自然和谐相处等,上成了环保课;有的老师将文本解读为起因、发展、高潮、结果的事情发展,并据此展开教学;有的老师只将静态描写、动态描写分开来教学,没有比较"静""动"的整体把握环节,教学没有坡度,学习被扁平化。学生在这些课上时,止步于内容层面的了解,没有获得与该文体式相符的理解。梳理中还发现,一些老师既遵从游记散文的特点,又尊重学生现实的心理经验。如,有的老师紧扣题眼"天堂",引导学生沿着"自主→探究→实践"的思路品读文本,整体感强,产生了牵一"点"而动全篇的教学成效;有的老师引导学生比较两次去"鸟的天堂"的所见所闻,一树一鸟,一静一动,学习富有张力,彰显了全文的整体意义;有的老师引导学生自学生疑→尝试排疑→启发释疑→互助解疑→创学质疑,学中生疑,带疑而学,变被动学习为主动探究。他们所做的良好示范、所提供的宝贵经验,值得学习与借鉴。

二、备课设计,凝聚基于《鸟的天堂》经验差异生长的策略

为明确本次研究的主要任务,研究小组先学习了从文本走向经验的样态、势态等理论(详见本章第一、二小节),然后就《鸟的天堂》开展助力经验差异生长的集体备课,请大家献计献策,现将备课意见整理如下。

近期,我们学校大力推行小组合作学习,学生积极性被调动了,主体性被激活了,似乎学会了自主提问、相互讨论、展示成果等,好像学习经验获得了差异化生长。但新的问题也来了,学生所交流的内容大而不当、零散浅显,所展示的知识点缺乏条理,甚至重复展示时有发生,语文学习的整体性难以体现。其实,每篇课文都由一些要素构成,要素之间有着密不可分的关联。怎么处理这些要素,需要明确的阅读取向,需要清晰的教学目标。拥有主要目标,教学重点就会凸显,教学内容就会聚合,教学方法就会相宜,其他问题也会迎刃而解。依据相关文献研究,本文主要教学目标应为:感受大榕树的生命力和群鸟欢腾的壮观场面,学习静态描写与

动态描写的表现手法和表达作用。

达成主要教学目标的关键在于，重构主要教学内容。而主要教学内容的确定，必须遵循两个基本原则：一是学生最需要学的是什么；二是文本最值得教的是什么。这两者的重合就是应该教的主要内容。

从"最需要学"来看，学生对树之大、鸟之欢，颇感兴趣，也容易读懂，但对巴金赞美生命以及动静结合的表达方法，兴趣不浓，对巴金渴望自由的创作意图，更难以自知。也就是说，学生会热衷于对文本内容的了解，容易忽略对语文要素的学习。具体表现在文中五处提到"鸟的天堂"，为什么有的加引号，有的没有加引号，学生难以看出加与不加有什么区别。还有，对"那翠绿的颜色，明亮地照耀着我们的眼睛，似乎每一片绿叶上都有一个新的生命在颤动"等语句也难以理解。虽说教学应在学生理解不了的或揣摩不到的地方发挥作用，但怎么把准学生理解不了的或揣摩不到的地方，大家看法未能一致，只普遍认为，先基于了解到的学情，推测绝大多数的学习起点、兴趣点、共鸣点、难点等，并据此确定该文最值得教的是什么，然后在教学进程中依据学生的现场状态，再做针对性动态调整。

统编教材按人文主题和语文要素"双线"组织单元，其中语文要素的提出，是对以往语文教学轻视语用的匡正。实际教学中怎么将语文要素之线，转化为学习任务之线、言意体验之线，值得深入探讨。该单元的语文要素是"初步体会课文中的静态描写和动态描写。学习描写景物的变化"。《鸟的天堂》是该单元第三篇精读课文，学习该文时，应基于前面《古诗词三首》《四季之美》所积累的有关静态描写与动态描写的经验，侧重"学习描写景物的变化"，引导学生发现该文先写树，后写鸟，一静一动，对比强烈，变化明显。尽管前面只写树，但处处为写鸟做铺垫。如，写枝繁叶茂，是说明榕树利于鸟雀营巢；写农民不许捉鸟，是点明之所以成为鸟的天堂的人为原因。后面表面写百鸟欢闹，但又与树相关。如，"阳光照耀在水面，在树梢"，是交代群鸟飞鸣的自然环境；接着写"到处都是鸟声，到处都是鸟影"，突出大榕树的确是鸟自由生活的乐园，不愧为鸟的天堂。其实，动与静是相对的，静中也有动态描写，以动衬静则更显安静；动中也有静态描写，以静衬动则更有活力。在"学习描写景物的变化"方面，应突出时间节点，关注榕树静、动两重奇观，与黄昏或早晨的观察时间有关，发现静动变化的背后因果，感受巴金的情感变化，掌握游记散文的表达特点，习得这一类文本的阅读方法。可见，秉承前两篇"动静结合"的学习经验，该文的主要教学内容应定位为"动静有变化"，以深化单元语文要素在此篇的学习，形成单元学习的进阶势态。

　　大家还就该文主要教学内容做了具体梳理：一是抓中心句，整体感知全文。可以将全文中心句"那'鸟的天堂'的确是鸟的天堂啊"转化为整体把握全文的视点，转换成主话题"景物描写有哪些变化"，一边从树叶、树枝、树干，引导学生由远及近地赏读榕树独木成林、绿意盎然的盛景，感受黄昏静态美；一边通过鸟声、鸟影、鸟形、鸟姿，从一只鸟到众多鸟，再聚焦一只鸟，引导学生品读南国榕树由静寂到热闹的变化过程，感受早晨动态美。这样，围绕中心句，紧扣主话题，梳理文本，连贯起全文。二是循行文思路，领会动静变化。整体感知全文只是基础，发现表达思路才是关键。可以通过"'鸟的天堂'没有鸟→'鸟的天堂'有鸟→'鸟的天堂'的确是鸟的天堂"的整体架构，着重比较"静"与"动"的不同特点和描写手法，引导学生发现"鸟的天堂"的动静与时间有关，理解静有静的远近不同，动有动的前后变化，有变化才有生趣，进而感受到巴金从疑惑与遗憾，到惊喜与赞叹的情感变化。三是多维实践，提升相关智能。可以通过竞聘小导游，促使学生在推介"鸟的天堂"中，运用"动静有变化"的写法，还可以通过拓展阅读《灰椋鸟》，画出体现"动静有变化"的语句，提升相关的表达智能。

　　总之，《鸟的天堂》的学习应从学生现实的心理经验出发，对"动静有变化"进行结构化和情境化处理，为后续单元习作中的综合运用，奠定坚实的基础。

三、教学实践，探寻基于《鸟的天堂》经验差异生长的路径

1.《鸟的天堂》的教学简案

　　研究小组推荐G老师上研讨课。G老师根据上述共同备课的意见，结合了解到的学情，拟写了《鸟的天堂》教学简案，这里只呈现其中的第二课时。

第二课时

（1）复习导入

通过上节课的学习，知道巴金几次经过"鸟的天堂"，分别在什么时

候。今天，我们再次随巴金去领略"鸟的天堂"不同时候的奇特景象。

(2) 整体感知

① 浏览课文，产生了什么问题？

② 画出带有"鸟的天堂"的句子。（交流中多媒体集中出示）读一读，从中发现了什么？

(3) 体会静态美

① 自读第5~9自然段，观看多媒体展现的大榕树。

② 巴金按什么顺序写的？景物描写有哪些变化？两个"真"有什么不同？从"不可计数""卧""堆""颤动"等词中，体会到了什么？

③ "'鸟的天堂'里没有一只鸟"，表达了巴金怎样的心情？能用朗读表达这种感受吗？

④ 配乐朗读第5~9自然段。

(4) 体会动态美

① 自读第10~13自然段，画出表示时间的词语。

② 巴金按什么顺序写的？景物描写又有哪些变化？两个"到处"说明了什么？从"应接不暇"体会到了什么？

③ 看到这么多大小不一、颜色各异、千姿百态的鸟后，有什么感受？能用朗读表达此时的感受吗？

④ 一只小鸟兴奋地叫着，它可能在说什么呢？假如你就是这里的小鸟，说一说为什么会喜欢这儿。

⑤ 配乐朗读第10~13自然段。

(5) 比较前后

① 比较阅读第5~9自然段与第10~13自然段，从中发现了什么？能用不同的语气和节奏读出前后两次的变化吗？男女生合作读。

② （多媒体再次集中出示带有"鸟的天堂"的语句）现在对"鸟的天堂"加引号理解了吗？

(6) 灵活运用

① 学到这儿，又产生了什么疑问？

② 如果你是小导游，该怎样推介"鸟的天堂"呢？

(7) 课后作业

课后阅读《灰椋鸟》，画出体现"动静有变化"的语句，并在旁边记下感受。

(8) 板书设计

鸟的天堂

没有鸟　　　　有鸟

由远及近　　　　点面结合

"鸟的天堂"的确是鸟的天堂啊!

2. 观摩G老师第一次执教《鸟的天堂》

我们先对D校五年级496名学生,按他们近三个学期的语文综合平均成绩排序,将分数相同或接近的配成一对,共配成248对,并将248对按成绩从高到低排序。接着,根据248除以40求出的6.2,采用隔6的办法,从中抽取41对,共82人;然后,对每对的两名学生,用抓阄的方法,决定谁在A班,谁在B班,这样,组建A、B两个同质班级,每班41人。

A、B两个配对样本班建成后,请G老师第一次在A班执教《鸟的天堂》,按两课时授课。参研人员根据事先设计的《学生提问观察表》(见表7-1),集中观摩了G老师执教的第二课时。

表7-1　学生提问观察表

问题	提问者	与课文的关联度	难易度	同学反应	G老师的处理

四、课后评议,交流基于《鸟的天堂》经验差异生长的良策

主持人: 今天,观摩了G老师执教的《鸟的天堂》第二课时。不同学生面对同一篇文本,会产生不一样的状态。我们应让学生产生与文本相宜的理解和感受。王荣生教授也提醒我们要"关注学生的学习状态,包括学生们的发言、他们的交谈以及种种学习的迹象,表明他们理解了还是没理解,感受了还是感受不深的种种迹象"[①]。下面,请大家从学生实际上"经历了什么""怎么经历的"等方面,谈谈各自的看法。

第一阶段:经验差异生长的状态

师1: G老师以"景物描写有哪些变化"为主话题,拓展对话语境,引

---

① 王荣生.求索与创生:语文教育理论实践的汇流[M].济南:山东教育出版社,2013:300-301.

导学生带着各自的经验，展开个性化学习，让每一位学生不同程度地发现巴金的情感变化和表达思路。

师2：因为有主话题统领，所以G老师放手让学生自主学习。学习第一次经过"鸟的天堂"时，有的出声读，有的默读，有的边读边画，有的边读边翻资料，各有各的学习状态，这有利于学生凭自身经验看清大榕树的样子。从后续的交流来看，多数学生不仅发现巴金通过由远及近，写出不一样的奇观，而且意识到巴金因没见到鸟而心存疑惑。

师3：学习第二次经过"鸟的天堂"时，G老师继续鼓励学生用自己喜欢的方式自主学习，让每一位或多或少地看清了百鸟欢腾的场景，不仅发现了从一只鸟到众多鸟、再聚焦一只鸟的变化，而且体会到巴金从遗憾到感叹的情感变化。

师4：G老师注重依托主话题，提供个性化学习方法，给予了较为充足的时间和较大的空间，让学生从读到"树之奇"，到读出"鸟之欢"，读出了各自心中的景物变化。大榕树的生命力和百鸟欢闹的壮观场面，读着读着，就与自身经验融为一体了。

师5：读出了各自感受，还得益于G老师适时运用多媒体展示相应的画面，鼓励学生一边读一边观察一边想象，这样，每一位借助画面，融入情境，对景物的静态美和动态美产生直观感受，进而带入自身经验，展开个性化理解，让"动静有变化"的活力有所彰显。

师6：这堂课上，G老师注重引导学生学中生疑，带疑而学，尊重不同学生不一样的学习状态，尤其课始和课末让学生说一说心中的疑问，这既体现了对不同学生学习需求的了解，又体现了对学生之间差异的尊重。

师7：G老师引导学生理解"新的生命在颤动"时，具体到微风吹来，绿叶会微微颤动；小鸟在林中拍翅膀，绿叶会微微颤动；榕树生长，绿叶也会微微颤动……这样多维想象，让"新的生命在颤动"在不同学生心中生成了不一样的生机。

师8："一只小鸟兴奋地叫着，它可能在说什么呢？""假如你就是这里的小鸟，说一说为什么会喜欢这儿。"G老师这样引导，有助于每一位学生基于各自的生活经验，激起不一样的生命情感，感受到"天堂"不一样的美。

师3：G老师注重推送多样语用任务，引导学生向家长、向游客、向乱砍滥伐者或向森林管理员等推介"鸟的天堂",给予自主选择,这有利于他们从各自经验出发,表达对文本的理解,获得基于自身经验的成长。

第二阶段:助力经验差异生长的建议

师7:G老师注重引导学生读出问题、学会质疑,只是课始的疑问,没有在后续教学中得到应有的回应。如,感受榕树之大时,没有回应课始提出的"为什么一棵树上会有不可计数的枝干呢",这容易造成前后学习脱钩,前后理解难以连贯,也不利于经验差异生长。

师2:交流榕树静态美时,G老师时而在关键点处点拨,时而在重点句处讲解,时而在话题间过渡,时而在思路堵塞处疏导,教学流程可谓顺畅,但尽在烦琐指导之中,尽在过度推动之下,学生静心思考的时空不多,也就难以体会到巴金是以"许多株"的错觉写远看树之大的,以具体的"枝、根、叶"写近看树之大的,由远及近的变化没有得到完整的彰显。

师4:我赞同你(指师2)的观点。对"鸟之欢"的学习,也存在指导过度。只感受外在的众鸟欢腾是不够的,还应体会到鸟的天堂从静寂到热闹的内在变化,尤其应体会到巴金情感变化与景物动静变化的对应,进而读出鸟的自由与快乐,读懂"天堂"的意象。

师6:我赞同你们的看法。类似的强势指导,在其他环节也有,这不利于个性化学习。单就《学生提问观察表》来看,学生自主提问的机会不多,所提的问题质量也不算高,如,"为什么农民不许人去捉鸟呢"。虽说所提问题的难度有差异,但总的来说,多数仍处于了解文本内容的状态,仍止步于静态描写与动态描写分离学习的状态,对"动静有变化"的学习不太充分。作为单元内第三篇课文,此处学习重点不在"动静",而在"变化",在于两次经过"鸟的天堂"由静到动的变化,在于发现静态描写远近有不同,动态描写前后有变化,在于观察时间节点的强化。抓住这个重点可帮助每位学生感受到变化的生机。

师5:对,感受到"变化",才会对"天堂"多一些体验。不过,个体经验是多样的。哪些状态会显现,什么时候显现,在什么地方显现,显现到什么程度,我们主要是通过"提问"观察的,这是不是有点单一。有的学生经验状态可能会以"提问"的方式显现出来,有的学生经验状态无法以"提问"的方式显现出来;有的学生经验状态可以通过朗读被我们察觉，有的学生经验状态无法以朗读的方式被我们察觉。虽说"学习迹象"可以显现经验状态，但"迹象"会因人而异，因性格差别而异，因表达方式不同而异。所以，仅靠"提问"捉摸经验差异，不足以说明问题。

师3：有的可观察的，被发现了；有的难捉摸的，被忽视了。如，对"似乎每一片绿叶上都有一个新的生命在颤动"的理解，只抓"颤动"是不够的，还应联系"堆""不留一点儿缝隙"等，突出绿叶层层叠叠、挨挨挤挤，彰显榕树旺盛的生命力。多数学生要感受到这种生机，很难，我们要观察到每位学生的体验状态，更难。可不可以增加一些具象化学习方式，让学生的体验通过外在言行表现出来，以便我们观察。

师8：学生的经验状态有的还是可观察的，而且比我们备课时预想的要好。单从学生提的问题来看，如"我想去游玩，'鸟的天堂'在哪儿"与我们思考的就不一样。再如，"为什么农民不许人去捉鸟呢"的问题，我们觉得不该这么提，可那一位提出来了。这些说明我们在了解学情方面做得还不充分、还不到位。

师1：备课时为落实本单元的语文要素，我们预设三个层级的主要教学内容，G老师组织的学习也体现了出来。可学生心中都生成相应的语文经验了吗？多大程度上生成了这样的共同经验？仅凭今天的课堂观察还说不清。这说明观课的方法还得改进，观课的工具还需丰富。当然，这与G老师预设得稍多了一点也有一定的关系。可不可以大胆地放一放，只抛主话题，少缠碎问题，让自主、合作、探究更充分一点。

主持人：刚才的研讨肯定了个性化学习的状态，也表达了学生的学还可以再充分一点的观点。总的来说，G老师是注重经验差异生长的，但在引导学习"动静有变化"方面，"动静大变化"关注得较多，而"静有静的远近不同""动有动的前后变化"领会得较少；外在的景物动静变化关注得较多，而内在的巴金情感的变化体会得较少，"天堂"的意境没有完全打开。希望G老师坦然吸纳大家的建议，预设更弹性一点，留给学生的时空再多一点，为学生的学提供更多的自由和选择，准备第二次执教《鸟的天堂》。

五、改后再教，优化基于《鸟的天堂》经验差异生长的操作

1. 修改后的《鸟的天堂》教学简案

G老师根据研究小组的评课意见，拟出更富弹性的《鸟的天堂》教学

简案，这里只呈现其中的第二课时。

自读：浏览全文，产生了什么问题？先同桌互助解疑，再全班交流。

研读：默读第5~9自然段，思考以下问题：这是一株怎样的榕树？巴金按什么顺序描写"变化"的？这么写产生了什么作用？先小组协作，再全班共同探讨。

品读：自读第10~14自然段，什么画面给你印象最深？巴金按什么顺序描写"变化"的？这么写产生了什么作用？先小组协作，再全班共同探讨。

赏读：比较阅读第5~9自然段与第10~14自然段，发现了什么？巴金为什么感叹"那'鸟的天堂'的确是鸟的天堂啊"？

创读：学完全文，又产生了什么疑问？如果你是小导游，怎样推介"鸟的天堂"？

延读：课后阅读《灰椋鸟》，画出体现"动静有变化"的语句，并在旁边记下感受。

2. G老师第二次执教《鸟的天堂》

G老师第二次执教《鸟的天堂》，这次执教的是事先建成的配对样本班的B班，按两课时授课。参研人员集中观摩了G老师第二课时的教学活动。观课前，对B班41名学生，先根据41除以6求出的6.86，采用隔7的办法，按原先配对的成绩顺序，从中抽取6名学生，分别以生1、生2、生3、生4、生5、生6编码。然后，在B班师生不知情的情况下，安排6名老师，保持一定距离对这6名学生进行点对点的全程课堂观察，要求根据事先设计的《点对点课堂观察表》（见表7-2），将观察落实到某个点的学习上，落实在具体学生的"学习迹象"上，全程关注这一位学生经验的状态、经验的方式、经验的过程、经验的程度等，看到这一位的种种迹象。同时，尽可能不干预这一位的学习，但可以课后有开展针对性的访谈，可以通过可观察的，去探寻难捉摸的。另外，还安排部分老师就B班所有学生提问状态、互动形态、作业质态等，借助其他工具展开观察。

表7-2 点对点课堂观察表

观察点	学生反应	教师处理	课后访谈
有什么问题想问吗？			
……			

六、对比分析，明晰基于《鸟的天堂》经验差异生长的状态

第二次观课后，参研人员展开专题研讨，着重对搜集到的所有课堂观察表分类汇总、比较分析。现将择要整理的《学生提问对比表》《学生反应对照表》《课堂观察点实录对比表》以及相应的分析呈现如下。

1. 从《学生提问对比表》来看，经验生长是可见的

研究小组对两次执教的所有《学生提问观察表》分类汇总，这里仅呈现课始与课末所产生的疑问（见表7-3）。

表7-3 学生提问对比表

时间	第一次执教	第二次执教
课始	1. 为什么一棵树上会有不可计数的枝干呢？ 2. 为什么农民不许人去捉鸟呢？ 3. 为什么"我们"一拍手，鸟儿就陆续飞了起来呢？ 4. 为什么住在榕树上的鸟儿，喜欢清晨活动呢？ 5. 为什么巴金第一次去的时候，没有看见一只鸟儿呢？ 6. 巴金为什么感叹"那'鸟的天堂'的确是鸟的天堂"	1. 为什么我们要争论有几株榕树呢？ 2. 为什么农民会自觉保护鸟呢？ 3. 鸟儿在这儿是怎么生活的？ 4. "我"的眼睛骗了"我"什么？ 5. 为什么第一个"鸟的天堂"有双引号，第二个"鸟的天堂"没有双引号呢？ 6. 为什么要把"鸟的天堂"的动态和静态分开来写呢
课末	1. 我想去游玩，"鸟的天堂"在哪儿？ 2. 为什么说"我的眼睛骗了我"？ 3. 榕树是怎样"独木成林"的？ 4. 为什么不说大榕树的确是鸟的天堂，而是说那"鸟的天堂"的确是鸟的天堂呢	1. 为什么鸟儿都飞到这里安家呢？ 2. 为什么那么多鸟却只突出画眉？ 3. 为什么"大的，小的，花的，黑的"后面没有省略号呢？ 4. 为什么"有的站在树枝上叫，有的飞起来，有的在扑翅膀"后面没有省略号呢

纵向比较课的始末，无论是第一次执教，还是第二次执教，课末所提的问题，在与文本的关联度、思考的深浅度等方面，总体上比课始时有所提高。说明经验生长是可见的，学生在这两节课中得到了不同程度的发展。横向对比两次执教，无论是课始还是课末，第二次执教中所提的问题，在与文本的关联度、思考的深浅度等方面，总体上比第一次执教时有所提高。说明G老师第二次执教时，所改进的措施产生了积极的成效，不仅个体差异得到了尊重，而且个性化学习更为充分。这些变化与观课人员

的感受基本一致。

2. 从《学生反应对照表》来看，经验生长是有差异的

研究小组对事先安排的6名学生的《点对点课堂观察表》进行汇总，就其中的学生反应，展开重点分析，并择取部分观察点，整理成如下对照表（见表7-4）。

表7-4　学生反应对照表

观察点	生1反应	生2反应	生3反应	生4反应	生5反应	生6反应
初读课文，产生了什么问题	乐意与同桌交流。全班交流时，所提的问题是"'我'的眼睛骗了'我'什么"？认真倾听，积极回应	互帮互助时，边倾听，边做批注。有同学提问后，试着举手，看老师没有关注，又把手放下	同桌互助主动，神情专注。在老师追问下，举过一次手，注意倾听他人发言	同伴交流似乎有点被动。有问题（访谈得知），但没举手。倾听别人提问，用眼神关注提问同学	同桌交流能配合，声音大。别人发言注意听，没有提问的举动。对同学提问点头赞同	同桌交流中没有什么回应，也没有举手的意思
学习"颤动"	有举手，倾听同学发言，用手势体验"颤动"，与老师呼应	关注老师，看到其他同学用手演示"颤动"之后，才做出相宜的动作	举手想交流，响应老师的引导，用手演示"颤动"	别人演示时边笑边注视。自己演示时，放得开，且边做动作边说"颤动"的意思	主动演示"颤动"。眼睛关注老师，嘴巴有时微动，有思考	先看别人演示，然后学着做相似动作
学习"应接不暇"	认真倾听其他同学发言，看了看发言的同学，有表达的意愿，有举手	边倾听边做批注，且有恍然大悟的表情	及时在文中做标注，别人发言时，注意倾听。做思考状，没有举手	他人发言，有时小声说"眼花缭乱"，有时点头赞同。有举手的动作，最终放弃	翻资料寻找答案，用肯定的目光投向发言者，并点头表示同意	没关注交流，注意力不太集中

续表

观察点	生1反应	生2反应	生3反应	生4反应	生5反应	生6反应
用朗读表达前后"静""动"景象	其他同学读书时,目光专注于书。自己读书时,有感情,非常投入。有举手,脸上洋溢着自信	精神专注,朗读到位,能读出"静"与"动"的特点。其他同学朗读时,能边听边看书	朗读时较投入,声音响亮,能读出情感。别人朗读时,注意倾听	别人朗读时,注意倾听,有时会跟读。自己朗读时,声音响亮,有表情,很投入	其他同学读书时,能关注所读的文中内容。自己读书时,声音大	别人朗读时注意听。齐读时声音小,似乎跟不上节奏
推介"鸟的天堂"	立刻与同桌练说,交流较多。声音小,听不清说了什么。全班交流时,第一次没有举手,认真倾听其他同学的发言。逐渐听得没耐心时,主动举手提意见	同桌交流起主导作用,但声音很小。全班交流时,认真倾听,也有跃跃欲试的冲动,但始终未能举手	同桌介绍后,说了几句,笑了几次,手上做着小动作。全班交流时,看着别人,及时点头、小声说、微笑等,对别人做导游很感兴趣	同桌交流时能先说,声音小,只说了一两句就不练了。全班交流时,注意倾听,神情专注,但无举手表达的意愿	同桌交流主动,也敢说。全班交流时,一边看着发言的同学,一边小声地补充自己的意见。有想表达的意思,但没举手	同桌交流没有说话(访谈时问其原因,说不会)。全班交流时开小差
学完课文,又产生了什么新疑问	摇头,表示没有。能根据其他同学的提问,及时查看书上的相关内容思考	没有表达的意愿,没有问题要问。别人提问时注意做批注	认真思考,别人提问时边听边小声嘀咕,但没有举手	没有与老师对视,对该问题不感兴趣	所提的问题是:"为什么鸟儿都飞到这里安家呢?"对别人的问题,点头认同	别人提问时,嘴巴有微动,但听不清说什么

从《学生反应对照表》可以发现,同一个学习点,不同学生的经验表现是不一样的,有的喜欢认真倾听,及时批注;有的喜欢举手发言,交流感想;有的喜欢小声嘀咕,自得其乐……结合其他课堂观察表可以看出,不同学生的经验状态是有差异的,有的学得少一些、浅一些,有的学得多

一些、深一些，有的理解得深刻一点、表达得充分一点，有的理解得浅显一点、表达得局限一点。如，对"应接不暇"的理解，有的照着词典里的意思读，有的根据上下文内容谈，有的联系生活实际说，有的用自己的语言表达，有的已经能灵活运用"应接不暇"讲一句话了……可见，经验生长各有各的色彩，我们应尽可能了解并尊重学生的差异，推送个性化学习任务，助力每一位经验自然生长。

从《学生反应对照表》中还发现，尽管已是五年级学生，仍应注重学习活动化、多样化，以便多层面调动感官，促使对话深度发生。如果学习方式单一，经验唤醒不充分，对话就难以深入。如，同样是词语学习，学习"颤动"要比学习"应接不暇"的状态好。学习"应接不暇"时，方式单一，状态平平；而学习"颤动"时，G教师引导学生用手做相应的动作，以手势助力体验，这一下子触动了内心，参与面广，参与度深，抽样观察的6名学生在这一环节，都不同程度地参与其中，表现出活跃的状态。

3. 从《课堂观察点实录对比表》来看，弹性任务更利于经验差异生长

研究小组对G老师两次执教的课堂实录进行对照，从中择取两个对应的观察点做重点分析，并整理成如下对比表（见表7-5）。

表7-5 课堂观察点实录对比表

观察点	第一次执教	第二次执教
初读课文，产生了什么问题？	**师**：读着，读着，心中产生了什么疑问？ **生**：为什么一棵树上会有不可计数的枝干呢？ **生**：为什么农民不许人去捉鸟呢？ **生**：为什么"我们"一拍手，鸟儿就陆续飞了起来呢？ **生**：为什么住在榕树上的鸟儿喜欢清晨活动呢？ **生**：为什么巴金第一次去的时候，没有看见一只鸟儿呢？ **生**：巴金为什么感叹"那'鸟的天堂'的确是鸟的天堂"？ **师**：同学们提的问题很有价值。下面请边读课文，边思考各自的疑问。	**师**：读着，读着，心中产生了什么疑问？同桌先交流一下，互帮互助一下。 （同桌交流和解答） **师**：在同桌的帮助下，问题已解决的，请举手。（约一半举手）问题没有解决的，请举手。你的什么问题没有解决？ **生**：为什么我们要争论有几株榕树呢？ **生**：为什么农民会自觉保护鸟呢？ **生**：鸟儿在这儿是怎么生活的？ **生**："我"的眼睛骗了"我"什么？ **生**：为什么第一个"鸟的天堂"有双引号，第二个"鸟的天堂"没有双引号呢？ **生**：为什么要把"鸟的天堂"的动态和静态分开来写呢？ **师**：这些问题暂时没有解决，但答案都在课文中，带着问题去读一读吧

续表

观察点	第一次执教	第二次执教
学习朗读"大的，小的，花的，黑的"	**师**："大的，小的，花的，黑的"应该怎么读？ **生A**：慢一点。 **师**：你读读看。 (生A缓慢地读) **师**：有不同看法吗？ **生B**：应该读快一点。 **师**：为什么？ **生B**："快"才能体现"应接不暇"。 **师**：有道理，你试试看。 (生B一口气快速读完) **师**：也太快了吧！我什么鸟也没看清哎。 (生B有点节奏，但语速均匀) **师**：如果先慢后快，越来越快，会是什么感觉？ (生B语速有所变化，但语调一样) **师**：有"多"的感觉了，只是这儿的"大的，小的，花的，黑的"，好像一个样子，怎么没变化呢。 (生B略有所悟，语调有了高低起伏) **师**：很好！大家像她这样读一读。 (生齐读)	**师**：谁能将"大的，小的，花的，黑的"，读出"应接不暇"的感觉来？先各自练一练。 (学生各自练读) **师**：谁来读一读？ **生A**：大的，小的，花的，黑的。 **师**：谁来挑战一下？ **生B**：大的，小的，花的，黑的。 **师**：还有谁想挑战的？ **生C**：大的，小的，花的，黑的。 **师**：还有谁敢挑战吗？ **生D**：大的，小的，花的，黑的。 **师**：请同学们评一评，谁读得最好？ (学生都说生C) **师**：大家都夸你，分享一下经验！ **生C**：我是一边读，一边想"应接不暇"的样子。 **师**：很好！大家也像她这样，试一试。 (学生各自练读) **师**：我们一边想象"应接不暇"的样子，一边读。 (师示范领读，生齐读)

在"初读课文，产生了什么问题"这个观察点上，G老师引导学生读中生疑，借疑助读。不过，第一次执教中解决的问题可能只有六个，而第二次执教中因同桌互助解决了一些彼此的问题，实际解决的显然要比第一次执教时多，且前面的同伴释疑更有针对性，后面筛选出的更具代表性，也利于教者把准学情，顺学而导。另外，第一次执教以师生直接互动为主，而第二次执教不仅有师生之间的直接互动，还有同学之间的多方互助。显然，这个环节因为第二次执教中，学生对话拥有较为充足的时间和较大的空间，所以无论是参与的广度与深度，还是经验生长的自由和多样方面，第二次执教都比第一次执教好。

在朗读"大的，小的，花的，黑的"这个观察点上，G老师注重基于学生的现实经验，引导学生读好这句话。不过，从参与面来看，第一次执教时主要是 G 老师面对生 A 和生 B 点对点直接指导，其他同学获得的是间接经验；而第二次执教直接指导的面，显然比第一次执教广。从参与度来看，第一次执教时深度参与的是生 A 和生 B，尤其是生 B，其他同学只练读了一次；而第二次执教时深度参与的有四名同学，其他同学至少练读了三次，且同伴之间的比学赶帮，易于激起内需，积极投入。可见，第二次执教中学习任务富有弹性，有助于学生基于自身经验，转换文本的言与意，产生与理解该句相宜的言行。当然，值得肯定的是，G 老师在第一次执教中，当生 A 认为，读"大的，小的，花的，黑的"应该慢一点时，没有直接做出评判，而是引导该生试读和同伴互评。当学生理解不深甚至错误时，不应轻易给出所谓的正确答案，应引发同学之间适度讨论，让同伴互学互助，这有助于调动经验，自主审视，自己修正，自我完善，产生自己的理解和感受。其实，学生需要的不是什么标准答案，而是一次亲身体验，一次与巴金生命情感的交流。学生正是在这样的对话中学会学习的。

七、教者反思，审视基于《鸟的天堂》经验差异生长的得失

为进一步审视助力经验差异生长的得失，邀请 G 老师谈了谈两次执教的感受，并整理如下：

两次执教《鸟的天堂》，第一次着重关注"初步体会课文中的静态描写和动态描写"，没有将重点转移到"学习描写景物的变化"上，没有体现出单元内第三篇的功能。从作业反馈来看，尽管部分学生习得了"动静有变化"的写法，但没有形成绝大多数共同的学习经验。在大家的帮助下，意识到第一次执教学习"动静有变化"不太充分，尊重学生差异方面做得也不够。于是，我对原有教案进行了改进。

在学习"动静有变化"方面，第二次执教时，我注重将原来的主话题"景物描写有哪些变化"，进一步转化为"巴金按什么顺序描写'变化'的"，引导学生梳理文本，品读关键语句，让各个要点的学习聚焦于对"动静有变化"的领会。同时紧扣"动静有变化"，引导学生向细腻处深入，想象体验，还原场景，发现巴金是以由远及近的顺序，描写"榕树远近不同"的，是从一只到众多再到一只的顺序，描写"鸟儿前后变化"的。如，上课一开始，鼓励学生说出心中疑问，有的问："为什么第一个'鸟的天堂'有双引号，第二个'鸟的天堂'没有双引号呢？"这就正好将

我想教的内容提出来了。当试探地问:"那'鸟的天堂'的确是鸟的天堂啊!这句话中有大榕树吗?"学生齐声说:"没有。"说明这是需要化解的难点。学完榕树静态美再问同样的问题,学生齐声说:"有。"说明学生读懂了加引号的"鸟的天堂"是指大榕树。学完众鸟欢腾的动态美,对鸟的天堂加与不加引号有何区别的理解就更充分了,对"一树一鸟、一静一动"变化的理解就更具体了。这样,引导学生联系上下文,发现"鸟的天堂"静中有动、动中有静以及动静变化与时间节点的关联,感受到巴金情感变化与景物变化的对应,进而领会到"动静有变化"的表达思路。

在助力经验差异生长方面,我注重创设个性化学习时空,引导学生一边自主选择学习内容,自主选用学习方法,一边读中生疑,带疑而学,想象体验,合作探究,让每一位心中显现不一样的"天堂"意象。如,理解不加引号的鸟的天堂时,试着将"有的站在树枝上叫,有的飞起来,有的在扑翅膀"转换成"鸟儿想站在树枝上叫,就站在树枝上叫;鸟儿想怎样,就怎样……",这一下子调动了学生各自的经验,身心跃动起来。有的说"鸟儿想唱歌,就唱歌";有的说"鸟儿想追逐嬉戏,就追逐嬉戏"……渐渐地融入文境,化为小鸟,既表达了自己的感受,又把鸟儿各种欢快情形想象出来了。再如,学习描写画眉鸟的语句时,引导学生化身为其中的一只,说一说为什么喜欢这儿。有的说:"大榕树给我好多好多的绿荫,在这儿玩好开心。"有的说:"大榕树很茂盛,住这么豪华的别墅,好爽呵。"可见,学生已读成了鸟儿。学生融入鸟儿内心,也就走进了巴金的情感世界,体会到"鸟的天堂"不仅指大榕树,更指鸟儿自由生活的乐园。显然,"天堂"意境已自然打开,巴金渴望自由之意已自然显现。

八、专题总结,提炼经验差异生长的特质

本次研讨是为助力经验差异生长所展开的个案研究。先对相应的教材内容,以及27篇已发表的《鸟的天堂》的相关文本解读、教学设计、教学实录等进行梳理,然后开展课前研讨,观课议课,课堂观察表整理、课堂实录对比等,探讨如何助力经验差异生长。本次研究的主要结论:一是阅读是个性化行为。阅读虽受制于特定的文本,但更依托于个体经验,学生会以自身经验对话,用自己的方式理解,生成富有自我色彩的意义。二是学习任务可选择有助于经验差异生长。在逐层转化文本核心,形成多个要

点联动的基础上，可以推送可选择的学习任务，呈现开放而灵动的话题群，激起每一位的学习内需，让每一位自主学习拥有较为充足的时间和较大的空间，产生自己的理解和感受。三是自主选用学法有助于经验差异生长。在给予自主时空的同时，鼓励学生积极实践，自由表达，以助力每一位基于自身习惯发挥个人特长，运用喜欢的方式展开对话，浸入阅读这一篇的特有状态，习得与该文相宜的阅读方法。四是增进适应有助于经验差异生长。面对千差万别的学习状态，应以"喜欢哪儿""有什么问题""读懂了什么""还有什么不懂"等方式，多了解学生的实际，多尊重学生的差异，多现场调适学习活动，帮助学生与文本建立最佳关联，增进学生与文本之间的适应度。适应度越佳，学习越积极，经验越充分。五是经验差异生长是具体的人与具体的文本和谐共生的状态。不同学生在特定文本影响下，经验表现是不一样的，但他们所经历的，是他们能经历的，绝不是我们灌输的，绝不可用某种文本之线牵着学生走，而应借助主线带来的结构，将离散的经验连贯成意义，让诸多意义融入主要意脉，彰显全文整体意义。

第八章 主线教学的评价

评价是对客体满足主体需要程度的判断。当前,有必要指向立德树人,建构体现个体生命意义的评价,并服务于学生的语文经验生发、生活经验丰富、人生经验积淀,助力每一位生动活泼地全面发展。基于此,本章从评价指向、指标、策略以及教学内容现实化的个案研究等方面,讨论怎么考察学生语文核心素养的发展水平。

第一节 主线教学评价指向

理想的教学必然拥有恰当的目标、精当的内容、高阶的思维、相宜的文化等。主线教学在遵循这些共性的前提下,着重关注有没有聚焦文本核心,有没有逐层转化文本的言与意,言意体验有没有相生相长,引导学生意识到"要去哪儿""怎么去""凭什么去""到那儿了吗",与其对应的是教学目标、教学内容、教学活动、学习成效。

一、主要教学目标富有弹性又体现一贯化

主要教学目标富有弹性指借助开放而灵动的目标,激起每一位学生的学习内需,顺应每一位学生的认知习惯,让每一位学生产生"要去那儿"的愿望,感受到"学会了什么"的愉悦感受。学生是富有生命活力的个体,而不是抽象的群体。轻视灵动生命设定目标,是与教育宗旨背道而驰的。只有关爱每一位学生的生命,尊重学生差异,才能消解学生实际认知水平与教学目标之间的落差。为此,务求了解每一位学生学习这一篇文本的意愿、需求、准备、兴趣点、冲突点等,理出学生现实经验与该文教学目标之间的关联,并据此预设富有弹性的主要学习目标。不过,实际教学中有的目标或没有遵从这一年龄段学生的共性特点,或没有关注不同学生的个体差异,或没有尊重多数学生的生命状态,甚至将"培养爱国主义情感""培养读写能力"等本属于长期的课程目标,设定为某堂课的教学目标,这显然是不恰当的。如,统编教材四年级上册的《精卫填海》,有位老师拟定的教学目标之一是"理解坚忍执着的精卫形象",这就有点泛化,如果改为"能联系实际,与同伴交流精卫给自己留下的印象",就能让所有学生有话可说,表达出自己的个性化感受。

主要教学目标既富有弹性,又务求自始至终,一以贯之。这里的一贯化是指遵循语文课程一脉相承的育人目标,有计划地落实学习任务群之间、单元之间、课文之间开放而融合的教学目标,促使当下主要学习目标处于学生最近发展区内,以持续引领学生形成正确价值观、必备品格和关键能力。《语文课程标准》将语文课程总目标按四个学段整体设计,体现

了语文育人的连续性和进阶性。核心素养的提出，有助于从"学"的角度，整体建构语文课程目标，让培养新时代建设者和接班人的根本宗旨落地生根。主线教学的优势在于帮助我们对照这一宗旨，指向语文核心素养，聚焦主要教学目标，重构体现文本核心的教学内容，组织具有内在逻辑关联的学习活动，促使文化、语言、思维、审美有机融合，形成相辅相成的整体效果，进而助力学生树立积极向上的人生理想，为全面发展和终身发展奠定坚实的基础。落实到教材层面，现行统编语文教材是以体现育人功能的人文主题和语文要素这一"双线"组织单元编排的。转化到教学层面，大至某个学习任务群、某个单元，小到某一篇、某个字，都不能局限于当下，应将所学的放入该单元，置于整个小学阶段，甚至终身发展之中审视，理出当下所学的与语文核心素养养成之间的适应性对应，与学生经验的现实关联。为扩大此时此处的对应和关联，可以依据语文核心素养养成这一"长线"，指向语文课程总目标，规划学习任务群目标，体现学段侧重目标，对照单元核心目标，定位该文主要目标，拟定课时关键目标，务必将这一篇文本看成该单元的有机组成部分，弄清这一篇文本在该册教材中的地位和作用，增进这一篇与前后文本之间的关联，以强化课文之间的联动、单元之间的统筹、学期之间的照应，促使不同时段的语文教学目标前后相承，循环往复，螺旋式发展，促进当下学业要求与长期育人蓝图、课堂学习状态与课时学习目标的适应性转化，进而促成学生的语文核心素养在长计划、短安排中稳步提升。

二、主要教学内容契合经验又体现主题化

主要教学内容契合经验指内容与学生兴趣、需求贴近，并以学生感兴趣的方式组织，以可对话的话题呈现，助力学生自愿阅读，融入文本，发现作者的情感变化和表达思路。经验是对话文本的现实起点，只有依托自身经验展开对话，才会体悟到作者的经验，看到言简意丰的表达智慧。忽视儿童现实经验选取教学内容是不明智的，脱离儿童内在需求推送学习任务是无效的。可见，重构教学内容时，务必顾及学生的实际状态，考虑学生的接受能力。如，面对张志和的《渔歌子》，儿童一般只能看到山水相映、鸟飞鱼跃的美景，屡遭挫折的年轻人可能会产生归隐山林的悠闲自在感，阅历丰富的老年人可能会倾慕渔翁垂钓、白鹭高飞的超凡脱俗。如果

以超凡脱俗的人生况味,作为儿童学习《渔歌子》的主要内容,任凭我们有多大的能耐,也难以形成班级共同的学习经验。

主要教学内容既要契合经验,又应聚焦文本核心,指向对话主话题,依类聚合,交叠共进。这里的主题化既指将那些与该单元人文主题和语文要素密切相关的资源聚拢起来,又指将那些与该文核心密切相关的资源聚集起来,促成学习任务相互关联,形成彼此呼应的统一体,生成内通外联的意义链。当然,主题化不是单一化,而是体现文本核心的多维度聚合、多层面融合。且这里的"多"是有结构的,"因为松散地搭配在一起的'基本知识'在教学中会自然脱落"①,况且,文中某些字、某个词、某句话,单独看,平淡无奇,一旦融入大语境,意味会深长起来。如果开发得当,取舍有度,推送有方,将那些与文本核心密切相关的"多"置于主话题之下,并借主话题的统领力,舒展开放而有张力的话题群,就能将相同价值的字词句段,交叠于该主话题中,实现认字识词、了解内容、把握主旨、习得写法等结构化融合。为此,首先,要大胆舍去与文本核心不相干的文中内容,优选那些与学生疑难点重合的文本要点,以提高所教内容的基质,这是提升内容主题效应的基础。其次,要强化主要内容对其他内容的统整,以及其他内容对主要内容的穿插,促进所教内容相互渗透融合,这是提升内容主题效应的必要条件。如,链接文本之外的相关资源,可以是这一篇文本与另一篇文本之间有相似价值的资源重组,也可以是这一篇文本与多篇文本之间有相似价值的资源聚合,还可以是这一篇文本与学生生活有相似价值的资源整合。再次,要吸纳动态生成的相关资源,促使对话中有价值的资源服务于主要内容的内化,实现不同层面内容的融合,这是提升内容主题效应的主要方式。这样,适度将某部名著,其他学科,现实生活中目标有关联、语言有特色、意义较丰富的资源聚合起来,吸纳进来,促成多方信息与当下学习主题重组,助力学生聚焦核心与全文深度对话。

三、主要教学活动具有灵动性又体现结构化

主要教学活动灵动指依据学生当下表现,动态调适学习内容、学习方

---

① 王荣生. 语文课程与教学内容 [M]. 北京:教育教学出版社,2015:226.

法、学习环节甚至学习方向，增进学习行为与文本体式相适应。课堂是师生、文本、作者等多方对话的场所，自然会发生随意现象、偶然事件，产生极富个性的言说和独特的见解，必然会出现许多非预期的生成。如果没有包容学生随性对话的氛围，没有学生自由对话的时空，学习就会陷入被事先设定牵制的困境，学生就会被动接受，甚至抵制学习。可见，学习活动是否处于动态生成的开放状态，关系学生是不是愿学、有没有乐学、能不能感受到对话的愉悦。如，学习统编教材六年级上册的《桥》时，有位学生产生"为什么以'桥'为课题"的疑惑，其他同学一时无法回答，对话陷入僵局。意识到此疑问与学生实际感受有距离后，该老师抛出辅话题："这里的桥仅仅指木桥吗？还指什么？"因为这一辅话题与学生当下经验产生了共鸣，紧锁的眉头一下子舒展开来，纷纷表达各自的见解，在彼此分享中逐步感受到，老支书面对山洪暴发，以忠于职守的信念和沉稳果断的指挥，将村民们送过生死之桥的高尚。此时，再回问"为什么以'桥'为课题"，学生会豁然开朗。可见，及时吸纳动态生成，灵活调适学习活动，可以助力学生融入文境、深度对话。

主要教学活动既要灵动，又要聚焦核心有序舒展，形成多个要点联动的整体结构。这里的结构化指从碎片化、点状式学习走向整体性学习，促使不同层面、不同时段的语文实践在多维研读、多次重组、多重建构中融为一体，形成具有内在逻辑关联的行为链。这就要求我们心中拥有一条大致的课程发展主线，拥有层级相对清晰的课程路径，并以相应的"任务""问题""情境"等方式展开学习过程，让学生既感知到主要学习目标和内容，又能通过系列学习任务，组织起多方信息，将离散的感受连贯成意义，让诸多意义融入主要意脉。为了表述的方便，往小处说，课时学习结构化，首先表现在横向的学习活动彼此联动，尤其是听说读写协同发力，共同指向主要学习目标，共同表达文本核心，整体影响学力走向。换言之，听说读写虽各有各的功用，但只要都指向文本核心，都服务于学习重点的突破，就有可能促使那些尚处于孤立状态的学习行为、尚处于离散状态的言意体验，关联起来、融合进来，进入生成状态，形成联动力量。其次，课时学习结构化主要表现在语文实践纵向发展上。这里的纵向发展指主话题的统领力，促使教学活动经历顺应起点→研读要点→聚焦文本核心点→延展终点，后续教学点建立在前面教学点之上，前后之间相互呼应，相融共生。而与之相随的学习活动，经历唤醒→体验→融通→应用，进入持续进阶的状态。这样，适时借助主话题，促使对话处于文本核心的最大关联之中，助力学习行为彼此联动，言意体验相生相长，意义生成前后连贯，产生融会贯通的愉悦感。总之，结构化关键在于植根现实经验，唤醒主动探究的意愿，传授举一反三的方法，在语文实践相辅相成中融入文本，助力学生提升言意转化的质态。

四、主要学习成效生成意义又体现素养化

主要学习成效生成意义指学生在整体的真实的学习任务中，聚焦文本核心，逐层转化文本的言与意，产生连锁思考，生成连贯意脉，言意体验获得相生相长，直至与作者的生命情感和言语智慧相融。学习成效不仅要看主要教学目标的达成度、主要教学内容的内化率，更要关注每一位的实际变化。只要学生的状态是积极的，生命是向上的，即使与主要教学目标存在一点差距，也要善待。如果学生感受到文本带来的意义，觉得自己变得聪明起来，在原有基础上有所发展，就应给予肯定。这种发展性评价有利于学生消解畏难情绪，保持积极心态，增进学习信心。如，学习柳宗元的《江雪》时，学生满足于对诗句意思的了解，学习状态不佳。此时，教者抛出"这么冷，老人真的在钓鱼吗"这"一石激起千层浪"的问题，有的坚持："是在钓鱼。"有的说："在锻炼意志。"有的认为："在欣赏雪景。"也有的悟得："老人很孤独，每行诗的第一个字连起来，不就是'千万孤独'吗？"还有的觉得"这位老人十分清高"。尽管这些感受之间落差较大，但没有好坏之分，都是从各自经验生长出来的，都是个体生命迸发出的思维火花。

主要学习成效既要品言得意，又要意以言表，既要明文意、习文言，又要共文情、行文道、做真人。这里的素养化指学生借文本意义提升认知水平，不断地化文本之言为自我语言，化作者生命情感为自我生命意义，人格更趋独立，生活更为积极，人生更加自信。知天地人事，育生命自觉。把生命实践作为教育的落脚点，着眼于核心素养的养成，才能实现以文化人的根本目标。其中，文本之言与文中之意逐层转化所生成的意义，真实的语文学习情境和多样的语文实践活动所带来的意义，是语文素养养成的主要途径，也是学习成效的主要指向。我们务必以发展学生适应未来生活所需的语文核心素养为主旨，在尊重个体生命意义的前提下，借助特

定的文本，历练学生的语言文字感知力、文本内容理解力、文本艺术特点欣赏力、文本思路结构分析力、文本审辨批评力、文本迁移再创力[①]。换言之，注重从学生现实的心理经验出发，推送真实的语用任务，唤醒对话动机，激活言语潜能，鼓励学生朗读感悟、想象体验、多元交际、勤于表达等，产生悠然心会、怦然心动、浮想联翩、豁然开朗等美妙的体验，进而丰富语言经验，历练言语智能，提升语文素养。可见，我们着重关注学生的文化自信、语言运用、思维能力、审美创造，让文化、语言、思维、审美等相融共生，助力学生激起积极向上的人生抱负，为全面发展和终身发展奠定坚实的基础。

总之，主线教学倡导通过主要教学目标富有弹性又体现一贯化，主要教学内容契合经验又体现主题化，主要教学活动具有灵动性又体现结构化，主要学习成效生成意义又体现素养化，让文本意义充溢生活时空，引领童年生活，助力健康成长。而这里的助长，又取决于这四要素以何种方式表达彼此间的结构紧密性与功能协调性，体现在这四要素的相辅相成和良性循环之中。

第二节　主线教学评价指标

明确主线教学评价指向后，该怎么细化评价指标？评价的严与松、宽与窄、高与低，应视当地实施主线教学的普遍水准而定，依被评价教师实施主线教学的时间长短而论，据学生实际状态而变，不同地区、学校和老师的语文教学水平是不一样的，影响主线教学实施的因素也会各不相同。这就决定了评价指标不能一成不变，必须根据不同地区、不同学校、不同教师、不同班级做适宜的调整，依据实际情况做相应的变动。本着尽可能体现个体生命意义的评价取向，尽可能发挥主线教学优势的目的，着重从"教师实施表现级差""学生经验表现级差"这两方面讨论主线教学的评价指标。

一、教师实施表现级差表

评价不仅为了诊断，更为了驱动，倡导阶段性描述评价和跟踪式及时

---

① 黄伟. 基于教、学、评一致性的语文课堂实践：要义与操作 [J]. 中学语文教学，2021 (6)：10-14.

评价，通过课堂观察、问卷调查、作业单、访谈等，关注可观察的言行，搜集可触摸的信息，获得过程性数据，并以具有表现力的方式表达出来，从而再现教学活动全景，反映教与学的真情实态，及时调整教学活动。这还需要参照某些框架，考察其中的核心元素，聚焦当前的研究重点，务求客观描述与等级评判相配合，让评价引领老师专业发展，促使主线教学健康发展。为此，我们从教学目标、教学内容、教的状态、学的状态四大方面研制了《教师实施表现级差表》（见表8-1）。

鉴于主线教学的现状，从助力言意体验相生相长角度，将主线教学水平设计为四个等级。教学行为是实施水平的表现，不同的教学行为体现着不一样的实施水平。我们采用描述行为的办法，表征主线教学的实施水平，试图借助不同层级教学行为的典型表现，帮助老师自评和互评。当然，实际教学行为是复杂多变的，该表一定有挂一漏万之嫌。具体操作时，可以结合课例，择取具有比照的、典型的教学行为，做客观而简约的描述，将个体施教水平直观化呈现、具体化评判，从而发现自我施教水平与期待目标之间的差距，激起主动提升施教能力的内需。

二、学生经验表现级差表

陶行知先生认为："凡做一事，要用最简单、最省力、最省钱、最省时的法子，去收最大的效果。"[1] 学生经验表现，可以从效果看实际学的与学习目标的一致程度；也可以从效率看学习投入与获得的比率；还可以从效应看文化、语言、思维、审美等反应程度；更可以从效益看学习目标的达成度、学生需求的满足度。为彰显主线教学的优势，我们着重从学习内容、学习方式、学习状态、学习成效四大方面，关注学生经验质态（见表8-2）。

当然，借助《学生经验表现级差表》来评价只是探索性尝试。实际操作时，可以做适宜的调整，务求让学生的经验表现可见可感，把文本之言与文中之意是否聚焦核心逐层转化和言意体验是否相生相长作为评价的重点，然后从中思考为什么，进而找到从文本走向经验的门道与真经，助力学生爱上阅读，爱上语文，爱上生活。

---

[1] 方明. 陶行知教育名篇 [C]. 北京：教育科学出版社，2005：7.

表 8-1 教师实施表现级差表

学校			执教者		最终等级		
课题			观课者				
等级	教学目标	教学内容	教的状态	学的状态	自评(√)	他评(√)	
四	主要教学目标富有弹性,与学生实际要求,与单元人文主题和语文要素、与这一篇文本主体式,与这一班学生实际契合,且发挥了统领各部分教学活动的作用	重构的教学内容与主要教学目标契合,并能依据学生实现实验,创生开放而有张力的主题,链接文本之外的相关资源。能围绕相应的话题舒展开对话相关话题群。话题是在对话中自然生成的,是指向文本核心自然生成的	能引导学生在原以为没问题的地方发现问题,在要点之间发现彼此之间关联,找到连贯文本的核心。教学活动历经顺应起点→聚焦核心点→延展终点,后续教学要点建立在前教学要点之上,前后之间一脉相承,适度进阶。能引导学生自主运用,推送整体悟得全文,引导学生将新生经验应用到不同情境之中,指导学生课后开展相应的语文综合实践活动	任务明确,热情高,全员参与,自主学习充分,合作有效果,探究有深度。能聚焦文本的核心,转化文本的言与意,逐层转化文本的言与意,言意整体验得文本意相长成主意脉,悟得全文整体意义。课后能带着文本意义去阅读相关文章或书籍,甚至会展开相应的语文综合实践活动			
三	主要教学目标与学生实际和单元人文主题、语文要素、与这一篇文本主体式,与这一班学生实际契合,且起到了整合教学活动的作用	重构的教学内容与主要教学目标契合,并能依据学生实现实验,创生相宜的主题。能围绕相应的话题开展对话,话题生成的,是指向文本中生成的核心自然生成的	善借主话题规范、推进、优化学习。教的与学生实际学的趋向一致。能引导学生实际抓核心联系上下文连贯文本,使课焦点与文本核心相互渗透融合。生成整体意义。能引导学生先生疑,后解疑;后解疑,体会字词句意。能提供学习方法,引导学生自主悟。能推送整体真实学习任务,激励学生将新生经验应用到不同情境之中	热情高,自主学习较充分,合作有效,探究有一定的深度。能聚焦文本的核心,转化文本的言与意,言意整体验得文本意,意脉,悟得文本意义。课后能带着文本意义阅读相关文章或书籍			

年　月　日

续表

等级	教学目标	教学内容	教的状态	学的状态	自评(√)	他评(√)
二	主要教学目标与单元人文主题和语文要素、与这一篇文本契合，基本起到了整合教学活动的作用	重构的内容与主要教学目标基本契合，并能依据学情创设主话题。主话题具有统领力，能连贯相关要点，链接课外资源。学习内容是老师推送的，是指向文本核心呈现的	能用主话题规范、推进、优化学习，所教的与实际学的基本一致。能引导学生关联文本核心，生成连贯意义。能课前布置预习，自学生字词等。注意推送真实的学习任务，引导学生将新生经验应用到不同情境之中。注重利用多媒体拓展资源	自主学习基本充分，合作基本有效。在文本核心的引领下，能够以自身经验为支撑，理解文本意义。课后能抄写生字词，造句、仿写，写读后感等		
一	教学目标基本体现这一篇文本在讲解中呈现的	教学内容与教学目标基本一致，是老师在讲解中呈现的	能规范、推进学习活动。教学活动与配套教参（或集体备课）基本一致，有一定的过渡语和结束语。能逐段讲解课文内容，生字词，句式、修辞手法、表达方法等。能或运用问答方式组织学习活动，或以读贯穿教学。注意利用多媒体补充课外资源	自主学习基本充分，合作基本有效，多教学生感受到创作者的生命情感。课后能抄写生字词，造句、仿写，写读后感等		
综合描述						

表8-2 学生经验表现级差表

学校		执教者			最终等级	教者自评(√)	他评(√)
课题		观课者					
等级	学习内容	学习方式		学习状态	学习成效		
四	有体现文本核心的主话题,开放而有张力的话题群,富有活力在对话中自然生成的,且与主要学习目标契合。能主动链接文本之外相关的学习资源,吸纳动态生成的学习资源。课后会阅读相关文章或书籍,甚至会展开相应的语文综合实践活动	主话题与话题群相辅相成。有逐层转化文本言与意的方法,有发现作者创作意图和思路的路径。能自主选用学习方法,灵活迁移学习方法,方法之间会契合。有"我有疑问""我发现了什么契合。有"不同看法""我认为应联系什么来理解"等表现		任务明确,热情高,全员参与,自主学习充分,合作有效果,探究有深度,言意体验和话题群一致。能根据动态生成对话调适自己的学习行为。后续对话建立在前一次对话的基础之上,前后对话一脉相承,适度进阶	与作者的生命情感和言语智慧相融,产生了悠然心会的愉悦,能用自我语言表达文本。发现了文本的核心,获得了连贯理解,言意体验相生相长成整体意脉,悟得全文整体意义。能依文本意义拓展生活空间		
三	有体现文本核心的主话题,富有活力在对话中生成目标高,且与主要学习目标相宜。作业正确率高,课后会阅读相关文章或书籍	主话题与话题群协同。有逐层转化文本言与意的方法,有发现作者创作意图和思路的路径,能正迁移学习方法,方法之间会契合。一篇文宜。能提出自己的问题,并主动探究字间之意		任务基本明确,有热情,自主学习较充分,合作探究有效,探究有一定的深度,言意体验和话题群趋向一致。后续对话建立在前一次对话的基础之上,前后对话相互渗透,有所进阶	感受到了作者的生命情感和语言表达文本。发现了文本核心,言意体验连贯成主要意脉,悟得文本意义。文本意义应用到其他情境		

续表

等级	学习内容	学习方式	学习状态	学习成效	教者自评 (√)	他评 (√)
二	有体现文本核心的主话题,话题是老师推送的,且与主要学习目标关联。作业基本正确,抄写生字词,造句,仿写,写读后感等	主话题与话题群基本协同。有转化文本言意与意应。课前注意预习这一篇基本方法与阅读这一篇基本方法。课前注意预习,自学生字词等	自主学习基本充分,合作基本有效,言意体验与话题群基本一致。疑惑时,能联系上下文,已有经验、生活事例等加以理解	基本感受到了作者的生命情感和言语智慧,在文本核心引领下产生了言意体验,生成了主要意脉,理解了文本意义		
一	对话话题相对集中,是老师推送的,是朝着教的目标呈现的。作业基本正确	方法与阅读这一篇基本关联。课前注意预习,熟悉课文,自学生字词等	绝大多数自主学习基本充分,合作基本有效,会调动经验参与对话	基本感受到了作者的生命情感。文中要点是在老师讲解下逐步理解的,学习思路基本清晰		
综合描述						

第三节　主线教学评价策略

评价是驱动发展的心理过程。对老师来说，评价者与被评价者都应拥有相关理论、相应知识，其中指向的确立、指标的具体、策略的相宜尤为重要。如果没有一定的专业素养，教、学、评就难以一致，评就难以真实，被评价者也不愿接受，所期待的驱动师生发展也就难以实现。

一、确立素养化评价理念

《语文课程标准》指出："阶段性评价应秉持素养立意，紧密结合四个学段的课程内容，关注内容之间的进阶关系和横向联系，合理设计评价工具。"同时，过程性评价要"把学生参与社会实践、志愿服务和跨学科主题活动的表现纳入评价范畴，着重考察学生在真实情境中表现出的情感态度和语言能力"[①]。可见，评价不能停留在教学反思上，应面向未来，以尊重个体生命意义为理念，以驱动教师专业发展为目的，以促成学生全面发展为宗旨。一要关注学生语文核心素养的发展。通过嵌入式全程性评价，考察学生的语言文字运用能力、思维品质、审美情趣和价值立场。二要关注语文教师的专业发展。通过实事求是的诊断，帮助老师看到自身组织学习活动的优势与不足，主动改善助力言意体验相生相长的教学思路，提升素养导向的语文教学水平。三要关注学校语文课程整体发展。借助主线的统领力，全面统筹校本课程，整体建构语文课程，将学校发展、教师发展、学生发展融为一体，不断提升学校可持续发展水平。为此，素养化评价不应局限于语文，还应丰富学生的生活经验和人生经验，多关注人文素养，多唤醒学生尊重生命的良知，多滋养学生良好的人文情怀。无论是评价学生，还是评价老师和学校，都涉及人，涉及灵动的生命，都应给予人文关怀，最终驱动师生自主发展。尤其是学生，既有爱玩好动的天性，又有生命自我实现的意愿。这就要求我们，坚持"教—学—评"一体化，务求在系列学习任务中，揣摩学生现实经验，顺应学生当下状态，关注学生

---

① 中华人民共和国教育部. 义务教育语文课程标准（2022年版）[S]. 北京：北京师范大学出版社，2022.

有没有依据自身经验对话文本、对照文本改造原有经验，是否做中学、用中学、创中学；有没有聚焦核心逐层转化文本的言与意，言意体验相生相长的意脉是否清晰，是否富有张力，是否具有迁移力，等等。这样，借助主线的意义，不断提升语文学习水平，力促学生形成正确价值观、必备品格和关键能力。

二、实施差异化评价机制

《语文课程标准》指出："针对学生素质水平和个性特点提出意见，及时反馈和讲评，激发学生的学习热情，保护学生的自尊心，尊重学生的个性差异。"[①] 可见，评价既要遵循学生的共性，又要关注学生的个性，要在尊重个性中达成共性。也就是说，既应面向全体，了解他们的学习兴趣，把准他们的现实起点，关注他们的表现性学习行为，让他们以自身经验为支撑，主动去发现作者的情感变化和表达思路，又要关注个体，察觉学生的学习状态和学习过程，呵护他们的独特体验，发挥每一位学生的个性特长，让每一位学生找到适合自己的发展路径。其实，同一堂课，不同学生的经验状态是不一样的，言意体验的程度也是不一样的。能调动经验展开对话的都应给予肯定；能聚焦文本核心，上勾下连，发现作者行文思路的应给予表扬；能发现要点之间的关联，找到连贯全文的核心，悟得作者以言尽意智慧的应给予赞赏。当然，有误读或曲解的，既不可姑息迁就，也不能以成人眼光看待，应尽可能以儿童的方式，给予针对性引导。换言之，对于学困生，只要在某个要点看出什么，就应给予肯定；对于多数学生，应鼓励学会关注文中要点，并采用相宜的方法，发现要点之间的关联，连贯起全文；对于优秀生，应激励学会抓文本核心，连锁思考，连贯理解，既明文意、习文言，又共文情、行文道。同理，对于教师，应根据其尝试主线教学时间长短区别要求，依据其专业水平高低分层对待，以调动每一位教师的积极性，吸引更多老师投身主线教学实践。

三、倡导多元化评价主体

《语文课程标准》指出："组织学生互相评价时，教师要对同伴评价进

---

① 中华人民共和国教育部. 义务教育语文课程标准（2022年版）[S]. 北京：北京师范大学出版社，2022.

行再评价，提出指导意见，引导学生内化评价标准、把握评价尺度，在评价中学会评价。"[①] 为此，首先，应鼓励学生自评。增强自评意愿，提供自评方法，留有自评时空，让学生在回望过程中，提升审视自我、改进自我、完善自我的能力。其次，要引导学生互评。互评不仅能学到同伴的优点，还能修正自身的不足，更能促进彼此沟通、合作探究等。其间，还可以鼓励学生主动请教语文老师、其他学科老师。《语文课程标准》指出："鼓励学校管理人员、班主任、家长参与过程性评价，通过多主体、多角度的评价反馈，帮助学生处理好语文学习和个人成长的关系，发掘自身潜能，学会自我反思和自我管理。"[②] 当然，如果条件许可，还可以邀请上级主管部门人员、院校教科研人员甚至社会人士参与，这些来自各方面、多层面的信息，利于全面、客观地进行评价。同理，教师也应定期征求同行或专家的建议，对教学行为进行正反思考。只有评价主体多元化，让评价成为观课者与上课者、教师与学生共建意义的过程，成为民主参与、共同协商、分享经验的过程，成为大家就评价指向、评价指标、评价内容、评价方法、评价途径乃至评价结果表明各自看法、贡献个人智慧的过程，才会有温度，才令人心悦诚服。

四、采用多样化评价方式

坚持教、学、评趋向一致的同时，评不宜太多过细，能归类的尽量归类，还应让尺度易于把握，过程易于操作，数据收集与结果处理趋于客观，让被评价者欣然接受，更要注意方式多样，尽可能与教学进程并行，展开或阶段性描述评价，或跟踪式及时评价，发挥嵌入式全程性评价的优势，调适动态生成，助力自我改善。《语文课程标准》指出："语文课程评价包括过程性评价和终结性评价。过程性评价贯串语文学习全过程，终结性评价包括学业水平考试和过程性评价的综合结果。""过程性评价重点考察学生在语文学习过程中表现出来的学习态度、参与程度和核心素养的发展水平，应依据各学段的学习内容和学业质量要求，广泛收集课堂关键表

---

① 中华人民共和国教育部. 义务教育语文课程标准（2022年版）[S]. 北京：北京师范大学出版社，2022.
② 中华人民共和国教育部. 义务教育语文课程标准（2022年版）[S]. 北京：北京师范大学出版社，2022.

现、典型作业和阶段性测试等数据，体现多元主体、多种方式的特点。"[1] 对教师来说，应尽可能利用过程性评价，但不放弃终结性评价和阶段性评价。终结性评价可以了解某位教师的施教水平，帮助该老师审视实践，发现问题，改进策略，为优化教与学提供参考。而阶段性评价，可以对某位教师的教学水平做一次阶段性检验，总结成功经验，以便开展区域推广。不过，对学生来说，要慎用终结性评价与阶段性评价，多用过程性评价。过程性评价及时、灵活、明了，便于考察学生的当前状态，掌握学生理解文本的深度，这对改善学习行为、提升言与意转化的质态更具现实意义。总之，只有灵活运用即时性评价、过程性评价、阶段性评价、终结性评价、定性评价和定量评价，全程关注师生的表现，及时反馈、矫正、鼓励、引导，才能改善教师的教学行为，提升学生的学习质态。其实，每一种评价都有其适应性，在评价的客观性上也各具特色。为此，务求评价可行、有效，力戒烦琐，防止片面追求形式。换言之，无论采用哪一种评价方式，都应以强化积极因素、消解消极因素为目的，以便呵护学生自然成长。

五、侧重具象化评价形式

《语文课程标准》指出："可通过课堂观察、对话交流、小组分享、学习反思等方式，收集和整理学生语文学习的过程性表现，如学生日常写字、读书、习作、讨论、汇报展示、朗读背诵、课本剧表演等方面的材料，记录学生核心素养发展的典型表现；了解学生的学习态度和个性特点，考察其内在学习品质的发展。"[2] 为此，不能仅凭感觉，还应依据评价指向和指标，对照其中的核心元素，收集过程性数据，适度展开定量评价。当然，言意体验是个性化的，简单的数据是难以体现丰富的内涵和多样的外延的。只有既不囿于语言描述，又不仅凭数据说话，务求具象描述与客观量化相互补充，定性与定量相结合，并侧重语言描述，才会将学习状态用相宜的形式表达出来。尽管某些与体验的丰简、智能的高低等对应

---

[1] 中华人民共和国教育部. 义务教育语文课程标准（2022年版）[S]. 北京：北京师范大学出版社，2022.

[2] 中华人民共和国教育部. 义务教育语文课程标准（2022年版）[S]. 北京：北京师范大学出版社，2022.

行为，是难以捉摸的，更是难以量化的，也要设法采用问卷调查、现场观察、交流访谈、课堂提问、作业单、跟踪比较、小组分享等方法，搜集多方信息，进行汇总与分析，以复原学习过程，评判经验状态，帮助教者正反思考组织学习的行为，助力学生优化学习思路。同时，评价既要语用化，又要过程化，在语用中关注实际认知水平，在过程中考察言意体验质态，将评价嵌入学习始终。重视课前评价，找准学习起点；着力课中评价，调适学习行为；善用课后评价，巩固学习成效。与学生谈话、给学生写评语是评价，对学生的一个眼神、一个动作、一颦一笑也是评价，只要形象、明了，学生一听就懂，一看就知道该怎么做。这就要求，针对学生当下表现，给予及时、易知的点拨，尽可能贴近儿童经验，活用文中关键词句，利用口语化、儿童化语言，调动自身的姿态、表情、动作等体态语言，善用比喻、对比等手法，甚至看得见、摸得着的物质奖励。这些感性评价，学生易知、能懂，乐于接受，愿意改进。当然，借用小红花、智慧星等物质化评价的频率不宜过高，否则学生会将奖励当成目的，转移学习兴趣。还可以通过定期征求其他老师或家长的意见，搜集多方信息，对学生的当前学习进行全面描述，形成多维立体的评价，进而提高评价的信度。

六、展开专题化评价活动

主线教学没有固定的范式，老师们不可能一学就会，必须经历长期实践，在一次次研讨中深化理解，在一次次审视中不断精进。为此，本地区的领衔人一方面要坚持目标导向，制定清晰、具体、可行的研修总目标，拟好研修规划与实施计划，设计好每一次研修方案，建构系列化研修课程；另一方面，要坚持问题导向，直面现实，梳理问题，将问题转化为专题，分类展开研讨。常态教研课，可根据主线教学的基本特质展开，从问题中来，到实践中去，让教者找到解决问题的方法和路径，增进深入探究的信心；示范性教研课，要用心琢磨教者的设计理念与教学思路，发现优点，找到可学之处；专题研讨课，重点在主题上，做到有针对性地各抒己见，鼓励争辩，集思广益，共寻良策。如果研课不基于问题，缺失主题，参研老师就难以对主线教学的某个方面展开深度研讨。如果拥有主题，上课者与听课者就可以基于现场、直面现象、指向主题多元对话；就可以围绕预设的话题，结合具体课例，交流各自看法，梳理成功经验，探讨优化方法，提出合理建议；就可以促成参研老师吸取他人长处，改进自身不足，共同提高主线教学的实施水平。当然，不仅要事先确定主题，还要让参研老师尽早知晓主题，以便他们有备而来，这样的听课议课才有针对性，才会收到预期的效果。

七、坚持共进化评价取向

受语文课程性质的影响，不同的人对同一堂课会产生不一样的看法。其实，单向评价是评价者将自身价值强加于人，难以体现一堂课的全部意义，也难以令人心悦诚服。评价是心理建构，其核心是价值判断。评价项目的设定、要点指标的表述、评分权重的分配、信息取舍的轻重，都受评价者价值取向的影响，都带有评价者的主观意志。张华先生指出："评价在本质上是一种通过'协商'而形成的'心理建构'，因此，评价应坚持'价值多元性'的信念，反对'管理主义倾向'。"[1] 我们应倡导理解、关爱和互助式评价，反对控制式评价。只有摒弃单向评价，才会在商议中亮明意见，收集多方信息。这不仅是对上课老师人格的尊重，也是对上课老师智慧的敬畏，更是对主线教学发展规律的遵循。为此，一方面，应基于这一位老师的个性特长与现实基础，引导该老师向前再迈一步，在最近发展区内有所发展；另一方面，应调和各方意见，协调因价值观不同而产生的分歧，缩小各方差距，帮助大家达成共识。其间，平等对话是关键。尤其是被评价者，应尽可能参与评价指标的确定、方法的选用、信息的取舍、结果的处理等，以便事先调整教学方案，使课例更具针对性，进而理解评价意图，对评价结果拥有开放而积极的心态。评价者才有可能在交流中，把准评价的适应度，亮明观点，互享共进。只有评价者、被评价者以及相关人员处于自由状态，平等对话，尊重各方做出的客观、全面的评判，理出各方都能接受的综述，才会帮助所有参与者获得不同程度的发展。

第四节 教学内容现实化的个案研究

教学内容现实化是王荣生教授提出的"从语文教学内容角度观课评课

---

[1] 张华. 课程与教学论 [M]. 上海：上海教育出版社，2000：390.

的九级累进标准"的较高标准,关键是"想教的内容与实际在教的内容一致""教的内容与学的内容趋向一致"①。为探明教学内容现实化与言意体验相生相长的关联度,我们在 M 校,借助统编教材六年级上册的《穷人》展开个案研究。本次研究主题是"怎么促进教学内容现实化"。

一、对话文本,观照助力《穷人》教学内容现实化的现实基础

1. 把握助力《穷人》教学内容现实化的教材要素

六年级上册第四单元选编《桥》《穷人》《金色的鱼钩》三篇小说,《穷人》是其中的第二篇。单元人文主题是"美好品质"。单元语文要素有两个,一是阅读要素"读小说,关注情节、环境,感受人物形象";二是表达要素"发挥想象,创编生活故事"。这里的阅读要素与表达要素在反映现实生活层面是相通的。

《穷人》是十九世纪俄国伟大的现实主义作家列夫·托尔斯泰的短篇小说,记叙了一个寒风呼啸的夜晚,桑娜和渔夫主动收养已故邻居西蒙两个孤儿的故事,反映沙皇专制制度下渔民的悲惨生活,赞美桑娜和渔夫宁可自己吃苦也要帮助别人的美好品质。全文分三个部分:第一部分,桑娜在寒风呼啸的夜晚,焦急地等待出海打鱼的丈夫回家;第二部分,桑娜出门探望丈夫,结果走进西蒙家意外发现西蒙已经病故,把留下的两个孤儿抱回家,然后忐忑不安地继续等待丈夫;第三部分,渔夫回家,得知西蒙死后,主动提出收养孤儿。这篇小说之所以多次入编教材,其突出之处在于:一是叙述曲折的故事情节,二是描绘生动的典型环境,三是刻画细致的人物心理。这是一篇外国小说,不仅故事的地点、年代与学生有距离感,而且篇幅长,时间、地点、人物、环境等穿插其中,理解起来有一定的难度。

这是统编教材第一次以单元形式引导学生接触小说。六年级的学生已打下通过语言、动作、心理等理解人物的基础,此处编排小说单元,旨在理解情节推动、环境描写和心理刻画对塑造人物形象的作用。单就《穷人》而言,可以在主话题"桑娜(渔夫)是什么样的人,是从哪儿看出的"引领下,先侧重感受环境描写对塑造人物形象的作用,再侧重理解心

---

① 王荣生. 听王荣生教授评课 [M]. 上海:华东师范大学出版社,2007:16-21.

理描写对塑造人物形象的妙用。

2. 发掘有关《穷人》教学内容现实化的典型经验

我们搜集已发表的《穷人》的相关文本解读、教学设计、教学实录等文章35篇，并对这些文献进行重点分析，试图了解当前有关《穷人》教学研究的现状，发掘有关《穷人》教学内容现实化的典型经验，为本次研究提供有益的参考。梳理中发现，虽说关爱孤儿，容易触发同情心，引起情感共鸣，但有些老师没有注意这是一篇现实主义小说，文体定位不准，主要教学内容不清，应该教的与实际在教的不太一致。如，有的老师引导学生自由默读、角色演读或配乐赏读，读的形式虽多，但与这一篇小说体式相宜的少，环境描写和心理描写没有得到充分学习；有的老师从"穷"入手，先引导学生体会穷人"很穷"，然后感悟穷人"不穷"，看起来新颖，但上成了思想品德课；还有的老师引导学生抓人物的动作、心理、语言等评文本、议形象，但课文被分解得支离破碎，破坏了整体美。梳理中我们也发现，一些老师遵从现实主义小说的特点，注重促使"教的内容与学的内容趋向一致"。如，有的老师以学习任务为"经"，以小说特点为"纬"，纵横交织，整体感强，产生了良好的学习效果；有的老师以"桑娜的心理发生了哪些变化"为主问题，带动环境描写和心理描写对塑造人物形象作用的学习，学生既读懂了文本，又读懂了生活；也有的老师抓"自作自受"这个关键词，精心设问，自作了什么，自受了什么，以词串文，达到了牵一"词"而动全篇的教学效果。他们所总结的经验，提供了良好的示范，值得学习与借鉴。

二、同伴研课，集聚助力《穷人》教学内容现实化的研究合力

为明确本次研究的主要任务，研究小组先学习了主线教学的评价指向、指标、策略等理论（详见本章第一、二、三小节），然后就《穷人》开展教学内容现实化的集体备课，请大家献计献策，并将备课意见整理如下：

教学内容现实化指"想教的内容与实际在教的内容一致""教的内容与学的内容趋向一致"。"第一，'老师想教什么'，也就是教师在备课的时候所确定的教学目标、教学重点、教学内容。第二，'老师实际在教什么'，也就是老师在课堂里面的第一招、第二招、第三招，也就是课堂教学的环节里，实际做了什么。第三，'学生实际学了什么'，也就是在课堂

教学中,学生在具体的师生交往中学到了什么。"① 可见,教学内容现实化,首先取决于"最好用什么去教"。教什么不能面面俱到,应将表达单元人文主题和语文要素的内容优选出来,将体现这一篇文体的内容组织起来,将学生难理解的内容凸显出来。其关键是探明文本体式。任何课文都有文体归属。不同文体有不同的语体风格,而语体风格又体现在内容的选择、方法的应用、过程的安排、语言的表达等方面。为此,确定想教的内容,不能不考虑文本逻辑。

1. 对文本体式的审视

《穷人》是现实主义短篇小说,蕴含着作者内心深处的复杂情感,体现着作者简洁的语言风格与高超的写作艺术。该文体式体现在六个方面:一是人物。以桑娜为代表的穷人,虽然物质生活贫穷,但心灵高贵,宁可自己吃苦也要帮助别人,他们的一个善举,一个信念,让人动容,彰显了穷人人性之美。二是情节。本文以桑娜心理变化为线索,按事情发展,设置了两个悬念,渔夫能不能平安归来,会不会同意收养孤儿。这两个悬念,构成小说内在的张力,时而忐忑,时而快乐,跌宕起伏,扣人心弦,令人回味无穷。三是环境描写。海上"寒风呼啸"、渔家小屋"温暖而舒适"、西蒙家"又潮湿又阴冷"等,为塑造人物形象描摹了一幅幅色调深沉的开阔画卷。四是心理刻画。"心跳得厉害""为什么要这样做""非这样做不可""忐忑不安""揍我一顿也好"等,刻画了人物的内心矛盾,塑造出充满爱心、乐于助人的穷苦劳动者的真实形象。五是对话。桑娜与渔夫的对话,既将故事推向高潮,又恰到好处地戛然而止,留下了更大的悬念。六是省略号。全文有13处省略号,大多用于描写桑娜时而矛盾,时而坚定,反反复复的心理斗争,这一连串的省略号,写活了一位贫寒的家庭妇女的形象。

2. 对想教内容的拟定

该文值得教的很多,仅上述内容,也不可能都推送给学生,否则就会没有教学重点。那么,依据什么优选合宜的教学内容呢?首先考虑的是语文课程目标,尤其是该学段的要求。第三学段与阅读小说相关的有:"在阅读中了解文章的表达顺序,体会作者的思想感情,初步领悟文章的基本

---

① 王荣生. 求索与创生:语文教育理论实践的汇流 [M]. 济南:山东教育出版社,2013:238.

表达方法。""阅读叙事性作品,了解事件梗概,能简单描述印象最深的场景、人物、细节,说出自己的喜爱、憎恶、崇敬、向往、同情等感受。"①这些要求落实到教材层面,就成了单元人文主题和语文要素。该单元没有按惯例在篇章页注明人文主题,只在该处标明:"小说大多是虚构的,却又有生活的影子。"这看似有歧义,其实正是编者要强调的。《桥》《穷人》《金色的鱼钩》都是现实主义短篇小说。所谓现实主义小说,就是通过典型细节再现典型环境中的典型人物,就是说当时有许多这样的人生活在这样的环境下,文中主人公只是其中较为突出的代表而已。编者想提示的是,《穷人》虽是虚构的,但真实反映了沙皇专制制度下渔民的悲惨生活,再现了以桑娜和渔夫为代表的基层人民,宁可自己吃苦也要帮助别人的美好品质。在现实主义艺术感染下,主人公的形象栩栩如生,品质跃然纸上,反映了美好的人间真情,也会感动每一位学生。换言之,该单元的人文主题,无须过多强化,学生会在强烈的现实感中,自然而然感受到。而该单元的语文要素,是这套教材第一次提及。虽然该单元第一篇课文《桥》已让学生体会了环境和情节对塑造人物形象的作用,但最终要完成"发挥想象,创编生活故事"这一学习任务,让学生借鉴作者以言尽意的智慧,学会"创编"。作为该单元第二篇课文,学起来不会轻松,理应深化对现实主义小说的理解,对作者表达思路的领会。该文后面的导读题也聚焦单元语文要素。"快速默读课文,说说课文主要讲了一件什么事。""从课文中找出描写人物对话和心理活动的句子,有感情地读一读。说说从这些描写中,可以看出桑娜和渔夫是怎样的人。""渔家的小屋'温暖而舒适',这样的环境描写对刻画桑娜这个人物有什么作用?找出课文中其他描写环境的句子,体会它们的作用。""'是啊,是啊,'丈夫喃喃地说,'这天气真是活见鬼!可是有什么办法呢!'两个人沉默了一阵。沉默中,桑娜会想些什么呢?联系课文内容,写一写桑娜的心理活动。"这些导读题都指向"读小说,关注情节、环境,感受人物形象。发挥想象,创编生活故事"。可见,编者希望我们侧重教单元语文要素。

3. 对教学内容现实化的预想

明确想教的主要内容后,还需进一步向推动学生愿学能学转化。"有

---

① 中华人民共和国教育部. 义务教育语文课程标准(2022年版)[S]. 北京:北京师范大学出版社,2022.

没有可能把教学内容的落点转移到阅读的方式上？有没有可能使关注阅读的结论转移到关注阅读的过程？有没有可能让学生在'学会把握这些关键的字词句'的过程中自主地与课文对话？"① 换言之，究竟学什么，还得依据学生现实经验，做"量"的取舍和"质"的重构，在学习任务的组织和呈现上下功夫。每一位学生实际所学是个性化的，其中千姿百态的状态和千差万别的细节是难以预想的。一方面，先依据全班实际认知水平，揣摩他们的兴趣点在哪里，困惑处在哪儿，遵从绝大多数阅读这一篇的逻辑，重构以"桑娜（渔夫）是什么样的人，是从哪儿看出的"为核心的主要教学内容，预设开放而有活力的话题群；另一方面，为学生自主独学、合作探究留足时空，并提供相宜的学习支架，备有若干动态调适的预案，进而力促学习内容确定性与选择性相结合，实现预设与生成动态平衡、想教的与实际学的有机统一。而这些不是集体备课都能解决的，必须对接具体的学情。于是，研究小组推荐 X 老师，根据上述备课意见，充分了解学情，预设教学方案，准备上研讨课。

三、课堂实施，优化助力《穷人》教学内容现实化的操作过程

1. X 老师预设的教学简案

X 老师根据上述研课意见，结合了解到的学情，拟出如下教学简案：

第一课时

（1）导入新课

法国大文豪雨果写了一首叙事诗《可怜的人们》，俄国作家托尔斯泰读后，深受感动，将这首诗改写成小说《穷人》。这是一篇怎样的小说呢？（板书：穷人）

（2）读顺全文

① 自读要求：

a. 读准字音，读顺课文，将文中生字新词画出来。

b. 想一想文中两个家庭怎么样，有哪些人。

② 自读后全班交流。（板书：桑娜、渔夫、五个孩子、西蒙、两个孩子）

（3）读通全文

---

① 王荣生. 听王荣生教授评课 [M]. 上海：华东师范大学出版社，2007：31.

① 阅读小说要注意哪些要素？（板书：人物、情节、环境、心理）

② 浏览课文，有一个人贯穿全文，她有哪些担心？（板书：等丈夫、抱孤儿、得支持）

（4）学习第一部分

① 自读第1、2自然段，想一想桑娜是什么样的人。从哪儿看出的？

② 为什么说这间小屋"温暖而舒适"？"温暖而舒适"的环境描写对塑造桑娜形象有什么作用？（板书：温暖舒适）

（5）课后作业

将《穷人》这个故事讲给身边人听。

第二课时

（1）复习导入

上节课的学习，让我们仿佛看到狂风怒吼的夜晚，桑娜正坐在屋里，焦急地等待出海打鱼的丈夫归来。（板书：狂风怒吼）

（2）学习第二部分

① 自读第3~11自然段，想一想桑娜是什么样的人。从哪儿看出的？

② 桑娜为什么来到西蒙家？推开门看到了什么？"又潮湿又阴冷"的环境描写有什么作用？（板书：潮湿阴冷）

③ 桑娜抱起两个孤儿前想过后果吗？抱回家后，是怎么想的？（板书：忐忑不安）为什么不安？从"非这样做不可""嗯，揍我一顿也好"中体会到了什么？

④ 文中省略号有几处？这么写有什么好处？画出描写心理活动的语句，连起来读一读，读到了什么样的桑娜？

（3）学习第三部分

① 自读第12~27自然段，思考渔夫是什么样的人。从哪儿看出的？

② 桑娜说出西蒙病故后，两个人沉默了一阵，他们会想些什么？从"我们总能熬过去的"体会到渔夫是什么样的人？（板书：熬）

③ 分角色朗读。

④ 从文中插图看懂了什么？展开合情想象，续写"桑娜拉开了帐子……"。交流续写，相互评价。

（4）课后阅读

欧·亨利的《麦琪的礼物》。

（5）板书设计

13. 穷人

人物：桑娜　渔夫　五个孩子　西蒙　两个孩子

情节：等丈夫　抱孤儿　得支持

环境：温暖舒适　狂风怒吼　潮湿阴冷

心理：忐忑不安　熬

2. X 老师第一次执教

我们先对 M 校六年级 392 名学生，按他们近三个学期的语文综合平均成绩排序，将分数相同或接近的配成一对，共配成 196 对，并将 196 对按成绩从高到低排序。接着，根据 196 除以 40 求出的 4.9，采用隔 5 的办法，从中抽取 39 对，共 78 人；然后，对每对的两名学生，用抓阄的方法，决定谁在 A 班，谁在 B 班，这样，组建 A、B 两个同质班级，每班 39 人。

A、B 两个配对样本班建成后，请 X 老师到 A 班执教《穷人》，按两课时授课。参研人员借助《教师实施表现级差表》和《学生经验表现级差表》（详见本章第二小节），观摩了 X 老师执教的全程。

3. 对 A 班学生进行后测

A 班学完《穷人》，随即发放作业。尽管有的与课上所学相似，仍要求每一位逐条完成。这次作业有五题：

一是课文主要讲了一件（　　）的事。

A. 桑娜主动抱回已故邻居西蒙的两个孤儿

B. 渔夫同意桑娜抱回已故邻居西蒙的两个孤儿

C. 桑娜和渔夫主动收养已故邻居西蒙的两个孤儿

二是作者想赞美（　　）。

A. 桑娜勤劳善良

B. 桑娜和渔夫都勤劳善良

C. 桑娜和渔夫宁可自己吃苦也要帮助别人

三是本文给我印象最深的表达方法是（　　）。

A. 环境描写　　　　B. 心理描写　　　　C. 对话描写

如，（举出一例）。

四是"'是啊，是啊，'丈夫喃喃地说，'这天气真是活见鬼！可是有什么办法呢！'两个人沉默了一阵。"沉默中，桑娜会想些什么呢？联系课文内容，写一写桑娜的心理活动。

五是结合文中插图，发挥合情想象，桑娜拉开帐子后，桑娜和渔夫会说些什么，做些什么。

以上作业要求学生在 30 分钟内当堂完成。

四、教后议课，展现助力《穷人》教学内容现实化的不同主见

主持人：今天，我们借助《教师实施表现级差表》和《学生经验表现级差表》，观摩了 X 老师执教《穷人》，下面请"把'想教什么''实际在教什么'与学生'实际在学什么'勾连起来，学生在这堂课究竟学的是什么"①，谈一谈各自看法。

第一阶段：哪些想教的、在教的与实际学的趋向一致

师 1：X 老师按小说矛盾冲突的顺序，以"桑娜（渔夫）是什么样的人，是从哪儿看出的"为主话题，引导学生疏通文本，"关注情节、环境，感受人物形象"，这正是集体备课所拟定的想教的内容，而学生在实际学习中，也被桑娜和渔夫的美好品质自然而然地感染了。这说明，我们想教的与 X 老师实际教的和学生实际上学的是一致的。

师 2：X 老师引导学生借助主话题，沿着"等丈夫→抱孤儿→得支持"，整体感知全文，从等待出海打鱼丈夫归来的焦急，到看见西蒙两个孤儿时的义无反顾，到抱回孤儿后的忐忑不安，到丈夫回来时的沉默，再到渔夫知情后的如释重负……对桑娜心理变化的体会与环境描写的理解相互渗透融合、相辅相成，让桑娜形象显得真实且真诚，闪耀着高尚而纯洁的母性光辉。

师 3：我也认为，X 老师自始至终引导学生，将心理描写与环境描写交织在一起学习，让主人公的心路历程更为丰满，形象更加鲜明。如，揣摩"非这样做不可"的心理活动时，注意联系相应的环境描写，体会桑娜的善良本性。桑娜没考虑后果，就把两个孤儿抱了过来，是因为看到了西蒙临死时，拿自己的衣服盖在孩子身上，用旧毛巾包住孩子的小脚，已尽了母亲的责任。可失去母亲的孤儿怎么办？这凄惨而又感人的场景，在桑娜心中激荡，容不得她考虑什么，只有一个念头，把孩子抱回去。可见，此

---

① 王荣生. 听王荣生教授评课 [M]. 上海：华东师范大学出版社，2007：16-21.

处联系环境描写，利于学生读懂"非这样做不可"的坚定。

师4：X老师没有面面俱到，只抓关键语句，引导学生一步一步地读进文本。如，就"忐忑不安"，先根据汉字表意特点，观"忐忑"字形，解"忐忑"之意。接着，画出桑娜"忐忑不安"想了什么，依平常习惯重新排序，发现桑娜思绪的异常，感受矛盾而紧张的氛围，想象心神不宁的状态。在X老师一步一步的引导下，学生对"忐忑不安"的理解，从外在表现到内在心理，逐层深入，桑娜的神态油然而生。后来，学生也读出了桑娜自言自语的节奏，读到了桑娜的焦虑与担心。这说明，此处所教的与实际学的是一致的。

师5：文中对话不多，只有两处。X老师抓住这两处点睛之笔，引导学生走进渔夫的内心。尤其是"我们，我们总能熬过去的"这一处。通过与"挨""挺"比较，品味"熬"的语意，体会渔夫内心的矛盾，读懂渔夫既觉得难办又毫不犹豫的复杂心情。可以说，这里想教的与实际学的趋向一致。

师6：X老师将文中插图转化为学习内容，引导学生发现画中小屋温馨动人，打着补丁的帐子与微笑安睡的孩子相互映衬，画中的灯光和桑娜面庞、渔夫神态所显示的人性之美相互辉映，让这幅插图成为学习全文的点睛之笔。

师7：其实，对插图的观察，也为后来的续写做了铺垫，有利于学生融入场景，合情想象，展开续编。从交流情况看，多数的续写合情合理，能灵活运用环境、心理、对话等描写，说明他们对现实主义小说有了一定的认知。这不仅把新生经验及时运用到新情境中，也是单元表达要素"发挥想象，创编生活故事"的一次生动实践。

第二阶段：哪些想教的、在教的与实际学的还可以更趋一致一些

师3："教的内容与学的内容是否趋向一致"，主要看"学到了什么"，但从品读"我们，我们总能熬过去的"来看，学生似乎在字面意思上打转，字间之情体会得不太充分。有没有可能联系上下文，调动有关"熬"的生活经验，多揣摩渔夫的实际困难，多体会渔夫内心的矛盾与坚定，让"学"深度发生。

师6：站在学生角度，就得多关注哪里是学习起点，哪儿是学习难点，哪些是学习增长点。托尔斯泰擅长的是心理描写，为什么在桑娜看到西蒙

死后两个孤儿睡得香甜之处,却没有心理描写,是疏忽还是有意而为?这是多数学生阅读的盲点和难点。虽说 X 老师在此处有追问,但觉得实际所学不太充分。可不可以故意在此处增添一些心理描写,与原文比较一下,以便凸显桑娜此时为了孤儿义无反顾的本能和冲动,也为理解后面的矛盾心理做些铺垫?

师 1: 通过分角色朗读,感受人物形象,我觉得用时过多。从实际效果看,学生也没有读出其味。究其原因,现在的孩子物质富有,对穷人的窘迫难以体会,加之生活阅历和年龄差异,很难恰如其分地读好言简意丰的人物对话。看来,要读懂人物对话,功夫不仅在"读"上,还应在"读"外,应联系上下文的环境描写与心理描写,联系文中的省略号,想象穷人生活的艰苦,体会到主人公内心的辛酸与坚定,这样,读好对话就顺理成章了。

师 7: 我也有同感,这篇课文的主要任务是学习环境描写和心理描写,尤其是体会人物的心理活动。X 老师虽利用第 23 自然段中"桑娜说出西蒙病故,和渔夫都沉默了,此时他们会想些什么呢"引导学生揣摩桑娜和渔夫的内心矛盾,但我觉得还不够。文中有两处"沉默",都有"此时无声胜有声"的艺术效果,可不可以引导学生也关注一下第 20 自然段中的"沉默",想象"沉默"背后的焦虑与紧张,体会主人公的内心纠结,重塑桑娜欲言又止的神态。

师 4: 前面有人(指师 2)提到,X 老师借助主话题,引导学生学习环境描写和心理描写体现了文本整体美。但学生对环境描写和心理描写的实际学习有点含混。文后第二、三两题分别要求"找出"文中的心理描写和环境描写,并体会它们的作用。有没有可能将心理描写和环境描写的学习适度分开,第一课时侧重学习环境描写,第二课时侧重学习心理描写。这样,每堂课的学习内容相对集中一点,与儿童认知规律贴得再近一点,实际学的可能会充分一点。

师 2: 我赞同你(指师 4)的意见。应将各课时的主要学习内容再简约化一点。如果先随文重点关注环境描写,后将相关语句抽出来,聚合在一起,展开针对性研读,感染力会强一点,冲击力会大一点,学生对环境描写利于塑造人物形象的认识会充分一点。如,屋里"温暖而舒适",虽然已体现了桑娜勤劳持家和一家人的善良,如果与海上"寒风呼啸"交错对比后,更能体现人间真情的温馨。

师3：其实，心理描写的学习也应如此。可以先在全文语境下找出心理描写，后将相关语句聚集起来，展开比较阅读。如，"门吱嘎一声，仿佛有人进来了。桑娜一惊，从椅子上站起来"是幻觉描写；"古老的钟发哑地敲了十下，十一下……始终不见丈夫回来"是景物衬托等。这样，有关心理描写的理解会更充分、更有张力。

师4：集中学习环境描写或心理描写，我也赞同。但"抽"出来要慎重，不能造成割裂，应注重随文学习，应服从于整体感受主人公的形象。如，桑娜抱回孤儿后，有担心，也有自责，更有坚持。渔夫回来后，桑娜开始是提心吊胆地回答丈夫的话，接着是小心翼翼又略带试探地叙述西蒙家的事，最后是如释重负地告诉丈夫，孤儿已经抱过来了。只有将前后心理变化凸显出来，桑娜的形象才会生动、丰富、感人。

师5：不仅前后心理变化的意脉不能断，心理描写与环境描写也不宜割裂，应尽可能揭示两者的相互影响，务求相得益彰。有没有可能利用故事性强的特点，引导学生创编课本剧，课中试演一两个片段，课后同伴协作演一演整个故事。通过这样的综合性学习，将分开来的再融会起来，让《穷人》这个故事"活"起来。

主持人：刚才的研讨，既肯定了X老师的成功之处，又提出了中肯的建议。从大家提交的《教师实施表现级差表》和《学生经验表现级差表》来看，绝大多数给予的等级是"三"，说明今天的课还有提升空间。希望X老师坦然吸纳大家的意见，进一步改进自己的教案，准备第二次执教《穷人》。

五、课堂再造，创生助力《穷人》教学内容现实化的实践路径

1. X老师改进后的教学简案

第一课时

（1）"双线"切入，聚焦重点

本单元的主要学习任务是什么？《桥》让你学会了什么？（板书：人物、情节、环境、心理）

（2）交代虚构，强调"现实"

① 认识他们（多媒体出示雨果和托尔斯泰画像）吗？法国大文豪雨果写了一首叙事诗《可怜的人们》（多媒体出示该诗片段），俄国文学家托尔斯泰读后，深受感动，将这首诗改写成小说《穷人》（板书：穷人）。这是

一篇怎样的小说？浏览课文。

②初读产生了什么感受？为什么会被虚构的深深感动？（板书：虚构，有生活的影子）

（3）读顺全文，梳理脉络

①多媒体出示要求，全班自读。

②全班共学生字新词。多媒体分组出示，第一组是"汹涌澎湃""潮湿阴冷""风暴"等描写环境的，第二组是"心惊肉跳""忐忑不安""糟糕"等描写心理的。

③文中有哪些人？（板书：桑娜、渔夫、西蒙、孩子们）有一个人贯穿全文，她有哪些担心？（板书：等丈夫、抱孤儿、得支持）

（4）关注环境，感受形象

① a. 题目是《穷人》，可文中没有一个"穷"字，那么"穷"是从哪儿看出的？画出来。

b. 全班交流中多媒体集中出示"渔夫的妻子桑娜坐在火炉旁补一张破帆""丈夫不顾惜身体……菜只有鱼"等，脑海中浮现出谁？她（他）是什么样的人？是从哪儿看出的？（板书：塑造形象）

②还有哪些环境描写起到了塑造人物形象的作用？找出来。全班交流中多媒体随机出示：

a."屋外寒风呼啸……感到心惊肉跳。"读着读着，脑海中浮现出什么样的桑娜？能读出桑娜紧张、焦虑吗？

b."古老的钟发哑地敲了十下……还只能勉强填饱肚子。"读着读着，脑海中浮现出什么样的渔夫？能读出渔夫艰辛、勤劳吗？

c."屋子里没有生炉子……睡得正香甜。"读着读着，脑海中浮现出什么样的西蒙？能读出西蒙慈爱、悲惨吗？

③ a. 一边是西蒙悲惨而宁静的死，一边是孤儿平静而香甜的睡，这两幅画面带给你什么感受，能读出这种感受吗？

b. 文中还有哪些对比强烈的环境描写？全班交流中多媒体适时出示："渔夫的妻子桑娜坐在火炉旁……感到心惊肉跳。"用"＿＿＿"画出描写屋内的句子，用"～～～"画出描写屋外的句子。男女生合作读，产生了什么感受？

④（将环境描写的聚合在一起，多媒体出示）连起来读一读，想一想这些环境描写对塑造人物形象有什么作用，（板书：映照人心）从中看出

他们是什么样的人。

(5) 课堂小结，课后实践

① 这节课主要学习环境描写，下节课将重点学习心理描写。

② 课后作业。

a. 回想家里曾经操办过的喜事，仿照课文写法，描写一下当时的环境。

b. 将《穷人》这个故事讲给身边人听。

第二课时

(1) 复习导入，再聚重点

学完全文，咱们小组合作演一演，好不好？不过，要演好，还得准确把握人物的心理活动。

(2) 体会心情，品味形象

① a. 自读全文，桑娜内心发生了哪些变化？从中看出桑娜是什么样的人？

b. 自读第9~11自然段，(多媒体出示："他会说什么呢？……揍我一顿也好！")"忐忑不安"是什么意思？通常先想什么，后想什么？桑娜想的顺序为什么与我们不一样？(男女生一句一句地交替轮读，读出思绪错乱的状态) 桑娜还会担忧什么？

第9~11自然段中有几个问号，几个感叹号，几个省略号？(全班交流中多媒体以红色加粗的方式随机凸显："？""！""……")从中看出桑娜是什么样的人？

c. 透过这些心理描写，读到的仅仅是忐忑不安吗？还读懂了什么？从"揍我一顿也好"中读懂了什么？桑娜的坚定还表现在哪儿？(重点品味"非这样做不可""自作自受")从中看出桑娜是什么样的人？

② 文中还有哪些心理描写？(全班交流中多媒体出示："渔夫皱起眉……别等他们醒来。")"熬"是什么意思？为什么要"熬"？会怎么"熬"？从中看出渔夫是什么样的人？

(3) 融境想象，丰富形象

① a. 心理描写需要用心揣摩，而那些没有描写出来的心理活动，更需要琢磨。如，桑娜与渔夫的对话中出现了两次沉默，找出来。联系上下文想一想，沉默中他们会想些什么。

b. (多媒体出示："'是啊，是啊，'……两个人沉默了一阵。")想一想桑娜此时的心理活动并写下来。全班交流。

② 回读第1~8自然段，找出有关心理描写的语句，这些心理描写有什么作用？（板书：推动情节、直击内心）从中看出他们是什么样的人？

③ 其实，对话对塑造人物形象，也起到了一定的作用。分角色演读第12~27自然段。（配乐）

（4）整体感悟，灵活运用

① 依据板书，梳理全文。

② a. 读一读这句话，（多媒体出示："'你瞧，他们在这里啦。'桑娜拉开了帐子。"）什么感受？

b. 加上心理描写，（多媒体出示："渔夫皱起眉……别等他们醒来。"和"'你瞧，他们在这里啦。'桑娜拉开了帐子。"）读出了什么感受？

c. 再添加环境描写，（多媒体出示："屋外寒风呼啸……外面又黑又冷。""渔夫皱起眉……别等他们醒来。"和"'你瞧，他们在这里啦。'桑娜拉开了帐子。"）又读出了什么感受？

③ 依据文中插图，合情想象，借鉴文中写法，续写"桑娜拉开了帐子……"。交流续写，同伴互评。

（5）课后作业，综合实践

① 将《穷人》改编为课本剧，小组合作演一演。

② 找托尔斯泰的其他小说，读一读，准备在班级读书会上交流。

（6）板书设计

<pre>
            13. 穷人
         虚构，有生活的影子
    人物：桑娜 渔夫 西蒙 孩子们
    情节：等丈夫 抱孤儿 得支持
    环境： 映照人心 ⎫
    心理： 直击内心 ⎬ 塑造形象 推动情节
                     ⎭
</pre>

2. X老师第二次执教《穷人》

根据上述简案，X老师第二次执教《穷人》。这次执教的对象是事先建成的配对样本班的B班，按两课时授课，研究小组全体成员观摩了执教的全程。布置了与第一次执教后相同的作业，同样要求学生30分钟内当堂完成。从参研人员这次提交的《教师实施表现级差表》和《学生经验表现级差表》来看，绝大多数给予的等级是"四"，且一致认为，在教学内容现实化方面，X老师吸纳了大家的主要建议，第二次执教成效比第一次好，所以没有再安排评课活动。只请 X 老师对两次上课感受做一次自述，请参研人员对 X 老师两次执教的课堂实录进行整理与分析。

六、学情测试，明晰助力《穷人》教学内容现实化的写真实况

我们将 X 老师执教的 A、B 两个班学生的作业搜集起来，混在一起，请两位第三方语文老师批阅。两位老师先根据各自经验，分 A、B、C、D、E 五个等级，对所有作业单独进行评价。接着，对同一份作业评判等级不一致的，重新合议，直至对拟给予的等级达成共识为止。批阅完后，再将成绩归班统计，结果如表 8-3 所示。

表 8-3　学生作业统计结果

评价等级	A班	B班	合计
A级	3	8	11
B级	9	20	29
C级	13	5	18
D级	10	3	13
E级	4	3	7

经检验，卡方值 $\chi^2 = 13.78 > 9.49$，故概率 $P < 0.05$，两个样本构成比差别有统计学意义，可以得出结论，B 班的教学成效好于 A 班，这与参研人员观课后的感受基本一致。从中表明，将心理描写和环境描写适度分开学习，第一课时侧重学习环境描写，第二课时侧重学习心理描写，反而有利于课时学习目标更趋聚焦一点，学习任务更为集中一点，学习活动更有结构一点，言意体验更显充分一点，人物形象更加鲜明一点。另外，鼓励课后演一演课本剧，也可能提升了学习积极性。这两点是 X 老师第二次执教与第一次执教的明显区别，说明第二次执教的相关策略，在促进"教的内容与学的内容趋向一致"方面是有效的。

七、教后反思，体悟助力《穷人》教学内容现实化的得失之道

1. X 老师第二次执教《穷人》后的感受

此前，六年级学生对心理描写与环境描写的学习不多，体会两者对塑造人物形象的作用较难。比较前后两次执教，第一次我一味地遵循阅读文本的整体性，基于学生现实经验统筹教学资源的意识不强，学习内容有点

含糊，学习活动略显松散，学生对环境描写和心理描写的实际学习不太充分，没有真正体会到两者的特有作用。

在大家的帮助下，第二次执教将环境描写与心理描写适度分开，第一课时侧重学习环境描写，第二课时侧重学习心理描写，引导学生集中精力，各个击破。这样，学习内容有所简约，学习任务更为清晰，主话题"桑娜（渔夫）是什么样的人，是从哪儿看出的"更为鲜明，人物形象更加饱满。如，第一课时，对海上"寒风呼啸"、屋里"温暖而舒适"、西蒙家"又潮湿又阴冷"等环境描写，先随文学习，后将它们聚合起来，让学生在一幅幅色调深沉画面的交织中，多角度体会穷人的窘迫，多层面感受穷人的不易，认识到多抚养两个孤儿将更为艰难，从中领会到环境描写对塑造人物形象所产生的积极作用。再如，第二课时对有关心理描写的语句，先随文学习，后将它们聚合起来，让学生在比较阅读中，体会桑娜既矛盾又坚定的心理，感受桑娜内心的波动，发现了桑娜的情感变化，习得了不一样的心理描写方法。"古老的钟发哑地敲了十下，十一下……始终不见丈夫回来"是景物衬托；"门吱嘎一声，仿佛有人进来了。桑娜一惊，从椅子上站起来"是幻觉描写；"忐忑不安地想：'他会说什么呢？……揍我一顿也好'"是直接流露；等等。这样，学生对心理描写的实际学习更有针对性，更富张力，学得也更为充分，更加透彻。

同时，为弥补将心理描写与环境描写分开学所带来的不足，我采用解构与融合相结合，先随文学习，后聚合起来集中研读，接着回归到全文中融会理解。往小处说，体会第9～11自然段桑娜的内心活动时，先自主试读，将自己的感受与大家交流；接着男女生一句一句地交替轮读，其间的交替，形象地还原出桑娜忐忑不安的真情实态；然后引导学生联系省略号、问号、感叹号，合情想象，体会桑娜时而矛盾、时而坚定的复杂心情，丰富这位贫寒妇女的形象。往大处说，通过整体把握第1～8自然段的环境描写，感受沉重而紧张的气氛，为体会文末的轻松与快乐打下了基础，也为读好主人公对话做了铺垫。加之，激励学生课后创编课本剧并演一演，也会起到一定的融合作用。总之，学生先重点品读环境描写，后重点品味复杂心情，看似破坏了文本整体美，实际上更有利于学生领会心理描写与环境描写对塑造人物形象的作用，感受到主人公的生命情感，体会到作者以言尽意的智慧，读出托尔斯泰式小说味儿。

2. X老师两次执教《穷人》教学点实录对比

研究小组比照X老师两次执教的课堂实录,从中择取两个教学点做对比分析,并整理如下(见表8-4)。

表8-4 《穷人》教学点实录对比表

观察点	第一次执教	第二次执教
"温暖而舒适"	**师**:屋外又黑又冷,屋里怎么样? **生**:温暖而舒适。 **师**:从哪儿可以看出温暖而舒适? **生**:"这间渔家的小屋里……安静地睡着。" **师**:从这段环境描写中,可以看出桑娜是什么样的人? **生**:勤劳能干。 **生**:关心孩子。 **生**:热爱生活。 **师**:让我们读出自己的感受! **生(齐)**:"这间渔家的小屋里……安静地睡着。"	**片段1** **师**:屋外寒风呼啸,又黑又冷,屋内呢? **生**:"这间渔家的小屋里……安静地睡着。" **师**:这里的中心词是—— **生**:温暖而舒适。 **师**:屋外又黑又冷,屋内温暖而舒适,听着屋外寒风呼啸,看着屋内孩子们安静地睡着,此时此刻,桑娜是什么心情? **生**:紧张。 **生**:温暖。 **生**:既紧张又温馨。 **生**:既担心又幸福。 **师**:我们一起体会这种复杂的心情! **生(齐)**:"渔夫的妻子桑娜坐在火炉旁补一张破帆。……安静地睡着。" **片段2** **师**:"屋子里没有生炉子,又潮湿又阴冷",让我们想到了桑娜家里是—— **生**:(多媒体显示)"这间渔家的小屋里……安静地睡着。" **师**:比较这两段文字,产生了什么感受? **生**:桑娜把家料理得好。 **生**:西蒙死了,十分恐怖。 **生**:一边是温暖,一边是阴冷。 **生**:桑娜家很幸福,西蒙家太不幸了。 **师**:女生读上句,男生读下句,体会一下这两处环境的强烈反差! **女生**:"这间渔家的小屋里……安静地睡着。" **男生**:"屋子里没有生炉子……从稻草铺上垂下来。" **片段3** **师**:渔夫提的马灯格外明亮,看到这温馨的画面,你会想起文中哪段描写? **生**:"这间渔家的小屋里……安静地睡着。" **师**:渔夫和桑娜操持的家,不仅温暖着自己的五个孩子,还温暖着西蒙的两个孤儿,更温暖着我们每个人!让我们再一次体会这份特殊的温暖吧! **生(齐)**:"这间渔家的小屋里……安静地睡着。"

续表

观察点	第一次执教	第二次执教
"熬"	师："我们总能熬过去的"，这里的"熬"是什么意思？ 生：忍耐。 生：将来会更穷，日子更难过。 生：勉强过日子，可能要挨饿。 师：如果说成"我们总能挨过去的""我们总能挺过去的"，好不好？ 生：没有"熬"好，"熬"更能体现艰难。 师："熬"还让你体会到了什么？ 生：已经五个孩子了，再添两个孩子，日子怎么过呢？ 生：尽管生活艰难，但同情心让他们必须这么做。 生：再难也要把两个孤儿养大。 师：能读出渔夫的这份坚定吗？ 生："我们，我们总能熬过去的！" 生（齐）："我们，我们总能熬过去的！"	师："我们总能熬过去的"，这里的"熬"是什么意思？ 生：日子难煎熬。 生：忍受艰苦的生活。 生：即使狂风暴雨，也要出海打鱼。 师：你们有过难以忍受的"熬"的经历吗？ 生：去年夏天，家里空调坏了，热得我一夜没睡好觉。 生：有一回堵车，到了下午三点，才吃到中饭，饿得我好难受。 师：联系上下文，想一想渔夫和妻子为什么要"熬"。 生：已有五个孩子，只能勉强填饱肚子。 生：已经从早到晚干活了，今后会更加辛苦。 生：冬天没有鞋穿，以后的日子怎么过。 师：继续联系上下文，想一想他们将怎么"熬"。 生：吃得更少了，必须省一点给两个孤儿。 生：以后只能像西蒙家那样睡稻草铺，穿旧衣服，用旧毛巾了。 生：桑娜要起早贪黑、没完没了地干活了。 生：渔夫万一病了，也得出海打鱼，要不然，七个孩子会饿死的。 师：除读出艰难外，从"熬"中还能读出什么？ 生：渔夫虽有点为难，但毫不犹豫。 生：宁愿自己吃苦，也要收养孤儿。 师：能读出这份感受吗？ 生A："嗯，你看怎么办……别等他们醒来。" 师：语速要由慢到快，要读出渔夫先觉得难办后毫不犹豫的变化。 生A："嗯，你看怎么办……别等他们醒来。" 师：好多了！前面再为难一点，后面再坚定一点！ 生A："嗯，你看怎么办……别等他们醒来。" 师：咱们一起体会渔夫由觉得难办到毫不犹豫的变化吧！ 生（齐）："嗯，你看怎么办……别等他们醒来。"

在"温暖而舒适"这个教学点上，学过屋外环境后，X老师引导学生品读屋内的"温暖而舒适"，让大环境的恶劣与小环境的温暖形成鲜明的对比，侧面烘托女主人桑娜的形象。不过，第一次执教，有关"温暖而舒适"的品读，只囿于第1自然段，只局限于环境描写的表层意义，只停留在桑娜勤劳能干、关心孩子、热爱生活的感知层面。第二次执教，有关

"温暖而舒适"的品读，分别穿插在学习第1自然段、第7自然段和插图之中，这三次重组，让离散的感受相互渗透融合。在"温暖而舒适"与室外"寒风呼啸，又黑又冷"形成的强烈反差中，在与西蒙家"又潮湿又阴冷"形成的鲜明对比中，学生感受到了桑娜对丈夫出海打鱼的担忧，对西蒙及两个孤儿的同情，既让桑娜的形象丰富起来，又领会到环境描写的作用。最后在与插图灯光的映衬下，"温暖而舒适"生成一种前后融通的意象，演绎为潜在的连贯全文的意脉，使穷人善良纯洁的人性之美得到彰显，更加闪耀。生活虽困窘得令人煎熬，但仍帮助别人，奉献爱心，憧憬未来。学生也从读到桑娜的勤劳与善良，提升到读懂人性的温暖和心灵的高贵。显然，在这个点上，无论是学习内容的取舍，还是学习活动的组织，第二次执教比第一次更加现实化，有助于离散的感受前后连贯，不断增值，有机融入"温暖而舒适"的意脉之中。

在"熬"这个点上，X老师引导学生还原场景，感受形象，走进内心，悟得作者以言尽意的智慧。第一次执教，将"熬"与"挨""挺"对比，品读"熬"的语意，但只停留在字义的理解上，只囿于"我们总能熬过去的"这句话。第二次执教，X老师将"熬"置于大语境中，放入更开阔的时空中，引导学生联系生活经验和上下文，通过熬是什么意思、为什么要熬、如何熬这三个话题，循序渐进地品读感悟、想象体验，多角度揣摩渔夫内心的矛盾，感受这位充满爱心、富有坚定信念的贫寒劳动者的形象，发现渔夫和妻子桑娜一样，虽物质贫穷，但精神富有，拥有一颗甘愿自己受苦也要帮助他人的爱心。然后，通过朗读，进一步体会复杂心情，感受内心的坚定。此时，学生读到的不仅是"熬"的意思，还有鲜明的人物形象、高尚的人格魅力。显然，在"熬"这个点上，学生已与渔夫的生命情感相融。可见，文本中某个要点，如果孤立品读，语意较为单薄；如果置于大语境中品读，情感会丰富一些，意味会深长一些，意境会优美一些。

八、整体回味，厘清教学内容现实化的经验要点

本次是对"怎么促进教学内容现实化"所展开的个案研究。先对《穷人》可教内容，以及35篇已发表的《穷人》的相关文本解读、教学设计、教学实录等进行梳理，然后开展课前研讨、观课议课、后测、自述、课堂实录对比等，试图探寻教学内容现实化之道。本次研究的主要结论：一是

教学内容现实化与学生现实的心理经验具有适应性关联，教学内容越契合学生经验、兴趣和需求，越容易被学生感知和内化。换言之，话题张力大一点，学习内容简约一点，有助于学生集中精力，提升专注力，就文本核心学透悟深。二是如果主要教学内容体现文本核心，相互关联，前后交叠，其他内容有机穿插，相互渗透融合，学生的离散感受容易连贯成意义，诸多意义容易融入主要意脉。三是如果将学习内容放入大语境之中，置于主话题之下，将有助于学生提高站位，获得概括性知识，生成更开阔、更完整的意义。四是教学内容现实化，是一种适应学生并促进学生发展的动态过程，是借助开放而有张力的话题群表达的，依托系列学习任务发展的，通过文本之言与文中之意逐层转化实现的。五是教学内容现实化，是评价主线教学的重要指标，也是易操作的评课路径，实施过程中，还应兼顾其他指标，切不可以偏概全。

附录一 《竹石》教学课堂实录（郑春）

教学内容：统编教材小学语文六年级下册第四单元的《竹石》

教学时间：2021年1月

一

师：（板书全诗）今天郑老师和大家一起学习一首古诗，一起读！

生（齐）：竹石。

师：响亮点！

生（齐）：竹石。

师：读干脆！

生（齐）：竹石。

师：真好！这首诗的作者是——

生（齐）：郑燮。

师：燮，是生字，第几声？

生（齐）：第四声。

师：一起读。

生（齐）：燮。

师：很好！再读！

生（齐）：燮。

师：好极了！郑燮你们了解吗？谁来介绍一下？

生1：郑燮又叫郑板桥，江苏兴化人，是咱们"扬州八怪"之一。

生2：他是清代书画家，擅长画兰、竹、石、松、菊等。他画了五十多年竹子，所以，竹子画得最好。

师：同学们知道的内容真不少！郑板桥不仅爱画竹子，也爱写竹子，一生与竹子有着不解之缘。课前，都预习了吗？谁来读一读这首诗。好，你来。其他同学注意听哦，他读的时候，你心中也要跟着读，注意把字音读准了！

（生读全诗）

师：读得不错，字字清楚，还注意到"劲"是后鼻音。一起读！

生（齐）：劲。

师：再读！

生（齐）：劲。

师：诗有诗的节奏，这是一首七言——

生（齐）：绝句。

师：咱们合作读一读，好不好？（课件出示）老师读蓝色部分，你们读红色部分。咬定青山——

生（齐）：不放松。

师：立根原在——

生（齐）：破岩中。

师：千磨万击——

生（齐）：还坚劲。

师：任尔——

生（齐）：东西南北风。

师：诗还有诗的韵律。发现这首诗的韵脚了吗？

生：松、中、风（课件中"松、中、风"变斜）。

师：咱们和刚才一样，再合作一次。（师生合作读）

二

师：同学们读得很好。看来啊，大家课前预习得很充分！如果理解了诗的意思，就会读得更好！请同学们先猜一猜诗句的意思，猜不出的，再借助注释，与同桌讨论一下。

（生自由言说、讨论）

师：这么快就讨论好了，谁来试着将诗的大意讲一讲。

生1：竹子抓住青山，一点也不放松，它的根死死地长在岩石缝中。千万次打击，它仍然坚韧挺拔，任凭东西南北风怎么刮，也不动摇。

师：你的理解正确，能想着诗的意思读一读吗？

（生1读全诗）

生2：竹子牢牢地抓住青山，毫不松动，它的根扎在岩石缝中。经历千万次的磨砺，还是十分坚劲，任凭东西南北风怎么吹打，也不动摇。

师：你也理解得不错，想着诗的意思，读一读吧。

（生2读全诗）

师：读书贵生疑，同学们有没有思考过，郑板桥笔下的竹子和我们平常见到的竹子一样吗？

生：不一样。

师：那郑板桥笔下的竹子是什么样子？

生：坚韧挺拔。

师：很好！能用诗中一个词说一说吗？

生：坚劲。

师：（板书：坚劲）坚劲是什么意思？

生：十分坚韧，非常刚劲。

师：从诗中哪儿可以看出竹子坚劲呢？请将发现的关键字词圈出来。

（生圈画，师巡视）

师：圈好了，咱们来交流一下。

生：咬。

师：（师在板书中圈画）"咬"让你产生了什么感受？

生1：牢牢地抓住。

生2：使出浑身的力气。

师：人才会咬，竹子会咬吗？这是什么写法？

生（齐）：拟人。

师：既然是拟人，那你觉得竹子像什么样的人？

生：像一个坚强不屈的人。

师：你真会联想！咱们继续交流，还可以从这句诗的哪儿看出竹子的坚劲啊？

生1：定。

师：（师在板书中圈画）"定"又让你产生了什么感受？

生1：非常专注。

生2：不离不弃。

生：破岩。

师：（师在板书中圈画）"破岩"给你带来什么感受？

生：石头破裂了。

师：如果把这句话改为"立根原在沃土中"（课件出示），行吗？为什么？

生：不行，长在沃土中的竹子很茂盛。

师：十分茂盛？

生：是的。

师：能用坚劲形容吗？

生：不能。

师：也就是说，虽然茂盛，因不需要"咬定"，也就没有养成坚劲的品质。如果把这句话改为"立根原在石岩中"（课件出示），行吗？为什么？

生：不行。因为没有缝，竹子不可能长在石头上。

师：有道理。也就是说，石头没有缝隙，长不出——

生（齐）：竹子。

师：那么破岩给你什么印象？（课件出示：破岩）

生：长在石头小小的缝里，也太难了。

师：长在这些缝隙中的竹子，与长在沃土中的竹子相比，难在哪儿？

生1：沃土里营养特别多，岩石缝中营养很少。

生2：石缝太小，扎根十分艰难。

生3：长在破岩中不仅扎根难，也没有阳光雨露。

师：是呀，对于一个生命来说，这里的环境是多么险恶啊！（课件出示：⇒环境险恶）要想在这么险恶的环境中生存下去，就得把根扎深、扎牢，死死地扎着，扎出——

生（齐）：坚劲。

师：也就是说，险恶的环境反而练就了竹子的什么本领？

生（齐）：坚劲。

师：孩子们，读这句诗时，你脑海里浮现出了什么样的画面？

生1：我看到竹子紧紧抓住破岩，努力把根往下扎。

生2：竹子从破岩里冒出头来，仍然充满生机。

生3：我看到翠竹很茂盛，站得很直。

师：咱们一边读，一边想象，挺立在破岩中的翠竹，一下子展现在我们面前。这就是竹子的外形（板书：形）。谁想象画面读一读这句诗？

生1：咬定青山不放松，立根原在破岩中。

师：如果"咬定"读得稍重一点，更能体现险恶环境下竹子的坚劲。谁再来试一试？

生2：咬定青山不放松，立根原在破岩中。

师：你的朗读，让我仿佛看到了竹子傲然挺立在破岩中的英姿。一起读。

生（齐）：咬定青山不放松，立根原在破岩中。

师：还可以从这首诗的哪儿，看出竹子的坚劲呢？

生：还。

师：小小的"还"（师在板书中圈画）字，透露出——

生：好多次了。

师：也就是说，越是打击，竹子越坚劲。

生：任。

师：(师在板书中圈画)"任"透出了竹子什么神采？

生：很坚定，很从容。

生：千磨万击。

师：(师在板书中圈画)诗中告诉我们，竹子经历了哪些磨难？

生：竹子经历了东西南北风。

师：早上，东风刮来了（课件出示"千磨万击还坚劲，任尔东西南北风"，其中"千""万"为红色，将"千"变为"早"）；晚上，西风刮来了（课件将"万"变为"晚"），谁来读——

生：早磨晚击还坚劲，任尔东西南北风。

师：读出了竹子的从容。冬天，北风凛冽（课件将"早"变为"冬"）；夏天，南风炙烤（课件将"晚"变为"夏"）。男生一起读。

男生：冬磨夏击还坚劲，任尔东西南北风。

师：读出了竹子的豪迈。无论春夏秋冬的风怎么刮，（课件将"冬"变为"千"）无论东西南北的风怎么摧残（课件将"夏"变为"万"）。一起读。

生（齐）：千磨万击还坚劲，任尔东西南北风。

师：孩子们，竹子凭什么顶住了这千万次的打击？

生1：凭的是顽强。

生2：凭的是坚劲。

师：对！凭的是坚强不屈的神态，凭的是坚劲的神采，这就是竹子的神韵。（板书：神）"千磨万击"（师在板书中再次圈画）还让你想到什么样的画面？竹子还会历经哪些磨难？

生1：可能被砍伐。

师：被砍伐后，第二年——

生1：又长出了新的。

师：你心中竹子的生命力是顽强的。

生2：可能会遭受暴雨雷鸣。

师：同学们看，这是狂风暴雨、电闪雷鸣下的竹子。（课件出示相应画面）面对暴雨雷鸣，竹子是什么反应？

生2：一点也不害怕，一直挺立在那儿。

师：你心中的竹子是从容的。

生3：可能会遇到寒风大雪。

师：这是寒风凛冽、大雪纷飞下的竹子。（课件出示相应画面）面对寒风大雪，竹子是什么反应？

生3：不但没有枯萎，反而越长越青。

师：你心中的竹子是坚劲的。此时此刻，我们心中也长出了坚劲的翠竹。请选择其中的一个，合情想象，将你心中的翠竹风采写下来。（课件出示：狂风怒吼时，竹子____；暴雨倾盆时，竹子____；冰霜肆虐时，竹子____；大雪纷飞时，竹子____。）

（生写，师巡视中提醒：请同学们注意写字的姿势，腰板像小竹子一样挺直了）

师：写好了吗？咱们交流一下。刚才老师在个别同学作业纸上画了五角星，请你们站起来。你们一个接着一个交流，好吗？

生1：狂风怒吼时，竹子不停地摇，猛烈地晃，小小的竹竿被大风刮得无法站稳，可竹子竭力地控制着自己，与狂风搏斗，毅然挺立。

师：狂风刮不倒你心中的翠竹！

生2：暴雨倾盆时，大雨哗啦哗啦地倒在小竹子身上，可它任由暴雨肆意地抽打着自己嫩小的身体，雨下得越大，它越顽强地挺立着，毫不动摇。

师：暴雨淋不伤你心中的翠竹！

生3：冰霜肆虐时，凛冽的寒风吹打着青青的竹子，像刀刮一样的疼，越是寒冷，它越翠绿，有一种旺盛的生命力。

师：冰霜冻不死你心中的翠竹！

生4：大雪纷飞时，洁白的雪花缀满浓密的竹叶，竹枝微微下弯，青青的翠竹变得如白玉般高洁，有一种不怕压垮的精神。

师：大雪也压不垮你心中的翠竹，好极了！把你的感觉读出来。

生4：千磨万击还坚劲，任尔东西南北风。

师：很好，读出了坚劲的神韵！一起读。

生（齐）：千磨万击还坚劲，任尔东西南北风。

三

师：同学们，郑板桥心中的竹子是坚劲的。其实，经历不同的人，心中的竹子是不一样的。你们看——这一句（课件出示）谁来读。

生1：过江千尺浪，入竹万竿斜。唐，李峤。

师：这是唐代李峤心中随风飘摇的竹子。第二句（课件出示）后面的接着读。

生2：野竹野竹绝可爱，枝叶扶疏有真态。元，吴镇。

师：这是元代吴镇心中可爱的野竹。第三句（课件出示）后面的接着读。

生3：斑竹枝，斑竹枝，泪痕点点寄相思。唐，刘禹锡。

师：这是唐代刘禹锡心中的相思竹。孩子们，郑板桥心中的竹子，与李峤、吴镇、刘禹锡的一样吗？

生：不一样。

师：郑板桥心中的竹子是什么样子？

生：是坚劲的。

师：看来，竹子可以从不同角度来观察，郑板桥为什么爱从坚劲的角度来欣赏竹子呢？请大家浏览这段资料。（课件出示：郑燮又叫郑板桥，"扬州八怪"之一。清代书画家，画竹五十多年。曾在山东范县、潍县做过十二年的县令。为帮助受灾的平民百姓，他不顾别人劝阻，开仓贷粮，让老百姓写借条，救活一万多人。招收饥民修建水利，也养活了许多人。当年秋天又歉收，就把老百姓的借条一把火烧掉。这引起了贪官污吏、恶豪劣绅的不满，纷纷诬告他，直至他被贬官。他贬官后，他干脆辞官回乡，以卖画为生。晚年穷困潦倒，饱尝酸甜苦辣，看透世态炎凉）

（生默读）

师：从这段文字中，读懂了郑板桥为什么喜欢坚劲的竹石吗？

生：因为郑板桥也像竹子一样，有坚韧的品质。

师：是啊，灾荒越是严重，郑板桥越像竹石一样——

生（齐）：坚劲。

师：恶豪劣绅越是谩骂，郑板桥越像竹石一样——

生（齐）：坚劲。

师：郑板桥身处险恶的环境，经历无数次打击，反而练就了他什么品性？

生：坚劲。

师：这种坚劲的品性与竹石十分相似。我们来欣赏几幅郑板桥画的竹石（课件出示）。同学们，这几幅画有什么共同的特点？

生：竹子都长在石头上。

师：也就是说，既画了——

生（齐）：竹子。

师：又画了——

生（齐）：石头。

师：这里是什么样的石头？

生（齐）：破岩。

师：郑板桥将竹子和破岩画在一起，想表达什么？（课件出示："竹子"和"破岩"）竹子表达的是什么？

生：坚劲。（课件出示：⇒坚劲）

师：破岩表达的是什么？

生：环境不好（课件出示：⇒环境险恶）

师："坚劲"与"环境险恶"放在一起，（课件圈起"坚劲"与"环境险恶"），你有什么感受？

生：环境险恶，更能突出竹子的坚劲。

师：能用上"越"表达一下感受吗？[板书：（越）]

生：环境越险恶，竹子越坚劲。

师：也就是说，环境险恶，反而练就了竹子的——

生（齐）：坚劲。

师：竹子和破岩画在一起，就化为——

生（齐）：（课件演示）竹石。

师：此时的竹石，给你什么感受？能用"越"说一说吗？

生：石头越破碎，竹子反而越坚劲。

师：所以，人们说——

生（齐）：（课件出示）无石，竹不挺；有石，竹更坚。

师：坚劲一点，再读！

生（齐）：无石，竹不挺；有石，竹更坚。

师：所以，郑板桥爱将竹子和破岩画在一起。竹子与破岩，在郑板桥的画中已经融为了一体的——

生（齐）：竹石。

师：竹子与破岩，在郑板桥的诗中也已经融为了一体的——

生（齐）：竹石。

师：竹子与破岩，尤其在郑板桥的心中已经融为了一体的——

生（齐）：竹石。

师：诗言志，郑板桥用竹石表达坚劲，这种表达方法有什么特点？

生：托物言志。

师：托的物是什么？[板书：(物)、(志)]

生（齐）：竹石。

师：言的志是什么？

生（齐）：坚劲。

师：郑板桥借竹石表达了什么志向？

生：表达在险恶环境里好好生活的志向。

师：这种长在破岩中的竹石，让你想起了谁？

生1：我想起了贝多芬。虽然听力已经严重下降，但他还是不屈不挠地谱写了很多世界名曲。

师：也就是说，听力越差，贝多芬的意志越——

生1：坚劲。

生2：刘伯承做眼睛手术时，没有用麻醉，大夫割了72刀，他数得清清楚楚，说明他意志十分坚定。

师：也就是说，手术刀割的次数越多，刘伯承越——

生2：坚劲。

生3：我想到了诺贝尔，诺贝尔研究炸药时，多次被炸伤，虽然变成了残疾人，但他始终没有放弃研究。

师：也就是说，伤痛越多，诺贝尔越——

生3：坚劲。

师：同学们，无论是贝多芬，还是刘伯承，或者是诺贝尔，他们都具有环境越险恶，意志越坚劲的精神。让我们用这首诗，赞美一下这些心中的榜样！

生（齐）：（诵读全诗）

四

师：郑板桥一生画竹、写竹，留下了许多咏竹诗。世人爱栽种和欣赏娇美的花儿，郑板桥却说——

生：（课件出示）举世爱栽花，老夫只栽竹。霜雪满庭除，洒然照新绿。

师：一夜风雪，百花凋零。只要除掉满院的霜雪，竹子就会展露新绿，透出勃勃生机。你说郑板桥怎能不爱这傲霜斗雪的青青翠竹呢？郑板桥爱竹，更像竹。身为县令，曾因赈灾济民，得罪上司。辞官回乡时，老百姓盛情挽留。郑板桥潇洒地挥挥衣袖，慨然作答——

生：（课件出示）乌纱掷去不为官，囊橐萧萧两袖寒。写取一枝清瘦竹，秋风江上作渔竿。

师：两袖清风，辞官回乡。他画的这枝清瘦竹，何尝不是他自身的写照！郑板桥辞官后，以卖画为生，穷困潦倒。很多人不理解，说他有官不做真傻，有福不享真怪。郑板桥不以为然，豪迈地写下了——

生：（课件出示）我有胸中十万竿，一时飞作淋漓墨。为凤为龙上九天，染遍云霞看新绿。

师：这是多么高贵的品格，多么崇高的人生境界啊！一起读。

生（齐）：我有胸中十万竿，一时飞作淋漓墨。为凤为龙上九天，染遍云霞看新绿。

师：这画中一竿竿瘦竹，这诗里一抹抹新绿，分明指的就是——

生（齐）：郑燮。

五

师：郑板桥将无数次磨难练就出的坚劲，化为咬定青山的翠竹，影响了一代又一代人，也影响着在座的我们。孩子们，影响到你了吗？影响你什么了？说说自己的想法。

生1：以前遇到难题，不敢去想，不敢去问，学习《竹石》后，我要像竹子一样，不轻易放弃，难题越多，越要有斗志。

师：相信困难越大，越会激发你的——

生1：激发我的斗志。

师：用郑板桥的诗句表达一下。

生1：千磨万击还坚劲，任尔东西南北风。

生2：以前有了委屈，我会不高兴很久，学了郑板桥的《竹石》后，应该想开一点，开朗一点，坚强不屈一点。

师：委屈越大，越需要学会——

生2：坚韧。

师：用郑板桥的诗句表达一下。

生2：千磨万击还坚劲，任尔东西南北风。

生3：以前我去爬山，总爬不到山顶。学过这首诗后，再去爬山，一定要坚强，一定要相信自己，一定要爬到山顶。

师：山越高，越需要——

生3：越需要坚强。

师：你也用郑板桥的诗句表达一下。

生3：千磨万击还坚劲，任尔东西南北风。

师：孩子们，人生总会遭遇各种各样的打击，我们要学会把经历的磨难变为自己成长的基石。在今后的人生道路上，当别人无端指责你的时候，当遇到打击的时候，当被嘲笑的时候，我们应该想起——

（生齐诵读全诗）

师：诗歌，诗歌，诗与歌总是相伴相生、相得益彰的。听，咱们学校谢菲老师亲自谱曲、亲自吟唱的《竹石》（课件播放）。

师：（听完一遍后）孩子们，就让这立根破岩的翠竹神采，让这咬定青山的竹石风骨，永远挺立在我们心中。跟着一起吟唱吧！

（生齐吟唱）

师：（循环播放）其实，郑板桥还有一些咏竹的诗，课后请同学们搜集一下，读一读，背一背。下周咱们开个赛诗会，继续感受郑板桥与竹子的情结，继续感受郑板桥的高贵品格。

板书设计：

竹　石
［清］郑　燮

咬定青山不放松，｝形（物）
立根原在破岩中。
　　　　　　　　　｝（越）坚劲
千磨万击还坚劲，｝神（志）
任尔东西南北风。

（整理：李小霞）

附录二　咏物诗教学的典范之作（王崧舟）

郑春老师倡导主线教学，执教的《竹石》一课，情理交融，形神兼备，联结今古，贯通物我，堪称咏物诗教学的典范。

一、以诵读为经，感受声音的节律之美

就古诗教学而言，诵读既是其最基本、最重要的手段，也是其最直接、最集中的目的，是手段与目的的统一。作为手段的诵读，有助于学生感受古诗特有的平仄、节奏和韵律，体察声音本身所负载的情感、智慧和意志；作为目的的诵读，还原了诗人创作的生命气息，复活了声音背后的灵魂律动，呈现了诗歌诞生之初的本真状态。可以说，诗即诵读，诵读即诗。对此，郑春老师显然有着自觉领会、切实把握。整堂课的教学，诵读作为主线贯穿始终。从一开始的读正确、读流利，读出节奏、读出韵律，到紧随其后的试讲古诗大意，带着理解读古诗，再到品读古诗的炼字炼意处，带着想象读古诗，读出古诗的画面感，又到群诗品读，同中辨异，体察诗歌意象背后的精神寄托，带着象征读古诗，读出古诗的意蕴感，直到最后，熟读而化，其言皆若出于吾之口，精思以得，其意皆若出于吾之心。学生在潜移默化、自然似之中，一遍一遍地铿锵诵读，以示心志，实现了诗心与我心的合一。不难发现，《竹石》一课的诵读过程，依循古诗学习的基本规律，从表层的为意象而读，到深层的为意境而读，从底层的为意蕴而读，到顶层的为意脉而读，拾级而上，层层递进，每读一层，都有独特的意图在其中，每层诵读，都使学生诉诸耳际、达于心灵，最终进入古诗诵读的最高境界。

二、以想象为纬，体会意象的传神之美

《沧浪诗话·诗辩》中指出："夫诗有别材，非关书也；诗有别趣，非关理也。"即便是像《竹石》这一类充满理性和哲理意味的咏物诗，其创作构思所依凭的也不是诉诸理性的抽象概念，而是诉诸感性的具体意象。没有意象，就没有诗歌。《竹石》一课，从整体上看，紧扣了"竹石"这一核心意象、个性意象；从局部上看，又是通过品读"咬定""破岩""千

磨万击""东西南北风"等辅助意象、单一意象来支撑起对"竹石"这一意象的还原和把握的。令人击节叹服的是,在核心意象的把握上,郑春老师自觉地将"竹"的意象和"石"的意象结为一体,引导学生从整体上加以审视。竹的坚劲通过石的险恶来反衬,而石的险恶又成了竹的坚劲的条件。这跟那些常见的弃石留竹、有竹无石的教学相比,形成了一个鲜明反差。而这一反差,恰恰展现了郑春老师文本解读深刻的洞察力和精致的辨析力。正如郑老师在课堂上所呈现的那样,"无石,竹不挺;有石,竹更坚"。教学到了最终环节,学生对"竹石"作为一个整体意象的背后所折射的人生境遇("石"之象征)、所灌注的人格品位("竹"之象征),更有了某种切实的体认与顿悟。而在单一意象的开掘上,郑春老师巧妙地通过创设情境、变字改诗的方式,在一遍一遍的还原想象中,丰富着、深化着学生对"千磨万击"等意象的体悟,进而对竹石意象所透露的隽永的深意和独拔的神韵也有了一种直觉的观照。

三、以托物为用,领悟诗歌的象征之美

我们知道,咏物诗所咏之"物",往往是作者的自况,与诗人的独特人格相融合。因此,所托之物,绝非纯粹的客观之物、外在之物,而是基于诗人的审美旨趣、生命态度、思想境界、人生追求,对外物的某种萃取、加工与提炼,其中早已融入了诗人自身的性灵和心志。为此,郑春老师自觉引导学生从以下三个层面来把握"竹石"这一所咏之物,体会其中的心灵寄寓。第一个层面,紧扣诗眼,体察竹石之品。本诗的诗眼非"坚劲"莫属,显然,诗人创作这首诗时,已经舍去了竹石的其他诸多特性,唯以"坚劲"摹写之。这种取舍的背后,彰显的是诗人自身的生命尺度。郑春老师首先引导学生在整体感知中把握竹石的坚劲品格,又通过品读诗中的炼字炼意处,丰厚学生对诗眼的深入体察。第二个层面,互文参照,体悟竹石之心。课堂上,郑春老师通过拓展三位诗人不同的咏竹诗,引导学生进一步明了,人生经历不同的人,心中的竹子是不同的。不是竹子变了,而是诗人投射到竹子身上的情感变了。第三个层面,知人论世,体认竹石之志。郑老师引导学生借助资料,了解诗人的生平经历和人生志趣,并以此反观诗歌意象、反哺诗歌意境、反思诗歌意蕴,从而使学生真切地体悟到"诗格即人格、人格即诗格"这一咏物诗创作的根本宗旨。

四、以言志为体，追慕诗人的人格之美

咏物诗真正要吟咏的显然不是物，而是人。立物之象，或表露诗人的人生追求，或寄寓诗人的美好愿景，或承载诗人的生命哲思，或表现诗人的审美情趣。《竹石》一诗，赞美的是岩竹的坚韧劲拔，寄寓的却是作者藐视权贵、不畏流俗的刚劲风骨。学习咏物诗，不仅要让学生体悟其中的寄寓，更要以此为契机，以诗教的传统，以诗意的方式，激发学生对美好追求、理想人格的向往与追慕。郑春老师是这样理解的，更是这样践履的。首先，通过想象写话，结合反复诵读，激发学生对竹石本身这一不惧风雨、不畏炎寒的形象产生崇敬之情；其次，通过知人论世，反观诗歌意象，引导学生发现诗格与人格的内在一致，激发学生对诗人藐视权贵、不畏流俗的品格产生追慕之心；最后，通过切己体察，结合当下的生活际遇，引导学生化诗情、诗韵为自身成长的精神养料，直抒胸臆，畅谈斗志。至此，诗意点灯，诗情指月，学生在不知不觉中已经实现了自我生命的拔节。愚以为，这样的古诗教学，不是灌输，不是告诉，而是以春风风人、以夏雨雨人，诚所谓温柔敦厚之教也！

（王崧舟教授，著名小学语文特级教师，全国劳动模范，全国五一劳动奖章获得者，《百家讲坛》主讲人，浙江省教育学会小学语文教学分会副会长，现任教于杭州师范大学。）

附录三　锁定高阶思维　实现高位提升（顾文东）

古诗词是传统文化的精髓，也是中华民族的瑰宝，是阅读教学的重要内容，也是教学的难点。《竹石》托物言志，刚毅豪迈，是清代郑板桥的佳作。美国心理学家布鲁纳将认知领域的目标分成识记、理解、运用、分析、综合、评价六个方面，其中识记、理解、运用被称为低阶思维，分析、综合、评价被称为高阶思维。如何培养学生的高阶思维，布鲁纳指出："教学过程是一种提出问题和解决问题的持续不断的活动，思维永远是从问题开始的。"从郑春老师的《竹石》教学中，窥见他对学生高阶思维的着意推动。在学生读通、读熟、读出节奏和韵律的基础上，他匠心独运地展开了四大问。

一问"坚劲"的表象

古诗"言简而意丰"，看似寥寥数语，实则内涵深厚。郑老师的"疏通文句"如同泼墨写意，一笔带过，"猜一猜诗句的意思，猜不出的，再借助注释，与同桌讨论一下"。接下来郑老师问，"郑板桥笔下的竹子和我们平常见到的竹子一样吗"，用诗中一个词说，并相机板书"坚劲"。提问"从诗中哪儿可以看出竹子坚劲呢"，抓住"咬""破岩"等，进行咀嚼、玩味。提问"脑海里浮现出了什么样的画面"，并相机板书"形"。教者引领学生轻轻一跃，便跳脱理解大意的低阶思维层面，转而探索诗句的丰富表象，追索诗句背后的情味和意蕴。经郑老师的引导，学生提取关键词，研磨关键句，整合文本中的重要信息，拾级而上，步步登高，一步步走近作者郑板桥。

二问"坚劲"的神韵

郑老师接着又是一大问，"告诉我们竹子经历了哪些磨难""竹子凭什么顶住了这千万次的打击"，并相机板书"神"。"'千磨万击'还让你想到什么样的画面"，并引导学生书写心中的翠竹风采。很显然，经过这样一问，学生突破了表象的大气层，进入了意蕴的外层空间。画龙点睛式的练笔，更是为学生的想象与求索助力。在真情诵读与融情想象中，学生能够感受到诗歌的情绪和意象，感悟诗句的精神内涵，同时享受放飞思维的乐趣。

三问"坚劲"的动因

第三问，郑老师宕开一笔，稍有延迟。先是链接李峤、吴镇、刘禹锡写竹的诗词，接着提供郑板桥的生平资料，继而呈现郑板桥的一组画作。郑老师问："郑板桥心中的竹子，与李峤、吴镇、刘禹锡的一样吗？""读懂了郑板桥为什么喜欢坚劲的竹石吗？""这几幅画有什么共同的特点？""竹子和破岩画在一起，想表达什么？"郑老师相机板书"越"。在文本比较中，学生能够感悟到板桥之竹的坚忍顽强；在知人论世中，学生能够感悟到板桥为人的特立独行；在画作欣赏中，学生能够感悟到作者对竹子的情有独钟。正是有了这样的层层铺垫，次次延展，步步进阶，洞天石扉，轰然中开，这是在托物言志啊！学生明晰了作者画竹写竹的用意，理解了诗歌的文化内涵，心灵受到了熏陶和滋养，提升了分析、综合、想象等高阶思维能力，可谓"悠然心会，妙处难与君说"。

四问"坚劲"的联想

郑老师水到渠成地提出最后的一大问："这种长在破岩中的竹石，让你想起了谁？""咬定青山的翠竹，影响了一代又一代人……影响你什么了？""在今后的人生道路上，当别人无端指责你的时候……应该想起——"阅读不只是休闲娱乐，阅读也应当是加油充电，阅读也可以创造生成。郑老师的最后一问，着手于类推，着眼于内化，着力于应用。将竹石精神与学生现实勾连对应，将竹石精神转化为挑战现实的灵魂武器。

"四问"如同糖葫芦串，以"坚劲"贯穿，鲜明呈现主线教学的操作手法，确凿印证主线教学的理论架构。"四问"犹如四个加油站，"定位"不断变化，"油品"不断升级，功能不断放大，层层递进，级级爬坡，驱动学生的阅读之车不断前进，驶向纵深。"四问"当中，不难感受到郑老师的每一问，并非架空分析，凌空虚蹈，而是脚踏实地，紧扣文本，以读为本。在郑老师的课堂上，学生激情饱满，书声琅琅，应答机敏，火花绽放。无疑，这样的课触动了学生的兴趣点，激活了学生的求知欲，提升了学生的高阶思维力。

透过今天的课，可以发现主线教学理论为课堂操作指引了航向，课堂操作又为主线教学理论提供了实践样本。课堂有主线，主线在课堂，两者相得益彰。真可谓，"咬定语文不放松，立根就在主线中。主线教学新拓展，悉心揣摩收获丰"。

约300年前，郑板桥挥手题画竹石，既是为他自己，也是为今天的郑老师以及其他执着坚定的人们。

（顾文东，国家中小学智慧教育平台郑春名师工作室成员，扬州市小学语文学科带头人，扬州市主线教学研究所成员。）

后　　记

上师大（上海师范大学）不算气派，可红墙映衬的绿荫，沐浴着灿烂的阳光；学思湖不太开阔，可石桥连接的翠岛，弥漫着诗意的芬芳。学习之余，或漫步草坪，或驻足塑像前，或爬上小山，或静坐湖畔，看鸟飞，听虫唱，品荷香，随芦絮翻飞遐想……

2018年，有幸参加教育部"国培计划"中小学名师领航工程为期三年的培训，经双向选择，进入上海师范大学培养基地。该培训要求每位学员完成六个"一"，其中就有撰写一部体现自己教育思想的专著。我捧着2014年出版的《主线教学：小学语文阅读教学新视点》，请教上师大的专家。王荣生教授建议：从"学"的层面，重新审视主线教学。反复审视中，步入了从文本走向经验的新征程，转向以学生言意体验在师生-文本-作者对话中相生相长为主线，实施阅读教学，并形成了"三位一体"的建构思路。一是基本目标始终指向语文核心素养养成，二是主体内容注重推送"整体的真实的学习任务"，三是主要途径着力开展"具有内在逻辑关联的学习活动"，进而强化语文实践，拓展语文生活，促成语文学科育人目标的落地生根。实际教学中，学生的状态是千差万别的，难以捉摸的，追求言意体验相生相长，不是倡导学生中心论，也为匡正文本中心论，务求助力学生产生与文本核心之意相宜的理解。

在上师大学习期间，前沿的理念，高端的课程，睿智的导师，恰似美丽的校园风景，让我如拂春风，如沐春雨。夏惠贤、吴忠豪、王荣生、李海林、王崧舟等导师精辟的见解、务实的作风、严谨的治学态度、循循善诱的教诲，让我感受到了教育名家学识的渊博和人格的高尚，同时也看到了主线教学的应然要义和发展前景，在此深表谢意。尤其要感谢首席导师王荣生教授的关爱、指导和鼓励，从论文选题，到目录修订，无不渗透着他的智慧。每当陷入困境，总能得到切中肯綮的点拨。从他身上领悟到一些从事语文教学研究的真谛，获得了一种发展主线教学的力量。遇到这么睿智、务实的大家，是今生幸事。还要感谢理论导师李海林先生给予的支持和鼓励。艰难时刻，李教授总能赐予精辟的分析和适宜的定位，指明探究的方略和方向。撰写中，还得到了恩师辜伟节先生和挚友夏心军所长的指导，得到了教育部中小学名师领航工程郑春工作室、国家中小学智慧教育平台郑春工作室、扬州市主线教学研究所、高邮市小学语文郑春工作室的张鹏、王宁、黄晓迪、胡城华、杨丽、唐燕、姚瑶、缪中艳、钱云霞、丁梅红、陈红芳、陈佃红、王轶、张冬生、刘吉才、顾文东、钟欣、孙丽华、吕华明、朱有芬、张卫华、赵长生、周志坚、周亿龙、吴慧、仲德宏、秦玉萍、陈爱平、赵姝、夏庆、王珊、李小霞、周桂芳、陆佳、孙智健等同仁的大力支持。正是这一大批名家名师的加盟，主线教学才富有鲜活的生命力和持续的生长力。今后，我们一定会再审视、再发现、再出发、再成长。当然，还要感谢给予支持的单位领导和同事，给予鼓励的爱人和爱女。对上述提到或没有提到但给予过关怀和帮助的，谨致以诚挚的谢意！

《主线教学：从文本走向经验》虽完成于项目培训期间，因结业时(2021年5月)，只要求交个样稿，故迟迟未出版。这次从文本走向经验的视角进一步发展主线教学，以助力学生与作者的生命情感和言语智慧深度融合。发现这条探究路径，我们倍感欣喜，只是要走的路还很漫长，相关实践才刚刚起步。"回头省视自己一路走来，可能忽然发现，原来走了那么久，现在才正要开始。"（蒋勋）尽管向主线教学的应然状态贴得更近了一些，但本书之言仍未尽主线教学之意，其内涵和外延仍须进一步发掘，有的章节阐述仍不充分。后因师友多次催问，近期对原稿做了部分修订，奉献出这一阶段性成果，以期得到大家指正，也恳请更多同仁共同促进主线教学健康发展。后续须沿着这一命题，进一步拓展深度和广度，如：语文学习任务群视域下，助力学生言意体验相生相长，怎么去实践；如何按不同文本功能类型，具体描述学生阅读状态；等等。如果条件允许，期盼若干年后，再写一本《主线教学：从文本走向实践》，再尽一份主线教学始创人的责任。我们坚信主线带来的结构，可以将零散的感受连贯成意义，让意义不断开拓学生的学习力和生活空间；更坚信主线的力量，富有"一生二、二生三、三生万物"的创造力，会激发学生去追逐自己的人生梦想。

最后要说明的是，撰写中，吸纳了某些现有研究成果，有的未能一一注明出处，在此，谨向原作者表示歉意和谢意！

此刻，仿佛又漫步于上师大了。

2023 年 5 月 27 日于了悟斋